S

Lisa Hirschmann.

Gabriele Tergit
Etwas Seltenes überhaupt

Erinnerungen

Herausgegeben und mit einem Nachwort
von Nicole Henneberg

Schöffling & Co.

Gefördert vom DEUTSCHEN LITERATURFONDS E. V.

Erste Auflage 2018

Die Erstausgabe erschien 1983 im Verlag Ullstein in Berlin.
Satz: Fotosatz Amann, Memmingen
Druck & Bindung: Pustet, Regensburg
ISBN 978-3-89561-492-7

www.schoeffling.de

Etwas Seltenes überhaupt

ERSTER TEIL

Vorwort 1

Wir sahen Ravenna an, ich, und, da ich das besitzanzeigende Fürwort in Verbindung mit Mann nicht leiden kann, werde ich in diesem Büchlein über fünfzig Jahre nur allzu oft falsch dargestellter Ereignisse den mir staatlich verbundenen Herrn beim Vornamen Heinz nennen. Er kannte das alles vom Studium her. Wie immer war es das große Glück, auf einer Piazza zu sitzen, einen Espresso zu trinken und dann die unsterblichen Mosaiken vom Glanz eines Hofes zu sehen, Kaiser Justinian mit Gefolge, Kaiserin Theodora mit Gefolge vor anderthalb Jahrtausenden, die Gotik vorgeahnt, alle überlang, aber sonst Menschen wie du und ich, in herrlichen Gewändern mit herrlichem Schmuck, ein prächtiger Vorhang zum Ziehen, ein Sprungbrünnlein in einem Marmorbecken und viel aus dem alten Testament, die Friedenstaube, Abrahams Opfer, die Geschichten Josephs.

»So«, sagte Heinz mit der Heiterkeit, die uns immer auf solchen Reisen beschieden war: »Und nun gehen wir zum Grabmal des Theoderich.« Wir standen, wie vor den Kopf geschlagen, vor etwas unerwartet Kleinem. »Da wundert man sich über Hitler«, sagte Heinz. Ich wußte genau, was er meinte. Keine dicken Bücher nötig, ein Blick genügte. Untergang einer Kultur, Ende einer Epoche. Jämmerlich, ungekonnt. Aus. Vorbei. Eine Kunstgeschichte aus einer verhältnismäßig noch guten Zeit, Anton Springer, 1907 nimmt kein Blatt vor den Mund: »Die große Rohheit fast aller dekorativen Glieder«, »Verwilderung des ornamentalen Sinns« ... Er sagts, wie es ist. Diese antike Welt war nach genau tausend Jahren wiederentdeckt worden, Homer und Horaz, Parthenon und Pästum, blieb etwa fünfhundert Jahre mehr oder weniger lebendig, noch in ihren letzten Ausläufern geliebt, Biedermeiermöbel, Häuser von 1800. Hermann und Dorothea. Wann hat die Ablehnung der Antike angefangen? »Vernehmt, ihr Völker, unsern Schritt, wir sind die letzten Goten«, »die große Rohheit«, »die Verwilderung«, von der Anton Springer schreibt. Er benutzte die Worte »Rohheit« und »Verwilderung« für Ästhetisches, aber Ästhetisches ist ja nur Ausdruck einer Gesamtatmosphäre.

Nie sind die Franzosen auf die Idee gekommen, ihre grausamen fränkischen Merowinger zu bewundern. Die Engländer finden es gut, daß sie fünfhundert Jahre von den Römern besetzt waren, »die uns für die zivilisierte Welt entdeckt haben und die zivilisierte Welt für uns«. Und dann kamen die Germanen, doch wahrscheinlich zwei Pferde, wieso sonst »Hengist« und »Horsa«. »Sie machten uns wieder zu Wilden, abgeschnitten vom Rest der Welt, beinahe wie vor der Landung Cäsars«, schreibt Quiller-Couch, ein englischer Literaturhistoriker, und daß er nichts mehr von dem Unsinn hören möchte, daß die englische Literatur von Beowulf herkommt: »Papperlapapp, wir kommen von Virgil und Horaz her. Keats und Shelley sind sehr wohl ohne Beowulf denkbar, aber nicht ohne Ilias und Aeneas.« Auch Goethe und Schiller sind ohne Nibelungen und Gudrun denkbar, aber nicht ohne Horaz und Homer. Der Sieg von Hermann über die Römer war gewiß eine große militärische Leistung, auf lange Sicht eine Katastrophe. Man sollte das Niederwalddenkmal genauso entfernen wie den Peter von Amiens in

Amiens. Es ist heute unangebracht, den Erfinder der ersten Pogrome in Europa auf einen Sockel zu stellen.

»Es ist der Geist, der sich den Körper baut«, der Geist, das heißt, die Zeitideen überschreiten jede Landesgrenze. Also wie kam es zu den fünfzig Millionen Toten, die Millionen entwurzelter Menschen, eine Weltterroristenbewegung, kurzum, wie kam es zu Hitler?

Vorwort 2 [1972]

Ich werde nicht reingelassen«, sagte der Herr.

»Ich auch nicht«, sagte ich.

»Sie kommen aus dem Ausland. Sie wissen nicht, was sich hier abspielt. Alles manipuliert.«

»Warum soll denn das manipuliert sein? Es ist überfüllt.«

»Nein, nein. So einfach ist das nicht. Wir haben hier dreizehn Millionen Judenstämmlinge, die haben alles in der Hand.«

»Dreizehn?« sagte ich, »ich dachte, es sind elf.«

Er nahm mich natürlich ernst. »Nein, nein«, sagte er, »dreizehn.« »Und ich werde Ihnen noch einen Beweis geben. In der ganzen Welt ist Arbeitslosigkeit. Bloß bei uns nicht. Und warum? Weil die Judenstämmlinge Gastarbeiter hereinbringen wollten, Marokkaner, Türken, alles, um unsre Rasse zu verderben.«

»Was fürne Rasse?«

»Unsere arische Rasse.«

»Was, Sie sind arische Rasse mit kohlschwarzem Haar und kohlschwarzen Augen?«

»Ich bin reinblütiger Germane.«

»Da haben Sie aber noch nie reinblütige Germanen gesehen. Brauchen Sie bloß nach Dänemark oder Schweden zu fahren. Das sind Leute mit blauen Augen und blonden Haaren.«

Der Herr sehr ernst: »Ich *weiß*, daß ich ein reinblütiger Germane bin.«

»Ach, da haben wohl Ihre Eltern die Ahnenprobe ablegen müssen?« Der Herr nickte weiter sehr ernst mit dem Kopf.

Na ja, denke ich, davon wirds ja doch wohl noch ein paar hundert geben, womöglich ein paar tausend. Die Nazipartei hat mit sieben angefangen.

Berufssuche und *Berliner Tageblatt*

Seit ich neunzehn Jahre alt war, hatte ich für Zeitungen geschrieben. 1915 veröffentlichte der *Zeitgeist*, eine Beilage des *Berliner Tageblatts*, einen Artikel »Frauendienstjahr und Berufsbildung«. In der Nacht, bevor der Artikel erschien, bekam ich eine tödliche Angst, ich stand auf, zog mich an, aber schon beim Strumpfanziehen wurde mir klar, daß man keine Schnellpresse anhalten kann. Ich erkannte, daß ich zu wenig wußte, und faßte deshalb in dieser schrecklichen Nacht den Entschluß, mein Abiturium zu machen und zu studieren. Als ich zum Frühstück kam, sagte meine Münchner Mama: »Ja, wie schaust du denn aus?« Als der Artikel erschien, sah ich, daß meine Angst völlig berechtigt war. Ein junges Mädchen aus guter Familie hatte nicht in Zeitungen zu schreiben. Ich begegnete allgemeiner Verachtung. In meiner angeborenen Wirrköpfigkeit meldete ich mich bei bekannten Gymnasialkursen an, um mein Abiturium nachzumachen, und brachte ein weißes Kostüm zum Schwarzfärben, nichts ahnend, daß man nie mehr ein weißes Kostüm würde kaufen können, erst wegen Krieg, dann wegen Inflation, weil ich hoffte, damit älter auszusehen. Es war alles der gleiche Unsinn. Für künftige Laufbahn und Unterhaltverdienen war Abiturium und Doktor, womit ich meine Jugend verdorben hatte, völlig überflüssig, genau wie das Schwarzfärben des einst so hübschen weißen Kostüms, denn als ich ins Zimmer trat, rief der Redakteur des *Zeitgeistes*: »Wenn ich gewußt

Sonnabend, 24. Juni 1922 • 51. Jahrgang

Abend-Ausgabe

Einzelnummer 1 M.

Berliner Tageblatt

Nr. 294

und Handels-Zeitung

Chefredakteur Theodor Wolff in Berlin. Druck und Verlag von Rudolf Mosse in Berlin.

Walther Rathenau ermordet.

Berlin, 24. Juni.

Nach einer amtlichen Mitteilung wurde heute vormittag Minister Rathenau, kurz nachdem er seine Villa im Grunewald verlassen hatte, um sich in das Auswärtige Amt zu begeben, erschossen und war sofort tot. Der Täter fuhr im Auto nebenher und sauste nach vollbrachter Tat weiter.

Die Einzelheiten der Mordtat.

Der Handgranatenanschlag.

Das Attentat von langer Hand vorbereitet.

Walther Rathenau.

Titelseite *Berliner Tageblatt* 1922: Walther Rathenau ermordet

hätte, daß Sie so jung sind, hätte ich den Artikel nicht gebracht.« Das Honorar, das erste größere Geld, fünfzig Mark, wurde mir aus der Manteltasche auf dem Schulkorridor gestohlen.

Nach der Stabilisierung der Mark 1924 hatte mir Erich Vogeler, Feuilletonchef des *Berliner Tageblatts*, für den ich seit 1920 Feuilletons schrieb, den Posten einer Gerichtsberichterstatterin angeboten. Ich sollte es wenigstens versuchen. Er nannte mir einen Fall, Ort und Zeit der Verhandlung. Man konnte einem Menschen die Wege nicht liebevoller ebnen. Ich ging in dem Gerichtsgebäude die Treppe zum Zuhörerraum hinauf, aber ich konnte mich nicht entschließen, die Tür zum Gerichtszimmer zu öffnen. Nach einer Weile ging ich die Treppe wieder hinab. »Dumm und lebensunfähig«, nannte ich mich selber. Auf der Straße sprach mich ein Arbeiter an: »Was fehlt Ihnen denn, Fräulein?« Aber auch hier hatte ich keine Antwort. Es war Heinz, der immer erklärte: »Aber Sie wissen doch, meine Frau kann keine Türen öffnen, ist also die geborene Journalistin.«

Ich fuhr im Sommer nach Hiddensee, das der Sommerwohnsitz Gerhart Hauptmanns war und überhaupt beliebt bei der höheren Bohème. Hauptmann, wie ein römischer Imperator in ein weißes Frottiertuch gewickelt, öffnete mir einmal mit unvergleichlicher Grandezza eine Gartenpforte. Thomas Mann war da und nahm ihm Maß, um ihn als Peeperkorn in den *Zauberberg* einzuarbeiten. Thomas Mann war nervös, denn im Hotelgarten wurde mit Pfeil und Bogen geschossen, und seine kleinen Kinder flitzten herum, tatsächlich in ständiger Gefahr. Heinz war zur gleichen Zeit wie das Ehepaar Mann im Waldsanatorium Davos, dem »Zauberberg«, und kannte Leute aus dem Roman, nicht den

Naphta, der ja Züge des ungarischen Philosophen Lucács trägt, auch nicht Hauptmann, der nicht dort war, wohl aber glaubte er Settembrini zu erkennen, sowohl die geistige Haltung wie seine Sprache, seinen Tonfall, und zwar sei er weitgehend, meinte Heinz, ein Dr. Berlin, der damals im Waldsanatorium war. Dr. Berlin war ein russischer Jude. Heinzens Bruder besuchte nach dem zweiten Weltkrieg noch einmal das Waldsanatorium und fand die eigenen Namen in einer alten Kladde. »Ja«, sagte einer der Herren, »wir haben das Jahr 1913 als letztes der normalen Jahre mit allen Eintragungen aufgehoben.« Der Leiter des Sanatoriums, der im *Zauberberg* Behrens genannt wird und sogar einen Rechtsstreit mit Thomas Mann führte, weil er sich so falsch dargestellt fand, hat sich herrlich gegen Heinz benommen. Er korrespondierte mit dem preußischen Militär, daß sie diesen kranken Jungen freistellen müßten. Es half nichts. Heinz kam mit dem Gardefeldartillerieregiment in die schlimmsten Kämpfe, Verdun und Flandern. Das Groteske ist, daß dieser jahrelange Aufenthalt im Schützengraben, im Freien seine Tuberkulose völlig ausheilte.

In Hiddensee waren auch sonst bekannte Leute, der Maler Trier mit einem grotesken drahthaarigen Terrier, der sich ständig um sich selber drehte, weil er mit seiner Schnauze seinen Schwanz erreichen wollte, und von dem mir Trier sagte, er habe ihn seinen Stil gelehrt; dann der Architekt Breslauer, der, beim preußischen Adel beliebt, auch das Schloß des Grafen Arnim, den man den »first gentleman of Prussia« nannte, renovierte. Breslauer, ein Traditionalist, war Heinzens erster Chef. Seine erste Aufgabe war den Plan irgendeines Schlosses aus rheinischem Fuß ins Metrische zu übertragen. Heinz, ein Nervenbündel nach drei Jahren Westfront und einer Dreiwochenflucht aus französischer Gefangenschaft nach Deutschland, sah das große Vermögen seiner verwitweten Mutter – die Großmama hatte ein offenes Konto von fünf Millionen Goldmark – sich einfach in Papierscheinen auflösen, und er saß hilflos bei Breslauer, der natürlich auch in schweren Verhältnissen durch die Inflation war.

Hiddensee hatte für mich zwei permanente Folgen. Ich lernte von Frau Trier, Kugeln um den Hals tragen, was ich ein Leben lang tat, so daß Heinz, wenn er mich mal ohne Kugeln sah, sagte: »Du hast doch son nackten Hals«, und ich traf zwei Referendare, denen ich sagte, daß ich gerne einer Gerichtsverhandlung beiwohnen würde. Der eine sagte, er würde mich mitnehmen, stutzte dann: »Aber jeder kann doch in den Zuhörerraum?« Ich antwortete nicht, aber verabredete mich vor dem Landgericht in der Turmstraße. Er nahm mich durch den Vordereingang mit, führte mich in das völlig leere Gerichtszimmer, ließ mich durch die Gerichtsschranken gehen, und hier saß ich allein in der vordersten Reihe des Zuhörerraums. Ich schrieb kein Wort mit, um nicht aufzufallen, und sandte meinen Bericht an den *Börsen-Courier* mit den im Kopf behaltenen Dialogen, denn Vogeler war inzwischen Korrespondent in Kopenhagen geworden. Ich hatte noch nie einen Gerichtsbericht gelesen, ich sah auch nicht nach, ob er erschienen war, aber ich ging weiter ins Gericht und schrieb weiter. Etwa zwei Wochen, nachdem mich der Referendar ins Gericht geführt hatte, traf ich ihn zufällig am Zeitungskiosk Kurfürstendamm Ecke Joachimsthalerstraße, wo er noch heute ist, der Zeitungskiosk, nicht der Referendar, der sagte: »Ich habe Berichte von Ihnen im *Börsen-Courier* gelesen.« Alle Berichte waren erschienen. Der Chef des lokalen Teils des *Börsen-Couriers* war Felix

Joachimsohn, der dann den riesigen Erfolg mit *Fünf von der Jazzband* hatte und nach Hollywood ging. Drei Monate, September, Oktober, November 1924. In der Jugend lebt man langsam. Es waren drei reizende endlose Monate. Wir waren begabt, wir konnten miteinander reden, wir besprachen unsere Artikel. Im *Berliner Tageblatt* waren noch immer keine guten Gerichtsberichte. Ich schrieb einen kurzen Brief an den Chefredakteur Theodor Wolff mit ein paar eingelegten Artikeln. Am 24. Dezember bat mich Wolff, ihn zu besuchen.

Er kam von seinem Schreibtisch voll mit Papieren hervor, aber seine berühmten Leitartikel schrieb er an einem Stehpult. Verbindung, wie es mir schien, mit der großen vergangenen Welt des Liberalismus. Er war von einem so großen persönlichen Charme, daß man die Häßlichkeit des Gesichts und der Gestalt völlig vergaß. Im Mundwinkel steckte eine dicke Zigarre. Hilde Walter, eine Waise, lebenserfahren, hatte mir vor der Unterredung den Rat gegeben: »Verlange kein Gehalt. Wer bietet ist der Dumme.« »Wieviel habe ich gesagt?« sagte Wolff. »Vierhundert im Monat?« Ich schwieg.

»Das Mädchen sitzt im Sessel, sieht aus und gibt mir das Gefühl, daß ich sie ausnutze. Also fünfhundert Mark?«

Natürlich ging ich darauf ein: fünfhundert Mark für neun Gerichtsberichte im Monat. Extra Artikel sollten mit fünfundsiebzig Mark bezahlt werden. Das bekam ich, weil mir Monty Jacobs bei den großzügigen Ullsteins so viel für jeden Artikel bezahlt hatte und Wolff ebensoviel bezahlen wollte.

Kapitalismus 1924. Längst war der Anteil meines Vaters an der von ihm gegründeten Fabrik verwässert. In den russischen Fabriken von Heinzens Familie waren kostbare Maschinen während des Krieges zerstört worden, weil die deutsche Besetzung für ein paar Mark Kupfer daraus gewinnen konnte. Die großen Summen von der Augustmesse 1917 in Nischni Nowgorod wollte ein Verwandter auf die Bank von England bringen. Niemand erfuhr je Genaueres. Der Zug war von Revolutionären überfallen worden, der Mann getötet, die Summe verschwunden. Mit den preußischen Konsols, mündelsicheren Papieren, mit denen Heinzens Großvater für seine Nachkommen ausgesorgt zu haben glaubte, konnte man nur noch die Zimmer tapezieren. 4,20 Mark waren immer einen Dollar wert gewesen. Also wartete die Reichsbank, bis ein Dollar viertausendzweihundert Milliarden Mark wert war. In diesem Augenblick stand die Notenpresse still und ein Dollar war 4,20 Mark wie eh und je. So einfach wäre es also in jedem Augenblick gewesen, dachten alle und fühlten sich betrogen. Leute taten sich zusammen, um ihre alten »rotgestempelten« Hundertmarkscheine aufgewertet zu bekommen, um Betrugsanzeigen zu erstatten gegen die Republik, gegen die Reichsbank. Die Sparethik war die moralische Grundlage seit Ewigkeit, denn alles mußte mühselig mit der Hand gemacht, gesät, geerntet werden. Der Verschwender mußte ein Lump sein, der von der Mühsal anderer lebte. Die Menschen hatten, wie man sagte, Pfennig auf Pfennig gelegt, sich alle Freuden versagt, um im Alter, bei Krankheiten, gesichert zu sein. Und nun? Betrogen! Natürlich wurden sie Nazis.

Wolff gehörte zum 19. Jahrhundert. Er fühlte sich ohne jede Einschränkung als Deutscher und hatte eine christliche Deutsche geheiratet. Er hat viel für Berlin getan. Er hatte die erste deutsche Ausstellung von Edvard Munch in Berlin organisiert, was zu einem Skandal und zur Gründung der Sezession führte; er gehörte zu den wenigen Entdeckern von

Gerhart Hauptmann, die 1889 *Vor Sonnenaufgang* im Lessingtheater ermöglicht hatten. Er hatte Anatole France übersetzt, er war ein Freund Max Reinhardts. Er hatte in den neunziger Jahren in Paris gelebt und von dort seine aufsehenerregenden Artikel geschickt. Sein Kampf gegen die französische Politik nach 1918 war der des enttäuschten Liebenden. Er wurde in der Redaktion tief verehrt. Er hatte es aufgegeben, seine Leitartikel am Montag zu veröffentlichen, weil ihm das alle Sonntage verdarb. So schrieb er sie am Freitag und Sonnabend. War an diesen Tagen eine laute Unterhaltung auf dem Korridor der Redaktion, so kam sicher jemand, der leise sagte: »Seid mal ruhig, Wolff ist noch nicht mit seinem Leitartikel fertig.« Das genügte völlig.

Emil Faktor, der Redakteur des Berliner *Börsen-Couriers*, war nicht böse, als ich ihm meinen Weggang mitteilte, er war traurig. Er bot mir dreihundert Mark im Monat und ein Zimmer an. Ich fand mich gräßlich. Faktor hatte Joachimsohn und mich entdeckt, und nach einem Vierteljahr gingen wir einfach weg. Aber zum *Berliner Tageblatt* zu gehören galt damals als große Sache. Und Hollywood! »Heute war Lubitsch bei mir«, sagte unser Freund Dr. Bohne, »na selig! Nach Hollywood engagiert.« Lubitsch hatte bei Reinhardt die Diener, den dritten Reiter, einen aus der Volksmenge gespielt. Und nun Hollywood! Obwohl er nicht wissen konnte, daß er ein Glück für Millionen werden würde. Meine Zeit beim BT vom 1. Januar 25 bis 33 waren auch für mich die sieben fetten Jahre im Leben einer ganzen Generation. Die Arbeit in der Lokalredaktion war nicht erfreulich. Der Chef genau wie der Feuilletonchef Fred Hildenbrandt war blond, groß, gutaussehend und fand sich hinreißend. Sie waren nicht freundlich. Ich hatte einen Artikel mit »Und dann gabs

Gabriele Tergit und ihr Mann Heinz Reifenberg 1928 in ihrer Wohnung am Potsdamer Platz

Cointreau« enden lassen. Ich schrieb das ahnungslos hin wie Cognac. Am nächsten Tag kam ein Bote und brachte mir eine Flasche Cointreau. Natürlich war es dumm von mir, die Flasche zu nehmen. Statt daß einer in der Redaktion einfach gesagt hätte: »Lassen Sie uns einen heben«, begann ein Gerede, daß ich mich bestechen lasse.

Walther Kiaulehn, dem die Atmosphäre in der Lokalredaktion auch nicht gefiel, erfand die Berlin-Seite. Theodor Wolff erlaubte sie. Wir zogen um in Rudolf Oldens Zimmer. Es war ein Geniestreich Kiaulehns.

Er hatte für uns eine eigene Wochenzeitschrift gegründet, gleich mit zweihunderttausend Abonnenten und ohne die Sorgen, die mit kleinen Zeitschriften verknüpft sind. Kiaulehns Vater war Maurer gewesen. »Damals sind die Maurer mit der Droschke zur Arbeit gefahren«, sagte Kiaulehn. Er war ein Berliner Proletarier. Seine Mutter war einmal beim Teigmachen vor Müdigkeit und Überarbeitung hingeschlagen, und eine herrliche Kindererinnerung war sein Aufenthalt im Krankenhaus. Er strich nachher immer um das Krankenhaus herum, weil er hoffte, sie würden ihn wieder aufnehmen. Dabei war er geschmäcklerisch wie ein Duc de Guermantes. Er kaufte Rokokoliteratur auf Bücherwagen, verstaubte Beiträge zur Geschichte der menschlichen Dummheit. Er liebte Anatole France, aber auch hier nicht die weltberühmten, sondern die abseitigen Bücher. *Die Bratküche zur Königin Gänsefuß* oder *Nützliche und erbauliche Meinungen des Herrn Abbé Coignard, gesammelt von seinem Schüler Jaques Tournebroche.* Veröffentlicht von Anatole France. Mir brachte er einmal *Morgenländisches Kleeblatt*, aufgelesen durch Joseph von Hammer, 1819, Wien, das folgende Widmung von 1819 trug: »Freundinn, Dichterinn, Frau, als solche dreymal verehrt, weil du glücklich vereinst Sitte mit Geist und Gemüth. Nimm als Opfer des Freunds dieses seltene östliche Dryblatt von sarazenischem Klee, medischem, türkischem auch.«

Man konnte aus dem Proletariat aufsteigen zur verzwicktesten Geistigkeit, aber umgekehrt müssen Proletarier nicht die besseren Menschen sein. Kiaulehn hatte als der Helfer eines Elektrikers angefangen. Nach ein paar Jahren las er eine Annonce, wo ein ausgebildeter Elektriker verlangt wurde. Kiaulehn bekam die Stellung und als erste Arbeit eine ungeheuer komplizierte Klingelanlage in einer Bank. Er holte sich Bücher, arbeitete immer nach den Büchern, die Nacht durch. Er bekam einen sehr anständigen Lohn. Es war der erste Schritt. Aber er hatte, um diese Stellung zu bekommen, Papiere gefälscht. Es war geglückt. Kiaulehn entdeckte die Komik des Alltags, das Abstruse, das Skurrile. Er schrieb über einen Mann, der auf der äußersten Spitze der Loreley einen Handstand versuchte und dabei in die Tiefe stürzte. Kästner machte ein Gedicht daraus. Beide fanden, daß der Handstand auf der Loreley eine ganz besonders deutsche Abart der allgemeinen menschlichen Narrheit ist. Er romantisierte Berlin, erfand einen Heinebalkon, der nie existiert hatte, machte das verlassene Billardcafé zur Billardlegende.

Wenn ich über einen Prozeß schrieb, so hielt das Aufnahmeband, das mein Gehirn ist, den einen entscheidenden Satz des Prozesses fest, aber aus diesem Satz entwickelte Kiaulehn eine »Studie zur Frauentreue«. Die Waage auf der Herrentoilette auf dem Wittenbergplatz wurde zum »Bacchanal auf der Wiegeschale«. Kiaulehn war ein Ziseleur der Sprache wie jeder Humorist, aber mehr noch ein Genie der Geselligkeit, ein Causeur. Die Anregungen, die er um sich streute, hätten genügt, mehrere Zeitungen zu füllen. Wir wanderten durch Berlin. Er nahm mich in Arbeiterkneipen mit, zu Demonstrationen, so zu der für Sacco und Vanzetti. Ich lernte von ihm. Den Gerichtsdienern (Amtsbezeichnung im Kaiserreich), Wachtmeistern (unter der Weimarer Republik) gab er die Hand. Ich tat das nie, nicht aus Hochmut, eher aus Schüchternheit. Von nun an tat ich es auch und bekam gleich eine ganz andere Beziehung. Bedienten wurde in Berlin nicht die Hand gegeben. In der Stanislawskischen Aufführung des *Kirschgartens* vor 1914 sah ich, daß das in Rußland ganz selbstverständlich war.

Die Oldens

Rudolf Olden, der Dritte unserer Berlin-Seite, kam aus Wien, und ich lernte an ihm das Wienerische kennen. »Wir spielen alle, wer es weiß, ist klug«, sagte Schnitzler.

Nur nichts ernst nehmen, nur nichts Ernstes sagen. Ich nahm alles ernst, mein Schreiben, mein Judentum, meine Ehe, mein Kind, meinen Haushalt. Von Spielen konnte da wohl keine Rede sein. Ich bin Olden wohl zuerst einfältig vorgekommen, so wie Olden mir zuerst ausgesprochen albern in einem schwarzen Schoßmantel von 1840, einem schwarzen Kalabreser, groß, schlank, sein Gesicht entstellt von den Schmissen der Mensuren seiner Corpsstudentenzeit. In unserem Zimmer legte er diese Verkleidung eines Wiener Dandys ab, steckte sein Monokel in die Tasche, zog eine graue Jacke an und setzte eine Brille auf. Er hielt die Hand an die Hüfte, sagte: »Ich habe wieder solchen Ischias, bestellen Sie uns einen Kaffee.« Und begab sich an unsre Manuskripte. Er strich, stellte zusammen, hob einen Gedanken aus der Wirrnis des dunkel Gefühlten in die Klarheit einer lichtvollen Prosa, und so wurde aus unsern Artikeln erst ein guter Kiaulehn, ein guter Tergit. Um drei Uhr, wenn die Schnellpresse das Wort hatte, verkleidete sich Olden wieder. Die freundliche Brille des selbstlosen Redakteurs verschwand, der tolle Mantel wurde angezogen, das extravagante Monokel eingeklemmt, und so gepanzert, konnte er sich der Welt stellen oder den Mädchen, aus denen Olden sich viel machte. Es war alles schrecklich kompliziert. Ich mußte am Telefon sagen, ich wüßte nicht, ob er da ist, ihn leise fragen: »Sind Sie da?« Einmal sagte ich: »Ihre Frau.« »Welche, die Erste, die Richtige?« fragte er. Sie war die Tochter des Wiener Historikers Fournier und der Tochter des Wiener Burgtheaterschauspielers Gabillon, eigentlich Gabrilowitsch aus Pommern. Felix Hollaender, Reinhardts rechte Hand, hat einen Roman *Unser Haus* geschrieben, mit dem Türschild »Unpraktischer Arzt und Geburtshelfer«, höchst amüsant. In diesem Haus in der Oranienburgerstraße wohnten Oppenheims mit einem bildschönen Sohn, dem Schriftsteller Hans Olden, der mehrfach heiratete. Zur Geburt eines Sohnes kam Pauline Metternich, Witwe des richtigen Metternich, eine witzige Frau, die, als man ihr ein Baby zeigte, sagte: »Ein Bub, wenn ich mich recht entsinne.« Eine der Frauen von Hans Olden war die Schwester der Fürstin Liechtenstein. Ihre Kinder waren unser Rudolf Olden, der kommunistische Schriftsteller Balder Olden und Ilse, die Frau des österreichischen Grafen Carlo von Seilern. Auch Rudolf heiratete dreimal, jedesmal eine Zwanzigjährige. Nach der Fournier die Tochter eines österreichischen Generals, die im Gegensatz zu dem entsprechenden preußischen Frauentum einmal in einem aus Dutzenden verschiedener Pelzstückchen zusammengesetzten Mantel in die Redaktion kam und später eine der großen Modeschöpferinnen Frankreichs wurde.

Zuletzt, kurz vor der Machtergreifung Hitlers wieder eine bildschöne Zwanzigjährige aus einer ähnlichen Mischung wie er selber. Ihr Vater, Georg Halpern aus Pinsk, Vetter von Martin Buber heiratete die Tochter eines anglikanischen, also englischen Bischofs, war Handelsredakteur der *Frankfurter Zeitung*, dann Direktor eines Hamburger Versicherungskonzerns und schließlich Gründer des Versicherungswesens von Israel. Auch wie Oldens Vater hatte Halpern drei Kinder. Das Töchterchen einer geschiedenen Tochter ertrank im Meer. Der Sohn wurde in der Battle of Britain, der Luftschlacht um England, abgeschossen. Rudolf, der glühende Antinazi, wurde im Sommer 1940 in der allgemeinen Fremdeninternierung mitinterniert. Er hatte seit 1933 in Oxford Vorlesungen gehalten und es so geliebt, daß er seine Briefe an mich immer endete mit: »Ceterum censeo, Gott erhalte dieses wahrhaft humanistische England!« Und nun interniert! Er war so enttäuscht, daß er nach New York weggehen wollte, wo ein Lektorenposten für ihn bereit war. Er erwartete den sofortigen Friedensschluß mit Hitler. »Ausgeschlossen«, sagte ich. Ich erzählte ihm, daß im Augenblick der höchsten Gefahr zwei Tage lang im Parlament über die falsche Internierung der Antinazis debattiert wurde, daß H. G. Wells in Anlehnung an den berühmten Zola-Artikel gegen den Dreyfus-Prozeß ein neues »J'accuse« veröffentlichte, ich erzählte ihm, wie in Bordeaux das letzte Schiff von Bordeaux nach England alle Wartenden aufgenommen hatte, ohne jede Kontrolle, da konnten ja Dutzende von deutschen Spionen darunter sein. Ich würde ihm alles bringen. Er verlangte danach wie nach einem Rettungsseil. Er lag im Bett, es hatte sich herausgestellt, daß er Leukämie hatte. Ich begriff nicht, daß sie ihr winziges Töchterchen vor den Londoner Bomben mit einem Kindertransport zu einer Professorenfamilie in Kanada geschickt hatten. Bei diesem letzten Besuch erzählte er mir eine Geschichte mit Brüning.

Brüning hatte als Emigrant Rudolf Olden in Oxford besucht. Olden hatte Gilbert Murray, den Kenner des antiken Griechenlands, dem das Häuschen, in dem Oldens wohnten, gehörte, und Wickham Steed, den Chefredakteur der *Times* dazu eingeladen. Nach kurzer Unterhaltung rief Brüning begeistert: »Aber da haben wir uns ja mit unseren Maschinengewehren gegenübergelegen!« Die Engländer sahen sich an und begannen das Tick-Tack und die Bewegung eines Maschinengewehrs nachzuahmen. Olden war fassungslos, denn er erkannte sofort, daß sich die beiden Engländer über Brüning lustig machten, was Brüning nicht merkte. Im Gegenteil, er ging begeistert auf das Spiel ein und schoß mit einem erträumten Maschinengewehr auf seine Gegenüber. Jahrzehnte später schrieb Professor Deuerlein in München: »Brünings Tätigkeit als Führer einer Maschinengewehrscharfschützenkompagnie hatte für ihn zeitlebens autosuggestive Faszination.« Deutscher Reichskanzler in entscheidender Zeit!

Aber die Begeisterung für Maschinengewehrscharfschützenkompagnie war noch nicht alles. Als er sofort nach der englischen Kriegserklärung, die dem Einmarsch in Polen gefolgt war, England mit dem ersten Schiff verließ, erwiderte er den Reportern, er könne doch nicht in einem Land leben, das mit seinem Vaterland im Krieg sei. Das erhebt große moralische Fragen. Chamberlain hatte Hitler geglaubt, als er in München versprach, dies sei seine letzte endgültige Besetzung gewesen. Dumm oder nicht dumm, falsch oder nicht falsch, hielt Brüning es für möglich, daß Menschen, Völker, Staaten mit Lügen als Verkehrsform leben können? Und er war noch nicht einmal konsequent. Er ging nach USA und blieb.

Die Oldens wurden in der »City of Benares« torpediert.

Rudolf Olden 1914 als Soldat

Das letzte Bild von Rudolf Olden

Stolperstein für Rudolf Olden in der Genthiner Str. 8, Berlin

Die junge Ika, Anfang Zwanzig, hätte sich retten können. Aber obwohl die Ehe schon nicht mehr sehr gut war, ein Altersunterschied von über dreißig Jahren, wollte sie ihn im Tod nicht verlassen, sehr heldenhaft, sehr imponierend. Ihr Vater Halpern war in Jerusalem, ein Hiob, Kinder und Enkel tot. Da beschlossen seine Freunde zu seinem achtzigsten Geburtstag das nun zwanzig Jahre alte Töchterchen von Rudolf und Ika, das bei der christlichen Professorenfamilie in Kanada aufgewachsen war, zu dem Großvater als Geburtstagsgeschenk zu holen. Sie kam, verliebte sich in einen Israeli, heiratete und blieb in Jerusalem. Durch eine Kette von Zufällen traf ich sie in London. Sie besuchte mich. Im Gegensatz zu den vier Generationen atemberaubender Schönheiten, auch ihre Mutter gehörte dazu, war sie durchschnittlich, aber ungemein sympathisch. Sie konnte kein Deutsch, hatte also kein Wort von ihrem Vater gelesen. Überall haben Enkel Bibliotheken, Bücher, gesammelt oder geschrieben, von ihren Vorfahren, zu denen sie keinen Zugang haben. Ich erzählte ihr von Rudolf Olden. Er gehörte zu den Männern, die sich in jede Frau verlieben und jede gern, wenn es sich ergibt, besitzen, aber dieser sehr schöne Mann, der nur von den Schmissen der Mensuren seiner Corpsstudentenzeit, dem Abzeichen der Oberklasse, entstellt war, war kein Pfau, kein Gockel, sondern immer ein bißchen verlegen über das, was sich ihm da bot, entzückt von Frauenschönheit, dankbar und verwirrt über das Durcheinander, das er ungewollt verursachte.

Sie sagte mir, niemand habe ihr ihren Vater so klargemacht wie ich. Das war ein Glücksmoment, ein kleiner Orden. Ich besuchte sie in London, bevor sie nach Jerusalem zurückkehrte. Zurückgefunden, dachte ich, in eine tausendjährige

Tradition des Familienglücks, »Du sollst nicht ehebrechen«. Da ging die Tür auf und hereintrat ein blonder Aristokrat, der sechzehnjährige Sohn der beiden Israelis. Was hatte herausgemendelt? Der Schriftsteller Oppenheim/Olden? Die Schwester der Fürstin Liechtenstein? Ein Minnesänger vor Jahrhunderten, der die Ritterfräulein anschwärmte und die einfachen Mädchen ein bißchen auf der Landstraße vergewaltigte? Und dann endlich Rudolf Oldens Schwester Ilse. Sie hatte mir 1940 nach seinem Tod aus Südamerika geschrieben, ob ich nicht seine Biographie schreiben wolle, sie habe alles Material. 1940? Wo ich die Erfahrung mit den *Effingers*-Manuskripten gemacht hatte, die ich vor den Londoner Bomben retten wollte und die nie in New York angekommen waren. Ich antwortete. Auch dieser Brief erreichte sie nie. Keiner von uns war da, wo er hingehörte. Dreißig Jahre später besuchte ich sie in Basel, Heinz hatte immer gesagt, 2 cm breiter oder höher machen den ganzen Unterschied bei einem Bau. Für Bauherren, die an diesen zwei Zentimetern sparen wollen, kann man nicht bauen. Als ich vor diesem gläsernen Mietshaus stand, wünschte ich, ich könnte es mit Heinz bewundern. Im riesigen gläsernen Treppenhaus der Fahrstuhl, blau und Nickel und oben ein Empfangszimmer nicht von 1750 wie in London, sondern von heute, und daneben das Schlafzimmer mit einem Bett der Pompadour. Ich war über achtzig, sie neunzig, eine große elegante Frau in einem hellblauen Kleid mit dem berühmt schönen Gesicht. Sie wußte von mir. »Rudi« hatte geschrieben und es wurde gedruckt: »Etwas Seltenes ist die Tergit überhaupt ...« Sie hatte alle Artikel von ihm gesammelt und in rotes Leder binden lassen und nach Marbach in den Bücherfriedhof, auch Bibliothek genannt, gegeben. »Ach wenn wir doch alles so bekämen«, hatte der Bibliothekar bewundernd gesagt. Wir waren dieselbe Generation. Alles war uns gemeinsam. 1914/15 Schickeles *Hans im Schnakenloch*. In ganz Deutschland waren alle Theater ausverkauft.

»Seine Frau war netter und klüger als er.«

»Sicher. Was für eine zufällige Sache ist der Ruhm. Dieser überschätzte Sternheim. Ich hatte ihn gebunden und dann noch jede Kurzgeschichte einzeln.«

»Er war damals eine Offenbarung, ein neuer Ton. Der Polizist, der von einer Liebesnacht so entzückt ist, daß er sich ans Klavier setzt und ›Heil dir im Siegeskranz‹ spielt«.

»*Busekow*«, sagte ich, »ich glaube, es war an Heinrich Manns 60. Geburtstag, daß Tilly Wedekind mir begeistert erzählte, daß Sternheim ihr Schwiegersohn geworden war.«

»Sie wissen natürlich den Ausbruch?«

»Natürlich«, lachte ich, »wie er plötzlich laut gerufen hat: ›Sieht er nicht aus wie ein Adler? Er ist ein Adler!‹«

»Das alles auf Seeckt, der am Nebentisch saß«, sagte sie. Seeckt war der Chef der Reichswehr.

»Wurde er nicht gleich in ein Sanatorium gebracht?«

»Irre.«

»Eigentlich traurig, aber wir haben doch alle gelacht.«

»Seeckt als Adler.«

»Und diese albernen Memoiren«, sagte ich.

»Mütterchen Olden!« sagte Ilse.

»Genau das habe ich gemeint«, sagte ich.

»Unsere Mutter ›Mütterchen Olden‹«, sagte Ilse richtig ärgerlich. »Das ist ganz selten, daß man sich so sofort versteht«, und meinte uns beide.

Und dann sprachen wir von Tilly Wedekind. Ich sagte: »Sie war mittelgroß mit glatten schwarzen Haaren, ein süßes

Gesicht. Sie war ganz unbewußt, ganz einfach, als sie mir von ihrem Schwiegersohn Sternheim vorschwärmte. Aber ich konnte kein Wort sprechen. Ich sah das Wunder. Ich sah sie mit Wedekinds Augen, Lulu, die Naturgewalt, die die Männer zu Schöpfern macht. Daß Wedekind das Wunder an dieser Frau sah und sie zur Weltfigur machte, zum Symbol der ewigen Erneuerung, das allein macht ihn zum Genie. Zart möchte ich sagen, das war das Wesentliche an ihr, das Gegenteil der Hollywood-Sex-Bombe oder der klassischen Schönheiten unserer Väter vor dem ersten Weltkrieg, keine Aphrodite, bescheiden und ein bißchen dümmlich, meinen Sie nicht?«

»Ach, ich muß Ihnen noch etwas erzählen. Kurz nach dem Krieg gab Pamela Wedekind auf einer winzigen Londoner Bühne einen Abend. Es war natürlich ein ältliches Publikum der früheren deutschen Theaterwelt. In der Pause kam der Regisseur einer berühmten Aufführung des Strindbergschen *Traumspiels* bei Bernauer auf uns zu.«

»Traumspiel?« sagte Ilse.

»Ich weiß nur noch, daß darin einer etwas Grünes wiederzufinden sucht, aber was er findet, ist nicht *das* Grün. Seitdem sagten Heinz und ich bei jeder Enttäuschung: ›Es ist wieder mal nicht *das* Grün.‹ Er kam aufgeregt auf Heinz zu: ›Das ist ja Wedekind selber. Sie kann ja ihren Vater nicht mehr selber gehört haben, also vererbt, jeder Ausdruck, jede Gebärde genau wie Frank Wedekind, gespenstisch und wunderbar zugleich, das noch einmal zu erleben.‹ Für uns war es neu, aber in dieser im wesentlichen Alten Herrengesellschaft, aufgeregt von einem Jahrzehnte zurückliegenden Kunsterlebnis. ›Reifenberg‹, sagte der Regisseur, ›passen Sie auf die Hand auf, genau so hat Frank die Hand gehalten.‹«

»Ich begleite Sie nach unten«, sagte Ilse, als ich mir meinen Mantel vom Pompadourbett nahm.

»Ich kann doch allein im Fahrstuhl runterfahren«.

Aber sie kam mit. Wir wußten, es war das erste und letzte Mal. Sie stand am Fahrstuhl. Ich ging zum Taxi. Wäre es in London oder Paris gewesen, hätten wir uns einen Kuss gegeben, aber deutsche Länder haben kein Klima der Zärtlichkeit. Kein Kuss für Haushilfen oder von Lieferanten.

In den siebziger Jahren nahm ich mir Oldens PEN-Korrespondenz vor, bevor ich sie in ein Archiv gab. 1934 wurde nach dem Anschluss des deutschen Nazi-PEN ein PEN-Zentrum deutschprachiger Autoren im Ausland gegründet. Heinrich Mann wurde Präsident, Olden Sekretär. Ein allererster kleiner Verdacht, daß er die Dinge nicht richtig sah, kam mir, als ich ihm schrieb, als altes Mitglied würde ich gern wieder eintreten, und er antwortete: »Wozu denn? Der PEN ist doch nur dazu da, Geld auszugeben, nicht um was zu verdienen.« Als Hitler 1938 begann, Europa zu besetzen, kamen die Hilferufe der gefährdeten Schriftsteller, Olden, ein Einzelner ohne Büro, ohne Sekretärin, ohne jeden Betrieb der Wohltätigkeit, widmete den Kollegen, weit über seine Kräfte, Geld und Zeit. Er beantwortete Hunderte von Briefen, keiner war zu dumm, kein Kollege zu unsympathisch. Zwei große Engländerinnen, Mrs. Chance und Miss Storm-Jameson verhandelten mit den Behörden und den Garantoren, und der Sekretär des Internationalen PEN, der schon der Sekretär des Gründungspräsidenten John Galsworthy gewesen war, zuerst zögernd, weil er nicht recht wußte, in welche Todesstrudel sein freundlicher Dichterklub da gerissen wurde, rettete Hunderte, organisierte den Exodus. Aber nur den Exodus der Antinazischriftsteller. Noch kam keiner auf die Idee, daß ein ganzes Volk vernichtet werden sollte, die Erwachsenen in Gaskammern, die Kinder in riesigen Feuern lebendig verbrannt.

Und die Briefe handelten nicht nur von Rettung. War es ergreifend oder ahnungslos, daß Heinrich Mann und Olden es wirklich für wichtig hielten, ob Klaus Mann oder Feuchtwanger auf den PEN-Kongressen 1935 in Barcelona, 1936 in Buenos Aires, 1937 in Paris eine Rede hielten, um über Hitler aufzuklären?

»Wer wird für unsere Gruppe sprechen?« wird in vielen Briefen diskutiert. Glaubten sie wirklich, von einem Schriftstellerkongreß aus die Welt alarmieren zu können? Vielleicht war es auch früher anders. Vielleicht genügte es früher wirklich, die winzige mächtige Oberschicht, zu der auch große Gelehrte und große Künstler gehörten, zu warnen? Heute bedarf es eines Fernsehens für Millionen, um beileibe nicht das Gleiche, aber wenigstens annähernd das Gleiche zu erreichen. Auch ein paar andre Briefe sind erschütternd. Am groteskesten erscheint, was Hermon Ould im August 1939 mitteilt, Hermon Ould, ein Lyriker, aber eben doch ein Engländer, Erbe eines mit der Welt vertrauten Empires, schreibt an Olden: »Emil Ludwig fand, daß im Kriegsfall die PEN Zentren zusammengerufen werden sollten, um sofort etwas zu tun. Diese Idee erschien mir nicht nur unpraktisch, sondern offenbarte einen rührenden Glauben an die Macht von uns Schriftstellern, mit einer wirklichen politischen Krise fertigzuwerden. An solche Kleinigkeiten wie Visas und Transport, wenn ein Krieg ausbricht, scheint er nicht gedacht zu haben.«

Ludwig war damals ein Millionenbestseller mit Biographien geschichtlicher Figuren.

Heinz lebte nicht mehr. Ich saß vor Oldens Briefen und konnte nicht zu Heinz ins Zimmer gehen und ihm von meinen Entdeckungen berichten, der einzige Mensch, der das alles bis in die kleinsten Fältchen verstanden hätte. Die letzten zehn Jahre unseres Lebens hatte er jeden Morgen beim Frühstück halb ironisch, halb »frozzelnd«, hätte meine Münchener Mama gesagt, und halb liebevoll gefragt: »Na, was ist heute wieder wahnsinnig interessant in der Zeitung?« Das hätte er auch gesagt, wenn ich mit diesen Briefen zu ihm gekommen wäre.

Kunstprozeß

Paul Cassirer, der in Berlin einen Kunstsalon hatte, hatte die französischen Impressionisten für Deutschland entdeckt. 1901 hatte er die erste Cézanne-Ausstellung gewagt, die Wilhelm II. so beurteilte: »Paul Cassirer, der die Dreckkunst aus Paris zu uns bringt.« Cassirer verkaufte ein einziges Bild, ein Blumenstilleben für 250 Mark. Er stellte auch als erster van Gogh aus. Jahrzehnte später fand wieder eine van Gogh-Ausstellung bei Cassirer statt. Heinz sah sie und sagte: »Ich weiß nicht. Es war gar nicht eindrucksvoll. Haben wir van Gogh überschätzt?« Die van Goghs bei Cassirer waren als Fälschungen entdeckt worden. Paul Cassirer lebte nicht mehr, und Grete Ring, die seine Nachfolgerin geworden war, sagte bei einem Prozeß, der nun stattfand: »Es hatte damit angefangen, daß wir aus Paris und New York horten, daß man dort sagte: ›Sie können nicht in Berlin kaufen, da verkauft man Ihnen gefälschte van Goghs.‹« Und nun bekamen wir unvergeßlichen Kunstunterricht. Die van Goghs der Cassirer-Ausstellung hingen an den Wänden und waren, wie Heinz gesagt hatte, nicht eindrucksvoll, und dann ließ Geheimrat Justi die große Zypresse von van Gogh aus der Nationalgalerie bringen, deren Direktor er war. Sitzungssaal und Zuhörerraum waren voll von Kunstkritikern, Kunstinteressierten. Auch Heinz war in dem Zuhörerraum. Als das Bild in den Saal gebracht wurde, ging ein unwillkürliches »Ah« durch den Raum. Justi sagte: »Ich habe mich ja nicht mit Kunst beschäftigt, um ein Beamter Seiner Majestät zu werden, sondern weil ich Augen habe.« Es wäre sehr schwer, Fälschungen von alter Kunst zu entdecken, anders bei moderner Kunst, wo der Strich des Meisters so klar zu erkennen ist! Und dann wurde es noch aufregender. Die Bilder wurden geröntgt, und man sah den kraftvollen Strich des echten van Gogh und den vorsichtigen, immer wieder absetzenden der Fälschungen. Der Kunst auf eine so wissenschaftliche, ganz unkünstlerische Weise nah zu kommen rührte an die großen Geheimnisse. In der Pause, als wir alle aufgeregt diskutierten, sagte Heinz leise zu mir: »Ich habe auch die Fälscher entdeckt. Da sitzen sie, die rheinischen Gauner aus Düsseldorf.« Heinz lächelte ihnen zu. Sie lächelten zurück. Es war gar kein Zweifel, daß sie wußten, daß Heinz wußte. Ich stand auf Kohlen. »Wenn die verhaftet werden, wirst du als Komplize mitverhaftet.« Aber Vorsicht konnte man von einem Mann wie Heinz nicht verlangen. Und dann kam van Gogh selber. Niemand traute sich mehr zu atmen. Es war van Goghs Neffe, Sohn von Theo, dem Empfänger von Vincent van Goghs berühmten Briefen, ein scheuer Mensch aus Holland mit dem auf so vielen Bildern verewigten Gesicht. Grete Ring erzählte: »Auf dem Boden im van Goghschen Haus lag der ganze Nachlaß. Es gab keine Listen. Wenn einer kam und wollte die vielen Bilder sehen, ließen ihn die Van Goghs einfach auf den Boden und kramen.« Diese Menschen kannten kein Mißtrauen. Sie konnten sich nicht vorstellen, daß einer ihnen was stehlen würde. 1930 gab es noch etwas so Weltfremdes, Integeres.

Grete Ring war die Nichte des Malers Max Liebermann, dessen Tochter mit Kurt Riezler verheiratet war, Bethmann Hollwegs Gehilfen, aber auch Eberts. Aus seinen fünfzig

Jahre zu spät erschienenen Tagebüchern geht hervor, daß Deutschlands Führer den ersten Weltkrieg nicht planmäßig herbeigeführt, aber bewußt riskiert hatten.

Als Cassirer 1926 Selbstmord beging, war das *Berliner Tageblatt* die einzige Zeitung Berlins, die diese Nachricht nicht hatte. Einer der Lokalredakteure sagte verbittert: »Ich habe ja kein Gehalt, daß ich mir einen Smoking leisten kann, um in solchen Kreisen zu verkehren.« An diesem Satz war nun alles falsch. Cassirer war zwanzig Jahre mit Tilla Durieux verheiratet, nicht nur eine der größten Schauspielerinnen, sondern auch eine hochintelligente Frau, bei der sich Kautsky und Hilferding mit Rathenau trafen, die von Corinth und Renoir, Gulbransson und Barlach abkonterfeit wurde, wo alle Theaterdirektoren und Gerhart Hauptmann und Georg Kaiser verkehrten. Richard Strauss hatte für sie die *Josephs Legende* geschrieben. Ich fand es bemitleidenswürdig, daß dieser Berliner Arbeiterjunge, der schließlich von seiner Feder lebte, das geistige Leben so falsch sah. Aber man konnte sich auch keinen größeren Gegensatz als die aus dem gleichen Milieu, weltzerstörend Klasse genannt, herkommenden Kiaulehn und diesen Lokalredakteur denken.

Der Kunstsalon Cassirer emigrierte nach London, eröffnete einen neuen »Cassirer« an einer der märchenhaftesten Ecken von London, an der Ostseite des Green Parks, wo noch 18.-Jahrhundert-Häuser standen. Ganz weniges von Cézanne war auf die Wände verteilt. Drei Striche für einen Baum von Cézanne, der nichts weggeworfen hat. Wir gingen verstimmt die Treppe hinab. »Ein Ende«, sagte Heinz und zündete sich eine Zigarette an. »Bißchen viel Enden, die wir miterleben«, sagte ich.

Der Stammtisch ›Capri‹ in der Anhaltstraße und *Das Wunderbare*

Im Gegensatz zu Ullstein gabs bei Mosse keine Kantine. Kiaulehn organisierte zwei Treffpunkte. Erst das bescheidene Café Adler, dann einen Mittagstisch bei ›Capri‹ in der Anhaltstraße. Wir hatten einen großen runden Tisch am Fenster, nahmen italienische Kost zu uns, ein Viertel Chianti und hinterher Grappa. Dieses Gläschen mit der hellen schweren Flüssigkeit, bei der wir die Weltereignisse besprachen, war unser Symbol der Kameradschaft. Wir kamen aus allen politischen Lagern. Wir hatten alle nur einen Fachehrgeiz, wir wollten die Wahrheit sagen über irgendeine Ecke des Lebens, des Staates. Wir waren ein Stammtisch von Don Quixotes auf der Grundlage des festen guten Einkommens, das die großen Zeitungen zahlten.

An diesem Mittagstisch erfanden Olden und Kiaulehn *Das Wunderbare. Propheten in deutscher Krise*, besprachen es mit Ernst Rowohlt, der es entzückt verlegte. Es war das erste Buch dieses Stammtisches. Das zweite war mein *Käsebier. Das Wunderbare* war die Besessenheit des deutschen Volkes mit Hitler. Mein Roman, der Spaß über ein erfundenes Nichts, wurde viel erfolgreicher als die glänzende Darstellung echten Schwindels echter Schwindler. Olden versuchte es mit dem Wunderbaren im Leben der meisten Menschen, der plötzlich auftretenden Liebe, zu erklären. Aber wichtiger als Oldens hilflose Erklärungsversuche waren Tatsachen. Überall in Deutschland erhob sich uralter Aberglaube. Im Jahresbericht der evangelisch-lutherischen Landeskirche in Hamburg (1932) heißt es: »Scheinbar ist Hexenglaube im Zunehmen begriffen. Bei Erkrankungen von Mensch und Vieh wird oft ein Hexenmeister aus dem Alten Land geholt oder eine Frau zum Besprechen ... In der Nähe von Hamburg hat die ländliche Bevölkerung eine Frau gemeinsam umgebracht, weil sie eine Hexe war.«

Alchemisten, Teufelsbeschwörer, Sterndeuter, Medizinmänner, die ganze mühselig gebändigte mittelalterliche Armee der Dummheit und Grausamkeit hielt Manöver ab bei elektrischem Licht, Staubsaugern und Zentralheizung. Man fühlte, es würde nicht mehr lange dauern, bis sie Scheiterhaufen errichten würden für Juden und Bücher, alles vernichten, was aufgebaut war mit so viel Blut, von Wyclif bis Lincoln, von Spinoza bis Montesquieu, gerechtes Gericht und die Sicherheit des Menschen in seinem Heim. Von der Freiheit, den Mund aufzumachen, wann man will, und Gedanken drucken zu lassen, die nicht die genehmigten waren, konnte man erst gar nicht reden. Es war eine religiöse Sehnsucht, die in die Irre ging. Eine Gutsbesitzerin in Ostpreußen schlug in einer Nazizeitung vor: »Wir alle sollten in unseren Wohnungen eine Führerecke einrichten. Das ist ganz einfach. Wir stellen ein Bild unseres geliebten Führers auf den Tisch, umgeben es mit Blumen und stellen zwei Kerzen davor.« Jahre vorher hatte man in Rußland, völlig in der alten Art, Altäre für Stalin errichtet mit Blumen und Kerzen.

»Du sollst dir kein Bildnis machen und keinerlei Gestalt, du sollst dergleichen nicht anbeten und dich nicht vor ihnen verneigen.« Um dieses Gesetzes willen war Jerusalem zerstört worden. Denn die Juden wollten sich nicht vor dem

Bild des Cäsars neigen und die Christen starben zu Tausenden um des gleichen Gesetzes willen. Dieses Gesetz hatte die Antike zerstört. Es war ein wichtiges Gesetz. Diesmal hieß das Bild des Cäsars Führerecke. Wenige Jahre später beteten die Kinder zu Hitler: »Händchen falten, Köpfchen senken und an Adolf Hitler denken.«

Kiaulehn, der rationale Berliner, schilderte die wunderbaren Heilungen durch die Hartwig Quelle, die nichts anderes war als Berliner Leitungswasser auf Flaschen gefüllt, Olden die von Weißenberg mit weißem Käse, Rafael Hualla, ein Wiener Journalist, die Heilung, die Zeileis in Gallspach mit Hochfrequenzstromschlägen besonders auf das nackte Gesäß erreichte. Alle drei heilten nicht wenige, sondern Zehntausende. Zeileis machte Gallspach mitten in der Krise zu einer blühenden Stadt. Olden, der dem Wunderglauben an Hitler beikommen wollte, wußte nicht, daß Hualla selber sein Hakenkreuz unterm Revers trug. Werner Richter, Korrespondent des *Berliner Tageblatts* in München, berichtete, daß sich Ludendorff und Angehörige fürstlicher Häuser einen Goldmacher hielten, der noch dazu Tausend hieß. A. H. Zeiz von der Lokalredaktion schrieb über Spiritisten und andere Okkulte. Er, der mit der jüdischen Bobby Segal verheiratet war, hatte plötzlich unter den Nazis unter dem englischen Namen Frazer großen Erfolg mit seinen Stücken. Für mich ist die besonders nette Bobby unvergeßlich mit dem Winter 1916/17 verknüpft. Im Vorplatz ihrer Mutter hing etwas Leuchtendes. Es war ein Samtmantel von einem hellen Grün. Es gab nichts mehr, weder solche Mäntel noch solche Farben, noch Gelegenheiten, wo man solche Mäntel hätte tragen können. Wir waren drei junge Mädchen, wir sahen auf diesen Mantel wie auf das Symbol unserer ungelebten Jugend. Keine von uns hat diesen Mantel vergessen. 1948 auf meiner Reise von Berlin nach Hamburg traf ich Zeiz und fragte unüberlegterweise nach Bobby: »Fragen Sie bitte nicht«, sagte er. Ich hörte später, vergast.

Oldens geschiedene Frau schrieb, leider mit etwas billiger Ironie, über Christian Science. Ein weiterer Redakteur des *Berliner Tageblatts*, ein Inder, Ayi Tendulkar, schrieb im *Wunderbaren* über Krishnamurti. Tendulkar war mit der sehr blonden Tochter des Universitätsprofessors der Kunstgeschichte Schubring verheiratet. Er schrieb böser über Krishnamurti als irgendeiner der anderen über irgendeinen der anderen: »Es heißt, in ihm seien Buddha und Christus wiederverkörpert. Christus und Buddha, nicht mehr, aber auch nicht weniger ... Vor allem ist genug Geld da. Das ist eine bedeutungsvolle Tatsache aus dem Komplex des *Wunderbaren*, es ist immer Geld da.«

Dasselbe stellte Rudolf Kalmar über den Entdecker der Raumkraft, Schappeller, fest, den das Kaiserpaar in Doorn großzügig unterstützte. Tendulkar schrieb bitter: »Krishnamurti, dieser einfache und bedürfnislose Mensch, der seine Schuhe selber putzt, ist im Hotel Kaiserhof abgestiegen.« Der Kaiserhof war ein Luxushotel, Hitlers Hauptquartier. Tendulkar, den ich auch für einen ungewöhnlich schönen Mann hielt, hatte den Humor, im *Berliner Tageblatt* zu schreiben: »Wir wollen nicht mehr romantisch bewundert werden, weil wir geheimnisvolle schwarze Augen und eine schöne braune Haut haben. Dreihundertsechzig Millionen haben solche schwarzen Augen und solche braune Haut.«

Als er sich im ›Capri‹ Schweinefleisch bestellte, sagte ich: »Was, Sie essen Schweinefleisch, ein Hindu?«

»Und Sie, eine Jüdin.«

»Wir leben, eine winzige Minderheit unter einer Schweinefleisch essenden Mehrheit; ich habe ja auch meine Weltanschauung nicht wie Sie als handgesponnenes Taschentuch aus meiner Jackentasche hängen.«

Ich fragte ihn auch einmal, ob er Kinder habe.

»Kinder? Ich ein Brahmane, von einer Europäerin? Nein!«

Es war wenige Tage später, daß der Nazischriftsteller Hans Zehrer, der sich in eine Jüdin verliebt und sie geheiratet hatte, auf dieselbe Frage geantwortet hatte: »Wie können Sie glauben, daß ich Judenkinder in die Welt setzen werde.«

Wilhelm Scheuermann, ein täglicher Stammtischler, der nach 1933 *Die Geschichte des Hakenkreuzes* veröffentlichte, schrieb in *Das Wunderbare* über »Vollmond statt Kali, Landwirtschaft ohne Düngemittel«. Hier begann der Konflikt. Es war in der Natur, wo man das Wunderbare dann doch nicht einfach abtun konnte, weil wir zu wenig wissen. Warum bekommt ein Stückchen Zweig, das auf die Erde fällt, Wurzeln? Dieses Buch, so wichtig, so aufschlußreich, ist nie wieder aufgelegt worden.

Viele kamen gelegentlich an diesen Stammtisch, zum Beispiel Prinz Hubertus Löwenstein, es kam Wandt, ein dicker blonder bleicher Mensch, tief verbittert, er grüßte kaum, er saß dabei und trank Grappa. Er war zu sechs Jahren Zuchthaus verurteilt worden, weil er in seinem Buch *Etappe Gent* die Belgier genannt hatte, die den Deutschen geholfen hatten. »Sollte unsere Regierung«, heißt es in dem Urteil eines deutschen Gerichts 1923 »einmal in die Lage kommen, sich für ihre Zwecke der Hilfe jener Männer von neuem bedienen zu müssen, was bei einer Veränderung der gegenwärtigen politischen Lage leicht eintreten kann, so würde ihr das durch diesen Verrat bedeutend erschwert sein.« Das bedeutete nichts anderes, als daß fünf Jahre nach dem verlorenen Krieg von Kreisen des Reichsgerichts ein neuer Einmarsch in Belgien für möglich gehalten wurde.

Das Obige schrieb ich vor vielen Jahren. Dann, nach einer Vorlesung im Emigranten-Klub 1943 sagte Hans Jaeger, der unvergeßliche Leiter des Klubs, zu mir: »Ich dachte gerade, von Wandt spricht keiner mehr, als Sie von Wandt anfingen.« Das war Anfang der siebziger Jahre. Aber ein halbes Jahrhundert in England hat mich gelehrt, daß die Freiheit in diesem geheimnisvollen Land auf einer eisernen Disziplin beruht. Es gab nie eine Zensur im Krieg, eben weil es diese Disziplin gibt. Vielleicht, aber ich bin nicht ganz sicher, könnte man sie Patriotismus nennen. Jedenfalls haben alle Demokratien Vertrauensleute in andern Ländern. Die Namen dieser Vertrauensleute zu veröffentlichen ist Landesverrat und wird bestraft.

In unsern Stammtisch kam Werner Hegemann, der große Architekt und Schriftsteller, der Vorkämpfer der Gartenstadtbewegung, der Verehrer Ebenezer Howards und des englischen Einzelhauses: »Die Geschichte des englischen Städtebaus wirkt wie ein erfolgreicher Kampf um den Sieg der anständigen Gesinnung, die in dem Elisabethanischen Erlaß von 1580 zu Worte kam.« Der Sieg der unanständigen Gesinnung war für ihn verkörpert in Friedrich des Großen Hypothekenordnung, die aus Berlin eine Mietskasernenstadt gemacht hatte, nicht mit fünfzig Menschen auf dem acre wie in England, sondern mit fünfhundert! Es gab keine Slums für ihn in England, denn, verglichen mit den Mietskasernen des Kontinents, waren sie anständige Menschenwohnungen. Hegemann hatte die großen internationalen Städtebauausstellungen in Boston und Berlin 1909, in London und in anderen Städten geleitet. Er hatte gehofft, daß ein großes Wohnungsbauprogramm den Weltkrieg aufhalten würde, »indem es den später verpulverten Milliarden sehr viel nützlichere Verwendung schaffen würde, als der Weltkrieg nachher zu bieten vermochte«, wie er sagte. Und dann endlich hatte sich ein Teil seiner Hoffnungen verwirklicht in den Bauten der Berliner sozialdemokratischen Stadtverwaltung zwischen 1920 und 1930, Bauten, die in die Architekturbücher der ganzen Welt übergegangen sind. Diese Stadt Berlin war zweihundert Jahre lang ein Ausbeutungsobjekt der preußischen Könige gewesen, in ihren Freiheiten beschränkt, in ihrer Ausdehnung behindert, ihrer grünen Lungen beraubt. Das Resultat war, daß sie die entsetzlichsten Wohnungsverhältnisse aller Großstädte hatte, daß 1912 sechshunderttausend Menschen in Wohnungen wohnten, in denen jedes Zimmer mit fünf bis dreizehn Menschen belegt war, und daß Berlin, als einzige aller Weltstädte einen Sterbeüberschuß hatte. Und was für gemeine Dinge geschehen waren: die Berliner Straßenbahn wurde in ihrem Ausbau beschränkt, damit sich die Grundstücke in der Innenstadt nicht entwerteten.

In der armen Weimarer Republik bekamen es dann die Sozialdemokraten fertig, sechsundvierzig Quadratmeilen für die Bevölkerung zu erwerben und Gartenstädte zu bauen, zum Beispiel die berühmte Hufeisensiedlung von Britz. Es war Kiaulehn, der uns zum erstenmal die Nachteile einer solchen Siedlung darstellte, sehr geringe Nachteile, verglichen mit den Mietskasernen. »Da möchte man lesen«, sagte Kiaulehn, »aber man kann nicht, man muß Gras schneiden, und wenn man zum Bahnhof geht, kommt sicher ein Nachbar, der einen ermahnt: ›Gar kein Gemüse? Aber das geht doch nicht. Und Sie müssen auch düngen.‹ Und dann kommen Rechnungen, Rosenbüsche und Stangen und Bohnensamen und Rasenschneidereparatur. ›Wenigstens zwei Rosenbüsche ...‹, sagte der Nachbar, also Rechnung für Rosenbüsche.«

Später in angelsächsischen Ländern mit ihren Gartenstädten hörten wir mehr dieser Klagen, jedermann ein Zwangsgärtner.

Die Sozialdemokraten errichteten zum erstenmal in Berlin Spiel- und Sportplätze. Die Kosten, gemessen am Gesamtetat Berlins, waren winzig, nämlich 0,07 %. Schöpfer dieses neuen Berlin waren kleine Leute, ehemalige Buchdrucker und Werkmeister, zum Beispiel Stadtrat Busch. Sie waren die echten Fortschrittler, nicht die veralteten Kommunisten, die die scheußliche Erfindung der *Neureichen*, den Kurfürstendamm von 1900, im Osten wiederholten und Stalinallee nannten, natürlich auch für die Neureichen. »Nur für Sachsen«, sagte uns ein Ostberliner, »unsereiner hat da nischt zu suchen.«

Die treuesten täglichen Stammtischler waren keine Beiträger zum *Wunderbaren*, aber zur *Weltbühne*: Dreyfus und Berthold Jacob, beide unabhängige Sozialisten. Jacob hatte nur *ein* Thema, das war die heimliche Reichswehr. Er und sein Bruder Hans Roger Madol waren die verschiedensten Brüder, die ich je kennengelernt habe. Madol hatte seinen Namen von seinem französischen Lehrer der Geschichte bekommen. Er machte die Fürsten Europas zu seinem Thema. Er hat einmal Heinz und mir in seinem Heim im Londoner Richmond eine brillante Studie über den Fürsten Ferdinand von Bulgarien vorgelesen. Der Unterschied zwischen den

Coburgern und den Dänen, die zwei Häuser, die noch Könige lieferten, war für ihn faszinierend. Berthold Jacob war der echte Jakobiner, bereit, sämtliche Idole seines Bruders in irgendeine Verbannung zu schicken. Die beiden so verschiedenen Brüder waren grundehrlich. Berthold war ein David, der mit seiner Füllfeder gegen den Goliath Deutsche Reichswehr anrannte, völlig im Zug der Zeit Pazifist und Marxist. Madol liebte die europäischen Fürstenhäuser mit echter, im ganzen kritikloser Liebe. Es war leicht komisch, wenn ein Historiker nach 1918 die Dynastien als sein Thema wählte. Für Madol bewährte sich sein Puschel, er lebte mit den Großen, besichtigte die Welt – es wurde festgestellt, daß der europäische Hochadel erstaunlicherweise seinen Reichtum behalten hatte, führte ein volles Leben. Berthold war immer arm, im Gefängnis, in Gefahr. 1934 wurde er von der Gestapo aus der Schweiz entführt. 1934 gab es noch eine europäische Moral. Die kleine Schweiz setzte durch, daß Jacob entlassen wurde. Der Aufruf an Deutschland war ein großartiges Dokument. Ich erinnere mich nur noch daran, daß die Schweiz mitteilte, daß Europa sie zum Hüter der Alpenpässe erwählt habe, daß sie ein freies und unabhängiges Land bleiben müsse, um diese Aufgabe zu erfüllen, und daß Europa Menschenraub auf dem Boden dieses wichtigen Hüters nicht dulden könne. Berthold Jacob wollte nur das Beste, aber als er 1934 entführt wurde, fand man sein Notizbuch mit allen unseren Adressen bei ihm. Alle, die in Deutschland geblieben waren, kamen ins Gefängnis oder gar ins KZ. Auch Kiaulehn hatte schwere Wochen. 1941 ging Jacob in Lissabon zum amerikanischen Konsulat, um sich nach seiner Schiffspassage zu erkundigen. Was nur in ganz wenigen Fällen in Lissabon vorkam, Jacob verschwand. Kein

Zweifel, daß in diesem Fall Portugiesen und Deutsche zusammenarbeiteten. Man hat nie mehr etwas über sein Schicksal gehört.

Es kamen auch ausländische Journalisten an unseren Tisch. Knickerbocker, dessen Buch *Deutschland so* (Hakenkreuz) *oder so* (Hammer und Sichel) ein Bestseller war. Er hatte in ganz Deutschland vom Untergang an den Reparationen gehört, (zum Beispiel hatte Reusch, der Generaldirektor der Gutehoffnungshütte, gesagt: »Wenn Frankreich nicht unsere politischen Schulden streicht, stehen wir Deutschen vor einem geistigen Zusammenbruch.«) Von Knickerbockers Tatsachen wurde nicht Notiz genommen: deutsche Stahlausfuhr dreimal so groß wie die amerikanische, Stickstoffwerke allein könnten Reparationen decken. Beruhigend war aber sein Besuch bei Klagges: »Bürgerkrieg, Blutvergießen und Anarchie: das ist es, was viele unter den Gegnern der Nationalsozialisten dem deutschen Reich für den Fall prophezeien, daß Hitler ans Ruder kommt. Umsturz der internationalen Vereinbarungen, wirre Verhältnisse auf dem Kontinent, vielleicht ein Revanchekrieg.« ... Und nun will er den Amerikanern die Wahrheit sagen:

»Der einzige Nationalsozialist, der bereits an der Macht ist, erwies sich als eine humorvolle und ausgeglichene Persönlichkeit mit überraschend gemäßigtem politischen Standpunkt, dessen Hauptneigung nur schwer mit dem Ruf der Nationalsozialisten, blutrünstig zu sein, in Einklang zu bringen ist, diese Neigung galt seinen fünf Kindern ... Die meisten Hitlerianer tragen angeblich Schlagringe. Der hier hatte einen Ehering an der Hand. Die meisten Hitlerianer sind angeblich überaus brutal. Dieser hier sieht dem liberalen und menschenfreundlichen Herausgeber der *New Republic*,

Mr. Bruce Bliven, so ähnlich, daß er sein Zwillingsbruder sein könnte ... Der Besuch in der Wohnung des Herrn Klagges hatte eine ebenso beruhigende Wirkung wie die Unterredung mit ihm. Vater Dietrich, Frau Mali und die fünf kleinen Germanen mit den ganz germanischen Namen, Ingrim, Hugdietrich, Irmhild, Rainer und Waltraut boten ein Bild des Familienglücks, das unmöglich mit den Vorstellungen in Einklang zu bringen war, die man sich nach den Karikaturen gemeinhin von den Nazis macht.« Trotz dieses Quatsches ist Knickerbocker ehrlich genug, die Sturmabteilungen zu erwähnen, und trotz der »Gesetzesfürchtigkeit und Ordnungsliebe des deutschen Volkes« seien Morde vorgekommen, aber immerhin auch bei Klagges habe er jene Redlichkeit gefunden, die die Zinsen für die amerikanischen Anleihen bezahlen würde. Auch der französische Journalist Kessel sagte mir am Telefon, als ich ihn warnen wollte, daß Göring ganz ungewöhnlich angenehme Manieren habe. Im Gegensatz zu mir schien er sagen zu wollen. Ich dankte und legte den Hörer auf.

Was konnten diese unabhängigen Deutschen erwidern, wenn Amerikaner und Franzosen andeuteten, die Nationalsozialisten schienen doch gar nichts anders zu wollen, als den schandbaren Versailler Vertrag zu revidieren, die Größe ihres Vaterlands, den Deutschen wieder Selbstachtung zu geben. Sehr schwer zu sagen: »Das sind Gangster. Sie irren sich.«

Komisch war auch, daß unsre angelsächsischen Besucher so entsetzt waren über Dinge, die sie in Paris ganz selbstverständlich fanden. »Pre-Hitler Berlin was a sink of iniquity. The fingers of any moderately fussy patriot must have itched to springclean it. Its male prostitution alone with their india rubber breasts and padded hips – the fair hostesses of Eldorado – were a standing invitation to the puritan to organize a ›March on Berlin‹«, schrieb Wyndham Lewis. Ich weiß nicht, wer in Londons Fleet Street den Tip »Eldorado« und »Mali und Igel« gegeben hat, aber genauso gut hätten wir alle einen Falschspielerklub in Soho als Charakteristikum von London ansehen und finden können, deswegen müßte die englische Demokratie gestürzt werden.

»Eldorado« und »Mali und Igel« waren, am Gesamtbild dieser gewaltigen Stadt gemessen, irrelevant, genauso irrelevant wie Isherwoods Hurenpension in der berüchtigten Motzstraße. Das Allerkomischste dieser Überbewertung ist, daß bei Isherwood aber auch die Journalistinnen, die von ihren Besuchen im Eldorado und Mali und Igel erzählten, Kommunisten waren. Die freundliche Unterstützung der Nazis haben solche Schriftsteller ausgezeichnet vorbereitet. Wenn man in der angelsächsischen Welt kratzt, kommt kein Barbar, sondern ein Puritaner heraus. Die wirklich gefährlichen und unsittlichen männlichen Prostituierten waren jene Naziführer, die von den angelsächsischen Literaten für Patrioten gehalten wurden im Gegensatz zu den Leuten an unserem Stammtisch, die nichts waren als »zersetzende Elemente«.

Im Winter 1932, November oder Dezember, trafen wir uns noch einmal nicht im, aber am ›Capri‹. Olden, Kiaulehn, ich standen in einem Hausflur und sahen hinüber auf unser ›Capri‹, das ein SA-Verkehrslokal geworden war. Wir waren vertrieben, bevor wir noch vertrieben waren.

Niemand hatte daran gedacht, von der Wand hinter dem Tisch die Ansichtskarten eines großen Teils der europäischen Intellektuellen zu retten, die sie an uns geschrieben hatten.

Reise nach Griechenland 1927

Friede in Europa. Briand und Stresemann hatten sich in Locarno getroffen, und Austen Chamberlain hatte Stresemann den Liebestrank in der Guildhall kredenzt.

Ich fuhr nach Griechenland, um eine Freundin und ihre Ausgrabungen zu besuchen. Der Mond stand hoch, die Augustnacht war warm im Hafen von Triest. Ein Flugzeug hob sich vom Wasser, ein Segelschiff flitzte mit Marinesoldaten dahin, übers Wasser hörte man »Giovinezza« singen. Neben mir stand ein Italiener. »Sehen Sie sich diese verrückte Jugend an! Krieg und nochmal Krieg!« Er gehörte meiner, der Kriegsgeneration des ersten Weltkrieges, an.

So ging das internationale Gespräch: »Oh yes – mais oui – si si – ne, ne. Es ist auch bei uns schlecht. Vor dem Krieg da ging es uns gut, aber jetzt – die Steuern, die taxes, die Inflation, die zweite Zwangsanleihe für die Flüchtlinge (griechisch) – mein Sohn fiel in Frankreich – Haben Sie die Kirchhöfe gesehen? In Triest? An der Somme? In Jerusalem? In Flandern? In Saloniki? Tja. Da liegt unsere Jugend. Und die blieben? Alle kaputt – Wir haben schlechte Zeiten. Keine Arbeit – si, si – eine internationale Handelskrise.«

»A devilish thing«, sagte die Engländerin, »mein Bruder war in Deutschland gefangen, in Krefeld, er kam schwindsüchtig nach Hause. Wir schickten ihn nach Afrika, yes, and the other one has bad nerves.«

Ich saß neben einem alten Matrosen aus Fiume auf aufgerollten Tauen. Er war als Österreicher ausgefahren und nach sechsjähriger Gefangenschaft als Italiener heimgekehrt. Tja, Frau weg und Kinder; »Schlecht in Fiume, sehr schlecht, Fiume liegt still, der Handel geht über Giurgiu.«

Das Meer war bewegt, das Schiff klein. Der Steward läutete, aber die Herren waren seekrank. Die Engländerin und ich aßen allein. Sie züchtete Wicken in Sussex. Sie war nach Deutschland gefahren, weil sie das Land kennenlernen wollte, gegen dessen ›Prussian customs‹ sie soviel Vorurteil hatte, und sie hatte fleißige Menschen gesehen, und freundlich war man überall gewesen. Wo waren die ›Prussian customs‹?«

In der Nacht las ich weiter in der griechischen Geschichte von Professor Wilcken, die gerade herausgekommen war, und fand folgenden Satz: »Ein schöner Zug ist es, daß nur dem Helden, der im Kampf gefallen ist, ein besseres Los im Jenseits winkt. Wie irrig war es doch, wenn man gelegentlich die Babylonier zu Pazifisten machte, die nur dem Ausbau der Kultur gelebt hätten!«

Genau das waren die ›Prussian customs‹, die die Engländerin vergeblich in der Freundlichkeit der Menschen und der Schönheit der deutschen Städte gesucht hatte. Ein Vertreter der höchsten deutschen Geistigkeit fand 1927 Pazifismus und Leben für den Ausbau der Kultur einen Makel, von dem man ein großes Volk reinwaschen mußte.

Nur im Süden lebt der Mensch. Der Rand des Mittelmeers ist seine Heimat. Hier wächst der Feigenbaum des Paradieses, hier ist der Dornbusch, aus dem Gott zu Moses sprach, hier fällt das Samenkorn zwischen die Steine und wird vom Winde verweht wie im Gleichnis vom Sämann, hier ist der Weinstock Noahs und des Götteropfers. Hier ist der Ölzweig, den die Friedenstaube heimbrachte und mit dem sich zu Olympia der Sieger kränzte. Hier trafen in der hellen Luft die Göttinnen auf Paris, den Ziegenhirten.

Einfach ist das Leben von Ewigkeiten her. Fischerboote mit großen braunen Segeln fahren abends aus dem Hafen hinaus. Morgens kehren sie heim mit Früchten vom Peloponnes, kindskopfgroßen Tomaten, Pfirsichen, Auberginen und Fischen. Frauen und Kinder kommen, holen die Nahrung, braten auf dem primitiven Dreifuß mit Reisigholz die Fische.

In Gewölben haust das Handwerk, der Schuster, der Schlosser, der Tischler. Die Esel kommen vom Töpfer, tragen schwerbeladen die Tonkrüge zum Schiff, das wie vor sechstausend Jahren äginetische Keramik nach Attika bringt. Wie vor sechstausend Jahren kommen Schiffe, beladen mit Weizen, vom Pontus Euxinus. Vor den Häusern ist ein grauer Brei. Das ist mit Wasser vermischter Lehm zum Hausbau. Weiter im Lande aber macht der Bauer alles allein. Er kompliziert nicht sein Dasein, indem er es durch Vereinigung mit anderen erleichtern will. Nur in einem rosa getünchten Hause mit blauen Läden in einer engen Gasse, durch die man auf das Meer sieht, steht in einer Wohnstube ein Tisch mit jenem kleinen Apparat aus Holz und Messingteilen, den man Telegraph nennt.

Wir waren stundenlang auf dem Esel geritten in einer menschenleeren kahlen Berglandschaft. Nun wanderten wir den steilen Bergweg zum Tempel hinauf. Oben wohnte der Tempelwächter, der Phylax. Er gab uns einen Tonkrug voll Wasser, sein kleiner schwarzer Hund trottete neben uns. Wir aßen unser Mittag, Ölsardinen, Eier, Tomaten, Weißbrot in der unbewegten Glut eines griechischen Julitages. Die kleine schwarze Kreatur machte Ordnung, fraß die Brotkrumen, leckte das Öl aus der Büchse und legte sich auf die andere Seite zum Schlaf hin. Ich sah durch die Olivenbäume in den blauen Himmel, sah zur Seite den Tempel, weithin das Meer mit felsigen Inseln. Ich konnte nicht schlafen vor Glück, wach bleiben, verweilen, sich wiegen im Zauber der guten Stunde. Nie war man so glücklich, nie so dankbar, nie so ganz auf reinen Ton gestimmt. Es wird zu viel von einem verlangt im Westen, zu viel an Klugheit. Dir Wärme zu schaffen und Licht und einen gepolsterten Sitz, das kostet so viel, und fettes Fleisch und wollene oder gar pelzene Kleidung. Das verschlingt des Menschen Denken und Tun mit Haut und Haar. Hier in diesem Licht lebte ich wunschlos dem heiteren Augenblick, der klaren Freude.

Das Haus, in dem wir übernachteten, war bewundernswert sauber, mein Kopfkissen war mit Sand gefüllt, der Boden gestampfter Lehm, das Licht eine Kerze in einem Flaschenhals. An der Wand hing eine amerikanische Flagge mit einer griechischen gekreuzt. Der Sohn war nach Amerika ausgewandert.

Denn es gab nicht nur Klima und Schönheit. Ein uneheliches Kind wurde krank. Niemand ging zu seiner verzweifelten Mutter, außer meiner Freundin, die ihm helfen konnte. Die griechische Dame, bei der wir öfter Kaffee tranken, warnte uns, wir dürften uns nicht so gegen die Sitte stellen. Oder da waren die ganz jungen Mädchen, die eine Nonne zwang, zwölf Stunden am Tag mit einem Hämmerchen Mandeln aufzuklopfen und die Kerne in einen Korb zu werfen. Und in dem kleinen Hotel war ein Mädchen, das immer da war, immer Wasser trug, denn jeder Tropfen mußte vom Brunnen gebracht werden. Eines Tages warf sie sich auf den

Boden und schrie. Man brachte sie in ihr Zimmer, das fensterlos war, Licht und Luft nur von der Tür erhielt, genau wie das Pellerhaus in Nürnberg, wie die Schlafzimmer in Pompeji, wie 361 000 fensterlose Zimmer in New York für die armen Einwanderer am Ende des 19. Jahrhunderts. Sie schrie stundenlang. Am nächsten Tag erschien sie, als ob nichts geschehen sei, holte Wasser, kehrte den Boden, brachte Kaffee, ich weiß nicht, wie viele Stunden am Tag. Auch persönlich war es nicht ganz unbewölkt. Ich war ärgerlich, weil ich noch keine Zeile von Heinz bekommen hatte, und wollte schon einen meiner hemmungslosen Wutbriefe schreiben, über die sich jeder in meiner Familie ärgerte. Meine Freundin, zwanzig Jahre älter als ich, eine Frau, die viele Liebhaber gehabt hatte, riet mir dringend ab. Ich könnte ja gar nicht wissen, was passiert sei. Tatsächlich, als ich nach Athen kam, lagen zwölf Briefe im Hotel, die sie nicht weitergeschickt hatten. Das war etwas, womit ich überhaupt nicht gerechnet hatte. Ich telegraphierte sofort, da Heinz mich treffen wollte: »Briefe erst jetzt vorgefunden, bitte um genaue Anweisungen, München hauptpostlagernd.« Und was, wenn er mich in Italien oder Tirol treffen wollte, dann war es ganz dämlich?

Athen war eine traurige Stadt. Wie konnte das Land eine und eine halbe Million Flüchtlinge absorbieren? Schon wurde das Geld abgewertet. Es handelte sich um Griechen, die aus der Türkei ausgewiesen worden waren nach dem Massaker von Smyrna, wo die Schiffe der Großmächte, der Franzosen und Engländer nämlich, die ins Meer springenden Griechen nicht gerettet hatten. Die Stadt hatte keine Wasserleitung, und so sah auch alles aus, staubig und kahl und blumenlos. Und überall waren die Zelte und sonstigen provisorischen Behausungen der Flüchtlinge. Schon sechs Jahre später war es verändert. Athen hatte Wasser und überall sproß und blühte es. Die kleinasiatischen Flüchtlinge hatten mit ihrer Intelligenz und ihrer Zahl das Land nur bereichert.

Das Schiff, mit dem ich nach Italien zurückfuhr, war sehr voll. Die Engländerin von der Hinfahrt war wieder auf dem Schiff und sorgte dafür, daß ich an den Tisch des Kapitäns kam. Warum? Weil ich einfache Baumwollkittel trug, meine Haare, wie sie gewachsen waren, weder Puder noch Lippenstift benutzte. Auch in Preußen hatte man einfach zu sein, wenn man dazugehören wollte. Der Snobismus der Schlichtheit.

Das Schiff wackelte, die Brötchen fielen vom Tisch. »Was der Philipp essen wollt, unten auf der Erde rollt«, sagte ein Engländer, der im – wie man das damals nannte – Vorderen Orient regierte. »Und die Mutter blickte stumm auf dem ganzen Tisch herum«, setzte ich auf deutsch fort. *Der Struwwelpeter* als gemeinsame europäische Kultur. An unserem Tisch saß die Frau eines hohen französischen Beamten aus Syrien. Sie trug ein schwarzes Kleid mit Stehkragen und kehrte mit den Rüschen ihres Rockes das Schiff auf, zu einer Zeit, als wir kniefrei gingen. Sie mißbilligte, daß die Engländer mich, eine Deutsche, dazurechneten. Es gab auch ein ganz junges griechisches Mädchen mit einem klassischen Gesicht. Sie fuhr nach Paris und träumte von Kleidern von Chanel und von Wiener Operetten.

In der zweiten Klasse war ein nervöser kleiner Deutscher, der versuchte, die Umsitzenden mit seiner Begeisterung zu erfüllen. Er hatte ein Leben lang gespart für diese Reise. Er war Oberlehrer in Hamburg. »Das ist Ithaka«, sagte er aufgeregt, »dort wohnte Eumaios, der Schweinehirt, und dort sehen Sie den Weg, dort genau war es, wo Telemach seinem

Vater Odysseus entgegenging«. Kein Mensch hörte ihm zu. Einer hatte ihm den Liegestuhl weggenommen. Er sagte zu dem Mann: »It is not noble of you.« Ein rührender hilfloser Mensch. Würde er später zu den Vernichtern oder den Vernichteten gehören?

Ein Herr borgte mir eine illustrierte Zeitschrift. Koffer bildeten die Staffage für eine Dame in Tweed. Filmschauspielerinnen trugen crèpe de chine-Nachthemden. Das Meer war ein Mittel, um Strandanzüge, Schwimmhosen und Büstenhalter zu zeigen. Dazwischen gab es eine Geschichte von einem Mord im Palacehotel. Ich drehte die Zeitschrift um, und was stand darauf? Nichts geringeres als *Das Leben*.

Das sahen sich Millionen Menschen im Kino an und das war ihre Lektüre. Das alles, dachte ich, ist zum Untergang reif. Ich hatte eine Offenbarung empfangen. Ich wußte, was das Leben ist von Uranfang an. Fische fangen im Meer, mit seinem Mann schlafen, Kinder zur Welt bringen, Kinder sterben sehen, krank werden, zurückgebracht werden zum Staube, aus dem man genommen ward. So war das wahre Leben, das himmlische unbewußte Leben.

Diese meine Sehnsucht und diese meine Offenbarung waren keine private Offenbarung und keine private Sehnsucht. Hunderttausende hatten die gleiche Sehnsucht. Es war das Mißbehagen an der Kultur. Es war eine von den Ingredienzen, aus denen der Nazipudding gekocht wurde.

Der regierende Engländer war das, was wir in Preußen albern genannt hätten. Aber schon am ersten Tag der Reise wurde mir klar, daß ich es mit einer überragenden Intelligenz zu tun hatte. Jeden Morgen rief er mir entgegen: »Hallo, what about the love story of the fat Englishman?« »Sorry, no material«, sagte ich. So fing der Tag an und so setzte sich das fort bis zum Abend. Ich nannte ihn von Zeit zu Zeit zu mir selber »Geheimrat« oder »Excellenz«, um mir den Unterschied klarzumachen. In Deutschland hatte man Probleme, in Deutschland hielt man immer eine Fahne hoch, in Deutschland war es unfein, es sich so wohl wie möglich sein zu lassen. Man hatte zu leiden: unter der Schande des Versailler Vertrags, unter dem Mangel an Sozialisierung oder unter sonst was.

Am tollsten war es, als wir von Brindisi abfuhren. Der dortige Konsul sprach mit zwei winzigen Kinderfähnchen Flaggensprache, noch dazu auf zwei Kisten stehend. Unserer erwiderte im Stil eines englischen Clowns. Ich hatte nicht gewußt, daß hohe Beamte, Männer von vierzig Jahren sich so wie lustige Schuljungen benehmen konnten, und obwohl mir klar war, daß der Lustige Schuljungen-Ton genau so ein Comment war wie das Hackenschlagen der preußischen Offiziere, war es eine beneidenswerte Haltung.

Am selben Tag hatte ich grundlegenden politischen Unterricht von ihm empfangen.

Mir waren zwar immer die zu weiten Breeches und zu hohen Kragen der italienischen Offiziere auf die Nerven gegangen, aber Mussolini erschien mir doch als Nachfolger Cäsars. Und Cäsar liebte ich nach der Darstellung Mommsens, und weil man uns in der Schule gelehrt hatte, Cäsar zu bewundern. Als ich mit dem Engländer durch Brindisi ging, kamen wir an einem Denkmal vorbei, an dem mit goldenen Buchstaben stand: »Hier ruht der heldenhafte Roberto Giuseppe Schniprikapazzo, der im heroischen Kampf gegen die roten Verbrecher sein junges wertvolles Leben um des Vaterlandes willen aushauchte. Evviva Italia, evviva il Duce.«

Der Engländer las das durch, dann blies er sich auf, hob die gekrümmten Arme bis zur Brust. Es machte den heldenhaften Schniprikapazzo endgültig lächerlich. »So sehen Sie das?« sagte ich.

»Wie denn sonst?«

»Sie glauben also nicht, daß Mussolini den Wohlstand Italiens hebt, für Ruhe und Ordnung sorgt?«

Der Engländer quakte mit cäsarischen Gesten, und dann sagte er: »Awful lot« (Gräuliche Bande).

Es war der Anfang vielen Nachdenkens und das Ende meiner Heldenverehrung.

Ganz aus war es damit, als wir genau zwölf Jahre später im verdunkelten Winter 1939 in London den Shakespearschen *Julius Caesar* sahen, einen nervösen Diktator, einen Epileptiker, der mit Schaum vor dem Munde hinfällt, der nicht schlafen kann, der Leute nicht leiden kann, die denken und lesen, der sich aufbläht: »Ich fürchte nicht ... Doch wenn ich überhaupt fähig wäre, was zu fürchten ...« Und als ihm die Frauen zujubeln, sagt Caska, der Börsianer von ihnen: »Wenn er ihre Mütter getötet hätte, würden sie ihm genau so zujubeln.« Alles von Shakespeare, nicht bearbeitet, nichts geändert. Und über die Worte, an denen wir uns in der Schule berauscht haben: »Mir haben stets Gefahren im Rücken nur gedroht; wenn sie die Stirn des Cäsars sehen werden, sind sie verschwunden«, lachten die Londoner. Aus dem Munde eines aufgeregten Herrn in Pumphosen und Militärstiefeln klang es ja wirklich nur großmäulig und dumm: »Die Gefahr«, rief er, »weiß ganz genau, daß Cäsar gefährlicher ist als sie! Wir sind zwei Zwillingslöwen, nur daß ich der ältere und schrecklichere bin!«

Hand aufs Herz, wer von uns hat gelacht, wenn Julius

Cäsar erklärte, er sei das Zwillingskind der Gefahr und ein schrecklicher Löwe?

Wir hörten auch eine schauerliche Szene. Der von Antonius aufgehetzte Mob trifft Cinna den Poeten und verhört ihn und fragt ihn nach seinem Namen, und als er »Cinna« sagt, rufen sie: »Schlagt ihn tot!«

»Ich bin der Dichter Cinna, ich bin nicht der Verschwörer Cinna.«

»Ganz gleich. Er heißt Cinna.« Und dann wird er auf offener Bühne totgeschlagen.

Diese Begebenheit wurde nicht von Shakespeare erfunden. Sie ist wahr und von Plutarch überliefert. Uns aber im Londoner Theater überlief es kalt, niemand anderes ist der Dichter Cinna als der Musiker Willy Schmidt, der aus Namensverwechslung ermordet wurde am 30. Juni 1934 in München, wie der Dichter Cinna aus Namensverwechslung ermordet wurde am 16. März 44 v. Ch. in Rom. Das eine Mal ein Dichter, das andre Mal ein Musiker. Der Mob vergreift sich am liebsten an den Zarten.

1980 wurde am BBC gesagt, daß die Cinna-Szene der Angelpunkt des Stückes sei. Sie wurde in deutschen Aufführungen meist weggelassen. Es ist auch welthistorisch interessant, daß der Julius Cäsar im verdunkelten London des Winters 1939/40 in moderner Faschistenuniform gespielt wurde. Mussolini, das war der Feind, seine afrikanischen Abenteuer, der Seeweg nach Indien gefährdet, der Suezkanal, das Mittelmeer. Was ging einen Engländer die Tschechoslowakei an?

Am selben Tag in Brindisi nahm mich die englische Gesellschaft in ein dem Schiff gegenüberliegendes Hotel mit. Wir saßen bequem in der Halle, als der Kellner sich dem Regierenden näherte und mit der Serviette wedelte. Der winkte ab: »We are only sitting down, there is our boat.«

Ich wurde rot. Ich dachte an meinen Vater, der zu sagen pflegte, wenn wir in ein Wirtshaus gingen: »Man muß dem Wirt was zu verdienen geben.«

Am späten Abend lag ich noch im Liegestuhl. Der junge italienische Offizier, der mir seit dem Beginn der Reise folgte, saß auf einem Feldstuhl. Wir schwiegen. An diesem Abend wurde ich ihm freundlicher gesinnt. Irr dich nicht, sagte ich in Gedanken, ich gehöre nicht zu den Mächtigen, auch wenn ich den ganzen Tag mit ihnen zusammen bin. Wenn du und ich in ein Hotel gehen, dann müssen wir vorher in unserem Portemonnaie nachsehen, ob wir genug Geld haben, und wenn ein Mensch müde Füße hat und er geht in so ein Hotel und setzt sich in einen weichen Sessel, dann schmeißen sie ihn raus. Aber ein englischer Regierer, der darf. Warum? Weil er Macht hinter sich hat. Wenn man zum britischen Empire gehört, dann setzt man sich in die weichen Sessel umsonst. Aber wir beide haben keine Macht.

Als wir in Venedig das Schiff verließen, gab mir der Engländer seine Visitenkarte, die ich verlor. Ich kam nicht auf die Idee, sie könnte für mich wichtig sein. Ich brauchte keine Adressen. Das Berliner Telefonbuch genügte.

In München fand ich Heinzens sorgfältig vorbereiteten Plan mit allen Zügen und Anschlüssen, genau wie es mein Vater gemacht hätte, indem er das dicke gelbe Kursbuch wälzte. Er würde mich in Weimar vom Bahnhof abholen. Falls wir uns verfehlten: Zimmer im Erbprinzen. Im Coupé München/Weimar saß nur eine nette junge Norddeutsche, die aus Wien kam, wo sie studiert hatte.

Sie half mir mit dem Gepäck, und wir unterhielten uns ausgezeichnet. Später in London hatte Heinz zweimal dasselbe ulkige Erlebnis, es sprachen ihn großgewachsene Intellektuelle an und fragten: »Cambridge?« »Oxford?«, weil sie offenbar annahmen, so ein Geschöpf wie sie selber könne nur zu einer der alten Universitäten gehören, also ein Kollege sein. Heinz konnte nur den Kopf schütteln und lächeln: »Sorry no«, »leider nicht«.

Nun stand er also auf dem fast leeren Bahnsteig in Weimar. Ich sah ihn vom Korridorfenster bei der Einfahrt. Das Mädchen, das sich neben mich gestellt hatte, sagte entsetzt: »Aber das ist doch wohl ein Jude« und floh ins Abteil zurück und sagte kein Wort mehr. Der Gepäckträger, den Heinz schickte, nahm die Koffer aus dem Netz, und ich verließ wortlos das Coupé. Das Mädchen sah von ihrem Fensterplatz hinaus. Ich erzähle diese läppische Geschichte, weil sich nur aus tausend Einzelheiten die Atmosphäre erklären läßt, aus der es zu dem kam, was Walter Jens die »Jahrtausend-Katastrophe« nennt.

Heinz war zum ersten Mal in Weimar. Ich war schon einmal mit den Eltern als Backfisch dort gewesen. Nun sahen wir alles zusammen an. Ich sehe ihn noch heute im bescheidenen Schillerschen Arbeitszimmer stehen mit der mit Arsenik getränkten giftgrünen Tapete, die wahrscheinlich zu Schillers frühem Tod beigetragen hat. Das Wittumspalais, jener Höhepunkt des Geschmacks, der Schönheit, der Verfeinerung kurz vor der Französischen Revolution. Heinz war hingerissen von der Bibliothek. Als wir das Goethehaus betraten, legte Heinz seine offene Hand auf den Mund und sagte: »Das ist ja ne Schloßtreppe, na verrückt, das verdirbt ja den ganzen Maßstab.« »Das hatte Goethe schon bedauert«, sagte ich. Wir sahen uns das Junozimmer und die Sammlungen, Goethes Gartenhaus und Tiefurt und das römische Haus an, die bescheidene Villa des Herzogs Karl August.

Theodor Wolff gab zweimal eine volle Seite für meine griechische Reise. Das bekamen sonst nur die besonderen Auslandskorrespondenten. Höllriegel zum Beispiel.

Rückkehr zu den deutschen Belangen

Und ich begann wieder, nach dieser griechischen Reise. Ich schrieb: »Man kommt zurück nach Europa nach vielen Wochen gelösten Inseldaseins, traumfern vom Gerauf, und kommt nach Moabit. Auf der Anklagebank zwei rote Frontkämpfer, ein alter SPD-Mann, ein Nationalsozialist, welches der Berliner in ›Nazialist‹ zusammenzog.« Noch konnte ich es nicht ernst nehmen. Ich nannte den Bericht: »Montag und Donnerstag Überfall. Heimkehr zu den deutschen Belangen.«

Auf dem Korridor des Gerichts saßen auf zwei getrennten Bänken die gleichen jugendlichen Arbeiter. Rotfront die einen, Nazis die anderen. Dazwischen hielt einer die Leute auf dem Korridor am Jackenrevers fest: »Wie kommt denn die Polizei dazu, einen harmlosen Passanten festzunehmen? Im ›Feuchten Dreieck‹ war Preissingen. Wer die schönste Stimme hatte, bekam eine Gans. Ich kümmere mich nicht um die Politik, ich bin Waldpfeifer, ich gehöre einem Chor an. Ich bin nur für Frau Musika. Können ja nachfragen im ›Feuchten Dreieck‹.« Wenige Wochen früher war der abendliche Strom der Arbeiter des Osramwerkes über die Brücke gegangen, die das weite Eisenbahngelände überspannte. Eine typische Berliner Arbeitergegend, die Häuser fünf Stock hoch, und manchmal wohnten Hunderte von Menschen darin, im Vorderhaus, im Seitenflügel, im Hinterhaus. Die

Toilette ist auf den Treppenabsätzen und die Wasserstelle auf dem Korridor, was beides von zehn Parteien benützt wurde. Auf der Straße stehen kümmerliche Bäume, aber sonst ist weit und breit kein grüner Fleck.

Max Feldtke und Paul Spinner saßen auf einer Bank unter einem der Bäume.

»Du weißt wohl, was ich von dir will?«

»Kanns mir denken.«

»Willste?«

»Na klar.«

»Ich fühle mich verpflichtet, dir aufzuklären, daß hohe Strafe auf Plakatekleben steht, wenn dich die rote Polizei zu fassen kriegt.«

»Weiß.«

»Also morgen abend, wir sind viere.«

»Du kommst besser nich mit, Spinner.«

»Wat is los? Ich nich mitkommen? Du hast wohl ne weiche Birne?«

»Du bist doch zu alt für die Politik. Du bist doch schon zwanzig.«

»Det is wahr.«

»Du kannst doch nich mehr richtig wegloofen. Dir verhaften sie bloß.«

»Na, is gut«, sagte Spinner, »klebt alleine.«

»Kommste mit in ›Fliederbusch‹. Die Parteigenossen treffen sich heute dort.«

»Jrossartjes Verkehrslokal der ›Fliederbusch‹. Ich habe dicke Schulden. Denkste der Wirt mahnt? Fürn P. G., hat er jesagt, tut er alles.«

»Ick jeh heute abend dem Reichsbanner seinen Paukenschlegel klauen. Die Sozis können doch nischt andres als trommeln. Sind se doch aufgeschmissen ohne Paukenschlegel.«

Ein paar Tage später sagte auf der gleichen Bank der Kommunist Ratschek zu dem Kommunisten Maier: »Dem Reichsbanner ist sein Paukenschlegel geklaut worden. Rotfront soll mitmachen bei der Wiedererlangung.«

»Kommt janich in Frage«, sagte Maier, »ich werd den Sozialfaschisten helfen, diesen Verrätern an der arbeitenden Klasse. Nee, nee, auf keinen Fall.«

»Sei kein Frosch. Die Nazialisten sind ganz gefährliche Brüder. Die nehmen uns die ganze Jugend weg. Kannste mir glauben, gefährliche Brüder. Ich bin mit Schulze in die 534. Gemeindeschule gegangen. Den kenn ich, wir arbeiten beide bei Osram. Det is son anständiger Kerl. Ich möchte dem helfen, den Nazis was auszuwischen.«

»Das mußte auf deine eigene Kappe nehmen. Ich kann dir Rotfront nich als Rotfront zur Verfügung stellen. Da käme mir die KPD schön aufn Kopp. Aber wenn du heute abend in die Hinterstube vom ›Weißen Meer‹ gehst, kannste alle unsere Leute sprechen.«

Sozis und Kommunisten versammelten sich zweihundert Mann stark. Einer kletterte durch das Fenster in das Parteilokal der Nazis und nahm den Paukenschlegel vom Tisch weg. Nur ein SA-Mann hatte Wache. Der mobilisierte seine Freunde und auf der Straße kams zum Zusammenstoß. Die Polizei kam rasch und nahm die meisten fest, sozialdemokratische Reichsbannerleute, kommunistische Rotfront, SA-Männer und zwei Verwundete, einen Nazi und einen Sozi. Alle waren über zwanzig. Die Sechszehn- und Siebzehnjährigen waren schneller als die Polizei gewesen. Hatte Feldtke recht behalten. Die waren entwischt.

»Nun zum Angeklagten Spinner«, sagte der Richter, »das sieht ja nun böse aus. Bei Ihnen wurde ein Messer blitzen gesehen.«

»Bei mir? Ich bin Schlächtergeselle, ich geh nich mitn Messer aus. Es war ein Malerpinsel.«

»Warum soll denn ein Schlächtergeselle mit einem Malerpinsel ausgehen?«

»Entschuldigen Sie«, sagte Feldtke, »mein Freund wollte mir die Stube streichen. Des is doch hoffentlich in der freien Repuplik noch nich verboten?«

»Auch ein Schlächtergeselle legt abends sein Schanzzeug weg.«

Die ganze Geschichte ist jetzt sechs Wochen her. »Ich bin aus die SA ausgetreten, ich bin nich mehr bei die Politik. Ich bin doch schon vierundzwanzig, Herr Richter. Ich widme mich nur noch dem Sport. Ich bin Ringkämpfer geworden.«

Kann man das ernst nehmen? Ich nahm es nicht ernst. Niemand nahm es ernst. Ernst nahm ich es erst ein paar Jahre darauf, als mir Olden sagte: »Die Fememordprozesse sind öffentlich. Gehen Sie mal auf alle Fälle hin.«

Auf der Sachverständigenbank saß die deutsche Oberschicht, saßen die Gründer der Reichswehr, der vorzüglich aussehende Hammerstein, der kleine plumpe subalterne Schleicher, dem niemand glauben würde, daß seine Ahnen schon im 13. Jahrhundert auf ihrer Burg saßen, Fritsch, der die Moltketradition des Schweigens fortsetzte, und Oberst Beck, alle mit den breiten Streifen des Großen Generalstabs. Das waren nach dem Gesetz der natürlichen Auslese die begabtesten Deutschen. Seit zweihundert Jahren war es in Preußen der oberste Ehrgeiz der obersten Schicht, daß ihre begabtesten Kinder in der Armee aufstiegen. Das waren nicht die Offiziere einer geschlagenen Armee. Das waren die selbstbewußtesten Leute in Deutschland.

Sie waren die Liebenswürdigkeit selbst, und nicht für einen Moment verloren sie, die sich anschickten die tödlichste Armee der Welt zu schaffen, ihr konziliantes Lächeln. Sie würdigten die Männer auf der Anklagebank keines Blicks.

Denn das war die Unterwelt, von der der gute Bürger aller Zeiten und Länder keine Notiz nehmen will, wo sich Draufgängertum und Verbrechertum schneiden, wo das Gewissen erstickt ist durch den Befehl, gedungene Mörder, Leutnants vom kleinen Herkommen, die fast noch als Schulknaben Herr wurden über Leben und Tod, ein Gott für Vater und Mutter und die Mädchen: »Mein Sohn, der Leutnant«, der nun reden konnte wie die feinen Leute: »Mein Kamerad vom Regiment X«, und nicht mehr heimfand in das bürgerliche Leben, den Zigarrenladen des Vaters.

Oberleutnant Schulz wurde im Militärwaisenhaus aufgezogen, die menschlichen Beziehungen bestanden zeit seines Lebens in Befehl und Gehorsam. Dr. Dr. Ing. Stantien, Typus des staatsfeindlichen Studenten, völlig besessen von der Terminologie des Krieges, weil Lernen Unsinn scheint, Wissenschaft eine überlebte Angelegenheit, und wer war Nothelfer und wer Hochverräter? Klapproth war ein Riese, der Kopf nur Kinn, keine Stirn: »Wenn ich einen packe«, sagte er und hob die Hände über den Kopf, »und auf den Zementboden schmeiße, dann ist er eben ohnmächtig.« Schwere Eisenmuffen wurden in den Saal geschleppt. Einen Toten hat man mit ihnen ins Wasser versenkt. »Heute haben wir einen schwimmen lassen.« »Wenn der Auspuff offen ist und es knattert, kann der Schuß krachen.« Der Schuß, den Fuhrmann »ein Schüßchen in den Hinterkopf« nannte, eine Atmosphäre der Fußtritte, des Ochsenziemers. Was zehn Jahre später als der Anfang des Endes des alten Reiches begann, es war alles schon da.

Der Kunstgewerbler Schmidt-Halbschuh, als eine Art von militärischem Wandervogel gekleidet, sagte: »Wir gründeten 1920 eine nationale Armee. Ziel der nationalen Armee war die Vernichtung der Republik in allen ihren Organen. Wir beschlossen die Tötung Severings, Seeckts und die Befreiung Ehrhardts.«

Der Richter fragte: »Wie groß war die nationale Armee bei ihrer Gründung?«

»Sechs Mann.«

Auch die Nazis begannen mit sechs Mann. Warum Hitler und nicht Schmidt-Halbschuh? Oder: ein alter preußischer Beamter gibt vor, alles sei ordentlich zugegangen.

Der Richter sagte: »Erlauben Sie mal, es *sind* doch Morde vorgekommen?«

»Ja, ich habe davon gehört. *Mir* aber kann nicht zugemutet werden, daß ich Kameraden, ehrenwerte Männer, als Mörder *betrachte*.«

Einer der Mörder nennt sich Tell. Das ist ein Programm. Es ist zu kompliziert, auf die Nachkriegswirren einzugehen, nur ein Beispiel: In Oberschlesien war Grenzschutz notwendig. Die fünfzig ungesühnten Morde, die dort geschahen, die als Selbstjustiz galten, hat sie das Recht gedeckt? Legal war es, dort einzutreten, illegal war die Organisation Consul, aber sie wurde wiederum legal, als sie in die Schwarze Reichswehr eingeschmolzen wurde. Man weiß, daß es sie gibt, die Parodie des »Krümpersystems« nach 1806, winzig, aber da, töricht, aber vergiftend.

Noch ein finsterer Bursche trat auf, Heines auf Baldur,

auf hellen Sonnengott getrimmt, in fast weißem Tweed mit kurzen Sporthosen und weißen Strümpfen mit breiten hellblauen Strumpfbändern mit Schleifen an den Außenseiten, hellblauer Krawatte, blonden langen flatternden Haaren, im Zuhörerraum junge Leute, die ihn anschwärmen wie normale Jünglinge eine Primadonna.

Er ist es, der besonders gern die Menschen zu Tode prügelt.

1933 wurde er Polizeipräsident von Breslau. Er ließ als erstes die jüdischen Richter die hohen Steintreppen des Gerichts hinunterwerfen.

Breslau war die Hauptstadt der Provinz Schlesien, dem Land der alten Aristokratie, der Herzöge von Sagan, der Fürsten Pleß.

Damals war die preußische sozialdemokratische Polizei noch völlig intakt. Damals waren noch die alten Beamten und Richter in ihren Ämtern. Damals existierte noch das alte Offizierskorps mit seinen berühmten Ehrbegriffen. Alle diese ließen einen homosexuellen Sadisten über Tod und Leben einer Million Seelen bestimmen.

Heines wurde zusammen mit allen übrigen Fememördern am 30. Juni 1934 umgebracht, aber von seinen eigenen Leuten.

Hitler war damals noch ein kleiner Mann. Man nahm an, er würde als Führer einer kleinen antisemitischen Partei im Reichstag enden. Er hatte einen Prozeß wegen eines Preßvergehens. Das Gerichtsgebäude wurde gesperrt, so daß alle Personen, die an diesem Morgen darin zu tun hatten, draußen warten mußten und einen Auflauf bildeten, der Neugierige anzog. Ein Mann, der die Entstehung des Auflaufs beobachtet hatte und nun die Menge sah, die unfreiwillig Spalier für Hitler bildete, sagte: »Die machen ja den Jungen mit Gewalt verrückt.«

Die Angeklagten, Goebbels, Hitler und noch einige Nazis sahen aus, daß man sich keine Rasse vorstellen konnte, die sie zu den Ihren zählen möchte.

Der ruhige Richter begann das Verhör: »Wie heißen Sie?«

»Adolf Hitler.«

»Wo sind Sie geboren?«

»Braunau am Inn.«

»Was haben Sie zur Sache zu sagen?«

In diesem Moment begann Hitler zu schreien, er hielt eine Rede an eine Riesenversammlung, die nicht da war, er rief ein Volk auf, das nicht vorhanden war. Er keuchte, warf den Kopf zurück und redete ohne Unterlaß. Es wurde nicht klar, spielte Hitler den Hysteriker oder war er es, jedenfalls hätte sich niemand gewundert, wenn er hingefallen wäre oder Schreikrämpfe bekommen hätte.

Der Richter war sehr erstaunt über diesen völlig fassungslosen Menschen und fragte: »Warum regen Sie sich denn so auf, Herr Hitler?«

Hitler betonte immer wieder, daß er als ein so besonders anständiger Mensch seine Mitangeklagten nicht verraten werde. Er sagte ganz hemmungslos: »Ich als ein so besonders anständiger Mensch.«

Im Zuhörerraum hatten etwa zehn Leute die erste Bank besetzt, junge Berliner Arbeiter, die sich besonders ordentlich angezogen hatten. Für diese Verbrecher hatten sie sich die Haare mit Wasser gebürstet. Als Hitler mit Gefolge den Raum verließ, erhoben sie sich im gleichen Moment, rissen den Arm hoch und riefen: »Heil Hitler.«

Ich habe vierzig Jahre lang über diesen Prozeß nachgedacht, gedacht, was ich schon während des Prozesses dachte. Hitler und Goebbels saßen mir drei bis vier Meter gegenüber. Wenn ich einen Revolver besessen hätte und ich hätte sie erschossen, hätte ich fünfzig Millionen vor einem frühzeitigen Tod gerettet und ich wäre Judith II. geworden. Aber wer hätte das gewußt? Die Juden in Deutschland hätten es zu büßen gehabt, daß ich ein ungeteiltes Deutschland erhalten hätte, weil ich Deutschlands Retter ermordet, Retter wovor? Vor dem polnischen Korridor.

Goebbels, der alle Fäden in der Hand hielt, beschuldigte bald einen hohen Beamten, bald einen Minister vom Landesverrat bis zum gemeinen Diebstahl, setzte einfach ein »Isaak« oder »Isidor« vor den Namen, gab allen Verbrechern jüdische Namen. Beleidigungsklagen wurden erhoben, aber Goebbels erscheint nicht vor Gericht. Und keine Regierung wagte oder wollte bereits 1929 Goebbels, das heißt einen nationalen Mann, verhaften. Der Oberstaatsanwalt Werner war ein Mitglied der NSDAP. Nun endlich kam Goebbels zum erstenmal, der Teufel der Volkssagen, ein Zwerg mit zu großem Kopf, Klumpfuß, schwarzen Haaren.

Schwärmerische Mädchen flatterten um ihn. Sie tragen stilisierte Dirndlkleider mit kunstgewerblichem Schmuck, haben blonde Zöpfe um den Kopf, sind besonders hübsch. Deprimierend, wie sie sich dem Wunschbild der Nazis angeglichen haben. Das sind keine vier verschiedenen Geschöpfe, sondern »Das Weib«, unterscheidbar nur durch die Farben ihrer Gewänder. Sie streiten sich, wer *seine* Mappe halten darf.

Goebbels hat eine besondere Taktik. Er antwortet nicht. Der Richter fragt: »Wie heißen Sie?« Und Goebbels antwortet nicht. Der Richter fragt: »Wo sind Sie geboren?« Und Goebbels antwortet nicht. Der Richter war hilflos. Herr Goebbels war stark – ein großer Teil der Richter stand hinter ihm. Denn Goebbels ist national. Der Richter konnte nicht wagen, gegen einen nationalen Mann vorzugehen. Schon damals kamen sozialistische oder republikanische Richter nicht vorwärts. Der Richter, der kein Wort aus Goebbels herausbrachte, verurteilte ihn zu einer Gefängnisstrafe. Das war ganz formal, denn die nächste Instanz würde das Urteil aufheben, oder wenn sie es nicht aufhob, so würde ihn doch niemand verhaften.

Vor dem Gerichtseingang stand ein Zeitungshändler, Hakenkreuz an der Armbinde, den Hut ringsum mit Hakenkreuzfähnchen besteckt, Hakenkreuzfahne im Knopfloch. Er trug braune Hosen militärisch in den Stulpenstiefeln, eine Ziviljacke. Die Überschrift der Zeitung war dick rot unterstrichen: »Rotmord tobt. Er schrie: ›Furchtbares Verbrechen des Juden Isidor Weiss!‹« Dr. Bernhard Weiss, der schon unter dem Kaiser ein Beamter war, war der makellose Schöpfer der sozialdemokratischen Polizei. Aber die Bevölkerung sagte: »Geht ja auch nicht, ein Jude Polizeipräsident.«

Die Gerichte schritten nicht ein. Für den, der sich wundern mag, sind hier zwei Prozesse: Theodor Knobel, der Führer des Jungsturms in Guhrau, machte einen Ausflug mit den Jungen. Sie gingen über Wiesen, durch Wälder. Knobel ließ die Jungen am Judenfriedhof haltmachen. »Spuckt alle dreimal aus!« befahl er. Er wurde wegen Religionsschändung angeklagt. Das Gericht in Glogau sprach ihn frei. Religionsschändung liege nicht vor, denn Knobel habe nicht die religiöse Gemeinschaft der Juden, sondern die jüdische Rasse treffen wollen.

Wandervögel zogen in die deutschen Wälder, sie hatten Lauten mit vielen bunten Bändern, entzückende Bänder, die die Mädchen für ihre Freunde bestickt hatten mit Vergißmeinicht und mit alten weisen Sprüchen. Und wenn sie durch die Dörfer zogen, dann sangen sie: »Ich hört ein Bächlein rauschen« und »Blut muß fließen, Judenblut«.

Die Gerichte lehnten es ab, dagegen einzuschreiten, denn es gab nur ein Vergehen wegen Aufreizung zum Klassenhaß, aber die Juden seien keine Klasse, sondern eine Rasse.

Die entstehenden Prozesse waren mittelalterlich, denn die Nazis und die Kommunisten hatten das Institut des Eideshelfers wieder eingeführt. Zeuge war der politische Gegner. Die Seite, die die meisten Meineide schwor, gewann. Damit hatten die Nazis angefangen.

Die Narretei war die Typisierung des Menschen, die Verwerfung der Renaissance, die den Menschen als Individuum entdeckt hatte, was jahrhundertelang Europa zu Europa gemacht hat. Der Kommunist war und blieb ein Untermensch. Der Nazi war und blieb ein edelblütiger Germane. Man wurde gefoltert für etwas, was man vor sechs Wochen und jetzt schon nicht mehr war. Menschen sind keine Eichen, die Eichen bleiben, oder Buchen, die Buchen bleiben. Scheringer, der im Prozeß gegen die Ulmer Offiziere wegen nationalsozialistischer Propaganda zu Gefängnis verurteilt worden war, wurde noch im Gefängnis Mitglied der Kommunistischen Partei. Er schrieb in *Die Linkskurve*: »Die Volksrevolution in Deutschland, die Zerreißung der Tributverträge und der revolutionäre Krieg gegen die wahrscheinliche Intervention der Kapitalistischen Westmächte ...« Fünfzehn junge Offiziere folgten ihm. Der Bombenleger Klaus Heim, von dem Falladas Roman *Bauern, Bonzen, Bomben* handelt, trat ebenfalls in die KPD ein, genau wie Bruno von Salomon, der Bruder des am Rathenaumord beteiligten Ernst von Salomon.

Mit dieser Einschränkung: Wer waren die Nazis? Da war Pantel, ein Krümel im riesigen Brot Berlin, mit dem Wunschtraum aller farblosen Millionen, ein Held zu sein, das hieß 1930 ein wilder Nazi, gefürchtet von den Kommunisten, sie würden ihn überfallen, verwunden, nicht zu schwer natürlich, nur so, daß er einen Verband um Kopf und Arm haben könnte, er würde wie im Märchen sieben auf einen Streich erledigen, er würde eine Überschrift sein im *Völkischen Beobachter* »Parteigenosse Pantel – Opfer von Rotmord!« Die Zeitungshändler würden durch Berliner Straßen brüllen: »Pantel Opfer der Kommunisten!« Und die Mädchen würden sich um ihn reißen. Aber nichts geschah. So schrieb er einen Brief an die *Rote Fahne*:

»Werte Genossen, ich mache Euch hier auf einen besonders gefährlichen Mann, namens Pantel, aufmerksam ... Er muß umgelegt werden. Nieder mit der Hitlersau!«

Aber er irrte sich in den Kommunisten. Die haben eine Weltanschauung, die individuelle Terrorakte verbietet. Schließlich lauerte er selber an einer Straßenecke, brach, als zwei Sozialdemokraten vorbeikamen, in den alten Straßenräuberruf aus: »Halt oder ich schieße«, und schoß wild um sich.

Noch einfacher war der Fall Kunze. »Ihr Beruf?« fragte der Richter.

»Ordonnanz des Standartenführers II der NSDAP.«

»Ich denke Sie sind Postbote?«

»Das auch«, sagte Kunze.

Er kam aus wohlhabendem Kaufmannshaus. »Aber ich hatte keine Lust zum Schacher.« Der Vater kaufte ihm ein Gut. »Aber ich war nicht dafür. Ich wurde Nazi.«

Und nun verfolgen ihn die Kommunisten. Da stand zum Beispiel ein Bettler vor seiner Tür. »Aber das war kein Bettler, das war ein Abgesandter der Kommunisten, der sich als Bettler ausgab.« Oder er ging in den Park, und da saßen auf der Bank, zunächst seinem Haus, lauter Kommunisten.

»Wieso Kommunisten?« fragte der Richter.

»Die Nazis in meiner Gegend kenne ich, und Zentrumsleute sitzen nicht auf Bänken.«

»Warum aber Kommunisten?«

»Ja, was denn sonst?«

Er kam von einem Uniformappell der Nazis um sechs Uhr eines Sommerabends durch die Hauptstraße in Schöneberg, sah Leute vor einem Lokal stehen. »Heil Hitler!« riefen die höhnisch.

»›Gott sei Dank, immer noch Heil Hitler, wenn ihr das wollt, kommt doch ran!‹ Und dann verfolgten sie mich, und in meiner Todesangst schoß ich hinter mich.« Er traf den sechzehnjährigen Lehrling Nathan zu Tode.

Das Gericht sprach 1931 den Mörder eines Juden frei. Keiner fragte, warum er denn nicht einen Passanten angesprochen oder in einen Bus gestiegen sei. Staatsanwalt Steinäcker, dessen Namen ich nie mehr nach dem Krieg gehört habe, einer der großen Zerstörer, war es, der dem Mörder des sechzehnjährigen Lehrlings im Gewühl der sommerlichen Hauptstraße in Schöneberg um sechs Uhr nachmittags Notwehr erlaubte. Er war es, der den Sklarek-Prozeß zur Sensation, die Sklareks zu Verderbern des deutschen Volkes hochspielte, die ins Zuchthaus gehörten, der ein Verbrechen wie das des Pastors Cremer, der Gelder für die Innere Mission unterschlug, fast freundlich ansah. Er hat auch einmal gesagt: »Nicht im Namen des Volkes, sondern im Namen Hitlers wird Recht gesprochen werden als Prinzip. Man kann nicht gleichsetzen die idealen vaterländischen Forderungen der NSDAP-Bewegung mit der grob-materialistischen eigensüchtigen nur einer Volksklasse dienenden Ambition der KPD!«

Im selben August 1932 stieg ich mit meinem vierjährigen Sohn am Bahnhof Tiergarten in ein Coupé der Stadtbahn. Steinäcker saß darin, ein gepeinigtes, haßerfülltes, tief unglückliches Gesicht. Er versuchte sofort auszusteigen. Aber der Zug fuhr schon. Er stellte sich also mit dem Rücken zum Coupé an die Tür. Am nächsten Bahnhof Zoo stieg er aus, rannte ein paar Coupés entlang, sah hinein. Im Konflikt zwischen Selbstmord und wieder mit Juden im Coupé zu sitzen, sprang er, als der Stationsvorsteher »Zurückbleiben!« schrie, in eine noch offene Tür.

»Was war denn mit dem los?« fragte mein Sohn.

»Varickt jeworn«, sagte ich in Heinzens Tonfall.

»Der Liebende, nicht der Geliebte ist der Gesegnete. Das Gefäß schüttet sich in Fülle aus, aber der Becher setzt seiner Fülle die Grenze.« Der Hassende, nicht der Gehaßte, ist der Verdammte.

Diese Verrücktheit kam mir ein Jahr später (1933) noch näher. Karlsbad war ein Traum und ganz leer. Hitler erlaubte nur noch ausgewählten Parteimitgliedern, die böhmischen Bäder zu besuchen. Mit einem Federstrich ruinierte er Zimmermädchen, Badefrauen, Kellner, Hoteliers, obwohl sie Deutsche waren, ein kleiner Rest seines eigenen österreichischen Volks, Sudetendeutsche und obwohl meistens Winterantisemiten, judenfreundlich nur in der Saison.

Ringsum blühten Dahlien, höhere, buntere, aufrechtere Dahlien. Auf der Leinendecke stand ein silbernes Kännchen mit dem besten Kaffee der Welt und Tassen und Teller aus dem zartesten Porzellan. Hörnchen waren veredelt aus dem Weizen, der in den meisten Ländern zur Sättigung genügt, nicht zum Genuß. In der Butter war der Duft des Heus, des Wiesenschaumkrauts und der Pechnelken. Eine sanfte Herbstsonne leuchtete.

Ein kleiner Herr mit Pincenez und Gamsbart auf dem Hut setzte sich an den Nebentisch. Kaum saß er, rief er zu seiner Frau: »Siehste da das Firmenschild Cohen? Und da Pinchas, und da Braun? Braun könnten auch Juden sein, meinst du nicht? Überall Juden! Dem muß ein Ende gemacht werden! Unser Führer ist auf dem besten Wege dazu.« Er blätterte in einer Illustrierten: »Hier sind Photos vom Hochgebirge, den erhabenen Alpen. Aber auf den Hütten können Sie Leute finden«, sagte er zu mir hinüber, »die haben keine Ahnung von der erhabenen Schönheit. Sie wissen, wen ich meine? Juden!« Dann fiel sein Blick auf den Namen des Cafés: »Luise!« schrie er voll Angst und Schrecken. »Komm.« Und sie gingen.

»Seinen Kaffee hat er auch nicht bezahlt«, sagte der Kellner.

Wenn der Sturmtrupp 33 einen Abendspaziergang in Berlin machte, lagen hinterher Leute mit eingeschlagenem Schädel auf der Straße. Endlich wurden zwei Sturmmänner angeklagt. Eine junge Baronin hatte den ganzen Vorgang vom Fenster ihrer Apotheke beobachtet. Zwei Arbeiter gingen die Straße entlang und wurden von den SA-Leuten überfallen, schwer verwundet, wobei auch ein Nazi schwer verwundet wurde. Auch der Pfarrer vom Lützow[platz] in Charlottenburg hatte alles beobachtet, ein Mann Gottes, der feierlich seinen Eid ablegte. Er wußte, daß aus dem Wirtshaus geschossen worden war: »Ich sah ganz deutlich den Pulverdampf. Die beiden Angeklagten sind nationale Männer.«

»Fräulein von X sah ganz etwas anderes«, sagte der Richter.

»Natürlich«, sagte ein Nazi, »die Baronin ist ja Kommunistin.«

»Ich habe nie auch nur eine kommunistische Zeitung in der Hand gehabt. Ich bin deutschnational. Ich kann doch nur sagen, was ich sah.«

Und nun kommen ein paar dicke Bürger, der Wirt, der Oberpostschaffner, der Bäcker. Sie hatten im Wirtshaus Skat gespielt. Sie hatten Zigarren geraucht. An den anderen Tischen saßen auch Leute, die Zigarren rauchten. Als sie schießen hörten, öffneten sie die Tür ... und dabei kam eine Wolke von Zigarrenrauch nach draußen, der beschworene Pulverdampf des Pfarrers vom Lützow.

Der verwundete Nazi verschwand. Wohin? Er wurde in ein Krankenhaus gebracht. Der Portier des Krankenhauses, der ihn gesehen hatte, machte keine Eintragung. Der Arzt, der ihn gesehen hatte, war nicht herauszufinden, die Krankenschwestern, die ihn gepflegt hatten, waren nicht herauszufinden. Die Polizei fand blutige Sachen des Mannes in einer Kiste im Krankenhaus.

Wer hatte sie dahin gebracht? Alle, Ärzte, Krankenschwestern, hatten sich strafbar gemacht. Aber welcher Arzt, und welche Krankenschwestern? Und dann war der Mann verschwunden.

In München war die Zentralstelle, die Leute weiter beförderte. Hier bekamen sie vom Polizeibeamten Frick, der später in Nürnberg verurteilt wurde, falsche Pässe. Von München fuhren sie nach Innsbruck. In Innsbruck wurden sie wiederum mit Geld und Ratschlägen versehen. Viele fuhren nach Italien. Viele verschwanden auch in Österreich. So organisiert war der Fluchtweg schon 1931.

Die Juden hatten nie einen Fluchtweg vorbereitet, weder aus Deutschland, Österreich oder der Tschechoslowakei. Die Rettungsaktion aus Südfrankreich organisierte der Amerikaner Varian Fry mit Hilfe von Eleanor Roosevelt. Die gemeinsame Flucht einiger Manns, Varian Frys und Alma Mahlers von Marseille über die Pyrenäen nach Spanien und in den Hafen von Lissabon zu den Schiffen nach Amerika ist von den Teilnehmern so verschieden beschrieben worden, daß es einen mißtrauisch gegen jede Geschichtsbeschreibung machen könnte. Franklin Roosevelt hat sich an keiner Rettung beteiligt. Er hätte nur die nicht verbrauchten Einwanderungsquoten für Deutsche von 1933, 34, 35, 36, 37 freizustellen brauchen, um alle deutschen Juden nach dem Novemberpogrom 1938 zu retten. Das tat er nicht. Vielleicht hätte er damit sogar den Krieg verhindert, da Hitler erkannt hätte, wo Amerika stand. Diese Flucht Marseille-Lissabon führt an Weltgeschichtliches. Franco, gewiß keine angenehme Figur, ließ die Flüchtlinge ohne weiteres durch Spanien. Es heißt, Franco sei ein Marrane gewesen, das heißt Abkömmling der zwangsgetauften spanischen Juden von 1490, die an ihrer Religion festhielten. Wenn es also stimmt, daß er aus diesem Grund nach fünfhundert Jahren die Flüchtlinge paß- und visumlos durchließ, so kann man auf den großen Madariaga verweisen, der Kolumbus ebenfalls für einen Marranen hält, der Amerika auf der Suche nach einem Rettungshafen für die verfolgten spanischen Juden entdeckt hat. Madariaga hat hebräische Daten auf Briefen von Kolumbus gefunden. Und ich möchte in diesem Zusammenhang vom PEN-Kongreß in London 1940 erzählen. Wells

1967

A hero of our time has died

by

Gabriele Tergit

France, the haven for 3 000 000 aliens among these 54 000 refugees from Germany had become a death trap in 1940. Petain had signed an armistice with the article 19: "The French Government is to deliver up all German subjects designated by the Reich Government who are in France or in her overseas possessions."

For those who do not remember anymore, quota laws in the United States had limited immigration first after the first world war, then again in 1924. In 1930 President Hoover, master of restrictions and limitations and prohibitions, instructed all Consuls to restrict the number of immigrants. The United States did not allow the German quotas, not used up in 1933, 34, 35, 36, 37, to be used in 1938, 39, 40, when the quotas were full.

Dubinsky, head of the International Ladies Garments Workers Union in New York, a great man who had led the people who worked 16 hours in windowless rooms (there were 361 000 such closets in the City of New York before 1914) to a decent living standard, Dubinsky felt himself responsible for the safety of the second International, the social democratic leaders, for his friends, the Mensheviks Rafael Abramowitsch and David Dallin who were about to fall into the hands of the Nazis. But "we never thought of the Jewish workers leaders only, we were lifelong internationalists," said Isaiah Minkoff, secretary of the Jewish Labor Committee, in an interview in 1966, "we decided to save men of all nationlities and all countries."

The Committee together with William Green, President of the American Federation of Labor visited the President in Wahhington. Roosevelt immediately gave orders that 1000 emergency visitors visas were to be issued. The delegation gave an assurance that the Federation of Labor would be responsible financially in place of individual guarantors. The Committee compiled lists of persons to be saved. The lists were approved in Washington. No sponsors, no affidavits, no questions of economic status, literacy, character. Guarantors were in fact the Jewish tailors of New York, the descendants of the people who had lived in the windowless closets by 60 cents a week. The Committee sent Dr.Frank Bohn to Marseilles who installed himself in the Hotel Splendide, he helped to save what Frank Kingdon called "the trustees of European culture". Frank Kingdon, Chancellor of Newark university, adviser to President Roosevelt, Raymond Gram Swing and Dorothy Thomson formed the Emergency Rescue Committee. For the dangerous work on the spot of bringing intellectual refugees out of France, Varian Fry, a former Harvard student, was chosen. He was driven by a feeling of sympathy for the German and Austrian Socialists and the Jews. He had witnessed a pogrom on the Kurfürstendamm in 1935.

Auszug aus dem Nachruf von Gabriele Tergit auf Varian Fry, 1967

He joimed forces with Dr.Frank Bohn.in the Hotel Splendide in Marseilles.

The refugees were sitting in the Cafés hunting for information. The French did not give exit visas. They had to get the permission from Vichy i.e. Wiesbaden. How does one get out of France? Behind the refugees were at least two internments and a flight,and all knew what that meant Hitler, Gestapo. Escape was offered by the gangsters of Marseilles at a price, ships, cars, mountain guides, Everything turned out to be rumours. One day another rumour: "An American has arrived in Marseilles with special United States visas for everybody". Hans Sahl has told the story in his novel: "Die Wenigen und die Vielen": "When I opened the door (in the Hotel Splendide) a friendly young man in shirtsleeves put his arm around me, pushed some dollars into my pocket and said in a stage whisper: "When you need more,come. In the meantime I cable your name to Washington. We bring you out. There are ways, of course there are ways." It was Varian Fry who spoke thus. A miracle had happened. In the pitiless world of 1940 the miracle of solidarity, visitors visas for people without nationality and without passports! And two Americans with real dollars for the jounrney to Lisbon when the Jewish organisations in France were not allowed to pay a penny.

In August and September 1940 Escape seemed not too difficult. Spain and Portugal gave transit visas on false passports and on which the Siamese and Chinese Consulates had given visas.

Bohn and Fry brought out not only the Menshewiks but the Austrian Socialists, Dr.Wilhelm Ellenbogen, Karl Hans Sailer, Joseph Luitpold Stern, Otto Leichter and Julius Deutsch, the members of the German Reichstag Marie Juchacz, Wilhelm Wagner, Friedrich Stampfer, Hans Hirschfeld, they brought out Leopold Schwarzschild, Alfred Polgar, Herta Pauli, Konrad Heiden, Friedericke Hans Natonek, Zweig, wife of Stefan and her daughters, Professor E.J.Gumbel, Leonhard Frank, Alfred Döblin, Friedrich Torberg. Some did not use their visas because they went to London like Ollenhauer, Pietro Nenni, Oskar Pollack, Count Sforza, the old Belgian Socialist de Brouckère and Zygelbaum, the Bundist who committed suicide in London: "They murder the Jews I want to go with the others".

Fry brought out personnally the Heinrich Manns and Golo Mann and the Werfels.
Werfel had letters from French church dignitaries to Spanish

am Vorstandstisch, Madariaga stand unten. Madariaga sagte oder vielmehr schrie, daß die spanischen Eroberer, die Konquistadores, sich gut gegen die Indianer benommen hätten, besonders die katholischen Priester, von den Angelsachsen im Norden seien sie vernichtet worden. Wells schrie dagegen. »Wo leben sie noch?« rief Madariaga, »in Mittel- und Südamerika. Nicht in den Vereinigten Staaten.«

Was sind große Männer? Mitten in einem uns alle bedrohenden Krieg lauschten wir gespannt auf diesen Disput des protestantischen Engländers mit einem katholischen Spanier. Zu diesem PEN-Kongreß, auf dem sich alle freiheitsliebenden Menschen Europas vereinigt zu haben schienen, kamen auch Dos Passos und Thornton Wilder. Dos Passos stand, wo Madariaga gestanden, unter dem Podium, merkwürdig bescheiden: »Wir flogen«, begann er. »›Werden wir abgeschossen werden‹, fragten wir einander. Aber wir wußten, wir müssen auf die kleine Insel fliegen, wir müssen ihnen zeigen, wir gehören zu euch. Ihr seid nicht allein in eurem Freiheitskampf.«

Ich sehe Dos Passos dastehen, genau wo Madariaga gestanden hatte, genau, was man sich wünscht, der Teilnehmende, der Mitfühlende. Zwei große Amerikaner, die ihr Leben riskierten, um uns allen zu zeigen, hier findet der Kampf gegen das Böse statt. Friedenthal, gewiß kein Pathetiker, sagte zu mir: »Wunderbar gewesen, nicht?«

Wo sind sie heute, die Wells, die Madariagas, die Dos Passos?

Alle im Fernsehen untergegangen?

Ich habe so vor mich hin erzählt von der Nazivorbereitung, sogar eines Fluchtwegs München, Innsbruck, Österreich oder Italien, vom Mangel eines solchen bei den Juden, diesen ewigen Optimisten.

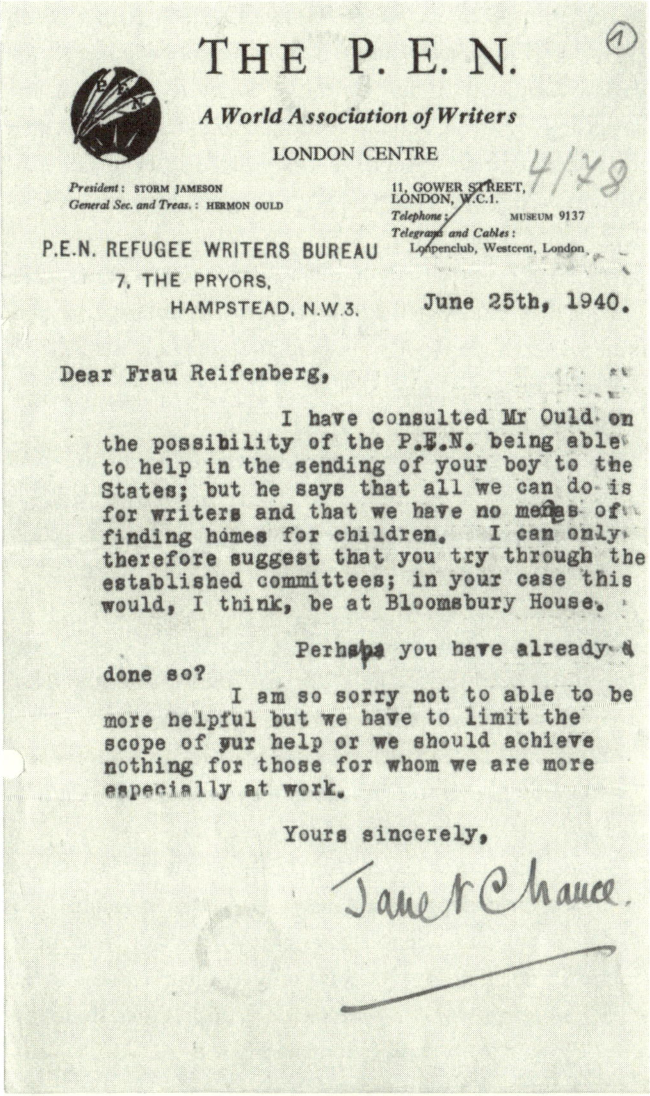

(1)

THE P. E. N.

A World Association of Writers

LONDON CENTRE

4/78

President: STORM JAMESON
General Sec. and Treas.: HERMON OULD

11, GOWER STREET,
LONDON, W.C.1.
Telephone: MUSEUM 9137
Telegrams and Cables: Lonpenclub, Westcent, London

P.E.N. REFUGEE WRITERS BUREAU
7, THE PRYORS,
HAMPSTEAD, N.W.3.

June 25th, 1940.

Dear Frau Reifenberg,

I have consulted Mr Ould on the possibility of the P.E.N. being able to help in the sending of your boy to the States; but he says that all we can do is for writers and that we have no means of finding homes for children. I can only therefore suggest that you try through the established committees; in your case this would, I think, be at Bloomsbury House.

Perhaps you have already done so?

I am so sorry not to able to be more helpful but we have to limit the scope of yur help or we should achieve nothing for those for whom we are more especially at work.

Yours sincerely,

Janet Chance.

Brief vom Londoner PEN-Zentrum an Gabriele Tergit, 1940

»Und Gott sah hin auf seine Werke und siehe, alles war sehr gut«, den [Fluchtweg] schufen dann Eleanor Roosevelt und Varian Fry, wobei der Deutsche Dieterle sehr half und Franklin Roosevelt sich draußen hielt und der sehr viel mehr gefährdete Franco mitmachte. Ich will nun sieben Jahre zurückgehen und vom letzten Nazi-Prozeß, über den ich berichtet habe, erzählen.

Wanda Schmottek, klein, dick und blond, die Hauptzeugin gegen neun Arbeiter, die wegen Totschlags angeklagt sind. Sie verlangte Ausschluß der Öffentlichkeit, weil sie sich bedroht fühlte.

»Von wem?«

»Eine Frau hat gesagt: ›Warte, du Sau, du wirst auch noch kaltgemacht.‹«

»Welche Frau? Was für eine Frau?«

»Also nicht nur eine Frau, sondern auch ein Mann.«

»Also ein Ehepaar.«

»Ja, beide haben gesagt: ›Warte, du Sau, du wirst auch noch kaltgemacht!‹ Übrigens sind mir auch die Fensterscheiben eingeworfen worden.«

»Wann sind Ihnen Fensterscheiben eingeworfen worden?«

»Wenn mich der Herr Rechtsanwalt so viel fragt, kann ich überhaupt nicht antworten.« Und sie weint.

Wanda Schmottek ist aus barer Neugierde mit den Kommunisten mitgegangen und hat alles genau gesehen: »Ein Mädchen zog eine Pistole aus ihrer Bluse und reichte sie einem Mann. Ich ahnte schon, daß da einer totgeschossen wird.« So erzählt sie. Es waren zwei Trupps, einer, in den geschossen wurde, und ein Nachtrupp.

Im Schützentrupp schossen zwei Leute, die sie in der Anklagebank bezeichnet, und zwei weitere waren mit im

Trupp. Glatt und rund, unter Eid, sind das zwei Todesurteile und zwanzig Jahre Zuchthaus. Der Verteidiger versucht ihr den Ernst und die Folgenschwere ihrer Aussage klarzumachen. »Leider«, sagt er, »kam nämlich dabei ein Nationalsozialist ums Leben.«

»Warum leider«, sagt sie, »ich weiß doch, wie sehr Sie sich freuen.«

Ja, sie kann die Kommunisten nicht leiden. Sie hat einen Laden, und da nennen sie sie Nazikaufmann und boykottieren sie, und es gibt Flugblätter: »Rote Macht, habt acht«. Alles gegen sie. Es ist kein angenehmes Leben. Und sie bleibt dabei, zwei haben geschossen, und zwei andre waren dabei. Sie erkennt sie nach Gesicht, nach Gestalt, nach grauer Hose und blauem Hemd und aufgekrempelten Ärmeln. Zweifel ausgeschlossen. Und als der Verteidiger sie immer eindringlicher fragte, sagte sie: »Muß ich mir diesen süßen Schmus weiter anhören?« Sie sitzt auf dem hohen Ross, sie weiß alles. »Ich hätte noch welche festnehmen lassen. Der Polizist hat bloß keine Zeit gehabt, als ich ihm noch Leute melden wollte.«

Aber der Rechtsanwalt fragte weiter ohne Gnade und Barmherzigkeit. »So«, sagte sie und sprang auf, blond und dick und voller Wut, »jetzt werde ich Ihnen auch die Wahrheit sagen, jetzt gerade. Da hinten stehen noch zwei, die dabei waren und die habe ich sogar verhaften lassen.« Und sie zeigte auf zwei weitere in der Anklagebank. »Diese beiden haben am anderen Tag an der Litfaßsäule gestanden und auf die verdammten Nazis geschimpft, die ihre eigenen Leute totschießen. Wie können die so reden, habe ich gedacht und habe den Schutzmann geholt und habe gesagt, die beiden waren auch dabei, und das sind die, die da hinten stehen.«

Glatt und rund unter Eid sind das zwanzig Jahre für Tobehn und Krüger, die Männer, die da hinten stehen. Niemand bringt sie davon ab. Es sind die beiden, die da hinten stehen. Aber die beiden, die da hinten stehen, wurden erst acht Tage später verhaftet, und die beiden, die sie acht Tage früher verhaften ließ, waren ein Radrennfahrer und ein Mitglied eines katholischen Gesellenvereins, die keinesfalls an diesem Abend bei der Schießerei dabei waren.

»Das sieht ja nun sehr düster aus«, sagte der Richter, »und es wird zu erwägen sein, ob wir Sie nicht selber verhaften müssen. Jetzt können Sie jedenfalls nach Hause gehen.« Und wen wird sie nach der nächsten Schießerei an der Litfaßsäule verhaften lassen? fragten sich alle Zuhörer. »Das ist ja die Wiedereinführung des lettre de cachet. Wenn das so weitergeht«, sagte der Richter, »wird jeder, der den anderen nicht leiden kann, sagen: dich werd ich an der Litfaßsäule verhaften lassen.«

Er sagte es am 26.9.1932. Ein halbes Jahr später war es soweit.

Der Anfang des Endes

1918 ging ich durch einen unvorstellbar wunderbaren Wald.

Plötzlich sah ich ein Gasthaus. Ich öffnete die Tür. Es war völlig überfüllt, aber ich fand noch einen freien Stuhl. Es roch nach Kaffee. Ich kam aus Berlin. Das gab es also noch. Eine Kellnerin trug eine Schokoladentorte mit ziemlich großen Tortenstücken. Ich traute mich nicht, mir eins geben zu lassen. Ich war an das alles nicht gewöhnt. In der Eisenbahn zurück nach Dresden sprachen eine Dame und ein Herr von Tennis.

Da wußte ich, es war etwas geschehen in der Welt. Vor dem Bahnhof sagte ein Arbeiter zu mir: »Wir sind irregeführt worden.«

Als ich in das kleine Hotel auf dem Weißen Hirsch bei Dresden kam, hörte ich laute Stimmen. Die Gäste sprachen aufgeregt miteinander. Ein Herr von den Leunawerken sagte: »Es ist ja unmöglich, daß wir Longwy und Briey aufgeben.« Ein Offizier sagte: »Das würde ja unser ganzes Schützengrabensystem auflösen.«

Alle riefen durcheinander: »Wir können Nordfrankreich nicht aufgeben.« »Räumen!« rief einer. »Deutschland hatte immer zu viel Kohle und zu wenig Eisenerz.« »Na selbstverständlich behalten wir die französischen Erzgruben.« Die Tochter des Direktors des berühmten französischen Gymnasiums, einst für die Hugenotten in Berlin errichtet, Hauchecorne, rief: »Die Armee muß nach Tirol zurückgezogen werden und von dort weiterkämpfen.« Schließlich erfuhr ich, was geschehen war, Waffenstillstand! Ich fuhr sofort nach Berlin zurück. Dort erfuhr ich, daß Walther Rathenau einen Aufruf erlassen hatte: »Bürger zu den Waffen!« Nach berühmtem Vorbild: »Aux armes, citoyens!« Noch Brüning schreibt in seinen Memoiren von einem Durchbruchsversuch – *Versuch* des Feindes. Der Bruder seiner Mutter, der jahrelang mit seinem bayerischen Regiment in den Vogesen gelegen hatte, sagte ein paar Monate später: »Nicht an Schuß hams abzufeuern sich getraut, die Franzosen, und dann verraten uns die Berliner.« Noch 1948 sagte der vorzügliche Walther von Hollander, der in keiner Beziehung ein Nazi war, zu mir, daß Ludendorff infolge eines Autounfalls 24 Stunden eine Art Nervenzusammenbruch gehabt habe und darum überflüssigerweise einen Waffenstillstand verlangt hätte. Der Skandal wäre, daß ihn keiner gehindert hätte, also nicht eine Vertretung oder Ersatz für ihn vorgesehen war.

Der allgemeine Glaube an das unbesiegte deutsche Heer ist von den allerverschiedensten Leuten auf die allerverschiedenste Weise ausgedrückt worden. »Das deutsche Volk hat das große historische Verdienst und wird es behalten, den Krieg beendet zu haben.« »Der Sturz des blutigen Tyrannen Krieg durch den Entschluß einer sich selbst opfernden Nation«, »ja ›Die Waffenstreckung der Deutschen‹ wird sogar als ›Rettung der abendländischen Kultur‹ gepriesen.« Das viel gebrauchte Wort von den »Novemberverbrechern« und von dem »Dolchstoß von hinten« wurde von Nationalisten gegen Kommunisten gebraucht, später fast nur noch ironisch und verspottend, wenn auch mit furchtbaren Folgen.

Erst aus Brünings Memoiren hat der Durchschnittsmensch erfahren, daß Ebert um die Erhaltung der Monarchie gekämpft hat, daß es Hindenburg war, der dem Kaiser riet nach Holland zu fliehen.

Ich erfuhr von einer militärischen Niederlage erst 1939 in unsrem Londoner Emigrantenzimmer während einer Unterhaltung von Heinz mit Hans Jaeger, die beide vor Verdun gewesen waren. Die beiden Männer waren fassungslos. Heinz sagte: »Na, was hast du dir denn vorgestellt?« Und zu Jaeger: »Na, was sagen Sie, hier bei uns im Zimmer?« »Haben Sie an den Dolchstoß von hinten geglaubt?« fragte Jaeger. »Ich dachte, dieser Hungerwinter 16 auf 17, die entsetzlichen Verluste, Verstümmelte, Blinde, dieses Elend, die Bevölkerung wollte nicht mehr.« Ich veröffentlichte darüber einen Artikel im *Daily Telegraph*, nicht über den Schwindel des Dolchstoßes von hinten, sondern über diese ehrliche Unkenntnis von Millionen.

Obwohl der Brief ungezeichnet war, erkannte ihn Olden sofort als von mir: »Nur ein bißchen übertrieben, aber im Grunde richtig.«

Die Wahrheit war ganz anders. Weder ein Matrosenaufstand in Kiel noch, wie Brüning meint, das Unglück des Friedens an der Ostfront, der die von Bolschewismus infizierten Divisionen nach dem Westen brachte, noch konnte der einzige Liebknecht die ganze deutsche Armee zu einem Waffenstillstand zwingen.

1903 hatte H. G. Wells in einer Geschichte *The Land Ironclads* den Tank erfunden, den der englische Generalmajor J. F. C. Fuller militärisch brauchbar machte. Am 8. August 1918 kam der erste Tank (Panzer) – Angriff der Welt aus

Villers-Cotterêts, der den deutschen Rückzug zur Flucht machte, so daß Hindenburg und Ludendorff Ende September 1918 telegraphisch um einen Waffenstillstand binnen achtundvierzig Stunden baten. Nichts da von »Novemberverbrechern«, die den Krieg verloren, sondern eine handfeste Niederlage durch eine neue Waffe. Ludendorff, mit einer schwarzen Brille verkleidet, flüchtete nach Schweden und bürdete seine Niederlage dem Volk auf. Man vergleiche das mit dem russischen General Samsonow, der nach seiner Niederlage bei Tannenberg weder Niederlage noch Verantwortung leugnete und sich erschoß. Als Hindenburg erklärte, er werde die deutschen Truppen zurückführen, herrschte Begeisterung und tiefe Dankbarkeit. Leute sprachen sich auf der Straße an: »Hindenburg bringt die Truppen zurück, doch großartig!«

Man kann die Wahl Hindenburgs zum Reichspräsidenten nicht verstehen, wenn man sich nicht dieser tiefen Dankbarkeit dafür, daß ein General bei seinen Truppen bleibt, erinnert. Er blieb übrigens ein siegreicher General, der Sieger von Tannenberg, obwohl er den Krieg verloren hatte. Aber der Krieg galt im Volksbewußtsein nie für verloren.

Die Waffenstillstandsverhandlungen wurden auf französischer Seite von dem unbeliebten Marschall Foch geführt. Auf deutscher Seite stand nicht Feldmarschall Hindenburg, sondern das Oberkommando wählte den Vorsitzenden der Zentrumspartei Matthias Erzberger. Erzberger hatte 1917 im Vatikan sehr beunruhigende Nachrichten bekommen, daß Deutschland nicht mehr siegen könne. Zentrum und Sozialdemokraten brachten daraufhin im Reichstag den Friedensvorschlag des Papstes vor, der von dem nur kurz amtierenden Reichskanzler Michaelis abgelehnt worden war. Aus dieser Verbindung bei der Friedensresolution 1917 ging die Koalition, die die Weimarer Republik regierte, hervor. Hindenburg umarmte Erzberger bei Erteilung des Auftrags mit Tränen in den Augen. Erzberger war ehrgeizig und lehnte nicht ab. Bei Bernhard Menne in einem genialen, im zweiten Weltkrieg herausgebrachten Heftchen *The Case of Dr. Brüning* (Hutchinson, London), in dem schon das meiste steht, das dreißig Jahre später aus Brünings eigenen Memoiren hervorgeht, steht der erschütternde Satz: Erzberger hätte genauso gut das eigene Todesurteil unterschreiben können. Es ging noch über den »verschenkten Sieg«, »das unbesiegte Heer« hinaus. Er wurde sofort beschuldigt, um des persönlichen Vorteils willen das unbesiegte Heer dem Feinde ausgeliefert zu haben. Dazu trug seine törichte oder auch nur taktlose Eintragung in einem Fremdenbuch bei: »Erst mach dei Sach, dann trink und lach«. Zum Trinken und Lachen war der November 1918 wirklich nicht die richtige Zeit. Aber Todesstrafe für Taktlosigkeit? Ein Wort von Hindenburg, ein einziges Wort, daß er ihn geschickt habe, hätte genügt. Das Wort kam nie, und Erzberger wurde bald ermordet. Zentrum und Sozialdemokraten hatten kaum eine Chance, bis es damit endete, daß Goebbels sagte: »Zentrum steht Schmiere bei Rotmord.«

Der Kommunist Ratschek und der Sozialdemokrat Schulze waren endgültig auseinander. Sie erinnerten sich nicht mehr, daß sie zusammen auf die 534. Gemeindeschule gegangen waren, und sich noch vor kurzem für anständige Kerle gehalten hatten, denen man zur Wiedererlangung eines von den Nazis geklauten Trommelschlegels hilft. Die Kommunisten hatten Stalins Befehl, die Sozialdemokraten Faschisten zu nennen, zwar mit sozial davor, aber das nützte nichts.

Sie wurden auch Verräter an der arbeitenden Klasse genannt. »Rauferei« wurde zur »Saalschlacht«, führte zu hundertachtzig Toten im Jahr und zu vierzig Verletzten am Tag. Die Krankenkasse der Nazis hieß »Verwundetenhilfe«. Wenn man Berliner Arbeiter fragte, was die Nazis wohl vorhätten, sagten sie: »Die Krumme Lanke (bei Berlin) gradezuziehen« und »den Schwarzwald weiß anzustreichen«. Ein Nazi, gefragt, was sie mit der Macht vorhätten, antwortete: »Festhalten.« Das war von Anfang an klar, daß sie ebensowenig je freiwillig zurücktreten würden wie die Kommunisten. Carl von Ossietzky, der Herausgeber der *Weltbühne*, drückte es unübertroffen aus: »Der Stalinismus in seiner Unfähigkeit, die demokratisch-republikanischen Traditionen Europas zu verstehen, hat überall auf den faschistischen Nationalismus gesetzt.« Trotz dieser Klarheit hatte Ossietzky nie aufgehört, für ein Zusammengehen von Kommunisten und Sozialdemokraten, die sogenannte »Volksfront« zu kämpfen, da er den Klassenkampf für ein Naturgesetz hielt. Dem Tod von fünfzig Millionen Menschen, den Gebombten aller europäischen Städte – angefangen mit dreißigtausend in einer Nacht in Rotterdam, weiter: ein Teil der Leningrader Bevölkerung verhungert, zwanzig Millionen Russen, mit der permanenten Folge, daß die europäischen sich ständig gegenüber den asiatischen Russen vermindern, zwei waffenlose Völker (Juden und Zigeuner), die Erwachsenen und Kinder vergast, die Kleinkinder in Säcke gepackt und lebendig verbrannt – dem Untergang Preußens, dem geteilten Deutschland und Indien, der übereilten Rückgabe der holländischen, französischen, britischen Kolonialreiche an die Bewohner ging, da alles erst in den Köpfen von Menschen anfängt, weltweite Geistesverwirrung voraus. Die russische

Revolution ist die seltsamste aller Zeiten. Revolutionen hatten, vom Spartakus an, stattgefunden, um Macht zu beschränken, religiöse, verwaltende, richterliche, die des Eigentums; die russische Revolution, »die tollste intellektuelle Niederlage der Weltgeschichte«, wollte das Gegenteil. Nach einem Bürgerkrieg mit einer Million Gefallener übergaben die Sieger demütig alles, was auf der Erde stand und wächst und darunterliegt, dem Staat als Alleinbesitzer, ohne diese Allmacht, früher Absolutismus genannt, im geringsten zu beschränken, und das alles unter lauter falschen Voraussetzungen, nämlich daß der Staat nur die Gesamtheit der einzelnen Bürger ist, also jeder den gleichen Anteil an diesem Staatsbesitz hat. Dieser Staat in Gestalt Stalins ließ zwar vier bis fünf Millionen russische Bauern verhungern, richtete Arbeitssklavenlager ein, richtete Massen hin, aber Stalin war, nach Herkunft und Gewohnheiten – er schob die Papiere zusammen und aß auf der Ecke seines Arbeitstisches – ein Proletarier, das heißt das neue Vorbild.

Die deutschen Arbeiter waren seit einem halben Jahrhundert für Alter und Unfälle versichert, es gab Krankenkassen, alles ziemlich jämmerlich, nicht zu vergleichen mit der englischen Krankenversorgung, die ja eben auch die Kraft des Staates übersteigt, aber immerhin gab es in Deutschland eine gewisse Versicherung gegen die Wechselfälle des Lebens, bezahlt in verschiednen Prozentsätzen von Staat, Arbeitgeber und Arbeiter selbst. Das hatten die deutschen Arbeiter bereits unter Bismarck erreicht, was in England erst unter Lloyd George und in Frankreich in den dreißiger Jahren unter Leon Blum begann.

Inzwischen hatte Hitler mit sechs Mann eine Partei gegründet, die die zwei neuen Weltgefühle, die zum Nationalismus degenerierte Heimatliebe und den aus den grauenhaften Zuständen der industriellen Revolution im England des frühen 19. Jahrhunderts entstandenen Wunsch nach gerechterer Verteilung der Weltgüter als Sozialismus, verband. Eine ähnliche Partei entstand zuerst in Italien.

Die deutsche Geistesverwirrung beruhte auf der öffentlichen Verdammung der Kommunisten durch die Nazis, Goebbels nannte sie – unter vielem Ähnlichen: »bolschewistische Bluthorden«, »roter Marxistenhaufen«, »das verkommene und verlumpte marxistische Verbrecherpack«, was dann zum Tod von Nazis und Kommunisten in den Straßen deutscher Städte führte, während heimlich Reichswehr und Rote Armee kollaborierten. Stalin lieferte ungeheure Mengen von Waffen an die Reichswehr. Waffenhandel gehört zu den unbekanntesten Bewegern der Welt. Im 19. Jahrhundert haben die Engländer der ganzen Welt Kriegsschiffe verkauft. Geschosse von Vickers Armstrong töteten englische Soldaten auf den Dardanellen. Aber das wurde dem Kapitalismus, Handel und Profitgier zugeschrieben. Die deutsche Luftwaffe trainierte seit 1926 in Lipezk in Rußland, natürlich, wie Stalin glaubte, nur gegen die Westmächte. Selbst unser harmloser Schriftstellerschutzverband, der im Hinterzimmer eines Cafés in der Berliner Potsdamer Straße tagte, wurde zum Schlachtfeld der zweiten und dritten Internationale, die die Weltrevolution propagierten, während die Naziminorität dabeisaß und sich amüsierte. Damit wurde zugleich das deutsche Volk, das gegen die Kommunisten aufgehetzt wurde – »Rotmord tobt« als Überschrift über dem *Angriff* –, und die Franzosen, denen gesagt wurde: »Wir sind abgerüstet bis auf die nackte Haut«, belogen.

Die Besetzung des Rheinlandes war eine der nationalen

Schanden des Versailler Vertrages. Dr. Gertrud Bäumer, Vorsitzende der deutschen Frauenvereine, deren Artikel aus der liberalen *Die Hilfe* während des Kriegs in der *Times* als typisch deutsche Stimme abgedruckt wurden, schrieb: »Anfang Oktober (1918) schlug mir zum ersten Mal die Tatsache entgegen, daß man mit der Möglichkeit eines Einmarsches in das Rheinland rechnet, eine Vorstellung, die einem bisher noch niemals von fern in den Sinn gekommen war ...« Kein Wort, daß Nordfrankreich vier Jahre besetzt gewesen war. Und als diese nationale Schande beendet war, erschien das Hindenburg so gleichgültig, daß er, wie Koplin, der Biograph Ossietzkys, mitteilt, Ministerpräsident Braun drohte, die Feierlichkeiten anläßlich der Räumung des Rheinlands zu boykottieren, falls Braun dem Stahlhelm die militärische Beteiligung verbiete.

Heinz Neumann, ein begabter Mann, lernte Georgisch, sprach Stalin zu dessen Entzücken georgisch an, und machte damit seine Karriere. Neumann fand offenbar die Stalinsche Politik Wahnsinn und prägte die Parole: »Der Feind steht rechts!« Er wurde von Stalin hingerichtet. Als Heinz dem Vater dieses Heinz Neumann sagte, wir hätten einen klugen Sohn, antwortete er: »Das größte Unglück, das einem passieren kann.« Auch an solchen Sätzen erkannte man, wie unsere Welt aus den Fugen ist.

Als das Zentralkomitee der Kommunistischen Partei beschloß, den Volksentscheid des Stahlhelm und der Deutschnationalen zur Absetzung der sozialdemokratischen Preußischen Regierung zu unterstützen, schrieb Ossietzky: »Dieses Schachspiel darf sich nicht wiederholen, sonst erhalten wir mit linksradikaler Hilfe einen Reichskanzler Hitler!«

Hans Jaeger hatte als Neunzehnjähriger mit einem Zettel

an der Neuen Wache in Frankfurt zur Gründung eines »ideal-realen Weltbundes« aufgefordert. Erstaunlicherweise führte dieser mehr als naive Zettel zu Beziehungen, die bis in die Londoner Emigration eine erfreuliche Rolle spielten. Hans Jaeger wurde Reichstagsstenograph, womit er sich zwar sein Leben verdiente, was aber seine sicher sehr interessanten Aufzeichnungen infolge seiner ihm bequemen Stenographie kaum les- oder verwertbar machte. Dann war er Vertreter des Moskauer Marx-Engels-Instituts, der in Deutschland jeden alten Zettel von Marx aufzukaufen hatte.

Das Moskauer Institut warnte ihn kurz vor dem Reichstagsbrand, sofort Deutschland zu verlassen. In Moskau bekam er Esskarten und öffnete im Speisehaus eine Tür. Eine Frau zog ihn zurück: »Das ist nicht für dich.« Es stellte sich heraus, daß es sechzehn verschiedene Restaurants in dem Haus gab. Jaeger sagte: »Na, ihr habt ja ne hübsche Gleichheit.« Am Abend kamen zwei Frauen zu ihm und sagten: »Wir hätten eigentlich deine Äußerung melden müssen, wir wollen es noch einmal hingehen lassen.« Jaeger dankte und stürzte davon, um eine Ausreise zu bekommen. Er hatte Glück, ein Italiener war – war es Togliatti? – Vorsitzender des Kominform und gab sie ihm. »Ich konnte in solcher Pestatmosphäre nicht leben«, sagte er uns.

1937 während der Pariser Weltausstellung telefonierte jemand unausgesetzt unser armes, schäbiges Hotel nach mir an, während ich nicht da war. Ich war empört über diese Rücksichtslosigkeit gegen die Wirte. Das Hotel war erschütternderweise von Arnold Zweig empfohlen, Madame empfing die Gäste, schrieb die Rechnungen, bediente das Telefon, und der Ehemann nach der damaligen sehr rührenden Einteilung war der Hausknecht. Schließlich erreichte mich der unbekannte Telefonierer. Ich verabredete mich auf dem Boulevard des Italiens. »Teuer«, sagte Heinz. »Der Jüngling schlug es vor«, sagte ich. Der düstere Telefonierer bot mir Mitarbeit bei *Das Wort* an, einer neuen in Moskau erscheinenden Zeitschrift. Es war die Zeit der Schauprozesse gegen die alten Revolutionsführer, die Volksfront, die Ossietzky herbeigesehnt hatte:

»Von Thälmann bis Treviranus«, sagte der düstere junge Mann, »Sie glauben nicht an die Volksfront?«

Ich war sehr vorsichtig. Ich sagte nur leise: »Nein.«

»Sie wissen offenbar nicht, was Sie tun. Ich werde dafür sorgen, daß Ihr Name nirgends mehr erscheint, daß Sie nirgends verlegt, nirgends gedruckt werden. Sie sind für die ganze Linke erledigt ....«

»Ach was, der große Fluch aus dem Deuteronomium. Stehen Sie sofort auf und verlassen Sie diesen Tisch.«

Er stand auf und zögerte etwas. Ich sagte: »Ich bezahle Ihren Kaffee.«

Und die Prozesse? Wir waren so unvertraut mit Mord. Keiner dachte daran.

»Wir können Stalin auf den Knien danken. Es war doch eine Verschwörung der Roten Armee mit der Reichswehr. Stellen Sie sich das vor!« sagte eine deutsche Kommunistin zu mir, als wir an einem Sommertag durch das märchenhafte Paris des Weltausstellungsjahres gingen. »Aber warum gestehen sie denn alle?« sagte Heinz. Olden schrieb mir später aus Oxford: »*Das Wort* ist eine gute Zeitschrift, aber sie morden auf eine abscheuliche Weise.«

Zum erstenmal in vierzig Jahren habe ich die allgemein

unbekannten Tatsachen so mutig und einfach ausgedrückt gelesen, die hinter der völligen Geistesverwirrung der letzten Weimarer Jahre stand: »Es läßt sich nun einmal nicht bestreiten, daß Deutschland ohne die massive materielle Unterstützung der Sowjetunion einen Weltkrieg gar nicht hätte riskieren können« (Karl-Heinz Janßen, DIE ZEIT, 31.8.79). Obwohl meine Kollegen und ich es hätten wissen können, denn es konnte kein Zufall sein, daß Nazis und Kommunisten im Reichstag und in der kleinsten Lokalbehörde zusammen stimmten gegen die seit dem Friedensantrag des Papstes 1917 existierende Koalition Zentrum/Sozialdemokratie, und wenn es sich auch nur um die Errichtung einer Schulturnhalle handelte. Selbst emigrierte Politiker wußten nichts außer dem Berliner Verkehrsstreik 1932, als zum ungeheuren Erstaunen der Redakteure gegenüber der Redaktion des *Berliner Tageblatts* riesige Plakate befestigt wurden, daß sich die Nazis dem Streik ihrer proletarischen Kollegen anschließen. Der Übungsplatz der deutschen Luftwaffe in Lipezk in Rußland spielte in gewissem Sinn mein ganzes Leben eine Rolle, und als ich bei dem Schriftsteller Wolfgang Paul Lipezk, als wäre es gar nichts, erwähnt fand, dachte ich an den Mann, dem nicht etwa die Nennung dieses Ortsnamens, sondern nur seine Andeutung das Leben kostete. Vor fünfzig Jahren; am 12. März 1929 war ein Artikel in der *Weltbühne* mit der Überschrift »Windiges aus der deutschen Luftfahrt« erschienen, der mit dem Satz endete: »Aber nicht alle Flugzeuge sind immer in Deutschland ...«

Kein Wort von Rußland, kein Wort von Lipezk. Mit diesen drei Punkten glaubte sich Ossietzky geschützt, sie kosteten ihn das Leben. Er und der Journalist Kreiser kamen wegen

Verrats militärischer Geheimnisse vor das Reichsgericht in Leipzig, wurden zu ein und einem halben Jahr Gefängnis verurteilt. Kreiser floh nach Paris und gab das ganze Material an das *Echo de Paris*. Ossietzky war empört. Er konnte zwar das Gefängnis im Dezember 1932 vorzeitig verlassen, aber kam direkt nach dem Reichstagsbrand ins KZ. Hilde Walter, von der ich 1919 sagte, daß nach ihrer Meinung zugige Fenster und Masern vom Kapitalismus kommen, entfernte sich immer mehr vom Kommunismus. Sie trat Ende der zwanziger Jahre in die *Weltbühne* ein. Sie war sehr klug, ein Wahrheitsfanatiker und mutig dazu. Sie besuchte Ossietzky im KZ unter dem Vorwand, das Dienstmädchen der Ossietzkys zu sein, erkannte, daß er offenbar den Hals nicht mehr bewegen konnte, kam wieder als das »Dienstmädchen, das schon einmal da war« und beim dritten Besuch wurde sie als bekannt eingelassen. Als sie im Herbst 1933 selbst gefährdet war, floh sie nach Paris, nur mit einem Gedanken, wie Ossietzky zu helfen sei. Berthold Jacob dachte an den Friedensnobelpreis, aber realisieren konnten ihn nur Hellmut von Gerlach und Hilde Walter vollständig anonym. Willy Brandt half von Oslo. Er feierte dann als Berliner Bürgermeister Hildes siebzigsten Geburtstag im Berliner Rathaus. Im Mai 1936 warnte Obergruppenführer Eicke Göring, daß Ossietzky im Sterben lag. Er wurde entlassen, bekam im November den Nobelpreis und starb Mai 1938 in einem Privatsanatorium. Hilde, eine Waise, verkehrte viel in meinem Elternhaus von Schultagen an, und wir blieben befreundet, seit ich seit den fünfziger Jahren wieder öfter nach Berlin kam. Sie blieb von dem ganzen Komplex *Weltbühne* besessen. Jahrzehntelang war sie auf alle Ausschnitte über *Weltbühne* und Ossietzky abonniert, darüber hinaus war es ihre Leidenschaft, in der Weltpresse falsche Angaben über die Weimarer- und Hitlerjahre zu korrigieren. Sie wohnte in einer Einzimmerwohnung, deren Wände mit Ordnern mit diesen Ausschnitten bedeckt waren. Schon in Paris hatte sie Ende der dreißiger Jahre einen neuen Schriftstellerverein organisiert gegen die völlig kommunistisch beherrschten alten Organisationen, nachdem Stalin die Volksfront erlaubte. Ich habe sie zweimal durch Zufall wiedergetroffen. 1937 ging ich in ein altes Pariser Haus, um Schwarzschild vom *Tagebuch* wiederzusehen, und das Treppenhaus war von einer lauten Berliner Unterhaltung erfüllt. Es erschütterte mich sehr. Ich erkannte Hildes Stimme natürlich sofort. 1941 rettete sie sich nach New York und kehrte 1952 nach Berlin zurück, wo ich sie wieder zufällig, oder besser gesagt, nicht zufällig, im Café Reimann traf. Reimann hatte unter Lebensgefahr in den Hitlerjahren als Theater, Konzerte, Gaststätten jeder Art für Juden verboten waren, ihnen sein Lokal geöffnet, also war es selbstverständlich, daß man es besuchte. Hilde kam nicht über das, was sie »den Diebstahl der *Weltbühne*« nannte, hinweg, besonders auch nicht, wie es ja natürlich war, daß *Die Neue Weltbühne* Ossietzky und alle Mitarbeiter zu Kommunisten erklärte. Sie blieb ein Magnet, der mich nach Berlin zog, aber Heinz sagte, obwohl sie sich seit ihrem zwölften Lebensjahr kannten, vor einem Treffen mit ihr: »Wenn wieder nur von Ossietzky gesprochen wird, komme ich nicht mit.« Als ich kurz nach ihrem Tod las, daß die alte *Weltbühne* im Athenäum Verlag erscheint, erkannte ich wieder einmal die große Ungerechtigkeit des Menschenlebens, das Hilde nicht erlaubte, die Krönung ihres Daseins, diese wenigstens teilweise Erfüllung ihrer Wünsche, zu erleben, besonders da sie ohne Ehrgeiz und Eitelkeit war. Ihr Stolz war, daß sie mit dem Friedensnobelpreis für Ossietzky, wofür sie zwei Jahre lang gearbeitet hatte, während ihr ein Mann, der diese schöne Frau liebte, von irgendwo in der Welt genug Geld für ihr bescheidenes Leben schickte, dem grausigen Hitlerregime den ersten Schlag versetzt hatte. Ihr Instinkt für Menschen war ohne jeden Snobismus superb. So gab sie Hans Jaeger, bevor er nach London ging, meine Adresse, was zu viel Erfreulichem führte. Es ist ein Jammer, daß die zwei einzigen Menschen, die den bedauernswerten Tucholsky wirklich beurteilen konnten, nun da er als großer Schriftsteller gilt, nämlich Hilde Walter und der sehr viel bedeutendere Walter Mehring, nie seine Biographie geschrieben haben, bedauernswert, weil er alles nicht sein wollte, was er war, ein Berliner, ein deutscher Jude, der sein Leben in Paris verbrachte und sich taufen ließ. Seine bezaubernde erste Frau, eine Ärztin, hat Tucholskys Sprache in *Rheinsberg* erfunden. »Sie trug sich irgendwie in Grau und Blau«, sagte sie von überbescheiden angezogenen Mädchen. Es gab Dutzende von solchen Zitaten in *Rheinsberg*, die wir alle benutzten. Diese sehr junge Ärztin verreist mit einem Gleichaltrigen. Das war eine neue Welt. Da wurde eine Tür geöffnet. Eine Freundin von mir, Angestellte des Verlegers Axel Juncker, las das Manuskript, war hingerissen. Es waren *Die Leiden des jungen Werthers* für die Generation, die in den ersten Weltkrieg zog. Wir alle gaben es unsern Jungs in den Krieg mit. Natürlich heirateten Tucholsky und die Ärztin. Sie sagte: »Als ich über die Damen wegsteigen mußte, um in mein Bett zu kommen, ließ ich mich scheiden.«

Sie ging in der Hitlerzeit nach Paris und lebte mit einem besonders netten älteren Arzt. Als Hitler Frankreich besetzte, hatten sie nicht mehr die Kraft zu fliehen. Sie wurden in ein Vernichtungslager transportiert. Auf einem Bahnhof sah sie einen deutschen Soldaten und gab ihm einen Brief – oder warf ihn ihm zu –, der Freunden und Familie ihr Schicksal mitteilte. Auch das muß einmal gesagt werden, wie viele deutsche Soldaten unter eigener Lebensgefahr letzte Briefe jüdischer Opfer beförderten.

Das Verworrendste, was es in dieser Zeit gab, war ein Mann Niekisch und da ich nicht fähig bin, die ganze Wirrnis zu schildern wie einer ihrer Handhaber, will ich etwas über ihn aus Hans Jaegers Aufzeichnungen (A.W. Mytze. Europäische Ideen) zitieren: »Er (Niekisch) hielt die Verbindungen zur Reichswehr, die Hauptabnehmer seiner Schriften war, und zu den Kommunisten. Er gehörte zur äußersten Rechten, war ein nationaler Mann aber ostorientiert. Er haßte die Nazis, weil sie antirussisch seien, und verwarf das Führerprinzip. Zusammen mit dem Hauptmann Beppo Römer, dem Freikorpsführer von Oberland, der den Annaberg in Oberschlesien erstürmt hatte und gleich dem Grafen Stenbock-Fermor zu den Kommunisten gegangen war, wollte er bewaffnete Verbände aus Freikorpsleuten und Kommunisten gegen die Nazis aufstellen. Die Verbindung zu ihm gehörte zu seinen Obliegenheiten. Die Spannung zwischen Nazis und Deutschnationalen, zwischen SA und Stahlhelm, sei auf dem Höhepunkt ... Heute ist Niekisch Leiter der Berliner Volkshochschule und Kommunist.«

Hitler war an der Regierung und ich werde noch von dem letzten Jahr erzählen. Hier nur noch etwas über die verwirrten Fronten. Nach der Machtergreifung Hitlers und den Novemberpogromen hatte Heinz 1939 die Allernächsten aus Deutschland herausgebracht, meine Eltern über London nach Guatemala, seine Mutter nach Jerusalem, seine Schwester und Mann nach London. Im August ging durch das Haus, in dem in jedem Zimmer ein anderes Ehepaar wohnte, durch einen, der Radio hatte, daß Rußland und Deutschland sich verbündet hatten. Für mich war es eine Art Befreiung. Jahrelang hatte ich berichtet, wie Kommunisten und Sozialdemokraten Nazis oder Nazis Kommunisten und Sozialdemokraten anschossen, während ich wußte, daß die Reichswehr in Rußland rüstete, und ich den Verdacht nicht loswurde, daß Stalin seine besten Generäle auf Hitlers Veranlassung umbrachte. Das Bündnis mit Rußland war auch das historische, von den Teilungen Polens zwischen Rußland, Österreich und Preußen im 18. Jahrhundert über Metternichs Heilige Allianz bis Bismarck, ja bis Goebbels, der in seiner letzten Tagebucheintragung meint, eine Flucht nach Rußland sei wohl der nach dem Westen vorzuziehen. Frankreich war der »Erbfeind« und sowohl der Rheinbund unter Napoleon wie die Separatisten nach dem ersten Weltkrieg anrüchig. Ulbricht hat am 2. Februar 1940 in *Die Welt* in Stockholm einen scharfen Artikel gegen die Sozialdemokraten veröffentlicht, weil sie uneingeschränkt den englisch-französischen Sieg gegen die Nazis wünschen. Am 17. Februar 1940 wurde dieser Artikel in *World News and Views* veröffentlicht: »Die Hitlerregierung hat es für richtig gehalten, friedliche Beziehungen zu der Sowjetunion herzustellen. Die herrschende Schicht in Deutschland hat sich für eine neue auswärtige Politik entschieden, für freundliche Beziehungen mit der Sowjetunion, während der englisch/französische Kriegsblock Krieg gegen die Sowjetunion wünscht.« Wenn es also nach Ulbricht gegangen wäre und diesem Bekenntnis vom Februar 1940, hätte Hitler gesiegt.

Zur gleichen Zeit standen Heinz und ich an der Rednerecke des Hyde Park, wo ein Führer der englischen Kommunisten eine Versammlung von sicher tausend Menschen aufrief, die Waffen gegen Hitler niederzulegen. Es war mäuschenstill, kein Zuruf, nichts. Nur ein blutjunger, natürlich unbewaffneter Polizist ging ein bißchen herum.

September 1930

Na«, sagte Heinz und drehte das Radio ab, »106 Mandate der Nazis. Reizend.«

Er ging im Zimmer auf und ab. »Das geht nicht gut. Man kann nicht unter Gangstern leben.«

»Aber Heinz«, sagte ich, »mach doch nicht die Pferde scheu. Warte ab.«

Am nächsten Morgen kam ich in die Redaktion. Es war äußerst muntre Stimmung. »Nanu?« sagte ich, »die Herren sind doch alle so vergnügt?« »Ja, sehen Sie«, sagte der Lokalredakteur, der noch dazu Schweizer war, »die Juden haben doch auch alles Geld.«

»Und die rheinische Großindustrie und die schlesischen Grafen und die englischen Lords?«

»Da haben Sie schon recht. Aber die Juden haben eben doch alles Geld.«

Fred Hildenbrandt ging mit großen Schritten auf und ab und sagte ernst und nachdenklich: »Ich war gestern zur Nazifeier im Sportpalast. Die nettesten Deutschen waren da. Familien an weißgedeckten Tischen bei Kaffee und Kuchen. Der einfache Mensch braucht Heimat, Volkslieder, Veilchen. Die Linke nennt das reaktionär. Die Linke verlangt Internationalität und moderne Kunst für den Arbeiter. Er wird auf den ersten hereinfallen, der zu ihm sagt: »Unsre deutsche Heimaterde, Veilchen im Frühling, Madel tanz mit mir.« Keiner kann mehr Expropriation der Expropriateure hören oder ähnliche Fremdworte. Vor Monaten habe ich schon geschrieben, einen Helden wollen die Leute auf der Bühne sehen. Sie haben genug von diesen albernen Stücken über § 218 oder »Masse Mensch«. Und dann verließ er das *Tageblatt*. Er dachte offenbar, besser ist besser.

Zu dem »verschenkten Sieg«, den »Novemberverbrechern«, zu der Inflation, die die Fleißigen und Ordentlichen und Sparsamen um jeden Pfennig brachte und die Verschwender und Schwindler reich machte, kam nun die Weltwirtschaftskrise. In den USA gab es sechzehn Millionen Arbeitslose, in Deutschland fünf Millionen. Wir warteten mit diesen Millionen ab.

In unserer Post stand: »Wegen Ihrer Filmidee bitten wir Sie, sich bis nach den Wahlen zum preußischen Abgeordnetenhaus zu gedulden.« In unserer Post stand: »Wegen Ihres neuen Vertrages wollen wir bei der unklaren Lage erst einmal den Volksentscheid abwarten.« In unserer Post stand: »Auf Ihr Geehrtes vom 24.4. teilen wir Ihnen mit, daß wir erst die weitere Entwicklung, mindestens die Reichspräsidentenwahl, abwarten wollen, bis wir die Hypothek bereitstellen.« Die Post enthielt die Bitte von Vereinen, ihre kaum noch aufrechtzuerhaltenden Wohlfahrtseinrichtungen zu unterstützen, die Bitte von Kaufhäusern, ihnen Sommermäntel oder elektrische Lampen abzukaufen, die Bitte von Malermeistern, ihrer zu gedenken und unsere sicher doch sehr verkommene Wohnung streichen zu lassen. Und das vornehme Pelzgeschäft bot Silberfüchse, früher dreitausend Mark, jetzt schon für hundertfünfundsiebzig Mark an. Es kamen Briefe des Hotels in der Schweiz, wo wir früher gewohnt hatten, wir sollten doch kommen. Man würde schon über den Preis einig werden, wie man sich freuen würde, uns zu empfangen, so liebe Leute. Und das Essen? Und die Bedienung? Alles in der gewohnten Güte.

In Berlin gab es etwas ganz Neues, die Besprisornism, Scharen von Jugendlichen, die nie gearbeitet hatten, obdachlos waren, hungerten, Verbrecherbanden bildeten. Die Stadt Berlin richtete Tischlerwerkstätten für sie und Schneiderwerkstätten für die Mädchen ein, verbunden mit einer warmen Mahlzeit. Die Jungen erklärten, sie arbeiteten nicht. Das wäre doch nur Ausbeutung, und vom Mehrwert würden sich die Bonzen sattfressen. Die Jugendfürsorge erreichte, daß ein Verein für diese Ärmsten, ein Übernachtungsheim zur Verfügung gestellt wurde, damit diese Kinder mal einen Ausflug machen konnten. Sie zerstörten das ganze Heim, zerschnitten die Betten, zerhackten das Holz, zerschlugen das Geschirr, alles unter dem Gesichtspunkt, daß sie die Macht für das Proletariat erobern wollten und daß sie auf nichts eingingen, was »Wohlfahrt« sei. Sie hielten sich am Tage in den Kneipen der Verbrechervereine auf, die es in jeder großen Stadt gibt, bekamen dort ab und zu einen Schnaps oder auch was zu essen und vollzogen in Kellern und auf Dachböden die sexuellen Aufnahmeriten. Die Wohlfahrtspfleger verzweifelten an diesem Problem. Hitler reihte die Jungens in seine SA ein, gab ihnen ein »Verkehrslokal« und erklärte ihnen, daß sie das Gegenteil von Proleten seien, nämlich die Herrenrasse.

Zu dieser Zeit verließ uns der Verlagsdirektor Carbe, weil er nicht mit dem Besitzer zusammenarbeiten konnte. Carbe war ein geistreicher witziger Mann. »Die Leute interessieren sich nicht für Politik«, sagte er zu mir, »ich habe mal eine Umfrage bei den abgesprungenen Abonnenten unserer *Volks-*

zeitung machen lassen. 65 % sagten, sie seien Markthändler, und bei der *Morgenpost* bekämen sie mehr Papier, 10 % fanden die Annoncen in der *Morgenpost* wichtiger, 20 % zogen die Fortsetzungsromane in der *Morgenpost* vor, nur 5 % mochten unsre Politik nicht. Können Sie nichts machen, Frau Tergit.«

An seine Stelle kam die neue Zeit, ein Kind aus dem Volk, Karl Vetter. Der Vater war Maurer und hatte sich den Traum aller Berliner Arbeiter erfüllt, eine Kneipe zu besitzen. Karl machte seine Schularbeiten in der Kneipe seines Vaters. Er war stolz im ersten Weltkrieg ein »Frontschwein« geworden zu sein, kam als Pazifist zurück. Kiaulehn hat mir Vetters Tätigkeit in einer neu gegründeten Zeitschrift geschildert, an der er und auch Manfred Georg, Chefredakteur des Ullsteinschen *Tempo* und noch später des *Aufbau* in New York, Redakteure waren. »Karl Vetter war immer schon da, fegte die Papiere zusammen, die Reinemachefrau konnte man sparen, er kaufte alten Bleisatz – kam billiger –, er schrieb, er las Korrektur, er half in der Setzerei, er führte die Bücher, er empfing Besucher, er war immer schon am Telefon, bevor ein anderer nur dazu kam, den Hörer abzunehmen.«

Das ist zwar Karl Vetter, wie er leibte und lebte, aber in welcher Zeitschrift? Egal. Karl Vetter war dick und klein und hatte einen kugelrunden Kopf. Kiaulehn hat mir noch eine Geschichte erzählt. Es war auf der Beerdigung von Karl Vetters Mutter. Er stand neben seinem Vater, diesem ehemaligen Mitglied der Bauarbeitergewerkschaft. Karl Vetter sah vom Grab seiner Mutter auf. Was er unter Tränen sah, war erstaunlich, zwischen zwei schwarzen Zypressen erschien wie eine Fata Morgana das blendende Weiß eines neu errichteten Warenhauses. Karl Vetter sagte zu seinem Vater, kaum war die Erde aufs Grab geworden: »Ich habe dringende Geschäfte, ich kann leider nicht mitkommen«, stürzte in die Telefonzelle am Eingang des Friedhofs und rief den besten Berliner Photographen an: »Kommen Sie schnellstens, ne Sache, ne Sache, sooo!« und dann telefonierte er mit dem Reklamechef der Firma: »Ich hab ne Sache für Sie, aber nicht unter dreitausend Märker.« Und tatsächlich verkaufte er das Foto für dreitausend Mark. Es wurde sofort in Hunderttausenden gedruckt für die Briefe, für die Kataloge, für die Annoncen.

Vetter ließ die ganze Eichenpracht aus Carbes Büro rausreißen, die aus zwei Schränken bestand, die ein Sofa umgaben. In einem Schrank war Waschschüssel mit Wasserkanne darunter, im anderen Schrank die Haken für Mantel, Hut, Schirm, Stock. Die Tapeten wurden runtergerissen, alles wurde Glas und Stahl, was dem metallenen Zeitgeist entsprach. Wer außer Heinz und Karl [Freund der Familie, s. zweiter Teil] war noch für Holz, das wärmte und kühlte und immer nachwuchs? Ich stand an der Tür des Zimmers, in dem sich zehn Handwerker im Wege standen. Ich stand wie an der Bahre eines geliebten Menschen. Ich hatte recht, es war das Ende des *Berliner Tageblatts*. Carbe, ein Neffe des Gründers Rudolf Mosse, war sein Generalbevollmächtigter, auch für die Weltorganisation der Annoncen, die Rudolf Mosse gegründet hatte, völlig unabhängig genau wie Theodor Wolff. Das *Tageblatt* wurde von dem Architekten Mendelsohn, der eine Zeit der Chef von Speer war, umgebaut. Die Jugendstil-Fassade mit einer nackten Frau als Symbol der nackten Wahrheit wurde hinter einem schönen modernen Schiffsbug verborgen.

Darin lag ein Zimmer à la Mussolini, der ganz leere

Mosse-Haus in Berlin, umgestaltet von Erich Mendelsohn

Schreibtisch, zu dem Gerufene ein weites Zimmer durchschreiten mußten. Die Eisentreppen zur Setzerei, die grau geölten Toiletten ohne Spiegel blieben.

Vetter gründete im *Acht-Uhr-Abendblatt* den Autoklub der »Ritter vom Steuer« und hatte den Triumph die größte Verkehrsstockung Berlins herbeigeführt zu haben. Die Auffahrt der Autos zu einem geplanten Picknick war die Ursache, daß an besagtem Sonntag gegen elf Uhr kein Autofahrer mehr die Stadt in östlicher Richtung verlassen konnte, geschweige denn in umgekehrter heimfahren. Die Polizei sah sich einer hoffnungslosen Aufgabe gegenüber. Höhere Beamte eilten herbei. Es war grandios. Die Mitglieder des Autoklubs standen stundenlang nebeneinander und lernten sich kennen und lieben. Sie spielten Karten, tauschten Frauen und Autos. Von den Bahnhöfen konnten weder die Reisenden noch die Waren weiterkommen. Vetter war begeistert. »Tausend deutsche Blätter bringen morgen früh ›Die größte Verkehrsstokkung seit dem Schneefall von 1906‹, verursacht durch die ›Ritter vom Steuer‹ des Berliner Acht-Uhr-Abendblattes. Kannst du mir sagen, wie ich das sonst fertig bekommen hatte?« Ulkig war, wie Vetter einen zum reichen Mann machte. Ein Rechtsanwalt wurde als Berater der »Ritter vom Steuer« bei Unfällen etc. zugezogen. Er bekam eine riesige Praxis. Vetter selber erhielt, als uns die Honorare zehn- und hundertmarkweise gekürzt wurden, fünfzigtausend Mark Gehalt. Das war das Gehalt eines preußischen Ministers, der Reichskanzler bekam hunderttausend Mark. Vetter organisierte eine Messe und brachte ein Telegramm in größten Buchstaben auf die erste Seite des *Berliner Tageblatts*: »Messe erfolgreich eröffnet! Herr Lachmann-Mosse an Bord …« Er erweiterte den Bilderteil. Er machte Umfragen bei den Lesern, wessen Bild sie zu sehen wünschten, und wir wurden alle abgebildet. Und das alles unter Chefredakteur Theodor Wolff.

Wolff gehörte zum 19. Jahrhundert. Er fühlte sich ohne jede Einschränkung als Deutscher und hatte eine christliche Deutsche geheiratet. Er hatte in den neunziger Jahren in Paris gelebt und von dort seine ersten aufsehenerregenden Artikel geschickt. Sein Kampf gegen die französische Politik nach 1918 war der des enttäuschten Liebenden. Er hat über Poincarés Tagebuch geschrieben: »Jedes Vive Poincaré, das ihm in Paris oder bei einer Reise in die Provinz zugerufen wurde, ist mit Datum notiert, und die Honoratioren, die ihn auf einem Bahnhof empfangen, werden regelmäßig aufgezählt.« Er schrieb auch bitter, daß von solchen Vivat-Registrierern, solchen sorgfältigen Ruhm-Verwaltern das Glück der Menschheit abhänge, genau so ein Registrierer war später Nixon, aber Wolff erwähnt nicht, daß Poincaré die französische Inflation beendete. Trommeln war Wolff verdächtig. Publicity hieß damals noch Reklame und war verachtet. Lachmann und Vetter waren Dilettanten und das *Berliner Tageblatt* für einen Umbau auf billiges Massenblatt besonders ungeeignet, aber mit ihren »Rittern vom Steuer« und ihren Photos hatten sie ein Gespür für das Kommende. Wolff nahm nicht zur Kenntnis, daß Reklame, »Public relations«, eine riesige Industrie geworden war, die das ganze Leben durchdrang, für die der Urfeind Goebbels dann ein Ministerium errichtete, das Judenmord wie ein neues Waschmittel vertrieb, daß Agitprop (Agitation und Propaganda) die Grundlage der östlichen Welt ist, daß vierzig Jahre später amerikanische Minister aus Reklameagenturen hervorgingen.

Wolff war das Gegenteil aller Menschen, die mit gleichbleibender Leidenschaft wechselnde Weltanschauungen vertreten. Er war, wie der zeitgenössische Ausdruck lautete, als »Freisinniger« geboren und starb als »Freisinniger«. Als in den zwanziger Jahren der wirtschaftende Mensch das Maß aller Dinge wurde und die Wirtschaft das Weltbewegende sein sollte, interessierte das Wolff gar nicht.

Roman

Nie wäre ich dazu gekommen, den *Käsebier* zu schreiben, wenn mich meine Eltern nicht nach einer Operation zu einem Schneeaufenthalt nach Vorarlberg mitgenommen hätten.

Ich lag in der Liegehalle. Die Dame neben mir sagte: »Schönes Hotel, nicht wahr?«

»Ja«, sagte ich, »sehr schönes Hotel. Ich wollte eigentlich in die Schweiz.«

»Das können Sie nicht, die Schweiz ist völlig verjudet.« Ich fand es schon schlimm genug, das einzige Stück deutschsprechender Erde, das sich seine Demokratie selbst erkämpft hatte und so früh, lange vor der englischen und französischen Revolution, das Volk der Hirten und der Hoteliers, das wegen jedem zu fällenden Baum eine Volksbefragung machte, mit dem Modeschimpfwort abzutun, schlimmer war die von keinem Zweifel berührte Selbstsicherheit, die zu einem Krieg führte und ihn verlor.

Ich ging jeden Abend gleich nach dem Abendbrot in mein stilles Zimmer und begann, einen Roman zu schreiben, mit dem Füllfederhalter natürlich. Ich hatte schon lange eine Satire auf den »Betrieb«, den ich für den Zerstörer aller echten Werte hielt, über etwas Nichtexistierendes schreiben wollen, eine Erweiterung von Andersens *Des Kaisers neue Kleider* sozusagen, als ich erkannte, daß ein Buch, aus dem man nicht erfährt, weswegen telefoniert, telegraphiert, in Autos gerast wird – ein Kafka-Thema –, unmöglich ist. Dann verpflichtete Ullstein Heinrich Mann zu Feuilletons über Berlin. Eins der ersten war über die Bühne der Mutter Gräbert, die nun Carows Lachbühne hieß. Am nächsten Tag erzählte mir Kiaulehn, daß ein Journalist Artikel über diese Bühne bei bekannten Schreibern für ein Buch bestellte, für das er bereits einen Verleger habe. Ich sagte »Geschichte eines Berliner Ruhms«. »Wieso Rum?« sagte Kiaulehn. Ich sah, das war mein Titel nicht, aber mein Thema. Ich erfand einen Spaßmacher, dessen Programm ich aus zwei Artikeln von mir über Hasenheide und Skala mischte mit einigem Neuerfundenen dazu. Der Spaßmacher sollte nur der ganz gleichgültige Aufhänger für Journalisten, Bauunternehmer und Massenmedienleute werden. Ich wollte das Buch törichterweise »Käsebein erobert den Kurfürstendamm« nennen. Die Kinderpflegerin meines Sohnes sagte: »Käsebein?« »Sie haben völlig recht«, sagte ich, »das geht nicht. Sagen wir Käsebier.« Olden wollte das Buch, noch bevor es fertig war, mit einer Abwandlung unseres Grußes betiteln. Unser Gruß, natürlich von Kiaulehn erfunden, hieß: »Heil und Sieg und fette Beute!« Das sagten wir statt »Guten Tag«. Olden wollte »Heil und Sieg! Fette Beute gibts nicht mehr!«

Ob das ein Buchtitel gewesen wäre, weiß ich nicht.

Das Schreiben dieses Buches war vielleicht die schönste Zeit meines Lebens. Mein Zweijähriger, die Kinderpflegerin und ich fuhren nun zum zweitenmal nach Arendsee. Die Kinderpflegerin war eine blitzgescheite Ostpreußin, die abwechselnd die Babys des ostpreußischen Adels und die von Berliner Juden pflegte, ohne ihre Maßstäbe zu verändern. Sie fand den General Mackensen, der sich zum Mittagessen mit Orden »beklunkerte«, genauso komisch wie die jüdische Dame, die es nicht unter zehn verschiednen Lederhandtaschen tat. Es war Juni und ganz leer. Ich nahm ein Zimmer mit einer Loggia in den Buchenwald, durch den das blaue Meer schimmerte, die Ostsee, das nordische Mittelmeer ohne Ebbe und Flut. Auf einem kleinen Sandweg über dem Meer, am Rande des Buchenwalds, ging ich jeden Nachmittag in ein Waldcafé, wo man mir einen herrlichen Kaffee machte. Heinz hatte darauf bestanden, daß ich einen Balzac-Roman mitnahm, da er Balzac sehr liebte und ich ihn nie gelesen hatte. Ich war hingerissen und sandte ein Telegramm an Heinz: »Sendet mehr Balzac«, was ihn über Gebühr amüsierte, aber er sagte überhaupt gern: »Der Clown im Haus verscheucht den Scheidungsanwalt.« Der Clown war ich. Ich bewunderte später den Kritiker der sudetendeutschen *Bohemia*, der schrieb: »Die Autorin hat viel von Balzac gelernt.«

Bewußt jedenfalls nicht. Ich wußte nicht, was er meinte … Nach drei Wochen kam Heinz. Als wir ihn vom Bahnhof abholten und er aus dem Zug stieg, streckte das Kind die Ärmchen nach ihm aus und rief aufgeregt: »Der Papa, der Papa!« Es war auch für mich einer der großen Glücksmomente des Lebens. Da stand ein Mensch auf zwei Beinen, streckte die Arme nach ihm aus, erkannte ihn und rief ihn. Ich las Heinz an den nächsten Tagen den *Käsebier* vor, der ihn sehr amüsierte. Ich machte ihn fertig. Ende Juli oder Anfang August fuhren wir nach Berlin zurück. Dann ging das Manuskript an Rowohlt, zu dem meine Generation ging, der uns die Amerikaner gebracht hatte, so wie eine Generation früher zu S. Fischer ging, der uns die Skandinavier gebracht hatte. Der Rowohlt Verlag war eine Sechszimmerwohnung im dritten

Gabriele Tergit und Heinz Reifenberg 1929 im Grunewald

Stock ohne Fahrstuhl in einer Nebenstraße des Wittenbergplatzes, so wie der S. Fischer Verlag die Weltliteratur in einer ebenerdigen Wohnung in der Bülowstraße betreute. Bevor er den *Käsebier* nach Leipzig in Druck gab, schlug mir Rowohlt vor, das alberne Fräulein Kohler wegzulassen, diese ganze Geschichte mit dem Meyer-Paris sei zu albern. Ich hielt mit Recht an ihr fest. Es war ein Problem, das mit Tucholskys *Rheinsberg* begonnen hatte. Es war die erste Generation, zumindest des Bürgertums, aber weit hinab in die Arbeiter- und Bauernklasse, wo die Jungfräulichkeit der Frau nicht unbedingt Forderung des Mannes bei der Eheschließung war, was zusammentraf mit dem Frauenüberschuß nach dem ersten Weltkrieg. Es war für mich erschütternd, als ich entdeckte, daß mein Fräulein Kohler ein eineiiger Zwilling des Fräuleins in der *Engelgasse* von J. B. Priestley (Angel Pavement), London 1931 war. Es ist eigentlich noch schlim-

Erstausgabe von *Käsebier erobert den Kurfürstendamm* (1931)

mer. Mein Fräulein Kohler war übers Telefon versetzt. Aber die Priestleysche Arzttochter steht neben ihrem Koffer auf einem Londoner Bahnhof, und der Herr, mit dem sie verreisen wollte, kommt einfach nicht. Kein individuelles, sondern ein Zeitschicksal. Aber während der Monate, in denen mein *Käsebier* von mir, von den Druckern, den Buchbindern angefertigt wurde, war der Rummel Carow entstanden. Wenige Tage, nachdem der *Käsebier* in den Schaufenstern lag, kam Heinz, die *B. Z. am Mittag* schwenkend, wütend ins Zimmer: »Deine Freunde haben dir ja einen netten Streich gespielt!« Ein Artikel von Kiaulehn hieß »Schlüssel zu einem Schlüsselroman«. Der Schlüssel war: Käsebier sei Carow. Kiaulehn hatte mit Peter Sachse gesprochen, der seine Hand in der Berliner Vergnügungsindustrie hatte und das Sensationsblatt *Berliner Herold* herausgab. Er riet, Käsebier mit Carow zu identifizieren. Das war ein glänzender Reklametip, ein wohlgemeinter Freundschaftsdienst von Kiaulehn, nur, *nur*, daß er mein Buch verfälschte, und nun, um die Verwirrung und den Ulk vollzumachen, erschien am 20. November 1931 der *Berliner Herold* mit der Überschrift: »Kein Roman über Erich Carow, Käsebier unter falscher Flagge. Käsebier (welch witzige Erfindung) hat mit Erich Carow keinen Wesenszug gemein.« Ich hatte Angst. Aber ich wurde gepriesen zum Teil von den falschen Leuten, von Nazis zum Beispiel, die sagten: »Ja, so geht die Tugend vor die Hunde, aber wir werden euch die echten Werte bringen, Treue und Wahrheit!« Hanns Johst, des Führers Freund, nannte mich »ein tapferes preußisches Herz«, obwohl er bestimmt wußte, ich war eine Jüdin. Seltsamerweise beschrieb die kommunistische *Welt am Abend* meine einfache, nur 1931 unübliche Psychologie am richtigsten: »Die Tergit ist eine Bürgerin, die

14

Wunsch-Spiegel

Die meisten Stimmen erhielten in der Woche vom 17. bis zum 24. Dezember die hier abgebildeten Persönlichkeiten

Dem Wunschzettel gehören seit sieben Wochen fünf Minuten im Wochenprogramm unserer Leser. Die Anschaulichkeit, das Porträt eines oft gelesenen Namens, das man sich früher mit Hilfe der Vorstellungskraft des Geistes malte, am Sonntagmorgen im „Welt-Spiegel" als reales Bildnis zu sehen, stellt die geistige Verbindung zwischen Interessierten und Interessanten her. Und das Interesse für die Schar der im stillen wirkenden Persönlichkeiten lockt die mit der Schere bewaffnete Hand immer wieder dazu, den Wunschzettel auszuschneiden und ihn an uns zu senden.

Wir stellen Ihnen vor:

Gottfried Benn

Henri Bergson

Jakob Wassermann

Dr. Oswald Spengler

Erich Mendelsohn

Erich Maria Remarque

Fritz Engel

Heinrich Schlusnus

Prof. Dr. Hendrik van Loon

Gabriele Tergit

Wen möchten Sie kennenlernen?

Wunschzettel des „Welt-Spiegel"

Ich möchte kennenlernen:

Name:

Adresse:

Im Dezember 1931 zählte Gabriele Tergit zu den beliebtesten Persönlichkeiten der Welt-Spiegel-Leserschaft

sich noch den Sinn für Sauberkeit bewahrt hat und inbrünstig an ein liberales Gesellschaftsideal glaubt ... Sie will die kapitalistische Welt ... in ihrem Roman für Entartung ... bestrafen, um sie zu bessern.« Aber die Carow-Identifizierung saß fest. Wenn Carow ein neues Haus bezog, Geburtstag hatte, starb, immer wurde Käsebier erwähnt.

Es wurden fünftausend Exemplare verkauft. Es wären beinahe viel mehr geworden. Am 15. Dezember 1931 wurden zweihundert Exemplare verkauft. Am Nachmittag dekretierte der Diktator Brüning, der mit Notverordnungen regierte, höhere Steuern und niedrigere Gehälter, und so wurden nur noch fünfundsiebzig Exemplare verkauft. Ernst Rowohlt rief mich ärgerlich an, denn er nahm an, daß das geschah, um der Welt zu zeigen, daß Deutschland keine Reparationen mehr zahlen kann.

Deutschland war seit 1870 der industrielle Riese in der Mitte von Europa. Schon unter Bismarck gab es das Wort vom deutschen Wirtschaftswunder. 56% des Welthandels fand in Europa statt. Davon wurden 51% von Deutschland exportiert. Es war bei weitem die stärkste Industriemacht des Kontinents. 1929 exportierte die deutsche chemische Industrie, die mächtigste der Welt, für 327 Millionen Dollar, die amerikanische für 232 Millionen Dollar. 1931 hatte Amerika vier Milliarden Dollar in Deutschland investiert. Jeder Amerikaner, Mann, Frau, Kind, hatte fünfunddreißig Dollar in Deutschland stecken. Der große Bismarck war sehr vorsichtig, um seinen Nachbarn keine Angst einzuflößen. Es wurde 1931 für Bier noch immer das Doppelte ausgegeben, als die jährlichen Reparationen ausmachten. »Wenn unsre politischen Schulden nicht gestrichen werden, stehen wir Deutschen vor einem geistigen Zusammenbruch«, sagte

Reusch, der Direktor der Gutenhoffnungshütte. Deutschland exportierte dreimal so viel Walzwerkprodukte wie die Vereinigten Staaten. Es hatte einen Ausfuhrüberschuß von 750 Millionen Dollar, ein Rekord in der deutschen Geschichte. Es war der größte Exportstaat der Welt. Es exportierte 20% mehr als Amerika. Die 750 Millionen Ausfuhrüberschuß hätten für die Geschäftsverpflichtungen, 370 Millionen Dollar und die Reparationsverpflichtungen von 400 Millionen Dollar genügt. Aber nichts war mehr normal, riesige Beträge wurden aus Deutschland abgezogen. Und das entsetzliche Elend der fünf Millionen Arbeitslosen war die Wirklichkeit.

Zur gleichen Zeit wie mein *Käsebier* schrieb Fallada seinen Roman *Bauern, Bonzen, Bomben*, ein großartiges Buch. »2500 verkauft«, sagte Rowohlt, »was für einen Sinn hat es, gute Romane zu veröffentlichen?« Wenige Monate darauf schickte mir Fallada *Kleiner Mann was nun?* »Ich wollte ihn *Pinneberg* nennen«, sagte Fallada. Wahrscheinlich hätte er als *Pinneberg* nie die Welt erobert. Aber dreißig Millionen Menschen in den, was wir die Kulturvölker nannten und was heute »westliche Industrieländer« heißt, fragten: »Kleiner Mann was nun?«

Das Jahr 1932

Im Sommer 1932 fuhren wir nach Schweden. Die Ostsee, halb Meer und halb See, war wie in meinem geliebten Arendsee blau und der Himmel wolkenlos. Heinz traf einen jungen Architekten mit seiner schwedischen Frau. Ich bat Heinz, sich gegen die Sonne einzufetten. »Ach Unsinn.«

Dann kamen wir nach Visby, und Heinz war krank, nicht nur furchtbarer Sonnenbrand. Solche Dinge passierten immer wieder. Während man mich in der Nacht aufwecken konnte, und ich sagte: »Es ist halb drei Uhr«, hatte Heinz nicht das geringste Zeitgefühl, das war ihm von seinen russischen Vorfahren geblieben. Ich war ganz selten unpünktlich, er war um halb vier verabredet und kam um halb sieben. Genauso war es mit dem Wetter. Heinz fuhr nach langen Jahren eines armseligen Ein-Zimmer-Daseins auf ein paar Tage zu einem Kongreß in die Schweiz, sah einen Sessellift, stieg sofort ein, ohne Mantel, und bekam eine schwere Erkältung. Also sofort ins Bett. Nichts da mit Kongreß. Im November 1952 kam er in einem Sommermantel zu mir nach Berlin. In London war noch so hübsches Wetter gewesen. Meine Verängstigung nahm solche Ausmaße an, daß ich mich immer umsah, wenn ich zuerst aus einem Bus stieg. »Ich komme ja schon«, sagte Heinz. Aber das war es nicht. Es war dies Gefühl, daß Heinz und mein Sohn gefährdete Menschen waren, gefährdet wie alles, das zu fein gesponnen, zu zart geschnitzt ist.

Als sich Heinz in Visby erholt hatte, saßen wir zwischen

grauen riesigen Ruinen von romanischen Kirchen und Stadtmauern, die von rosa Rosen überschüttet waren, und tranken Kaffee. Wir sahen auf das sanfte Meer und nordische Vögel mit breiten Schnäbeln. Eine zierliche blonde Prinzessin bediente uns. Schon Fred Hildenbrandt teilte uns im *Tageblatt* nach einer Skandinavienreise mit, daß die garantiert germanischen Mädchen keine Thusnelden seien und »die Männer haben Tenorstimmen«. »Fröken«, sagte Heinz. Es ist ein süßes Wort und obwohl es nur Fräulein heißt, klang es wie eine Liebeserklärung. Außer uns saß nur eine Dame da. Sie trug schwarze Stiefel und rauchte dicke Zigarren. Eine Wikingerin! Eine Frauenrechtlerin. Wir gingen in ein Freilichttheater mitten in Tannenwäldern, die bis an den Polarkreis reichen. Mit dicken Decken um die Schultern und auf dem Schoß sahen wir ganz kindliches Theater mit einem Clown als Hauptperson. Es war Frieden. Wir waren ins Grand Hotel in Stockholm eingeladen und aßen die köstlichsten hors d'œuvres. Die Restaurants waren eingerichtet wie Zimmer bei sehr reichen Leuten. Kommoden mit Vasen voll Blumen und Bildern und Teppichen und wenigen Tischen in jedem Raum. Hier bettelten nicht die Zerlumpten wie in Berlin vor dem Luxus der großen Hotels. Hier war alles reich. Wir schwärmten von Schweden. »Na ja«, sagte die Frau des Herrn, der uns eingeladen hatte, »aber voriges Jahr hatten wir Sommer an einem Dienstag.«

Auf einem felsigen Bauplatz warfen Bauarbeiter Messer nach einer Scheibe, und daneben war ein Arbeiterlokal, weiß gedeckte Tische, bequeme Sessel und Blumen auf allen Tischen. Der Kaffee wurde in braunen Kännchen serviert und dicke Schlagsahne war auf der Milch. Es war mehr Luxus in diesem Arbeiterlokal als in einem Café im Pariser Westend.

Auf dem Platz davor standen Hunderte von Fahrrädern ohne Kette und Schloß und wurden nicht gestohlen. Ich fuhr in einem Dampfer über den Mälarsee. Es war heiß, auf kleinen Inseln waren rote Holzhäuser mit weißen Fensterläden und überall schwammen Menschen. Sie tauchten wie die Delphine, sie sprangen im Wasser hoch. Das Dampferchen hielt an vielen Bootsstegen. Pakete und Briefe wurden abgeworfen, und da blieben sie, bis ihre Eigentümer sie holten. Erst als sie ausstiegen, merkte ich, daß Hunderte von Kindern auf dem Dampfer waren.

Auch ich stieg aus. Ich saß auf einer Bank an einem grünen Gebirgssee. Zwei junge Leute ruderten, ganz sanft. Nur wenn die Ruder auf das Wasser schlugen, wurde die Stille unterbrochen. Plötzlich erhob sich ein Geschrei aus einem Garten. Die jungen Leute ließen erschrocken die Ruder sinken. Ein Radler stieg vom Rad und lauschte. Die Hunde begannen zu bellen. Es war ein vollkommener Aufruhr der Natur, und ich hörte »Gustav, laß doch, Gustav, laß doch« schreien. Dann wurde es wieder still in Schweden.

Ich war allein im Coupé, als ich zurückfuhr. Nebenan waren zwei Damen. Das war alles im ganzen Wagen. Die Waggons waren breiter, die Sitze waren breiter und weicher gepolstert als in Deutschland. Es war weit und still und leer; jeder hatte Platz. Und das Land hatte die höchste Selbstmordziffer von Europa.

In Stockholm gibt es ein Freilichtmuseum, uralte Holzkirchen. Auf einer Wiese Volkstänze in den schönen schwedischen Trachten. Viele Leute sitzen und sehen zu, und dann gehen sie in einen großen Garten Kaffee trinken. Rentiere weiden, und unter Zelten machen Lappländer ihr Feuer und wärmen sich. Ganz nah ist der Rand von Europa, die endlosen Steppen, die Schneekönigin in einem Palast aus Eis. Ganz nah beim höchsten Luxus Tranfunzel und Zelt und die entsetzliche Menschenmühe, Feuer zu machen und Kleider aus Tierfellen, aber die Lappenfrau hockte am Feuer, es regnete, Herbst lag in der Luft, und sie lächelte mich an mit dem freundlichsten Menschenlächeln.

Und dann fuhren wir zurück nach Deutschland. Auf dem Dampfer saß ein freundlicher Richter. »Was für ein Land!« sagte er. »Was sie einem für Erdbeerportionen geben und was für Schlagsahne! Wenn unsereiner seine Krawatte aufhängen will, dann nimmt er ein Band und befestigt es mit zwei Reißnägeln an der Schranktür. Aber dort haben sie von vornherein eine Stange aus Nickel für die Krawatten, und man zieht einfach eine Stange vor, an der sind Bügel für die Anzüge, braucht man sich nicht zu recken, gar nichts.« Er schüttelte den Kopf. Was für ein unwahrscheinliches Land, ein Paradies! Eine ältere Schwedin sprach mit einem deutschen Mädchen: »Und haben Sie heute die Militärmusik im Schloßhof gehört? Hat sie Ihnen gefallen?«

»Nein«, sagte das Mädchen verächtlich, »kein Ruck, kein Zuck, nicht ein bißchen zackig!« Die Schwedin stand auf: »Wissen Sie, Fräulein, wie wir das nennen? Dumme Preußereien!«

Als wir in Wismar an Land gingen, dampfte uns der Krieg entgegen. Der Krieg aller gegen alle. Zeitungen! Zeitungen! Preußenregierung abgesetzt!! Mit der Republik ist es zu Ende!

Mit der Sozialdemokratie ist es zu Ende!!

»Ich weiche der Gewalt«, hatte der preußische Minister Severing gesagt, dem die preußische Polizei zur Verfügung stand und die im »Reichsbanner« organisierten Massen der

Sozialdemokratie. Ich weiche der Gewalt! Die Linke predigte Pazifismus. Remarque und Renn zeigten den Krieg als eine einzige Sinnlosigkeit, als ein Maschinenmorden. Weicht man der Gewalt? Kann man etwas gegen die Gewalt tun? Niemand wußte es. Alle waren von einem Starrkrampf befallen, inclusive Severing. »Ich habe doch nicht putschen können«, sagte er nachher.

»Putschen!!« Er, das Haupt der rechtmäßigen Regierung, sprach von Putschen! Empfand er die Nazis als nationale Männer, die Deutschlands Größe und Macht wollen, und sich als einen linken Revolutionär, der nicht »putschen« kann?

Wismar war begeistert. Es lag in der Luft. In allen Buchläden nichts als antisemitische und nationalsozialistische Literatur. *Volk ohne Raum* von Grimm, dieser Bestseller der zwanziger Jahre. »Volk ohne Raum« sind die Deutschen, nicht etwa die Belgier mit 703 Menschen auf die Quadratmeile oder die Juden mit überhaupt keinem Raum. *Der Arbeiter* von Jünger mit der Forderung jener Arbeitsdemokratie, die 1942 in ganz Europa eingeführt wurde, die *Sünde wider das Blut* von Dinter, welches das Buch von der Rassenschande ist. *Mein Kampf* von Hitler. In den Glaskästen der Zeitung nichts wie »Der Betrüger Levi«, »Der Dieb Isaak«, »Überfall auf einen S. A. Führer«.

Ich lese den »Überfall« ganz sorgfältig durch. Es ist ein Bericht des W. T. B., des offiziellen Nachrichtenbüros: »Auf die Wohnung eines nationalsozialistischen Führers wurde in der vergangenen Nacht ein Feuerüberfall versucht. Unbekannt gebliebene Täter gaben fünf bis sechs Schüsse ab, die jedoch nicht in die Wohnung des Nationalsozialisten trafen, sondern in die Wohnung eines Mitglieds der SPD gingen. Der elfjährige Sohn des Sozialdemokraten erhielt einen Schenkelschuß, die Tochter wurde durch Glassplitter verletzt.«

Kinder eines Sozialdemokraten wurden verletzt, aber W. T. B. vermanscht die Tatsache und schreibt: »Überfall auf einen S. A. Führer«, was reine Lüge ist. Das ist ganz neu. W. T. B. hat im Krieg Tatsachen zu rosig berichtet, aber einfach lügen? Das ist neu.

Die Nazis sind am Ruder. Man möchte es nicht glauben. Man soll sich nichts vormachen. Die Nazis sind da. Die Lüge ist da.

Wir wollten uns in Wismar die großen gotischen Dome ansehen, aber wir haben keine Lust mehr. Europa wird untergehen. Lächerlich, sich da noch für gotische Dome zu interessieren. »Wir fahren gleich nach Lübeck«, sagte Heinz.

In Lübeck war eine ganz andere Stimmung. Die Stadt war voll mit älteren Leuten, die die drei Pfeile der Sozialdemokratie angesteckt haben, ein blödsinniges Symbol. »Immer weiter runter«, nennt es der Berliner. Wir gehen mit einem Marxisten: »Sehen Sie, die wirtschaftliche Zusammensetzung der Bevölkerung von Lübeck ist eben eine ganz andere als die von Wismar.« Aber das ist Unsinn. Lübeck ist eine alte Hansestadt, sie ist ein Stadtstaat und dieser alte Hansestolz ist es, der die Leute ihr Abzeichen öffentlich tragen lässt. Wir sehen uns noch ein berühmtes Altersheim aus dem 14. Jahrhundert an. »Das ist für die alten und armen Bürger unserer Stadt«, sagte der Führer. Bürger sagte er, nicht Proletarier. Und sie waren es.

Tatsächlich fuhren wir in den Krieg, zum zweitenmal in den Krieg. Hatten die Nazis am 14. September 1930 107 Mandate oder 18% der Stimmen erhalten, so hatten sie am 31. Juli 1932 230 Mandate oder 37% Stimmen erhalten. In jeder wirklichen Demokratie wären nun die Nazis zur Regierung gekommen. Sie hatten die meisten Stimmen, wenn auch noch immer keine Majorität. Die SPD hatte 133 Sitze (zehn verloren), Zentrum 76 (acht gewonnen), KPD 89 (zwölf gewonnen), Bayerische Volkspartei 22 (drei gewonnen), Deutschnational 37 (vier verloren).

Die Nazis verlangten sofort am 2. August 1932 genau das, was sie im Februar 1933 ausführten, die künstliche parlamentarische Mehrheit durch Ausschaltung der Kommunisten.

»Das Eine steht fest und ist der historische Gewinn, das parlamentarisch-demokratische System ist tot, der Weg ist frei für Führung und Erneuerung für Deutschland« (*Deutsche Zeitung*). Und Goebbels rief: »Man muß den in der KPD verkörperten Bolschewismus als außerhalb der Rechtsgrundlage eines geordneten und christlichen Staatswesens ansehen. Verbot der KPD, und wir haben die Mehrheit der Vaterlandsfreunde.«

Und schon am 2. August begannen sie ihren Bürgerkrieg. In Königsberg wurde der ehemalige Regierungspräsident Dr. von Bahrfeldt in seiner Wohnung angeschossen, Sauff, kommunistischer Stadtverordneter, im Bett erschossen, der Lagerverwalter des Konsumvereins, ein Kommunist, Tirpin, um sechs Uhr morgens in seiner Wohnung schwer verletzt, durch zerschlagene Türscheiben der KPD-Führer Schütz zu töten versucht, aber ein junges Mädchen verletzt, den Chefredakteur der sozialdemokratischen *Volkszeitung* in seiner Wohnung überfallen und verletzt. Brandbomben auf *Volkszeitung* und *Hartungsche Zeitung*.

Als drei Nazis, die in die Wohnung des Syndikus des Zentralvereins deutscher Staatsbürger jüdischen Glaubens eindrangen, gestört wurden, flüchteten sie sofort. Zwischen sechs und sieben Uhr dreiunddreißigmal falscher Alarm der Feuerwehr. Drei jüdische Geschäfte mit Pflastersteinen zertrümmert. Eine 51-jährige Frau erstach vierjährigen Enkel, damit ihn der Vater nicht bekommt. Die ostpreußischen Nazis nennen ihren Terror »Raffinierte Taktik der KPD«. Der Polizeipräsident von Königsberg erklärt, daß die Angaben der SA über Bedrohung ihrer Leute und dadurch maßlos gesteigerte Erregung, glaubhaft ist. Demgemäß wurde ein Nazi, der mit geladenem Revolver gerade auf eine Gruppe junger Leute schießen wollte, als ihm die Polizei den Revolver abnahm und einem Zweiten Totschläger und Gummiknüppel, vom Gericht zu fünf Tagen respektive zwei Wochen mit Bewährungsfrist verurteilt. Diese erste Woche im August 1932 war eine Vorwegnahme alles dessen, was später geschah.

In Oldendorf an der Weser sausten die Nazis, schrien: »Fenster zu, Straße frei!«, schossen, töteten einen Reichsbannermann und verletzten zwei andre schwer. In Halberstadt schossen sie aus dem Auto, Arbeiter, Frau und Kind schwer verletzt. In Breslau zog ein Nazi die Pistole und erschoß Schaffner der Straßenbahn. In Krefeld wurde ein Trupp Arbeiter »unter Feuer genommen«. In Darmstadt Reichsbannermann erschossen, anderer durch Messerstiche tödlich verletzt. In Essen Kommunist erschossen. In Dortmund durchsuchten die Nazis Insassen von Autos, beschossen anrückende Polizei, als Polizei Feuer erwiderte, flüchteten die Nazis. Bomben auf sozialdemokratische Parteihäuser in Pinneberg, Itzehoe, Uetersen, Rendsburg, Hohenwestedt, Elmshorn, Barmstedt und Altona. In Szillen in Ostpreußen wurde durchs Fenster auf Reichsbannermann Raschkorsky geschossen. In Quadrath bei Köln sprangen einhundertfünfzig Hakenkreuzler vom Wagen, gingen mit Knüppeln, Stökken gegen alle Passanten vor. Sozialdemokratischer Gemeindevorsteher von Storgau ermordet. In Karlsruhe schmissen sie Pflastersteine gegen alle Passanten, dabei Vater von zehn Kindern tödlich getroffen. In Kiel Bombenanschlag auf Synagoge, Frau des Hilfsarbeiters Josef Goos durch Hals- und Schulterschuß durchs Fenster schwer verletzt. Die Zentrumszeitung *Der oberschlesische Kurier* mit Handgranaten zertrümmert.

In München wurde das Geschäftshaus Uhlfelder mit Steinen beworfen, eine Röhre mit Dynamit ins Innere geworfen, nicht explodiert, im Kaufhaus EPA zwei Schaufenster demoliert, im Kaufhaus Tietz Wolle und Werg angezündet, im Sozialistischen Jugendheim Brandstiftung mit Explosivstoff in Maggiflasche. Bierzelt im Dantestadion und Straßenbahnhäuserl angezündet …

In Reichenbach (Oberlausitz) wurden in der Wohnung eines Arbeiters der Eisernen Front geschossen, die Konsumvereine in Rauscha und Rothwand und Sagan demoliert, eine Bombe in die Wohnung des Reichsbannerführers Altmann in Penzig geschleudert, auch in das dortige Gewerkschaftsbüro. In Königstädten (Hessen) ein Arbeiter erschossen.

Dann ging es nicht mehr um einzelne. Am 6. August wurde das Arbeiterviertel in Braunschweig zerbombt. Um halb vier Uhr explodierten in der Langen Straße die Sprengkörper. Dreihundert Fenster wurden zertrümmert. Einhundertzwanzig Häuser zerstört. Gleichzeitig wurde der katholische Friedhof in Bad Harzburg von dreihundert Nazis zerstört. Aus einem Auto wurden Handgranaten in das Parterreschlafzimmer des Dr. Eckstein, Vorsitzender der sozialistischen Arbeiterpartei in Breslau, geschleudert. Infolge Goebbels' Hetze auf die jüdischen Warenhäuser wurde ein Bombenattentat auf das christliche Karstadt gemacht. Und so ging es denen, die etwas dagegen tun wollten:

In Wolffenbüttel wurde der Polizeikommissar aus dem Dienst entlassen, weil er bei einem Nazitumult SA-Führer mit Säbel abgewehrt hatte. In Wesselburen war der Nazibürgermeister Herwig verhaftet worden, weil er mit Handgranatenanschlägen im Zusammenhang stand, aber die Dienststrafkammer in Schleswig sprach ihn frei. Die nationalsozialistischen Minister von Oldenburg, Mecklenburg-Schwerin und Braunschweig, darunter der von Knickerbokker so gerühmte Klagges, verlangen Verstärkung der Polizei durch SA-Hilfstruppen. So sah die Verhinderung aus: »Am 6. August fand beim Reichsminister des Inneren eine Besprechung über die in der Presse erörterte Aufstellung von Hilfspolizei statt. Die Besprechung ergab, daß es sich in den Ländern im wesentlichen um Überlegungen handelt, wie die Ruhe und Sicherheit im Bedarfsfall aufrechterhalten werden könne. Soweit schon Schritte zur Verstärkung der Polizei getan sind, handelt es sich um vorübergehende Maßnahmen, die in Kürze wieder aufgehoben werden.«

»Die Reichsregierung sieht in den Exzessen die vorübergehende Entladung des Temperaments und der Disziplinlosigkeit Einzelner.«

Der allgemeine deutsche Gewerkschaftsbund Schlesien sandte ein Telegramm an Hindenburg: »In letzter Nacht elf sinnlose Revolver- und Handgranatenattentate auf Republikaner allein in Mittelschlesien. Schlesiens staatstreue Bevölkerung bittet um Ihren Schutz.« »Beiliegende Telegramme

Ausdruck ernster Sorge für Heimatprovinz haben unterzeichnete Organisationen an den Herrn Reichspräsidenten abgesandt.« »Wir erwarten von Ihnen energische Abwehr des Terrors, dem alle republikanischen Staatsbürger Schlesiens seit dem 20. Juli 1932 ausgesetzt sind, andernfalls Notwehraktionen der Terrorisierten in bedrohliche Nähe gerückt sind.«

»Schutz«. Auch die Juden schickten damals ein Telegramm an Hindenburg, baten um Schutz.

Dem Zentrum war nicht mehr so ganz wohl: »Die Nationalsozialisten müssen an die Verantwortung. Sie dürfen nicht entwischen. Man sollte also nicht zögern, ihnen vor allem das Finanzministerium, das Wirtschaftsministerium und das Arbeitsministerium zu geben.« Goebbels schimpfte weiter auf die Kommunisten: »Unterweltsgesindel«, »bewaffnete Strolche«, »Abschaum der Gosse«, und der deutsche Adel war eine »kleine, volksfremde und reaktionäre Adelsclique, Clique von größenwahnsinnigen Reaktionären und egoistischen Saboteuren des nationalen Freiheitswillens, der sich in Hugenbergs Lager zusammengefunden hat«. Und zu einer Zeit, in der Ludwig Erhard in Schwarzschilds *Tagebuch* Vorschläge zur Beendigung der Wirtschaftskrise machte, die zwanzig Jahre später nach der Zerstörung Europas als »Deutsches Wirtschaftswunder« bezeichnet wurde, machten die Nazis folgende wirtschaftlichen Vorschläge: Völligen Schuldenerlaß für jedermann: »Der Staat von Weimar hat dich, holsteinischer Bauer, verführt, billige Kredite zu nehmen. Heute würgt er dir das Leben ab als Gläubiger, der auf pünktliche Zahlung der Zinsen und Tilgungsbeträge dringt. Hilf das System stürzen. Die Nazis werden dir die Schulden abnehmen. Zinszahlung ist eine Art von Sklavenform. Gläubiger sind unerbittliche Herren. Nazis versprechen euch absoluten Schuldenerlaß.« Dem größten Exportstaat der Welt versprachen sie völlige Einfuhrdrosselung. Sie nannten die Exportkaufleute »Lumpen, die dem deutschen Volk seinen Besitz rauben«. Dagegen wehrte sich die »Ehrenhafte Kaufmannschaft von Hamburg«. Dagegen stand endlich ein großer Mann auf, Robert Bosch in Stuttgart. Dagegen hatten noch die witzigen Berliner die Kraft zu sagen: »Deutsche, eßt deutsche Bananen.« Goebbels verdammte alles, was Jahrtausende aufgebaut hatten. Burgfrieden, Landfrieden, Robert Peels unbewaffnete Polizei von 1829, die »Bobbys«, alles nichts als ein Zeichen der Feigheit. »Ein anständiger Mensch, ein anständiges Volk verteidigt sich selbst.« Neue juristische Begriffe wurden eingeführt, zum Beispiel die Dauernotwehr für Nationalsozialisten.

Es war schon enorm, daß Thomas Mann am 8. August im Radio reden konnte: »Die Unordnung begann mit der erzwungenen Aufhebung des Uniformverbots. Schreien nach Köpfen, Hängen, Krähenfraß und Nacht der langen Messer. Dreizehn und eine halbe Million haben Hitler gewählt. Die Schandtaten von Königsberg müßten ihnen die Augen öffnen über die wahre Natur dieser Volkskrankheit, diesem Mischmasch aus Hysterie und vermuffter Romantik, dessen Megaphon Deutschtum die Karikatur und Verhöhnung allen Deutschtums ist. Wir stehen vor dem Anbruch der Barbarei!«

Noch einmal schien in Deutschland eine Besserung einzutreten. Am 11. August drangen mehrere SA- und SS-Leute, die im Auto nach Potempa gekommen waren, um halb zwei Uhr nachts in das unverschlossene Zimmer des Konrad Pietzusch ein: »Raus aus dem Bett, ihr verfluchten Kommunisten. Hände hoch!«, misshandelten Konrad, der in die Kammer nebenan flüchtete, schossen in die Kammer, schossen seinen Bruder Alfons in den Kopf und verließen das Haus. Die Mutter Pietzusch fand die Söhne tot. – Dieser Mord wurde anders behandelt als bisher. Zum erstenmal seit langem wurden SA-Mörder Mörder genannt:

»Zu der Schwere des Verbrechens kommt noch die ungeheuerliche Rohheit und Brutalität, mit der es begangen worden ist«, hieß es im Urteil. »Nach den Aussagen des Gerichtsarztes ist ein Rohheitsakt, bei dem einem Überfallenen durch Fußtritte der Kehlkopf zertrümmert und die Halsschlagader zerrissen wird, so daß er an diesen Verletzungen den Tod finden muß, außerordentlich selten.« Hitler gratulierte dazu, nicht den Richtern, sondern Kehlkopfzertrümmerern und Halsschlagaderzerreißern:

»Meine Kameraden! Angesichts dieses ungeheuerlichsten Bluturteils fühle ich mich mit euch in unbegrenzter Treue verbunden. Eure Freiheit ist von diesem Augenblick an eine Frage unserer Ehre, der Kampf gegen eine Regierung, unter der dieses möglich war, unsre Pflicht.«

»Wir stehen an einem Wendepunkt«, hieß es im *Berliner Tageblatt*, »für oder gegen die Gemeinheit, fur oder gegen Barbarei und Unkultur, für oder gegen die moralische Verwilderung ...«

»Die Juden sind schuld«, hieß es im *Angriff*. »Wer es bisher noch nicht wußte, der muß es hier gewahr werden, daß die intellektuellen Juden in der Koch- und Jerusalemerstraße die Zuhälter und die Gesinnungsgenossen der roten Mordbrenner sind und daß sie sich von ihnen nur in der Tonart, nicht aber in der Sache unterscheiden. Hört es, SA-Kameraden! Vernehmt es, Parteigenossen! Denkt daran und vergeßt es nie, nie, ihr vierzehn Millionen, die ihr für Hitler eure Stimme abgegeben habt; dessen dürfen sich vor unserem Angesicht heute noch in Deutschland die Juden erfrechen, dieselben Juden, die sicher und von Polizeikordonen geschätzt in ihren Redaktionen sitzen und gegen deutsche Arbeiter hetzen … dieselben Juden, die durch ihre zum Himmel schreiende aufreizende Sprache ein gut Teil dazu beitragen, daß unser Volk wieder erwacht ist und die heute vor vierzehn Millionen nationalistisch und damit antisemitisch empfindenden deutschen Menschen Öl ins Feuer gießen und ihre feige Dreistigkeit so weit treiben, daß am Ende der Sanftmütigste zum reißenden Wolf wird. Wir werden, wie es seit je bei uns Sitte war, vor das Land hintreten und das deutsche Volk fragen, ob dieses Urteil in seinem Namen ausgesprochen wurde, und wenn nein, ob es nicht an der Zeit ist, die Männer und Parteien von der Bühne wegzufegen, die sich hier in dreister Überheblichkeit anmaßen, für das Volk und sein Wohl, die Gesetze in Anspruch zu nehmen. Vergeßt es nie, Kameraden! Sagt es Euch hundertmal am Tage vor, so daß es Euch bis in Eure tiefsten Träume verfolgt: Die Juden sind schuld! Und sie werden dem Strafgericht, das sie verdienen, nicht entgehen.«

Der *Angriff* wurde verboten.

Aber auch das Bürgerlichste vom Bürgerlichen, die *Hamburger Nachrichten*, Bismarcks alte Zeitung, in der er nach seiner Abdankung jene Artikel schrieb, die ganz Europa wichtig nahm, ließ sich folgendermaßen vernehmen:

»Wir sind stets gegen Gewaltakte aufgetreten, aber was in Beuthen abgeurteilt wurde, war ja kein Gewaltakt gegen einen deutschen Volksgenossen, sondern die Beseitigung eines polnischen Halunken, der zudem noch Kommunist war. Also ein zwiefacher Minusmensch, der das Recht, auf deutschem Boden zu leben, längst verwirkt hatte … Hat man in deutschen Richterkreisen immer noch nicht begriffen, daß es sich im Osten, in dem Grenzkampf zwischen germanischen Edelmenschen und polnischen Untermenschen um den Daseinskampf des deutschen Volkes handelt?«

»Wissen Sie, wie die deutschen Edelmenschen heißen?« sagte Olden, »Rufin Wollnitza, Hippolith Hadamik, Karl Czaja, der vierte Mörder Lachmann war bis vor kurzem in der Kommunistischen Partei.«

Dann, am 29. August trat die Regierung in Gestalt des Reichskanzlers Papen an den Rundfunk:

»Totschlag und Rache sollen erlaubt, der Gegner vogelfrei sein. Objektivität gilt als Schimpf. Ich kenne kein Recht, das nur Kampfmittel einer Klasse oder Partei ist. Das ist eine marxistische Auffassung, die ich ablehne, auch wenn sie von Nationalsozialisten ausgesprochen wird.

Die Zügellosigkeiten des Herrn Hitler passen schlecht zu den Ansprüchen auf die Staatsführung. Ich gestehe ihm nicht das Recht zu, die Minderheit, die seinen Fahnen folgt, allein als die deutsche Nation anzusehen und alle übrigen Volksgenossen als Freiwild zu behandeln. Die Anerkennung des gleichen Rechts, das für alle deutschen Staatsbürger gilt, werde ich nötigenfalls erzwingen. Ich bin fest entschlossen, die schwelende Glut des Bürgerkrieges auszutreten und den Zustand politischer Gewalttaten zu beenden.« Er lehnte auch den Gedanken einer grundsätzlichen Autarkie ab.

Das Telefon stand an diesem Abend nicht still in unserem ganzen Kreis. »Was sagt man zu Papen, eben doch großartig.«

Keiner von uns konnte wissen, daß der Verfasser dieser Rede genau zweiundzwanzig Monate später von den Nazis ermordet werden würde. Papen war auch der erste, der uns erlaubte, Renovationen von Häusern und Betrieben von der Steuer abzuziehen, der erste, der so etwas wie Arbeitsbeschaffung im Sinn hatte, nur vier Jahre zu spät, der erste, der es wichtiger fand, den Arbeitslosen zu helfen, als den Franzosen zu schaden.

Am nächsten Tag hörten wir, daß Clara Zetkin gesagt hatte: »Papen ist der Handlanger des vertrusteten Monopolkapitalismus. Deutschland wird in steigende Abhängigkeit von den Großmächten des Versailler Vertrags geraten. Der Sturz des bürgerlichen Staates ist wichtig.« Das waren die vorgeschriebenen Gedankengänge, die zur Fortsetzung der Politik der großen Katharina, zur vierten Teilung Polens und zur Rückgabe Lettlands, Estlands und Litauens führten und zur Freilichtversammlung an Londons Rednerecke, die Hitlers Sieg herbeiwünschte.

»Stalin kann einem ja leid tun«, sagte Jahrzehnte später eine Deutsche zu mir, »wie er an den Hitler geglaubt hat«. »Vollkommen richtig«, sagte ich, »Chamberlain war natürlich ein Esel, als er Hitler geglaubt hat, aber Stalin kann einem leid tun.«

Die entzückten Telefonierer dieses Abends waren die Generation meiner Eltern. Auf Heinzens und meine Freunde machten die aufrechte Rede, das Verbot des *Angriffs* keinen Eindruck. »Sie treten doch nicht etwa für den Rennreiter ein«, sagten sie zu mir.

Unser Sohn

Zwei Monate später war noch einmal ein sehr glücklicher Tag, der vierte Geburtstag unseres Sohnes. Heinzens Mutter schickte uns das Sofa ihrer Kinder, ein Sofa für zwei Kinder mit einer sehr hohen Lehne, mit Kameltaschen bezogen. Die meisten Kinder hatten Rohr- oder Holzstühle, Sofa, das war ein großer Luxus. Das vierjährige Kind muß ein Gefühl dafür gehabt haben, er saß schweigend, verträumt, Teddybär neben sich, auf seinem Sofa. Ein Jahr vorher bei Peters drittem Geburtstag war ich, wie so oft, krank und konnte ihm nichts kaufen. Heinz ging also allein und weil Peter in Arendsee so glücklich über eine Schaukel gewesen war, kaufte er eine Schaukel. Aber das war ein dummes Spielzeug für Berlin. Wir konnten sie nur an einem Türrahmen zwischen zwei Zimmern befestigen, wo sie immer aufgehängt werden mußte, und er brauchte einen Menschen, der die Schaukel anstieß. Heinz kaufte außerdem ein ganz primitives Schaukelpferd, aber klein genug für ein dreijähriges Kind. Ich glaube, ein volles Jahr saß er jeden Tag auf diesem Schaukelpferd. Nun also saß er mit dem Ausdruck echten Glücks auf seinem Sofa. Das, was Heinz gesagt hatte, als er das Neugeborene sah: »Nun kann uns gar nichts mehr passieren«, wir fühlten es wieder. Wir drei, was konnte uns passieren?

Ein halbes Jahr später auf einer dieser Landstraßen, die zwischen Felsen und Fluß entlangführen und die heute nur noch Autorennstraßen sind, blieb plötzlich mein Peter stehen und weinte: »Mama, wir haben doch alles in Berlin vergessen, die Omas, die Detta, den Teddy, das Schaukelpferd.« Als ich dieses plötzlich unglückliche Kind sah, fing ich auch zu weinen an. »Weißt du Mama«, sagte er, »ich werde mal meinen Löwen anrufen, vielleicht kann er uns alles mit dem Flugzeug bringen.« Und er stellte sich an den Felsen und telefonierte mit seinem Löwen. »Ich glaube, er wird es bringen«, sagte er zu mir.

1937 war er noch einmal bei seinen Großeltern in Berlin und hatte das Erlebnis aller Schaukelpferdbesitzer: »Ich habe gedacht, das war viel größer.«

Alle begabten Menschen entdecken so vieles Erfundenes noch einmal.

Als Heinz fünfzehn Jahre alt war, hatte er monatelang mit einem Vetter, der später Dozent an der Beuth-Schinkel-Schule wurde, an zwei gegenseitig verschiebbaren Kreisen gearbeitet, dann hatten sie sie ihrem sehr netten Mathematiklehrer gezeigt, der sagte: »Ihr habt den Rechenschieber erfunden, der ist aber schon erfunden.« So wie Heinz und ich vieles noch einmal entdeckten, was wir in unserer Privatsprache »Der Faust ist ein gutes Stück« nannten. So entdeckt jedes Kind noch einmal die Welt, und das mitzuerleben ist das Beglückendste des Menschenlebens. Mein dreijähriger Sohn entdeckte vieles, was ich nie wußte: »An dem Waschtisch sind zwei Dreher, einer für kaltes, einer für warmes Wasser, aber unter dem Waschtisch ist noch ein Dreher. Wofür ist der da?« Oder: »Wenn man auf der Straße geht, tritt man oft auf Deckel. Wofür sind die?« Ich hatte sie nie gesehen. Heinz erklärte ihm die Gullies. Oder die Sprache: »Es gibt Petersilie, gibt es auch Mamasilie oder Papasilie?« Er ging in Heinzens Arbeitszimmer und sagte sehr ernst: »Ich habe etwas Schreckliches entdeckt, die Mama kann nicht denken.«

Als ich einmal ausging, ließ ich den Vierjährigen allein in seinem Bett. Als ich zurückkam, streckte er mir strahlend erst den einen Fuß, dann den anderen Fuß entgegen: »Fünf, fünf«, dann die eine Hand, dann die andre Hand: »Fünf, fünf«, »viermal fünf ist zwanzig. Wunderbar, nicht?«

»Wunderbar, nicht?« stand überhaupt über unserem Leben. Obwohl ich keinen großen Verstand habe, weder Computer noch Elektronik je begriffen habe, zur einfachen Mathematik, zu den Kegelschnitten zum Beispiel, hätte auch ich beglückt sagen können: »Wunderbar, nicht?« Heinz hatte eine entzückende Gewohnheit, mir beide Augen mit einer Hand zuzudecken und mich um mich selber zu drehen, und wenn er dann den richtigen Blickpunkt für mich gefunden hatte, nahm er schnell beide Hände weg und ich sah den Zirkus des Marzellus oder die rosa Mauern von Marrakesch, »Wunderbar, nicht?« Aber wie vieles war für mich beglükkend. Ich saß sechzehnjährig mit den Eltern beim russischen Ballett in einer Loge und glaubte hinter den Kulissen zu sehen, wie Nijinsky sprang, die Puderquaste nahm und sich puderte. Ich habe das ein Leben lang erzählt – »Ich habe gesehen, wie sich Nijinsky gepudert hat, unvergeßlich!« Und erst in der Londoner Ausstellung über das russische Ballett sah ich, daß dieses »sich Pudern« zum Stück gehörte. Von diesem Menschenglück ohne Ursache habe ich eine besonders komische Erinnerung. Es begann schlecht. Wir waren oben in der Tate Gallery in London verabredet. Als ich unten ankam, zeigte Heinz ärgerlich auf seine Uhr, um mir zu zeigen, daß ich zu spät sei. Da er immer jeden Weg aussuchte und führte, war ich am falschen Bahnhof ausgestiegen. Wir sahen also die van Gogh-Ausstellung. Als wir herauskamen, war ich ganz lächerlich glücklich, vielleicht kam es von der großen, vielleicht der einzigen Schönheit moderner Städte, der Spiegelung des Sonnenuntergangs in den Fenstern von Hochhäusern. Heinz war berauscht vom Blick aus einem Büro der United Nations in New York auf den Sonnenuntergang in den Fenstern, genau wie ich aus einem Hotel der Westseite von Manhattan den Sonnenuntergang in den Fenstern der Wolkenkratzer der Westseite nie vergessen werde. Als wir aus der Tate Gallery kamen, sahen wir dasselbe in den Fenstern der Hochhäuser jenseits der Themse, ich wollte nur etwas ganz Unvernünftiges, ganz Abenteuerliches tun, ganz egal was. Bei den Bussen stieg ich in den ersten, egal wohin, dachte ich, Fahrt ins Blaue. »Du hast doch nicht die Nummer gesehen«, sagte Heinz. Er gab meinem Sohn ein Zeichen, das sagte: »Beklappst, aber folgen wir ihr.« Es war aber ein freundlicher Bus. Fünf Minuten später war er schon am Trafalgar Square. Dort gab es ein Lyons Corner House. Wir stiegen aus. Meinem Bedürfnis nach Abenteuer, Unvernunft war Genüge getan. Diese Cornerhäuser waren etwas so Beglückendes für Kleine Leute, daß ich immer wünschte, man müßte in Rußland darüber schreiben können; für eine winzige Summe, einen Schilling fünfzig oder eine ähnliche Summe, bekam man ein vorzügliches Essen an einem weiß gedeckten Tisch, mit silbernem Besteck und nachher für fünfundzwanzig pennies einen herrlichen Kaffee. Dort habe ich noch einmal, was ich nur aus meiner Tanzstunde kannte, Vanilleeis mit heißer Schokoladensauce gegessen. »Wunderbar, nicht?« Die Schließung dieser Cornerhäuser – ohne daß wir irgend etwas darüber gehört hätten – ist ein schwerer Verlust für London.

Es gab immer für mich vieles Wunderbare. Damals kurz vor und nach dem Krieg, als die Deutschen in der Gemeinheit versanken, war in allen Ländern ein Ausbruch, begab sich ein Ausbruch von Schöpfertum und zwar im Film. Die Franzosen: *Quai des brumes*; *Hôtel du Nord*; *La grande illusion* versuchte ich jahrelang noch mal zu sehen, da Heinz es nicht gesehen hatte, und ein ungeteilter Eindruck war eine versäumte Gelegenheit. *Renous*, ein französischer Film über *Lady Chatterley's Lover*; *Un carnet de bal.* In einer furchtbaren Zeit für Europa gab es plötzlich diese herrlichen Kunstwerke aus Italien: *Paisà*; *Schuschia*; *Bicycle Thieves.* Und plötzlich erschien auch England: *Brief Encounter*; *The Fallen Idol*; *San Demetrio*; *Henry V.* Auch von America: *Of Mice and Men*; *Citizen Kane*; *49th Parallel.* In den Lindtberg-Film *The Last Chance* gingen wir mit unserem Sohn und einem englischen Freund, der sagte: »Nette Fluchtgeschichte«, ahnungslos, unsrem Sohn schien etwas zu dämmern, er war stiller als sonst. Der junge Engländer war dann im Koreakrieg, kam zurück und wurde ein Priester der Church of England. Es war ein paar Jahre früher, daß wir mit unserem Sohn einen russischen Film gesehen hatten, seltsamerweise aus zwei Teilen zusammengesetzt. Der erste Teil zeigte die Moskauer Untergrundbahn, der zweite die Schlacht um Stalingrad. Unser Sohn reagierte genau, wie es die Russen beabsichtigt hatten, er war elf oder zwölf Jahre alt: »Ja, wenn man ihnen eine solche Untergrundbahn baut aus Gold und Marmor, dann kämpfen sie eben auch, wie wir es eben gesehen haben.« – Und viel später *L'Éternal retour* von Cocteau. Wir sahen es mit einem überflüssigen Logierbesuch. »Nein, danke«, sagte sie, »damit kann ich ja nun gar nichts anfangen.« Heinz und ich gingen noch einmal ihn uns allein ansehen.

Dieser Ausbruch von Schöpfertum war nicht auf den Film beschränkt. Plötzlich sah man in einer Londoner Ausstellung ein Regenschirm-Arrangement als Kunstwerk und dann die Hundertjahrfeier der ersten Weltausstellung von 1851. Eine Sturmflut von Schöpfertum, vom Zaun mit bunten Kugeln bis zu Müllkästen, den Stühlen aus Stahl und Plastik war alles neu, ein neu gefundener Stil, Klepper, der Illustrator meines Bettenbüchleins, schwärmte: »Sie hatten lange Wasserbecken und auf dem Wasser brannte Feuer.« Als die Pfeiler des Doms der Erfindungen standen, war das gewaltig wie die ägyptischen Pyramiden. Als das Gebäude fertig war und schon die auszustellenden Gegenstände hineingebracht wurden, sagte der Architekt zu Heinz: »Haben Sie schon gesehen, was die mit meinem Gebäude gemacht haben?« »Na, das ist ja entsetzlich«, sagte Heinz mitfühlend. Ein neues Schlagwort war aufgekommen: »You can't display in daylight«, »Man kann nicht im Tageslicht ausstellen«.

Das war das einzige, was ganz Europa nachmachte, stockdunkle Museen und in Hamburgs Blomen und Planten ein Gestell mit einem Wasserfall. Ein entzückendes Restaurant an der Themse mit entzückenden Möbeln wurde rasch zerstört und die Möbel versteigert, um sie mit den üblichen zu ersetzen. Aber Heinz sagte: »Wenn die Franzosen Engländer wären, hätten sie längst den Eiffelturm und die rue de Rivoli abgerissen.«

Ein Architekt konstruierte ein Symbol für Meer und Schiff, und man fühlte den Seewind, ein Stück Schiffstreppe, ein Stück Strickleiter, ein bißchen bewegte See. Hier war auch das erste Mobile von Calder, das man heute in jedem Warenhaus kaufen kann. Heinz baute den Power and Production Pavillon mit einem englischen Architekten, der in einer Provinzstadt saß. Wie jede Kollektivarbeit von Künstlern war es kein reines Honiglecken. Die berühmte Architekturzeitschrift in Paris benutzte das von Heinz gezeichnete Stahlgespinst der Decke als Deckel einer Nummer, ohne Heinzens Namen und ohne einen Pfennig zu zahlen. Ein Lord gab einen Tee für die Architekten und ihre Frauen, etwa zwanzig bescheiden angezogene Leute. Ich bedankte mich bei dem Lord. Er unterhielt sich sofort mit mir mit der ganzen Menschenbehandlungskunst dieser Schicht, als ob ich ihn seit Schultagen kennen würde. »Das ist doch unglaublich, diese paar Menschen hier schaffen etwas, das sich acht Millionen Leute angesehen haben; und keiner denkt daran, sie einzuladen oder ihnen etwas zu bieten.«

»Na, einige haben doch das OBE bekommen«.

»Sie wissen, wie man das nennt? Other blokes efforts, die Leistung anderer Burschen.«

Das war genau dasselbe, was Lord Melbourne gesagt hat, der erste Premierminister der Queen Victoria: »Der Hosenbandorden besagt nichts, keinen verdammten Unsinn über Verdienst.«

Acht Millionen Menschen sahen die Ausstellung an. Die Sturmflut von Schöpfertum hielt nicht an. Die Konzerthalle war das einzige Gebäude, das stehen geblieben war, nicht das beste, aber London entfaltete sich auf einem völlig anderen Gebiet. Es wurde die Hauptstadt des europäischen Musiklebens, und der BBC tat etwas Gewaltiges. Es war die Stelle, der man Glauben schenkte. Was Orden und Ehrenzeichen angeht, so sah ich im Mülleimer Heinzens Eisernes Kreuz.

»Da liegt es gut«, sagte Heinz. Er hatte einmal unter Trommelfeuer eine Telefonleitung geflickt, und als er den Offizier am anderen Ende erreichte, sagte der aufgeregte Zwanzigjährige: »Bitte ...« »Lassen Sie die jüdischen Warenhausredensarten.« Trotzdem. Ich hob es auf.

Die Kindergärtnerin in Prag sagte, daß unser Sohn das erste Kind sei, das die Montessorisachen so benutzte, wie sich das die Montessori vorgestellt hat. »Sonst tut das kein Kind.« Neunjährig kam er wieder mal strahlend nach Hause: »Papa, paß auf«, und er malte ein Dreieck auf ein Stück Papier, »und nun mach ich auf jede Seite ein Viereck.« »Ja«, sagte Heinz, »der pythagoräische Lehrsatz.« »Was ist das, der potogorische Lehrsatz?« Und Peter erklärte ihn uns. »Wunderbar, ist es nicht wunderbar?« Flüchtete er sich in die Mathematik, weil er unter den Sprachen litt, die in jedem Land verschieden sind? »Spiele mal wieder stummer Ochse in der Schule.« Übrigens konnte Heinz nicht herausfinden, ob er wirklich den pythagoräischen Lehrsatz noch einmal erfunden hat.

Und wie einfach die Aufklärung war! »Mama, was hast du da vorn?« »Damit habe ich dich gefüttert, als du zur Welt gekommen bist.« »Ach, ich weiß, ›der Mensch, das entwickeltste Säugetier‹, nimm mal da das Buch.« Es war *Das große Weltpanorama*, ein Buch von etwa 1870, das Heinzens Vater gehört hatte. Daraus hatte er das mit dem entwickeltsten Säugetier. Oder zwei Esel standen auf einer Wiese. »Mama, was machen denn die?« »Ein neues Eselchen.« Er hielt meine Hand fest und sah sehr ernst hin. So, genau so soll man die ewig neue Erschaffung der Welt betrachten, das große Wunder der Natur, ob Pflanze, ob Tier, ob Mensch.

Ich habe das, was die Menschen Sex nennen und was viel

tiefer ist, an einem Wintertag im Garten entdeckt. Der Zweig eines Stachelbeerstrauchs war auf dem Weg festgewachsen. Als ich ihn löste, sah ich weiße Stifte sich in die Erde krallen. Das war es immer und überall, die schweigende, stille Erde und etwas Längliches, ob Wurzel, ob Glied von Tier oder Mensch, das zusammen die Schöpfung ist.

Dreizehnjährig sollte unser Sohn etwas Deutsches für ein Examen lesen. »Das meiste war mir viel zu dick, aber jetzt habe ich ein Stück gelesen«, schrieb er uns, *Minna von Barnhelm* von einem gewissen Lessing. Ich muß sagen, der Mann kann was.«

Aber den Charakter dieses neuen Menschen erkannten wir am klarsten, als er acht Jahre alt war. Wir kamen aus Palästina, aus Sonnenglut und Wolkenbrüchen in ein einfaches Hotel in Thun am Thuner See. Das Kind sagte am ersten Morgen beim Aufwachen: »Das Bett ist nicht zu hart und nicht zu weich. Die Luft ist nicht zu heiß und nicht zu kalt, das Licht ist nicht zu hell und nicht zu dunkel, kurz ein Paradies.«

Heinz rief: »Das Lob der Mitte.«

1937, als es nur noch Extreme zu geben schien.

Sein gleichaltriger Vetter sagte in einem herrlichen Wald: »Die Bäume kommen ja alle von allein, das ist kein Kunststück.« Er fand nur gepflanzte Bäume entsprechen Gottes Gebot, daß der Mensch im Schweiße seines Angesichts zu arbeiten habe. Wir entdeckten auch, daß moralische Begriffe angeboren sind. Ich las dem Sechsjährigen *Dornröschen* vor. »Das ist ja ein abscheuliches Märchen«, sagte er.

»Eigentlich sind alle diese Märchen abscheulich«, sagte ich zu ihm. »*Schneewittchen*, da wird doch die Stiefmutter in einer abscheulichen Weise getötet.«

»Das ist ganz etwas anderes. Die Stiefmutter wollte Schneewittchen umbringen, erst mit dem Apfel, dann mit dem Kamm. Aber die Ritter wollen Dornröschen retten, und dann müssen sie sterben. Pfui.«

Mein Sohn war sehr unordentlich, kein Schuh wurde zugeschnürt, Haare nie gekämmt, Mantel auf den Boden geworfen. Ich kaufte ihm einen Kinderbügel, hübsch bemalt, und hoffte, er würde seinen Mantel dort aufhängen. Weit gefehlt. Da kam Heinz lächelnd ins Zimmer: »Peter steht in seinem Zimmer und schniegelt sich. Krawatte, Haar gebürstet ...«

»Was ist denn los?« fragte ich.

»Mädchen. Er geht zu Michael, und der hat eine Schwester!« lachte Heinz.

»Dazu gibt man sich Mühe. Dazu versucht man so einem Jungen Ordnung beizubringen. Wenn die Mädchen auftauchen, kommt alles von selber.«

Meine allgemein deutsche Ansicht, daß Ordnung und Sauberkeit die Grundlage aller Moral sind, bekam einen heftigen Stoß viel früher schon in Tivoli an einem himmlischen Frühlingstag. Wir waren zum erstenmal zusammen in Italien. Es war schon etwas Unvergeßliches geschehen. Wir waren im Thermenmuseum.

»Augenblick!« sagte Heinz und ging auf eine Figur zu. Im ersten Augenblick hatte er in einem Saal voll von Bildhauerwerken beim ersten Blick die einzige echte griechische Arbeit entdeckt. Ich fühlte, was es für ein Glück war, von diesen Augen die Welt gezeigt zu bekommen. Und dann fuhren wir mit einem kleinen Eßpaket nach Tivoli, saßen auf dem Rasen mit ein paar Broten und Apfelsinen. Kein Mensch war weit und breit, als ein Mussolinipolizist sich neben uns aufpflanzte und sagte, hier sei essen verboten. Wir sagten, wir würden kein Fetzchen Apfelsinenschalen liegen lassen. Es half nichts. Wir standen verstimmt auf. »Ich glaube«, sagte ich, »nur in unaufgeräumten Ländern kann man glücklich sein.« Und so sagte Heinz später bei jedem schief stehenden Vorgartenpfosten in London – und welcher Gartenpfosten in London steht nicht schief? – »Unaufgeräumt genug?« Ich bin durch die Mühe, die ich mir gegeben habe, meinen Sohn zur Ordnung zu erziehen, auf diese Geschichte gekommen.

In Hamburg erzählte mir meine englische Schwiegertochter, sie habe eben gesehen, wie ein Kind Eis gegessen habe und dann hat es den Becher weggeworfen, da führte die Mutter es zu dem Becher zurück, ließ das Kind ihn aufheben und führte es zu einem Müllkasten, wo es den Becher hineinwerfen mußte. »Tja«, sagte meine Schwiegertochter nachdenklich, »wenn man so Kinder erzieht!« Genau das ist die falsche Skala der Werte, die Deutschland kaputtgemacht hat. Im Dekalog, der Grundlage aller Sittlichkeit, steht: »Du sollst nicht morden!«, aber es steht nicht dort, »Wirf keine leeren Eisbecher auf die Straße«. »Mama, reg dich doch nicht so auf!« Doch, ich reg mich auf. Ein einziges Gesetz schon macht England zu dem angenehmsten Land, das ist ein einziges Gesetz, das den Menschen in Fleisch und Blut übergegangen ist. Wenn es das Gesetz in Deutschland gegeben hätte, würden alle im letzten Krieg Gefallenen und Getöteten noch leben und die unabsehbare Veränderung der europäischen Bevölkerung, die ein englischer Biologe voraussieht und für unabsehbar hält, [würde es] nicht geben. »Mama, alles, weil man darauf sieht, daß Eisbecher in den Müllkasten geworfen werden!! Mama!«

Millionen von Menschen sind in Deutschland vernichtet worden, weil man aufgeräumte Eisbecher für wichtiger gehalten hatte als die Grundlagen der Moral.

»Und das Gesetz?«

»Im Parlament hat neulich einer von den Schwarzen gesagt: ›Aber das sind doch Engländer, sie sind in England geboren und in England in die Schule gegangen.‹« Jeder Mensch, der in England geboren ist, ist einfach durch die Geburt Engländer. Und es ist auch die Wahrheit. Wo ein Mensch die entscheidenden Jahre – sagen wir zwischen zehn und zwanzig – verbringt, da gehört er hin. Und daß auch du aufgeräumte Eisbecher wichtig findest, natürlich reg ich mich auf.«

Aber ich wollte von meinem Sohn erzählen. Alle Kinder sollten während des Krieges aus London weggebracht werden, und so waren wir auf dem Lande. Mein Sohn, der während des Aufenthalts bei seinen Großeltern in einer Berliner jüdischen Schule war, ging zwölfjährig eine englische Landstraße entlang. Dort sah ihn ein alter Schuldirektor und fing eine Unterhaltung mit ihm an: »Und was willst du werden?« »Der englische Schiller. Kennen Sie *Die Glocke*? Das ist das schönste Gedicht der Welt.« Und dann zitierte er dem englischen Schuldirektor *Die Glocke* von Schiller, der natürlich kein Wort verstand, aber uns besuchte. Er erzählte uns von einem neuen Versuch, die angeborene Intelligenz zu prüfen: »Intelligenztest«. Er möchte es mit unserem Sohn versuchen. Er zog das Papier raus, und während wir im Zimmer waren, füllte unser Sohn schnell den Bogen aus. Der Schuldirektor sah ihn durch und sagte: »Aber das ist ja ein Intelligenzalter von achtzehn!« Unser Sohn war mehr verlegen als geschmeichelt. »Den nimmt jede Schule«, sagte der Schuldirektor. Es begann die Überlegung und Suche nach der richtigen Schule. Er wählte St. Pauls. Heinz warnte ihn: »Du hast dort nicht nur vom Lateinischen ins Englische, sondern vom Englischen ins Lateinische zu übersetzen.« Diese Schule war während der Wiedergeburt der Renaissance Europas im 16. Jahrhundert »für Kinder aller Völker und jeden Glaubens« gegründet worden. Tradition ist Tradition in England. Unser Sohn gehörte zu denen, die die Besessenheit mit Schach in der Schule noch steigerten. Die Jungen hatten einen Folianten, in dem sie jedes Schachturnier beschrieben. Peter brachte uns einmal diese Chronik. Sie war einfach brillant. Jede Berliner Zeitung hätte diese Auslassungen als witzige Feuilletons abgedruckt – Schach gehörte zu den Illusionen von Heinz über mich. Er zeichnete zwei neue Möbel für uns, oder besser für mich. Alles übrige bekamen wir von der Familie. Das erste war ein Mahagoni-Schreibtisch mit den Initialen L und R eingelegt. Als er in Haifa ausgeladen wurde, sagte der Lastträger: »Diese deutschen Juden sind doch zu dumm, die müssen sich ein L und R drauf machen, damit sie rechts und links unterscheiden konnen.« Das zweite Möbel war ein Schachtisch, aber es stellte sich bald heraus, daß ich unfähig dazu war. Das Dritte war ein Standspiegel, den ich auch kaum benutzte.

Heinz kaufte ein Haus in der Nähe von Peters neuer Schule. Es war das Haus eines Mitglieds der berühmten Familie von Fanny Burney. Im Hochparterre im großen Zimmer mit anschließendem Wintergarten stand eine Schaufensterfigur ohne Kopf in der knallroten Uniform der englischen Garde. Küche und Wirtschaftsräume waren im Souterrain, auf dessen Fußboden Wasser stand. Es gab dort einen sehr praktischen Raum für die Gartengeräte mit einer direkten Treppe und Tür in den Garten. Im ersten Stock waren die Schlafzimmer und im zweiten die Zimmer für die Dienstmädchen. Das Haus hatte weder Elektrizität noch Heizung außer offenen Kaminen und nur ein Badezimmer. Das Haus wurde sofort für die Möbel von Ausgebombten beschlagnahmt. Als wir es wiederbekamen, war unser Sohn mit der Schule fertig und in Cambridge, das von dem von Heinz umgebauten Haus aus besonders schwer zu erreichen war.

Und nun kam die Aufnahmeprüfung für Cambridge. Er fuhr hin und kam zurück, »bewegt« kann ich nur sagen. Er sagte kein Wort.

Heinz sagte zu mir: »Frage ihn nichts.« Unsere zwei ersten Mahlzeiten verliefen stumm. Es gibt die Autobiographie des Herausgebers der bedeutendsten jüdischen Zeitschrift von New York, Norman Podhoretz, in dessen Buch hat die Beschreibung der ersten Tage in Cambridge dieselbe Atmosphäre des Überwältigtseins, wie sie unser Sohn mitbrachte. »Also man hat einen Bedder. Sie legt zuerst Zeitungen in den Kamin, zerknüllt, dann kommen Holzstückchen, darauf große Holzstücke und zuletzt Kohlen. Man hat nichts weiter zu tun, als ein Streichholz anzuzünden, das Streichholz an die unterste Schicht Zeitungspapier zu halten, und du hast ein lustiges Feuer«. Schweigen. »Essen tut man ›in hall‹.« Schweigen. »Man geht ein paar Stufen, da steht der High Table, da sitzen die Professoren.« Schweigen. »Dahinter hängt ein großartiges Porträt von Heinrich dem Achten, dem Gründer des Collegs.« »Holbein, glaube ich«, sagte Heinz. Schweigen. Endlich wagte Heinz, nach dem Examen zu fragen. Es stellte sich heraus, der erste Tag war Geometrie. »Als ich meine Papiere abgab, sagte der Professor, ob ich sie denn nicht noch mal durchsehen will, es wäre noch viel Zeit. Aber ich sagte, it's alright.« Aber es stellte sich heraus, daß er sich so überanstrengt haben muß, daß er am nächsten Tag nicht am Examen teilnehmen konnte, sondern im Bett bleiben mußte. Er bekam ein großes Stipendium für Trinity College, Cambridge.

Als wir ihn das erstemal in Cambridge besuchten und an die unbequeme weiß getünchte Wendeltreppe kamen, sahen wir in wunderbarer Antiqua angeschrieben: E. R. Reifenberg, das heißt den Namen meines Sohnes. Unser Sohn fragte mit dem gleichen Ausdruck des Überwältigtseins: »Habt ihr gesehen, mein Name steht dort angeschrieben.« Was für eine Menschenbehandlungskunst! Man läßt von einem Schriftkünstler den Namen anschreiben und so ein Achtzehnjähriger fühlt sich geadelt, denkt nicht daran, daß bei jedem neuen Schub Studenten der Name übertüncht wird. Keine Revolten an englischen Universitäten.

Als Fünfjähriger war er schluchzend zu mir gelaufen: »Mama, bin ich ein Hund?« »Natürlich nicht, warum solltest du denn ein Hund sein?«

»Weil doch die Hunde über den Kopf gestreichelt werden, und alle streicheln mich ubern Kopf, die englischen Soldaten und die italienischen Matrosen und die Taxichauffeure und die Briefträger.« Ich erschrak. »Minderwertigkeitskomplexe in der Seele stets für Sechse, Überschrift Das Tergit« hatte ein deutscher Schriftsteller über mich geschrieben. »Sie streicheln dich, weil du nett aussiehst, freu dich darüber. Du bist bestimmt kein Hund.«

Nun war er mit uns in Padua, wo ein italienischer Professor den PEN-Klub in zehn Sprachen begrüßt hatte. Peter wollte nach Paris. Yvan Goll saß neben mir: »Da geht er im

1948: Gabriele Tergit mit Mann und Sohn auf einer Italienreise

weißen Hemdchen mit kurzen Ärmeln und einer winzigen Tasche zwanzigjährig zum ersten Mal nach Paris.« In der Eisenbahn half er einem älteren Ehepaar mit den Koffern. Der Herr unterhielt sich mit ihm, wunderte sich über sein gutes Deutsch, stellte sich vor: »Heisenberg!« »Der große Heisenberg?« sagte mein Sohn. »Na, groß«, sagte Heisenberg bescheiden.

Mein Sohn hatte einen Inder aus der Oberschicht im Nebenzimmer, der borgte sich jeden Abend sein Brotmesser. Darauf ging mein Sohn zu Woolworth, kaufte ein Brotmesser, legte es dem Inder aufs Zimmer und eine Rechnung drei Schillinge dazu. Der Inder war begeistert. Er habe absolut nicht gewußt, wie man das anfängt, zu einem Brotmesser zu kommen. Das Gegenstück dazu erzählt Podhoretz, er sei vom »Barbar aus Brooklyn«, der er an der Columbia Universität in New York war, zum »One of our young gentlemen from America« in Cambridge aufgestiegen. Er findet eine Klassengesellschaft gut. Es gibt da keine Ehrgeizerei. Man ist, was man ist, man bleibt was man ist. Also für Cambridge gegen Columbia.

Ich bin überzeugt, daß wirkliche Begabungen immer irgendwie erkannt werden. Es war bei irgendeiner großen internationalen Fachdiskussion. Ein alter Teilnehmer sprach meinen Sohn an: »Junger Mann, Sie scheinen mir ja eine große Begabung zu sein, wenn ich Ihnen irgendwie helfen kann ...« »Ich gehöre ja hier zum Lehrkörper.« »Entschuldigen Sie ...«

Er hatte das Leben der modernen Gelehrten, das man mit der Zeit vergleichen kann, als alle sich auf lateinisch verstanden, genau wie nach dem Untergang Westroms: ein Reich zerschlagen, und die geistige Welt durch Lateinisch, jetzt durch Englisch weiter verbunden. Da Genua, da Stanford, da Brown University.

Peter heiratete eine entzückende Frau und wurde 35 Jahre alt von einem Stein in den Dolomiten getötet.

Die letzten Monate 1933

An einem Januarabend waren wir bei Karl in der Künstlerkolonie am Südwestkorso in Berlin. Karl und Heinz hatten sich auf der Hochschule in der Liebe zu Schinkel getroffen, die sie allerdings mit mehreren Generationen teilten, in der Liebe zum Holz, zum Ziegel, zum Detail. »Gott ist im Detail.«

Heinz hatte, Perfektionist, der er war, die Ziegel für seinen ersten Bau aus Holland kommen lassen, auf dem Wasserweg natürlich, weil ihm das kleinere Ziegelformat besser zu seiner Architektur paßte. Er hatte die Ziegel genau in die Fassaden eingezeichnet, damit sie besonders auf den Ecken richtig lagen, und nun war viel Bruch bei den Ziegeln gewesen, und noch schlimmer, es war falsch gemauert worden, besonders an den Ecken, obwohl seine Zeichnungen aussahen wie Bauzeichnungen von 1700. Heinz war verzweifelt.

Er konnte nicht alles wieder abreißen lassen. Der Bauherr war ein Kaufmann aus der Konfektion. 1927 hatten Bauherren keine unbegrenzten Mittel wie Bauherren von 1700. Also Holz und Ziegel, das war Karls und Heinzens Welt.

Karls Frau war eine hochbegabte Photographin. Sie photographierte unser Baby und nahm nie einen Pfennig dafür, und ich war zu ungeschickt, um ihr ein Geschenk zu machen. Heinz und ich sprachen von unseren Sorgen: Hitler ante portas, meine Stellung beim *Berliner Tageblatt* höchst wackelig. Was ich verdiente – Artikel in der *Weltbühne* und

Das Erfolgsmodell »Cyklonette« der Berliner Hirschmann-Werke

im *Tagebuch*, viele Nachdrucke in Provinzzeitungen – war mit einem regelmäßigen Einkommen von fünfhundert bis tausend Mark monatlich nicht zu vergleichen. Heinzens Auftragsbestand war winzig. Lauter Sachen, die im Verkleinern und Verringern bestanden. Große Wohnungen wurden in kleine geteilt. Leute gaben ihre Berliner Wohnungen auf, um nur noch ihre Landhäuser zu bewohnen, die für ganzjährigen Aufenthalt zurechtgemacht werden mußten, höchst deprimierend für einen jungen Mann, dessen Bauten auf Rundfahrten der *Bauwelt* gezeigt wurden.

Ein völliger Stillstand war eingetreten. Das Auto war noch immer eine Luxussache. Das erste Auto, das die Firma meines Vaters kaufte, ein roter Benz für sechs Personen, kostete 1910 fünfzigtausend Mark. Das war kein Einkommen, sondern ein Vermögen. Weder meine Eltern noch Heinz und ich hatten je ein Auto. So wie für eine Equipage ein Kutscher nötig war, so für ein Auto ein Chauffeur. Warum, weiß ich nicht. Mein Vater liebte seinen alten Weg, durch den Tiergarten zur Stadtbahn. Für mich wurde dieser alte Weg nun zur »Giraffe«, eine neue Freude. Jedenfalls konnten sich Leute nach 1929 keine Taxis mehr leisten. Die Taxis konnten sich keine neuen Reifen leisten. Die Reifenfabriken mußten ihre Arbeiter entlassen, obwohl es die ursprünglich von meinem Vater hergestellten Reifen mit dem alten Namen DEKA Pneumatik noch heute gibt. In diesem Zusammenhang möchte ich ein tolles Erlebnis erzählen. 1949 kam Heinz mit mir auf dem üblichen Weg Harwich–Hoek van Holland mit der Eisenbahn nach Hamburg, wo er völlig entzückt von einem neuen Gebäude war. Er fragte den Portier einiges, der sagte: »Da kommt gerade der Architekt.« Heinz sprach ihm seine Bewunderung aus, und es schien ein interessantes Gespräch. Heinz verabschiedete sich.

»Wo steht Ihr Wagen?« sagte der Deutsche.

»Wir haben keinen Wagen«, sagte Heinz.

»Sie sind nicht motorisiert?!« sagte der deutsche Architekt und ließ uns entsetzt ohne Verabschiedung stehen.

Der Portier hatte die Szene beobachtet, und seine Mimik sagte: »Tja, so sind se.« Aber zurück zu 1932.

Die Arbeiter konnten nichts mehr kaufen außer Essen. Erst bekamen sie Arbeitslosenunterstützung, dann wurden sie ausgesteuert und bekamen nur noch Armenunterstützung. Unser Lebensstandard, sechs Zimmer, zwei davon als Arbeitsräume für Heinz, ein Mädchen für alles und eine Kinderpflegerin, war zu teuer. Karl riet zu einer Zweizimmerwohnung ohne Haushilfe. »Aber dann können weder Heinz noch ich arbeiten«, sagte ich. Karl hatte genau diesen Lebensstil, zwei Zimmer ohne Haushilfe. Aber er war ein unkündbarer Beamter mit Pensionsberechtigung. Außerdem hatte er eine Laube an einem märkischen See wegen der guten Luft und dem eigenen Gemüse wegen seiner kranken Frau. Als dann Heinz und ich in der dunklen Straße standen, sagte Heinz: »Weißt du, wir haben geredet wie echte jüdische Angsthasen, so darf man sich nicht gehen lassen.«

Die Intellektuellen, soweit sie keine Kommunisten waren, die sich nie für Politik interessiert hatten, rechts gewesen waren, lasen *Das Ende des Kapitalismus* von Ferdinand Fried, einem der vielen Nazis im Hause Ullstein, die, mit dessen üppigen Gehältern, fleißig an dem Ast sägten, auf dem sie saßen.

»Judas in the office chair«, nannte das der *London Evening Standard*, nachdem Hermann Ullsteins Erinnerungen im Krieg herauskamen. Fried war auch der Hauptbeiträger von *Die Tat* von Hans Zehrer, verlegt bei Diederichs, der mir zum *Käsebier* sagte: »Und wo bleibt das Positive?« Für positiv hielt er den Mann, der den Halsschlagadernzertretern gratulierte. Kein Sebastian Brant benutzte den prätentiösen Quatsch dieser Zeitschrift, um ein neues *Narrenschiff* zu schreiben. Sie fand die Wirtschaftskrise »die grandioseste Stockung«. Die Welt, so sah sie es, besteht aus Reich und Arm, aus Gläubigern und Schuldnern, aus have´s and have nots. Letztere sind Deutschland und Italien. Aber zu Deutschland gehören alle, denen es schlechtgeht und die abhängig sind von London, Paris und New York.

»Es gehören dazu die Bauern ganz Südamerikas, der Zukkerbauer Kubas, siebzig Prozent des indischen Volkes, das dem chinesischen Wucherer verschuldet ist, die verzweifelten Pflanzer Javas, das ganze ungeheure amerikanische Hinterland, denn es ist Bauernland mit derselben Bauernnot wie in der Schuldnerwelt. Schon wendet sich der Süden und die

Mitte Amerikas gegen den Yankee-Imperialismus, aber auch der mittlere und weite Westen will nichts mehr zu tun haben mit dem Finanz- und Handelszentrum New York.« Zur Schuldnerwelt gehört das Reparationen-Deutschland. Der Generalstabschef Blomberg kam mit dieser Zeitschrift unter dem Arm zu einer Sitzung.

Zeitschriften anderer Art, Sterndeuter, sprangen aus dem Boden. Alle sagten Hitlers Regierungsantritt voraus. Der Durchschnittsmensch sagte weniger geschwollen als der *Tat*-Kreis: »Der Hitler wird die Leute von der Straße wegbringen«, oder: »Das mit der Vernichtung der Zinsknechtschaft, daß die Exportindustrie das deutsche Volksvermögen verschleudert, die ›Autarkie‹, ›Deutsche, eßt deutsche Bananen‹, ist zwar Bockmist, aber der Junge ist helle, Mensch ist der Junge helle!«

Die Singakademie zu Berlin war ein alter klassizistischer Bau, Stätte feierlichster, ernstester Musikpflege. Eine gelehrte Gesellschaft lud zu einer Diskussion ein: «Geist und Kreuz«, die religiösen Rebellen gegen Hitler.

Unter den weißen korinthischen Säulen saßen Professoren, Richter, Architekten, viele Leute, die sich nie um Politik gekümmert haben, denen es aber jetzt heiß wird, die sich fragen: »Was wird da eigentlich gespielt?« Deutsche, die bereit sind, nachzudenken, sich belehren zu lassen, sich zu begeistern, die nach Lösungen suchen, ein bürgerliches Publikum; es ist völlig überfüllt, viele stehen, sitzen auf den Treppenstufen.

Es spricht ein evangelischer Pastor, einfach, allen verständlich, ehrlich, lauter. Die Menschen sind begeistert. Diese Stimme war lange tot: »Ich kann nicht anders.« Sie konnten alle auch anders, wenn es die Karriere verlangte oder das Geschäft. Könnte doch die Stimme wieder lebendig werden.

»Gott helfe mir.« Gott? Wo ist Gott? Kann er helfen? Die meisten Deutschen nannten es die Reaktion gegen den anderen Hitler. Mit den Lutheranern diskutierte ein Jesuit, sehr mystisch, sehr schwierig, die Erhalter gegen den Zerstörer. Und dann sprang Niekisch aufs Podium, braune Militärjacke, braune Ledergamaschen, man merkte ihm den Spaß an, den ihm diese Gesellschaft machte, der er einen Vorgeschmack geben will, was Nazi ist: »Christus ist für uns der Mann, der gesagt hat: ›Gebt Gott, was Gottes ist und dem Kaiser, was des Kaisers ist.‹ Er ist also für Tribute gewesen. Wie können wir für einen Mann sein, der für Tribute gewesen ist, noch dazu einen Juden!«

Mehr sagte er nicht. Mit den Tributen meinte er die Reparationen. Er sprang vom Podium.

Die Versammlung war empört. Sie riefen allerhand. Jeder sprach mit jedem. Die Unterwelt war in die Singakademie gekommen.

Was konnte man dagegen tun? Sie gingen in die Garderobe und holten ihre Mäntel und Hüte.

Dann der Verkehrsstreik vom Dezember 1932. Der öffentliche Verkehr war längst verstaatlicht oder sozialisiert. A. H. Zeiz schrieb gerade einen Artikel über die Berechtigung der Lohnforderungen. Danach spielte sich ein Gespräch ab, über das ich mich heute schäme.

»Wieviel verdient ein Autobusschaffner?«

»250 Mark im Monat.«

»Das scheint mir nicht schlecht«, sagte ich.

Günther Stein griff ein und sagte: »Tergit natürlich! Haben Sie schon mal von 250 Mark gelebt?«

»Nein. Aber das ist kein ökonomischer Streik, sondern ein politischer.«

»Sie können doch nun wirklich nicht mitreden, wenn es sich um wirtschaftliche Nöte handelt«, sagte Günther Stein.

»Aber Sie mit der Siebenzimmer-Wohnung am Kurfürstendamm können«, sagte ich giftig.

Diese Unterhaltung klingt, als ob wir der Meinung waren, für Mittellose sei der Kommunismus ein Glück, aber nur Mittellose dürften sich ihm anschließen. Eine merkwürdige Verwirrung. Stein war gerade aus Karpathorußland zurückgekommen und hatte geschrieben, was das für ein Trost sei, Armut, die nicht vom Überfluß, sondern vom Mangel kommt. Mir kam diese Ansicht völlig falsch vor. Und während Zeiz seinen Artikel schrieb und Günther Stein und ich unseren kenntnislosen Dialog führten, sahen wir gegenüber der Redaktion einen Mann eine Leiter hinaufsteigen, um ein Riesenplakat der Nazis über die Unterstützung des Streiks anzukleben.

»Beteiligung der Nazis am Streik ihrer proletarischen Brüder. Die sozialistische Einheitsfront gegen die goldene Internationale.«

Die Mitglieder der Handelsredaktion des *Berliner Tageblatts*, zu der auch Günther Stein gehörte, haben nach der Auswanderung erstaunliche Karrieren gemacht. Hans Juda gründete in London das höchst wichtige Fachblatt der Wollindustrie *The Ambassador*. Hans Priester wurde Präsident des internationalen Zuckerverbandes mit dem Hauptsitz in Karibien. Günther Stein, 1900 geboren, war ein Halbjude, der in jungen Jahren nach einem Halt suchte, zufällig einen gleichaltrigen, tief im Judentum verwurzelten polnischen Juden traf, der an der berühmten »Lehranstalt für die Wissenschaft des Judentums« in Berlin studierte. Sie war 1819 vom Hegelschüler Gans, von Zunz, Heine und anderen gegründet worden. Sie blühte noch immer. Stein war so erschüttert von der inneren Lebenssicherheit, die er hier fand, daß er zum Judentum übertrat, mit allen Konsequenzen. Nach 1933 ging er nach Japan als Auslandskorrespondent der bedeutendsten englischen Zeitungen, *Manchester Guardian*, *Financial Times*, *News Chronicle*, wurde 1937 ausgewiesen, lebte von 1938 bis 1941 in Hongkong. Während die deutschen Emigranten in England 1940 interniert wurden, während alle Naturalisationen aufhörten, sogar die Soldaten unter englischer Flagge bekamen zwar Ausweise mit englischen Namen, aber wurden nicht naturalisiert, wurde Günther Stein britisch, was ganz außerordentlich war. Von 1941 bis 1944 berichtete er von Chungking, Chiang Kai Sheks Hauptstadt, aus nun auch für den *Christian Science Monitor* und für *China Air Mail*. Nach dem Krieg ging er noch in die USA, schrieb unter anderem für *Nation* und veröffentlichte *The World The Dollar Built* in London, New York und Rußland. Er wurde von McCarthy ausgewiesen, ging nach Genf, fuhr oft nach China, das er sehr bewunderte. 1949 veröffentlichte er *The Challenge of Red China*, das auch auf dänisch, japanisch, chinesisch, spanisch, tschechisch und slowakisch herauskam. Die letzten Jahre seines Lebens, denn er starb schon 1961, lebte er in London, von wo er für indische und japanische Blätter berichtete. Er wurde auch Pariser Korrespondent des *Christian Science Monitor* und wurde aus Frankreich ausgewiesen. Wer war Günther Stein? Ich war bei seiner Trauerfeier in Londons Zeitungsviertel. Niemand der Gemeinschaft, in die dieser Berliner geboren war, war anwesend. Er hatte sich nie mit irgend jemandem in Verbindung gesetzt, noch nicht einmal mit dem prachtvollen polnisch-jüdischen Gelehrten, der so viel für seine Jugend bedeutet hatte und der in London lebte, nie mit Theodor Wolff. Er hatte nach 1933 den Zauberkreis, in den jeder geboren wird, gesprengt. Ein neuer Sohn, zwanzig Jahre alt, eine neue Frau. Ein Inder leitete die Trauerfeier, ein Chinese überbrachte Grüße von Chou En-Lai. Ein weiterer Inder nannte ihn einen »Pionier der unterdrückten Völker«, der die Versprechen der Zukunft sah. Auch die wenigen anwesenden Europäer rühmten ihn: »Leute von Günthers Integrität sind selten« (*News Chronicle*). Richard Harris von der *Times*: »Ein guter Mann, den man schwer vergessen kann.« »Einer der größten Journalisten. Es gab kein Problem in Europa, Asien oder Amerika, das er nicht kannte« (*France Soir*). Und der Inder, der die überfüllte Feier leitete, sagte aus seinem Leben: »Er war zum Nachfolger von Theodor Wolff, dem Chefredakteur des alten *Berliner Tageblatts,* bestimmt.« Das hatten wir 1932 noch im BT selber gehört. Ernst Feder, der Redakteur des BT, dessen aufschlußreiches Tagebuch *Heute sprach ich mit …* eine echte Quelle ist, schrieb mir über seinen Besuch der Trauerfeier: »Eine außerordentliche Karriere, wie sie niemand von uns, die wir jahrelang mit ihm zusammenarbeiteten, geahnt hätte … Sie sagen, Theodor Wolff habe ihn zu seinem Nachfolger designiert, woher stammt Ihre Information? Theodor Wolff, der wie wir alle G. St.'s Talent schätzte, war keineswegs mit ihm einverstanden und hat mich oft veranlaßt, seine Artikel zu retuschieren. Es war für Stein schwer, sich unserem Milieu anzupassen, und ich erinnere mich, daß ich einmal auf ihn das Goethezitat anwandte:

›Willst du, daß wir mit hinein
in das Haus dich bauen,
laß es dir gefallen, Stein,
daß wir dich behauen.‹«

Dann fand ich in einem Buch aus der Ostzone eine Verlagsanzeige, in der Stein für den Osten annektiert wurde. Ich sandte sie an Feder, der mir schrieb: »Soll ich daraus entnehmen, daß Stein sich zum Kommunismus bekehrt hat? Er hat offenbar auf mehreren Brettern gespielt, aber davon wußte ich nichts ... In ihm ist wohl ein Geheimnis, das er mit ins Grab genommen hat ... die Naturalisation während des Krieges deutet auf besondere Dienste, die er den Engländern geleistet hat.«

Was Günther Stein als Nachfolger T. W.'s betraf, schrieb Feder: »Trotz der Berufung auf den Inder möchte ich doch sagen, daß T. W., mit dem ich doch Zimmer an Zimmer arbeitete, niemals an diesen jungen Mann als seinen Nachfolger gedacht hat. Auch über die Frage seines Nachfolgers habe ich mit T. W. gesprochen. Es muß da irgendein Mißverständnis vorliegen, falls nicht Stein selber diese Legende erfunden und verbreitet hat ... Paul Scheffer hatte sich um diese imaginäre Position beworben ...«

Scheffer hat ja dann tatsächlich mit einem Mangel an allen moralischen Prinzipien, aber auch Gehirnschwäche, seinen Traum unter Hitler erfüllt und war vom Sommer 1933 bis 31. Dezember 1936 Chefredakteur des *Berliner Tageblatts*.

Auch 1932, es war ein eisiger Winterabend, ging ich mit Walter Karsch von einem Vortrag über die Spiridonowa, der in einem Privathaus stattgefunden hatte, über den Fehrbelliner Platz. Die Spiridonowa gehörte zu den zaristischen Revolutionären. Sie hatte einen Großfürsten erschossen. Sie war schwer mißhandelt und nach Sibirien verbannt worden. Die Kerenskiregierung hatte sie befreit. Sie arbeitete für die Bolschewisten, aber war nicht in allem deren Meinung. Sie schickten sie nach Sibirien. Sie war 25 Jahre in Gefängnissen und verbannt. Warum wird die Spiridonowa nicht befreit, wurde gefragt?

Schnee war gefallen. Ich ging mit Karsch auf dem Fehrbelliner Platz auf und ab. Es war so viel gemordet worden. Warum wird die Spiridonowa nicht entlassen?

Karsch sagte: »Die Sowjets wissen, was sie tun.«

»Sie verkünden die Unfehlbarkeit der Sowjets?«

»Die Sowjets sind gefährdet. Vielleicht ist sie Trotzkistin.«

»Warum keine Gerichtsverhandlung? Warum keine Möglichkeit, einen Haftbefehl revidieren zu lassen? Rosa Luxemburg hat gefragt: ›Warum dürfen Menschen Menschen einsperren lassen?‹« Ich kämpfe gegen eine falsche Religion, erfolglos natürlich.

Heinz war außer sich, daß ich da im Schnee hin und her gelaufen war mit dem Resultat einer Grippe.

Karsch schrieb keine Zeile unter Hitler. Er hatte sich im Winter 1932/33 von seiner jüdischen Frau scheiden lassen wollen, was er nun bis 1945 verschob, und sorgte dafür, daß sie überlebte.

Und dann kam die Erfüllung. Die Russen in Berlin. Ein Sowjetdeutschland in Sicht. Ich glaube, er hat genau eine Woche in der neuen Verwaltung in Ost-Berlin gearbeitet, da hatte er genug für immer. Er hatte nichts mehr zu leiden. Er bekam die Lizenz des *Tagesspiegels*. Aber sein Gott war gestorben.

Karsch zeigte mir strahlend das Bild seiner neuen Frau.

Sehr hübsch natürlich. Wir sprachen von der *Weltbühne*. Wer lebte eigentlich noch? Und die Kantstraße, das riesige

Fenster im Treppenhaus mit der Flora mit dem Füllhorn. Wir saßen in einer winzigen Konditorei im Hofzimmer mit den Zeitungen am Haken, Bundesallee an der Güntzelstraße. Ich hatte diese Straßen entstehen sehen. Wir hatten sie für glanzvoll gehalten, jetzt war das Haus über uns gebombt. Vorn der Laden mit Mohrenkopf und Spritzkuchen und Bienenstich, das war genau wie in meiner Kindheit, zwei Schnekken fünf Pfennig.

Am 31. Januar 1933 waren wir zur Wohnungseinweihung bei Dr. Moritz Goldstein, dem ›Inquit‹ von Ullstein, meinem näheren Kollegen vom Gericht, Slings Nachfolger. Ein zentralgeheiztes Flat, das ins Grüne sah, draußen im Grunewald, mit dem ganzen Geschmack der Kunstgewerblerin Tony Goldstein eingerichtet.

Es war ungemein lustig, besonders mit Ernst Ottwalt, Mitglied der KPD, ein Mann, der nicht von morgens bis abends die Bourgeoisie haßte, sondern aß, trank, atmete, Witze machte und Schulden, Sohn eines Pastors, Mitglied der Nachkriegssoldateska, der sogenannten Freikorps, Verfasser zweier Romane, in denen der Kommunismus wie aufgeklebt erschien: *Denn sie wissen, was sie tun* und *Ruhe und Ordnung*.

Ich war nie so begabt, weder vorher noch nachher, Ottwalt und ich sprühten. Um uns versammelten sich ein paar Ullsteinleute. Später hörte ich, daß ich zum 1. April 1933 mit einem großen Gehalt bei Ullsteins engagiert werden sollte.

Um Mitternacht wurde Verlagsdirektor Dr. Magnus ans Telefon gerufen. »Hitler ist Reichskanzler geworden«, kam er zurück.

»Na, ich danke«, sagte Heinz.

»Zumindest sehr interessant«, sagte Magnus.

Gerichtsreporter Paul Schlesinger (»Sling«) 1925 in Berlin

Die sehr kluge Frau Magnus arrangierte eine Skipartie mit den Kindern für den nächsten Tag, einem Sonntag, im Grunewald.

Ottwalts und wir warteten im Schnee auf die »78«. Ottwalt stellte sich auf die Schienen und versuchte sie herbeizulocken: »Nu komm doch schon, laß doch die kleinen Mädchen nicht so lange im Schnee stehen, dadi lara, nu komm schon, kleine Maus. Wollen wir nicht ein bißchen tanzen derweil?«

Frau Ottwalt, auch eine Pastorentochter, schrieb Gerichtsberichte für die DAZ. Ich fragte sie einmal, ob es nicht schwierig sei, für ein rechtsstehendes Blatt zu schreiben, wenn der Mann ein echter Sowjetfunktionär ist. »Warum denn«, sagte sie, »wir lieben uns doch.« Ich glaubte ihr natürlich. Erst nach Jahrzehnten hörte ich, daß sie das Haupt der kommunistischen Zelle in der DAZ war.

Als wir dann 1937 von den Hinrichtungen der Generale der Roten Armee hörten, Tuchatschewski, Jakir, Blücher, hieß es, auch Ernst Ottwalt wäre als deutscher Spion hingerichtet worden. Es war in Paris, daß eine deutsche Kommunistin, die Freundin des großen Lehmann-Russbüldt, mit dem Aussehen einer preußischen Offiziersdame, sagte, während wir im himmlischen Ausstellungs-Paris 1937 wanderten: »Ein Glück, dieser Stalin, stellen Sie sich vor diese Verräter hätten sich mit Hitler gegen Rußland verbinden können.«

Lion Feuchtwanger sprach mit Stalin, der ihm die Beweise vorlegte, daß Ottwalt ein Spion war. Noch 1956 sprachen wir Justin Steinfeld, der uns die Feuchtwangersche Erfahrung wiederholte. Inzwischen hatte ich aber von Frau Ottwalt erfahren, daß er, wie Millionen anderer, ans Eismeer verschickt worden und dort 1943 gestorben war. Steinfeld konnte es nicht glauben. Ich sehe ihn noch immer seinen Kopf schütteln. Wir waren mit dem PEN-Klub einer Einladung in die Heinemannsche Druckerei auf dem Lande gefolgt und saßen auf primitiven Bänken unter üppigen Bäumen, Heinz und ich nebeneinander, und Steinfeld gegenüber, und tranken Tee, eine schöne Stunde. Justin Steinfeld war ein sehr guter Schriftsteller und Kunstkenner. In der Emigration hat er einen Zweitausend-Seiten-Roman geschrieben, was daraus vorgelesen wurde, war hervorragend. Ich weiß nicht, ob er sich je um einen Verlag bemüht hat. Er hielt im PEN sehr viel von Resolutionen, die man nach Rußland schicken müßte. Er glaubte an Rußland, er liebte Deutschland, alles nahm bei ihm extreme Formen an. Aber keiner, der so wie er nie an seinen eigenen Vorteil dachte. Direkt nach dem Krieg wurde bei einer Zusammenkunft von der Vernichtung der Juden Mitteilung gemacht. Steinfeld meldete sich zu Wort: »Deutschland ist unsere Mutter. Eine Mutter kann mit ihren Kindern machen, was sie will.« Heinz rief fassungslos: »Aber nicht umbringen.« Steinfeld lebte in großer Armut, obwohl ihm und anderen Emigranten ein schönes unbequemes Haus auf dem Lande zur Verfügung gestellt worden war. So wollte seine Frau zu ihrer Familie in New York auswandern. Beim Interview auf dem amerikanischen Konsulat sagte Steinfeld, er sei und bleibe ein Deutscher. Er erhielt keine Einwanderungserlaubnis.

Frau Ottwalt konnte im Frühjahr 1941 aus Rußland nach Deutschland zurückkehren. Sie stieg am Bahnhof Friedrichstraße aus und telefonierte ihre Familie an. Das war ungewöhnlich. Die meisten Kommunisten wurden nach dem Stalin-Hitler-Pakt an die Gestapo und damit an den Tod aus-

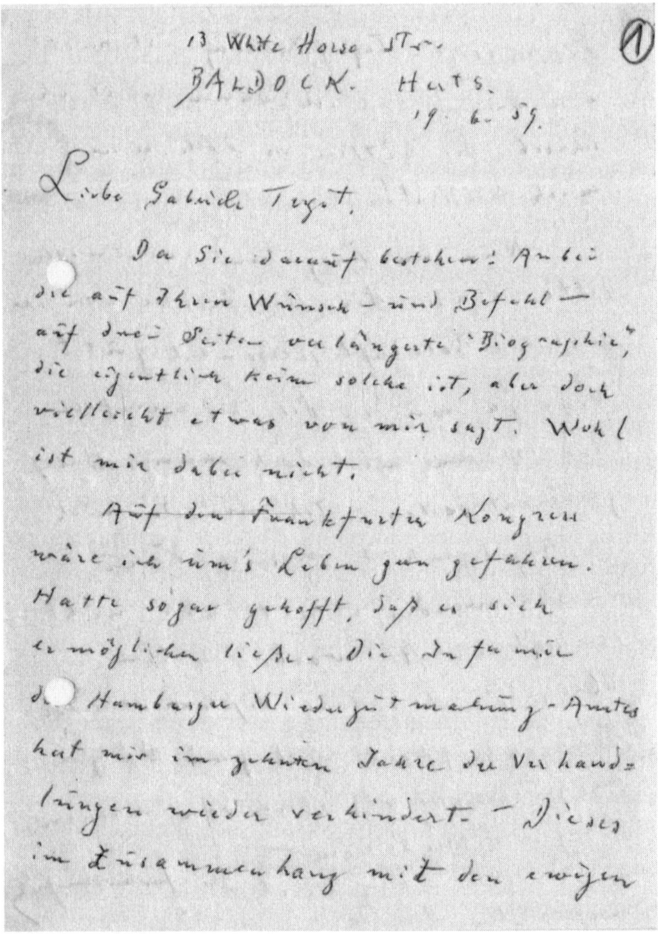

13 White Horse Str.
BALDOCK. Herts.
19. 6. 59.

Liebe Gabriele Tergit,

Da Sie darauf bestehen: Anbei die auf Ihren Wunsch – und Befehl – auf drei Seiten verlängerte „Biographie", die eigentlich keine solche ist, aber doch vielleicht etwas von mir sagt. Wohl ist mir dabei nicht.

~~Auf den Frankfurter~~ Kongress wäre ich um's Leben gern gefahren. Hatte sogar gehofft, daß es sich ermöglichen ließe. Die Infamie des Hamburger Wiedergutmachung-Amtes hat mir im zehnten Jahre der Verhandlungen wieder verhindert. – Dieses im Zusammenhang mit den ewigen

Brief von Justin Steinfeld an Gabriele Tergit, 1959

Lappensorgen Tag II für Tag ist mir ein Grund, daß ich Ihnen nicht eher schrieb. Sie hätten es doch um mich verdient!

Nun eine Frage und eventuelle Bitte. Kennen Sie Dr. Grüster von der Deutschen Botschaft persönlich gut? Wenn ja, würden Sie ihn anrufen und ersuchen, mir doch meinen Brief zu beantworten. Ich mußte mich in Angelegenheit meiner Frau an ihn wenden, erhielt aber nicht einmal eine Antwort. Ich bin überzeugt, daß Ihre diplomatische Geschicklichkeit mit zwei Sätzen mehr erreicht als eine von meinen langen Schreibereien —

Herzlichst Ihr [signature]

und vielen Dank.

geliefert. Im Nürnberger Prozeß nannte Rudenko, der sowjetische Hauptankläger, Ernst Ottwalts prophetisches Buch *Deutschland erwache*. Frau Ottwalt schrieb Anträge, doch den Verfasser dieses Buches heimkehren zu lassen. Sie bekam nie eine Antwort. – Sie veröffentlichte unter ihrem bürgerlichen Namen Waltraut Nicolas viele Bücher in der Bundesrepublik. Sie hatte von ihrem Mann einen einzigen Zettel aus dem Lager erhalten: »Ich warte auf dich.« Von diesen vier Worten spricht sie, vom Mysterium der Ehe. Ich schrieb ihr einmal von der Vergangenheit und wie sie mich damals angelogen habe und daß diese verschachtelte Verschwöreratmosphäre viel zum Niedergang der Moral beigetragen hat. Ich nehme an, sie glaube nicht mehr, daß der Zweck die Mittel heilige. Sehr nett, gab sie alles ohne weiteres zu. »Aber ich folgte meinem Mann.« Wir waren einmal bei ihnen, ganz in unserer Nähe, bürgerlicher konnte es nicht sein. Natürlich die Dürerschen Häschen an der Wand. Wir Narren hielten damals die Sowjetunion für modern, abstrakte Kunst. Ottwalt zeigte Heinz den Vorteil der ebenerdigen Wohnung. Sie hatte zwei Ausgänge, einen vorn und den Hinterausgang in den Garten. Leider sagte Heinz in Überschätzung des Ottwaltschen Sinns für Ironie: »Ganz richtig. Hier finden Sie die Nazis nie.«

Ein paar Tage nach der Goldsteinschen Wohnungseinweihung, nach dem unvergeßlich-lebensfreudigen Ernst Ottwalt auf den Schienen, die 78 beschwörend, saß ein Mann aus einer ganz anderen Welt bei mir. Graf Zedlitz-Trützschler, der Oberhofmarschall des Kaisers, ein Hüne natürlich. Nie hat jemand untersucht, wieso sich der mittelgroße Kaiser, mit dem verkrüppelten Arm, mit ungewöhnlich großen Männern umgab. Vielleicht ein weiblicher Zug, den Harden ahnte und daher seinen unwesentlichen geschmacklosen Angriff machte. Zedlitz-Trützschler hatte das hervorragende Buch *Zwölf Jahre am deutschen Kaiserhof* geschrieben, das Emil Ludwig zu seinem Bestseller *Wilhelm II.* popularisierte und banalisierte. Zedlitz-Trützschler sprach von den »wilden Leuten, an die wir geraten sind«. *Gerät* ein Volk an wilde Leute? »Die Idee, die deutschen Einzelstaaten abzuschaffen, ist ja vorzüglich, sollte längst durchgeführt sein, aber doch nicht von diesen Leuten. Bin da gestern mit ein paar Politikern zusammen gewesen, die Leute sind ja alle so weltfremd. Preußische Regierung klagt beim Reichsgericht in Leipzig. Was soll das? Das ist doch keine Realpolitik. Ich habe alles weggepackt, alles, was den Nazis verdächtig sein könnte. Machen Sie das auch.« In seinem Buch war von üblen Geschäften eines 18. Jahrhundert-Vorfahren die Rede. Ich hatte beim Lesen das Selbstbewußtsein bewundert, das so was preisgibt. »Sie haben bürgerliche Begriffe. Meinen Sie die Französische Revolution ist wegen gar nichts ausgebrochen?«

»O nein«, sagte ich, »die Handwerkerrechnungen für Versailles sind nie bezahlt worden.«

»Na, dagegen ist doch die kleine Schiebung von meinem Urahn gar nichts.« – Dann ein bißchen Hofklatsch, wie der Lieblingsarzt von Seiner Majestät in Doorn aus Versehen operiert wurde und daran starb, wie die Queen Alexandra zu Wilhelm sagte, daß ihm das schnelle Essen nicht bekommen könnte, und wie Wilhelm fassungslos darüber war und noch weiter zurück, wie der preußische Generalstabschef im Ballettröckchen tanzte und dabei vom Schlag getroffen wurde. Er war zu mir gekommen, weil er meine Artikel in der *Weltbühne* so ausgezeichnet fand und weil ich zu ihm kommen sollte, um mit ihm ein Buch zu machen. Er saß in meinem

Wohnzimmer und sah auf den Bahnhof Tiergarten. Er war sicher noch nie in einem Zimmer empfangen worden, von dem aus er einen Bahnhof sah und das tat er jetzt intensiv. Ich sah auf dieses schöne alte Profil, das mehr als ernst war. Wir sprachen kein Wort. Und plötzlich wußte ich alles. Wir werden alle zugrunde gehen. Schlesien wird zugrunde gehen, die Juden, die Deutschen, Sie und ich.

Schließlich sagte ich: »Aber es gibt doch immer noch Hindenburg. Er wird doch keine völlige Katastrophe zulassen?«

»Hindenburg? Man kann doch nichts machen, wenn das deutsche Volk einen wählt, der auf die Kadettenanstalt gegangen ist.«

Das war eine ungeheuerliche Anklage gegen die ganze deutsche Oberschicht. Dann sah er wieder auf den Bahnhof: »Die Bastille ist immer mal wieder nicht genug zerstört worden.« Er stand auf, ich stand auf. Er sagte: »Also ich sehe Sie dann bald bei uns.« Ich sah zu ihm auf und schüttelte den Kopf.

Das war kein Mann, der an Körbe gewohnt war. Er sah erstaunt auf mich herunter. Ich war unfähig zu sprechen. Ich hoffte, er würde mich wortlos verstehen, so wie ich ihn wortlos verstanden hatte. Ich konnte ihm nicht sagen, daß ich mich fürchtete, daß nicht er, aber das ganze Gewimmel auf so einem Gut ihm Ungelegenheiten bereiten könnte bei einem Judenbesuch. Die Ursache einer wie immer gearteten Unannehmlichkeit zu sein, konnte ich nicht ertragen. So sah ich schweigend zu ihm auf.

Dann war alles Konvention.

»Ich lasse Ihnen die Mappe mit dem Entwurf da«, sagte er, und ich zog eine Schublade auf, in die er eine Mappe legte, auf der mit Goldbuchstaben stand: »Der Oberhofmarschall«.

»Ich danke Ihnen sehr für Ihren Besuch.«

»Das Vergnügen war ganz meinerseits.«

Als er vierzehn Tage später kam, um die Mappe abzuholen, war nur noch Heinz da.

Die Bastille war immer mal wieder nicht genügend zerstört worden.

Tatsächlich war die Freiheit als erstes zu Grabe getragen worden. Sonntag, den 20. Februar um halb ein Uhr, recht ruhmlos im übrigen in der Krolloper.

Der schöne Raum war fast leer. Anstelle der tausend Menschen waren etwa fünfzig erschienen. Wir waren wenige – und meist alte Hunde, die man im Frühling 1933 noch mit dem Thema der Freiheit vom Ofen hervorlocken konnte, obwohl schon dutzendfach Raub und Mord, Hausfriedensbruch, Freiheitsberaubung vorgekommen waren, die niemand anzeigte, über die niemand berichtete, und obwohl die Briefe geöffnet, die Telefongespräche überwacht wurden, der Mensch der Wolf seines Nebenmenschen geworden war.

Unterhalb des Rednerpults saß ein Polizeioffizier. Er hatte blonde Haare, durch die die rosige Kopfhaut schimmerte. Er sah in einen geöffneten Aktendeckel. Professor Tönnies sprach über die Freiheit der Lehre, Olden über die Freiheit der Presse, Wolfgang Heine, Corpsstudent, Sozialdemokrat, nach 1918 Justizminister, über Versammlungsfreiheit. Der Polizeioffizier ließ Tönnies und Olden reden. Als Heine einen Satz von 1904 oder 1905 sagte, sagte er: »Erkläre die Versammlung für geschlossen.«

Und dann war alles aus.

Ich verließ die Versammlung mit einer Potsdamer Akademikerin. »Jämmerlich«, sagte sie, aber sie meinte weder das Verhalten des Polizeioffiziers noch den geringen Besuch. »Es war doch gar nicht richtig aufgezogen«, sagte sie. Es fehlten ihr die Fahnen, die Musik, der Einmarsch der Verbände, kurz der Hitlerische Klamauk.

»Der Geist ist immer leise«, sagte ich in die Wüste. Sie ging auf nichts Tatsächliches ein. Sie sah nicht den Feind auch vor ihrer Türe: »Was soll uns dieser verstaubte Liberalismus?«

Sie sagte noch zwei andre Worte in Bezug auf die Erhaltung der Freiheit: »tot«, sagte sie und »banal«.

Es war fünfzig Jahre her, daß man auf einer Berliner Bühne gesungen hatte: »Was Jung-Deutschland einst mit Jammern nicht erreicht, es fiel dir zu. Pressefreiheit, Verfassung, Kammern, alles haben wir nanu? Nanu ist gut! Nanu ist gut!«

Zwei Generationen später war alles »verstaubt«, »tot«, und »banal« geworden. Die Freiheit hatte eine schlechte Presse.

Das Konfetti des Bürgerkrieges bedeckte die Straßen. Man watete durch winzige Hakenkreuze.

»Vier Jahre Hungerplan. Jeben Se für die Arbeitslosen, jeben Se für die Arbeitslosen«, rief ein Kommunist und schüttelte die Sammelbüchse.

»Für die NSDAP, für die Hitlerjugend, für die Hitlerjugend«, rief ein Hitlerjunge und schüttelte die Sammelbüchse.

Ein Straßenhändler versuchte Veilchen zu verkaufen, aber wer kaufte Veilchen im Februar 1933?

In der Redaktion der *Weltbühne* sagte gerade jemand ins Telefon: »Also Sonntag elf Uhr am Bahnhof Zoo.« Ich brachte einen Artikel. »Humor ist am gefährlichsten«, sagte Ossietzky und gab ihn mir zurück.

»Es ist gar kein Humor«, sagte ich, »es ist wörtlich mitgeschrieben. Er hat wirklich gesagt: ›Die Völker der Nationen, die Nationen der Völker.‹ Und trotzdem, Hitler entspricht dem Wunschtraum der Deutschen.«

»Wie können Sie so was sagen?«

Ich erzählte ihm von der vergnügten Stimmung in der Redaktion des *Berliner Tageblatts* schon nach dem Septembersieg der Nazis 1930.

Ossietzky sagte: »So tief ist also die Propaganda gedrungen.« Und dann sprachen wir von den Fehlern der Republik. Er meinte, man bleibt. »Ich auf alle Fälle«, sagte ich, »man muß doch der Historie zusehen.«

»Ich möchte das ja auch«, sagte er. Er machte ein Gesicht, in dem sehr viel stand. Wird man wirklich der Historie zusehen können? Warum habe ich nicht gesagt, gehen Sie weg, nix wie raus?

Karsch brachte die Fahnen zum Korrigieren.

»Auf Wiedersehen«, sagte ich.

Zwei Tage später war Ossietzky im KZ.

Ich war grippekrank. Kiaulehn telefonierte an. »Das ist ja furchtbar nett, daß Sie anrufen. Wie gehts Verrins, ehrlicher Republikaner? ... Sie sprechen doch so nachdenklich?«

»Ja, ich war beim Kaiserhof. Die Kohorten riefen den Legionsführer zum Kaiser aus ...«

»So war es?«

»So war es.«

»Ach, Kiaulehn. Mir wird ganz schlecht von Ihrer Stimme. Sind Sie nicht zu labil? Muß alles so schrecklich werden?«

»Wir wollen vorsichtig sein.«

»Kiaulehn!?«

»Auf Wiedersehen!«

Ich habe ihn erst sechzehn Jahre später wiedergesehen.

»Hier ist die vorbereitende Lagerverwaltung Helgoland.

Carl von Ossietzky (Mitte) beim Haftantritt vor der Strafanstalt in Berlin-Tegel 1932; v. l. n. r.: Kurt Großmann, Rudolf Olden, Carl von Ossietzky, Rechtsanwalt Dr. Alfred Apfel, Dr. Kurt Rosenfeld

Wir wollten Sie fragen, ob Sie Aussicht zur See- oder Landseite haben wollen?«

Was für ein Quatschkopf ist denn da am Telefon?

»Die vorbereitende Lagerverwaltung von Helgoland.«

»Also reden Sie nicht so einen Blödsinn, Olden.«

»Ist nicht Blödsinn. Sie werden noch sehen, daß es nicht Blödsinn ist. Sie bereiten schon die Konzentrationslager vor. Vielleicht kann man sich ein Zimmer bestellen.«

»Und warum Helgoland?«

»Weils eine Insel ist. Nach Lipari tun sie sie in Italien.«

»Haben die etwa neue Einfälle?«

»Na, solange Sie noch Witze machen!«

Heinz sagte: »Ich lasse auf alle Fälle unsere Wohnungstür mit Eisen beschlagen und ein Sicherheitsschloß und eine stählerne Sicherheitskette anmachen, von meinem alten Glöge.« Heinz wußte nicht, daß sein alter geliebter Glöge längst in der Partei war. Er hatte Zeit, wer hatte nicht Zeit bei dieser Krise?

Ich fuhr in die Stadt, Stimmung nach dem Reichstagsbrand feststellen.

Auf dem Bahnhof Zoo stand eine Germanin, dunkelblaues Kostüm, stramm über üppige Hüften, ein hocheleganter Hut, ihr Schirm ein Degen, eine zweite in der gleichen Uniform kam ihr entgegen. Die erste hob die behandschuhte Rechte zum militärischen Gruß: »Heil Hitler!« Hob die zweite den Arm: »Heil Hitler!"

Ich fuhr ins Gericht nach Moabit, vielleicht hörte man dort was. Ein alter Wachtmeister, mit einem grauen Schnurrbart und guten blauen Augen, rieb sich immer sein Bein auf und ab, hatte Gicht. Er trug eine vertragene feldgraue Uniform. Die Republik hatte nicht viel für die Ihren getan. Sie bekannte sich zur Armut, aber niemand war soweit, daß er die Armen den Reichen vorzog. »Ich glaube ja nicht, daß die Hitlers siegen. Wir hatten immer die Hälfte Sozialdemokraten und Kommunisten. Die Leute fallen doch nicht alle um. Was ist denn die Hitlerjugend? Jearbeitet wird nicht, jelernt schon jar nicht, und die Eltern sind Neese. Meinen Sie, *die* Leute werden Hitler wählen?«

»Aber Sie sehen doch nur Hakenkreuzfahnen?«

»Aber nicht doch, die Hakenkreuzfahnen kriegen die Leute geschenkt und die anderen Fahnen müssen se koofen. Jehen Se mal da rein.«

Ein alter politischer Prozeß. Im Oktober 1932 haben die

Deutschnationalen einen Nazijournalisten wegen Verleumdung angezeigt. Aber damals sind die Blätter von den Bäumen gefallen, und jetzt kommen sie wieder, und inzwischen haben sich die Deutschnationalen mit den Nazis versöhnt, und es war eine Gespenstersitzung. Der Vorsitzende las den Artikel des Nazis monoton vor: »Solch Lump führt die Deutschnationale Partei, dieser Landesverräter wirtschaftet nur ins eigene Portmonnaie. Es ist ja allgemein bekannt, daß Hugenberg während des Krieges ein Geschützmodell an England verraten und geliefert hat. Sein Direktor Monoux, ebenfalls ein Kriegs...« »Meine Herren, wollen wir es nicht mit einem Vergleich versuchen?«

»Nein«, sagte der angeklagte Nazi, »ich bin wegen dieses Artikels aus meinem Blatt geflogen, ich habe gar kein Interesse an einem Vergleich.«

»Ebenfalls ein Kriegsverbrecher«, las der Vorsitzende weiter, »dem man leider vergessen hat, einen gehörigen Tritt an einen bestimmten Körperteil zu versetzen.«

Die Reporter verließen den Raum. Wo sollte man noch etwas über diesen historischen Prozeß veröffentlichen? Inzwischen war der »Kriegsverbrecher« Minister geworden.

Ein paar Staatsanwälte redeten mit ein paar Rechtsanwälten: »Haben Sie schon mal so eine Untersuchung erlebt wie die vom Reichstagsbrand?«

»Wieso?« sage ich.

»Da werden doch am ersten Tag sonst die Bilder aller Verhafteten veröffentlicht! Da geben die Polizeikommissare Bericht auf Bericht. Und was geschieht hier? Man hört überhaupt nichts. Das stimmt doch alles nicht.«

»Wie?« sage ich. »Sie sagen das, Herr Staatsanwalt?«

Ein Rechtsanwalt lacht: »Die Keller vom kommunistischen Parteihaus nennt Herr Göring Katakomben am Radio und das *Kapital* von Marx ein Geheimdokument. Dabei haben sie nichts gefunden als Altpapier! Die Keller sind hundertmal durchsucht worden. Die Kommunisten sind doch nicht so dumm, daß sie den Plan zur Eroberung Deutschlands in den Keller zur Besichtigung legen.«

»Außerdem hatten sie gar keinen.«

»Und *Das Kapital* kann man doch in jeder Buchhandlung kaufen!«

»I bewahre«, sagte der Staatsanwalt. »Wo ist *Das Kapital* von Marx ein Buch? Das ist doch ein Geheimdokument. Das wußten Sie nur bisher noch nicht.«

»Das habe ich auch erst am Radio erfahren.«

»Und der Herr Brandstifter läuft der Polizei entgegen, behauptet, alles ganz allein angezündet zu haben, Dutzende von Flaschen mit Benzin und Lunten, alles allein eingeschmuggelt, und dann trägt er zur Erleichterung der Polizei freundlicherweise einen kommunistischen Parteiausweis gleich bei sich.«

Welche Munterkeit. So hatte ich es mir doch nicht vorgestellt.

Ich hatte bei den ersten Berichten wirklich geglaubt, die Kommunisten hätten den Reichstag angesteckt. Das läßt sich das Volk nicht bieten, habe ich gedacht, da steckt es eben dann den roten Hahn aufs Dach. Ich habe überhaupt immer geglaubt, daß Regierungen nicht lügen. Mein Vater hat während des ersten Weltkrieges gesagt, wenn Siegestelegramme bezweifelt wurden: »Die Regierung lügt nicht.« So bin ich aufgewachsen. Aber das mit dem Reichstagsbrand scheint ja wirklich nicht zu stimmen. Aber daß das konservative Kahlköpfe konstatieren, das ist ja erstaunlich. Ich werde mir mal eine ausländische Zeitung kaufen, dachte ich. Da ist die *Neue Zürcher Zeitung*. Sie glaubte es auch nicht.

In die Stadtbahn kamen ganze Horden von SA-Leuten. Zerschlissene Uniformen, braune Uniformjacken zu Zivilhosen, braune SA-Hosen mit hohen Stiefeln zu Ziviljacken. Dreißigjähriger Krieg kam ins Coupé. Wilde Soldateska. Die Bürger, auch die Arbeiter sind Bürger, rückten zusammen. Eine Arbeiterin mit einem blauen Filzhut sah sie streng an. Aber das half nun nicht mehr viel. Das war herausgekommen von dem Gequatsch über den »Untergang des Abendlandes« und den Mängeln der Theorien vom »Überbau« und der »Sublimierung«. »Mitleid soll Sünde für dich sein«, sagten die Intellektuellen, die nicht fähig gewesen waren, einen Frosch umzubringen, und nun hatten sie die berufsmäßigen Mörder.

Der Herr mir gegenüber wollte gern die Macht der jüdischen Warenhäuser brechen, aber doch nicht mit Hilfe solcher unordentlichen Leute.

Auf dem Bahnhof arbeitete ein Arbeiter an den Schienen, und bei jedem Schlag rief er: »Rot Front«, immer Hacke herunter, klapp »Rot Front«. Ein Held, einfach ein Heros. Viele sagten heute schon: »Vorsicht.« Aber so ein Arbeiter, der rief: »Rot Front!«

Auf dem Bahnhof standen drei Arbeiter, hatten Hakenkreuze angesteckt, ein sehr eleganter Herr rief: »Heil Hitler!« »Heil Hitler!« riefen die Arbeiter. Sollte Hitler doch der Einiger des deutschen Volkes sein?

Vor dem Bahnhof standen Arbeitslose und verkauften Schnürsenkel, Knöpfe und Sicherheitsnadeln. Keiner konnte mehr welche brauchen. Es war ein trübseliges Wetter. In der Madaistraße wohnten Menschen in ewig dunklen Zimmern.

Wie das schon klingt: Madaistraße wie Modderstraße. Auf allen Seiten sehen sie auf einen Kohlenberg. Tagaus, tagein wurden mit einem Kran Kohlen auf diesen Berg geschüttet und der Kohlenstaub flog hoch, und da saßen die Menschen arbeitslos in den kalten Stuben, ohne was Rechtes zu essen, und hatten keine Hoffnung. Und wenn ihnen einer das Wunderbare versprach, dann glaubten sie ihm und hingen sein Bild auf. Bebel oder Lenin oder Hitler.

Die Kommunisten hatten in diesem Hungerbezirk Plakate aufgehängt: »Laßt euch nicht dumm machen mit Wohlfahrtskartoffeln.«

An einer Mauer stand mit Kreide: »Haut sie endlich grün und blau die gottverfluchte Judensau!«

Und Plakate, teils Wahl- teils andere: »Schluß mit dem Reichstag als bezahlte Fremdenlegionärskompagnie auf deutschem Boden!«

Und Young-Plan und Dawes-Plan mußten herhalten. »Youngkolonie«, »Dawessoldateska«.

»Diese Republik ist ein Ramschgeschäft, kommt am 5. März zum Ausverkauf!«

Meine gute Laune war verflogen. Für wen sollte ich eigentlich noch schreiben? Meine Leidenschaft, die Wahrheit zu sagen, war unerwünscht.

»Ach, Heinz«, sagte ich, als ich nach Hause kam, »wollen wir heute abend zum Albersfilm gehen?«

Zuerst kamen lauter marschierende Soldaten, eine Reklame für die Zigarette »Siegesfreude« und »Trompeterglück«. Dann ein Kurzfilm, Hans Moser als Karikaturjude schmierte sich bei einem angenehmen blonden Arzt an und versuchte ihn außerdem ums Geld zu prellen. Das konnte man in deutschen Filmtheatern noch gestern nicht sehen,

V. l. n. r.: Edith Hamann, Gabriele Tergit, Brigitte Helm und Ilse Langner; 1930 in einem UfA-Studio

aber es mußte doch schon lange vorbereitet worden sein. Wir blieben nicht zum Albersfilm.

Am 2. März traf ich Ilse Langner im Café Trumpf in einem der romanischen Häuser, weiche Teppiche, weiche Sessel, silberne Kännchen auf silbernen Tellern, unter jedem Kännchen ein weißes Spitzendeckchen. Die weißen Tassen mit einem matten Goldrand. »Alles aus«, sagte Ilse, die Frau eines Industriellen, ein ganz seltenes Exemplar in Deutschland, eine intellektuelle Weltdame. »Im Schauspielhaus geben sie *Ewiges Volk* von Herrn Kube.«

»*Ewiges Volk* kann doch auch gut sein.«

»*Ewiges Volk* kann nur Kitsch sein«, sagte Ilse.

Als der Kellner kam, hörten wir auf zu sprechen.

Ich erzählte ihr vom Kinobesuch.

»Marschierende Soldaten, Trompetenglück und Judenhaß, da haben Sie das ganze neue Deutschland«, sagte Ilse.

Sie behielt diesen Haß, hat nach dem Krieg einen Roman über die Besetzung Frankreichs geschrieben. *Sonntagsausflug nach Chartres*, grausiger, anklagender als alles, was die Juden schrieben.

Besuch des Sturm 33

Wir hatten zu den Wahlen vom 5. März eingeladen. Keineswegs hatte jeder Radio. 1923 hatte der Patentanwalt Kallmann nebenbei erzählt, daß man in London drahtlos Reden, Musik in die Häuser übertrage, drahtlose Telefone, für die man zwei Hörer brauche. Ein völliges Märchen. Er vertrat Patente in Deutschland.

Meine Eltern wohnten während meiner Kindheit im Osten Berlins, ganz bescheiden, aber wir hatten elektrisches Licht lange vor meinen Spielgefährten, einen Phonographen mit Rollen, die meine Mama in der Ofenröhre aufhob, darin vergaß, bis zum erstenmal geheizt wurde und sie zerschmolzen. Wir hatten Laterna Magica, und schon 1928 saß mein Vater jeden Abend in einem Sessel am Kachelofen, um Radio zu hören. Ich las 1931 in dem von Poelzig gebauten Rundfunkhaus eine Geschichte. Ich wurde über weiche Treppen in ein Zimmer geführt, wie es sich jeder Schriftsteller wünscht, alles mit Teppichen, es kam mir gepolstert vor, nur ein Schreibtisch mit einer Lampe, die ihr Licht auf mein Manuskript warf, und ein bequemer Stuhl. Mir wurde gesagt, daß ich anfangen müsse, wenn ein rotes Licht aufleuchte und wenn wieder ein rotes Licht aufleuchte, müsse ich aufhören. Heinz hatte das Radio auf dem nie benutzten niedrigen Schachtisch stehen, und als ich zu sprechen anfing, rief unser Dreijähriger ganz aufgeregt: »Die Mama ist im Kasten, die Mama ist im Kasten.«

Es sollten also zum Abhören der Wahlresultate kommen: Rudolf Olden, die große Reinhardtschauspielerin Maria Fein, die Schauspielerin Lucy von Jacobi, die jetzt Journalistin bei Ullstein war, mein Studienfreund aus Heidelberg Fritz Grünfeld mit seiner Frau, der 1920 in Würzburg, als er noch Theaterregisseur war, als erster das Genie der Elisabeth Bergner entdeckt hatte und sein Wäschegeschäft in der Leipzigerstraße sich selbst zu überlassen gedachte. Er war übrigens der einzige, der den morbiden Humor hatte, sein Büro mit dem Papiergeld der Inflation zu tapezieren. Und Werner Hegemann, der das großartige *Steinerne Berlin* veröffentlicht hatte.

Am 4. März gegen fünf Uhr morgens trommelte der Sturm 33 an unsere Wohnungstür. Sie klingelten wie verrückt. Heinz schrie dem Mädchen zu: »Nicht aufmachen.« Diesen zwei Worten habe ich es zu verdanken, daß ich noch da bin.

Er ging zur Tür, öffnete einen Spalt. Einer stellte seinen Fuß in den Spalt, die Sicherheitskette hielt: »Haftbefehl für Ihre Frau.«

»Von wem?«

»Direkt von Reichsminister Göring.«

Heinz preßte die Tür, bis der Mann den Fuß zurückzog, und knallte die Tür zu. Ich hatte inzwischen einen nationalsozialistischen Kollegen, den Journalisten von Lützow, angerufen. »Was?« sagte der, »zu Ihnen will SA? Das habe ich überhaupt noch nicht gehört. Rufen Sie sofort Mittelbach an. Der ist allmächtig. Der ist Chef der Polizeiabteilung IA geworden.« Mittelbach war Staatsanwalt, und ich kannte ihn vom Gericht. Ein Nationalsozialist. Er war genauso überrascht wie Lützow, daß die SA einfach in Privatwohnungen eindringen will: »Rufen Sie ein Überfallkommando!« Die

S.A. 7.48 U 16.39 M.A. 9.07 U. 21.18	S.A. 7.46 U. 16.41 M.A. 9.17 U. 22.34	S.A. 7.45 U. 16.43 M.A. 9.26 U. 23.48	S.A. 7.43 U. 16.45 M.A. 9.36 U. –	S.A. 7.41 U. 16.47 M.A. 9.50 U. 1.04	S.A. 7.40 U. 16.48 M.A. 10.08 U. 2.19	S.A. 7.38 U. 16.50 M.A. 10.33 U. 3.32
29 Sonntag	30 Montag	31 Dienstag	1 Mittwoch	2 Donnerstag	3 Freitag	4 Sonnabend

phot. Becker & Maass, Berlin

Die Journalistin und Schriftstellerin
Gabriele Tergit (Dr. Elise Reifenberg), Berlin.

SPEMANNS LITERATUR-KALENDER – JANUAR/FEBRUAR 1933

Kalenderblatt der letzten Januarwoche 1933
(Spemanns Literaturkalender)

Polizei kam sofort. Mittelbach rief noch einmal an und ließ sich den Polizeiführer ans Telefon rufen. Der sagte: »Ich wäre Excellenz sehr verbunden, wenn Sie diesen Befehl generell geben könnten. Bei dieser vorigen Sache, das ist ja böse abgelaufen.« Ein Erschlagener, dachte ich. »Zu Befehl«, sagte der Polizeiführer ins Telefon. Sie sollten nur Major Hahn vom Sturm 33 in die Wohnung lassen und eine Haussuchung vornehmen. »Das sind keine Kommunisten«, sagte ein Polizist und sah auf die Kakteensammlung, Vögel und Architekturbüro. Als sie ins Kinderzimmer kamen, stand der vierjährige Peter im Bett und rief: »Hier aber raus!«

Und die Polizei verließ das Zimmer. Die Polizisten waren Riesen in prachtvollen Wintermänteln. Diese neue Polizei war die großartige Schöpfung des Sozialdemokraten Bernhard Weiß, den Goebbels als Isidor Weiß unmöglich machte. Wieso der griechische Name Isidorus zum Schimpfnamen der Juden mißbraucht werden konnte, ist völlig ungeklärt. Dazwischen kroch der SA-Führer herum, zerrissene bettelarme Uniform. Seit fünfzehn Jahren nicht darüber hinweggekommen, daß man ihm im November 1918 die Epauletten abgerissen hatte. Böse, getretene verelendete Kreatur. »Meinen Sie«, sagte ich zu ihm, »ich werde mir das gefallen lassen, daß Sie mich haben wegschleppen wollen? Sie zeige ich an wegen Hausfriedensbruch, versuchter Nötigung, Bedrohung.« Er sah mich schief über seinem blechernen Zwicker an.

»Ich bleibe nicht«, sagte ich zu Heinz, als die Wohnung wieder leer war.

»Es ist noch schöner Schnee«, sagte Heinz, »fahr nach Spindlermühle.«

Mein Bruder und Heinz brachten mich in diesen tschechischen Teil des Riesengebirges.

Als ich schon fort war, kamen merkwürdige Ansichtskarten an Heinz. »Wieder bin ich in der glücklichen Lage, Ihres Geburtstages in weltabgeschiedener Schneeeinsamkeit zu gedenken. In dem entzückenden Serfaus sind wir mit unseren sämtlichen Kindern sehr glücklich. Daß Sie das im lieblichen Deutschland an der Seite Ihres wackeren Meisters auch sein mögen, ist mein herzlicher Geburtstagswunsch«, schrieben die Grünfelds.

Es kam eine Ansichtskarte mit der Madeleine in Paris: »Es tat mir sehr leid, am 5. März nicht bei Ihnen zu sein und den glorreichen Sieg unseres Führers bei Ihnen erleben zu dürfen. Hoffentlich gibt es bald ein ähnliches Fest. Empfehlen Sie mich Ihrem Herrn Gemahl.« Unterschrieben war die Karte mit H, aber ich wußte, es war Werner Hegemann. An der Seite stand noch ein Satz: »Mein Verleger zahlt keine Tantiemen. Er ist krank.«

Und es kam eine Karte von Olden mit seinem selten benutzten Pseudonym Adrian: »Ich bin zur Zeit im ›Blauen Stern‹ in Prag. Kommen Sie schnell einmal herüber. Man ißt hier so gut. Seien Sie gegrüßt von Adrian.«

Lucy von Jacobi schickte eine Eilkarte aus Hamburg, sie können nicht kommen wegen der Premiere des *Fiesco* in den Hamburger Kammerspielen. Maria Fein rief am 6. März verschlafen bei Heinz an, sie habe den 5. März total vergessen. »Schlimm?«

Und Heinz ging mit ihr in einen René Clair-Film *14. Juli* und hinterher ins Café Trumpf, wo ich wenige Tage vorher mit Ilse Langner war. Sie schrieben mir zusammen eine Ansichtskarte von dem »reizenden Abend«. Sie hatten alle noch den alten Ton. Keiner machte Pläne.

Keiner schrieb von Apokalypse. Sie lebten alle im »als ob«.

Reifenbergs wohnten 1935–38 in der Hayarcon Street 102, Tel Aviv

Gordon Street, Tel Aviv. Von Heinz Reifenberg gebautes Boarding House (modernisiert)

Oder sie gaben es vor. Grünfelds, bei weitem die Wohlhabendsten, gingen erst 1939 raus und zwar nach Palästina. Eine nahe Verwandte, blendend schön und ganz verfeinert, hatte 1934 ein Buch gelesen, das für die deutschen Juden in ihrer Verzweiflung wichtiger wurde als das Buch Jesaia: *Weg ohne Ende* von Gerson Stern. Weg ohne Ende, das war der Weg der Juden, und das Ende war in Palästina, das Ziel, die Sicherheit, zum britischen Empire gehören, vielleicht würde man ein Teil des Commonwealth, bekäme einen britischen Paß, nur braun statt blau, sonst sah er genau so aus, würde aus diesem verächtlichen Leben der eleganten Kleider, Wohnungen, Gesellschaften, der Nikisch-Konzerte und Reinhardt-Theater und der neuen Kunst im *Sturm* und bei Flechtheim, heimkehren zu Boden und Volk oder, mit dem Zeitschlagwort, zu Blut und Boden. Sie wurde Hühnerzüchterin und Gemüsebäuerin in Ramot Haschawin. Neun Menschen aus ihrer Familie folgten ihr. Hegemann ging nach USA. Wir haben nie mehr etwas von ihm gehört. Maria Fein, eine gute Katholikin, die Tochter eines Tirolers und einer jüdischen Mutter, gründete ein Restaurant »Der Grüne Baum«, wo Thomas Wolfe verkehrte und sich für sie erwärmte. Sie spielte eine Weile später noch in Wien, zum Beispiel Hamlets Mutter. Dann nach Frankreich, und als auch das besetzt wurde, zu Fuß in die Schweiz, nach Zürich. Ihr berufliches Leben hatte aufgehört. Verzweifelte Anstrengungen führten zu nichts. Tyrone Guthrie sah sie, sagte, es gäbe doch keine »Salondamen« mehr, sie sei genau, was er suche, engagierte sie, nahm sie mit nach USA. Aber das Stück war ein Durchfall. Lucy von Jacobi machte eine Pension in Italien auf. Olden ging erst nach Paris, dann nach Oxford.

Kurze Zeit nach unserem nicht stattgefundenen Wahl-Tee wurde auch die Künstlerkolonie, in der Karl wohnte, von der SA besichtigt. Alle Leute, die verdächtigt werden konnten, nicht Nazis zu sein, wurden verhaftet, was man damals so verhaften nannte, nämlich in Lager zum Foltern und Umbringen gesteckt, ohne Hoffnung, je einem Richter vorgeführt zu werden. Auch Karl und seine Frau waren in dieser Gefahr, da entdeckte die SA ein Buch über den Führer, ein fettes Nazibuch. Sie salutierten, Hacken zusammengeschlagen und alles, entschuldigten sich und verschwanden. Das Buch? Das hatte die achtjährige Anne aus der Schulbibliothek nach Hause gebracht. Sie hatte ihren Eltern das Leben gerettet. Aber die Mutter starb bald.

Nachdem Heinz auch ausgewandert war, benahm sich Karl wie ein Engel. Er besuchte meine Eltern und die Mutter von Heinz, als es für ihn lebensgefährlich war, bis sie sagten, er möchte sie nicht mehr besuchen, das Gefühl, ihn zu gefährden, sei zu schrecklich.

Besuch bei Theodor Wolff

Heinz war in London, unser Sohn bei meinen Eltern zu Besuch in Berlin. Er sollte sehen, wo er herkam, aber er war auch der einzige Enkel und ein Lichtblick in dieser entsetzlichen Zeit. Ich löste wieder einmal auf.

Ich fuhr also allein auf einem französischen Schiff von Haifa nach Marseille. Die Klassentrennung, die auf den italienischen Schiffen nach Palästina zu Mussolinis Zeiten fast aufgehoben war, wurde rigoros durchgeführt. Das demokratische Frankreich? Das faschistische Italien?

In der zweiten Klasse teilten vier bis sechs Leute eine Kabine, und auf dem Deck wurde man vollgerußt. In meiner Kabine war eine Verrückte. Sie verließ die Kabine nicht und aß nichts.

Auf Deck lächelte mich ein Herr an und fragte, was denn in der Kabine los sei, auf französisch natürlich. »Poire douce«, sagte ich. Der Mann sah mich mit solchem Schrekken an, als ob ich ihn ermorden wollte: »Weiche Birne«, sagte er, »was sind Sie denn?« »Eine Berlinerin«, sagte ich. Er stürzte weg. Eine Italienerin hatte die Szene beobachtet. Sie war totenernst. »Was haben Sie denn zu dem Mann gesagt? Erst wollte er mit Ihnen flirten und dann ist er voll Angst weggelaufen?« »Weiche Birne«, sagte ich, »das ist ein Berliner Ulk-Ausdruck.« »Sie sind eine Jüdin?« »Ja.«

»Das ist für den Mann lebensgefährlich. Dort hinten sitzt seine Frau und schwärmt von den Nazis. Sie kommen von

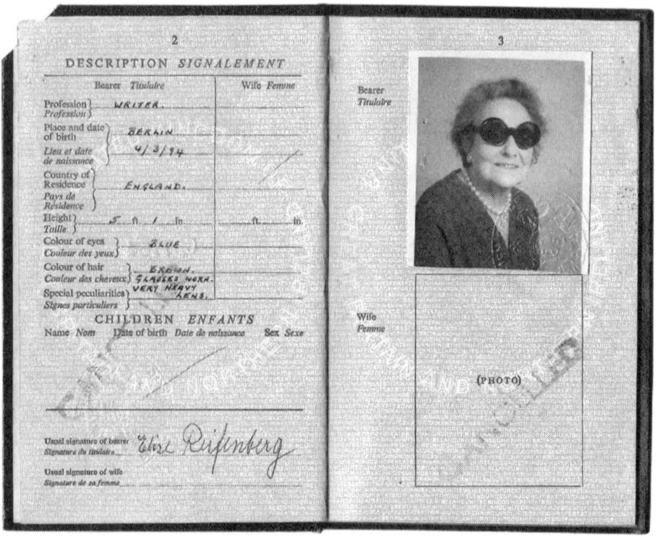

Ein Augenleiden zwang Gabriele Tergit zum Tragen starker Brillengläser

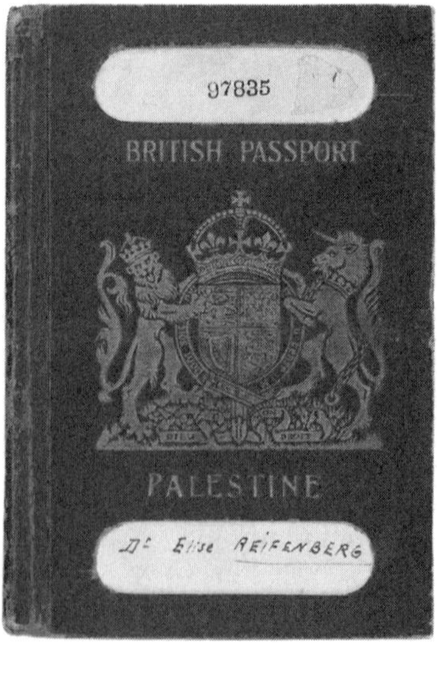

Gabriele Tergits Pass für das britische Mandatsgebiet

Ägypten wie wir. Wir hatten eine sehr gute Existenz. Aber mein Vater war ein Freund von Garibaldi, und da sind immer noch Leute ... Wir fühlten uns nicht mehr sicher in Ägypten. Wir beschlossen, nach Frankreich auszuwandern.« »Aber Sie sind doch sicher katholisch?«

»Nein«, sagte sie, »wir sind Freidenker ...« Auf dem Schiff waren jüdische Musiker von dem von Bronislaw Huberman gegründeten palästinensischen Orchester, die nach Amerika engagiert waren. Der Großvater von Heinz war einst in einem russisch-polnischen Dorf zu den Eltern eines hochmusikalischen Kindes geführt worden, die ihm kein Instrument kaufen konnten. Eine Geige war billiger als ein Klavier, so kaufte er ihm eine Geige. Später gab Heinzens Mutter Huberman, der immer nur Bronislaw genannt wurde, nach dem Tod ihres jungen Mannes an einer Blinddarmentzündung ihre Salonmöbel, nachgemachtes Rokoko. Diese Möbel wurden noch immer im Faubourg St. Antoine in Paris angefertigt, von wo 1789 die Revolution ausgebrochen war. Bei meinem ersten Besuch in Paris ging ich dort hin und sah in einem der Höfe zwischen Mietskasernen einen Mann in Hose und offenem Hemd an einem Stuhl schnitzen. Er trat, wie Künstler das tun, ein paar Schritte zurück, um sein Werk zu betrachten. Ich stand lange. Es war ein herrlicher Sommertag, ich war fasziniert, wie dieser Mensch an diesem Stuhl immer etwas zu verbessern fand, Urenkel des Mannes, der 1789 nicht anders ausgesehen haben mag. Als ich später Heinz diese Welt zeigen wollte, fand ich die Höfe nicht mehr.

Auf dem Schiff waren nicht nur Nazis und verfolgte Italiener, es gab auch ein Regiment Senegalesen. Im engen Schiffskorridor ging ein Sergeant. Ein kleines französisches

Kind kam mit seiner Mutter, den Mann sehen, aufschreien und den Kopf in Mutters Rock verstecken war eins. Die Mutter drehte das Kind um, und der Sergeant zeigte auf seine Nase: »Sieh mal eine Nase und du auch eine Nase, sieh hier ein Ohr und da ein Ohr, du auch hier ein Ohr und da ein Ohr, ich einen Mund und du einen Mund, und vor allem du da ein Auge und dort ein Auge und ich ein Auge da und dort ein Auge, ich bin genau so ein Mensch wie du, nur schwarz, gib mir die Hand.« Der sehr gute englische Schriftsteller Robert Lynd schrieb über den *Kaufmann von Venedig*: »Ich wurde im Gegenteil dadurch vom Antisemitismus geheilt. Shylock sagt doch: ›Wenn man uns sticht, bluten wir nicht?‹ Na, wenn sie bluten, sind sie doch genau Menschen wie wir?«, also genau das Rezept des Senegalesen mit dem französischen Kind. Ich hingegen bekam eines Tages den Brief meines Sohnes aus der Schule: »Wegen besonderer Gründe bin ich nicht glücklich anymore.« Ich ging mit dem Brief zu Heinz und sagte: »Die lesen den *Kaufmann von Venedig*«. Heinz sagte: »Kann sein, kann auch nicht sein.«

Aber meine Nase trog nicht. Nachdem sie den *Kaufmann* gelesen hatten, sagte ein Junge zu meinem Sohn: »Dirty Jew«, worauf mein Sohn sagte »Dirty Christian«, worauf der kleine Engländer sagte, weinend: »Das sagt man nicht«. »Warum nicht? Jeschu von Nazareth war ein Jude.« Wir wissen alle, daß dies das bestgehütete Geheimnis der Welt ist, und auch der kleine Engländer rief: »Das ist nicht wahr.« »Frag Oakshott.« Oakshott war der angebetete Schuldirektor. Er berief sofort ein Meeting und sagte den Jungs, nicht nur Jesus sei ein Jude, auch alle Apostel, nur von John weiß man es nicht so genau. Als ich ihm diese Geschichte erzählte, erzählte mir ein Arzt aus Wien das Gegenstück. Ein Katechet ging mit den Jungs zum Religionsunterricht und zeigte auf ihn und sagte: »Da steht ein Bub, der gehört zu dem Volk, das unsern Herrn Jesus umgebracht hat.« Man braucht nicht viel mehr zu erklären.

Als wir am Stromboli vorbeikamen, der sich gerade als Feuerstrom ins Meer ergoß, sagte eine Dame neben mir: »Besser dort als unter Hitler leben«. Das war die Stimmung. Die deutschen Juden, hauptsächlich ältere Frauen, die ihre Kinder besucht hatten, fuhren zurück, weil sie keine Einwanderungserlaubnis hatten, weil sie ihren Kindern nicht zur Last fallen wollten, weil sie »drin« noch Mittel hatten und »draußen« keine. Es waren die bürgerlichen Gründe einer bürgerlichen Schicht, aber auch die von anständigen Menschen: »Man fällt niemandem zur Last.« Aber sie erkannten auch das Wesen des Hitler-Regimes so wenig wie irgendeiner.

Schließlich fuhren noch die Omnibusse, und der Milchmann und der Gasmann waren noch immer sehr nett. Keiner glaubte, daß die Nazis so weit gehen würden zu morden. Sie hatten tausend Jahre mit den Deutschen gelebt, die morden nicht. Dabei hatte bereits der Wiener Pöbel die Juden gezwungen, unausgesetzt die Straßen zu waschen, hatten Rutschbahnen mit Seife eingerieben und wenn ein Hinaufgetriebener ausrutschte, fiel er in die Bajonette der Untenstehenden, dabei hatten sich bereits in Wien die christlichen Mitbürger auf die Geschäfte, Autos, Wohnungen ihrer jüdischen Mitbürger gestürzt, dabei waren bereits alle jüdischen Männer Wiens in Konzentrationslager gekommen. Aber in Berlin herrschten die Nazis fünf Jahre und es war noch alles so ziemlich in Ordnung, genau wie in Hamburg und Köln und Halle. Und so fuhren sie zurück nach Berlin und Hamburg und Köln und Halle. Es war ein unverwüstlicher Optimismus. »Und Gott sah hin auf Seine Werke, und siehe, es war alles sehr gut.« Aber erstaunlicherweise erkannte auch keine von diesen Damen, daß ihre Kenntnisse von Kochen und Backen und Nähen genügen würden, um überall einen Lebensunterhalt zu verdienen, ganz abgesehen von Kinderbeaufsichtigen und Kranke pflegen.

Wie vor zehn Jahren gab es die ältere Französin, Frau eines höheren Beamten, die mit langen schwarzen Röcken durch das Schiff schleifte. Vor zehn Jahren war sie noch erster Klasse gefahren, jetzt fuhr sie zweiter. Frankreich war arm geworden.

Es war dunkel, eine warme Nacht auf dem mittelländischen Meer, als sich ein Riese neben mir aufpflanzte: »Nous sommes des Faschistes, nous ne sommes pas des brutes comme les Allemands. Aber wir wollen nicht von Juden regiert werden. Wir sind zwei Millionen Anhänger de la Rocques ... Frankreich ist von Léon Blum und seinen Juden zugrunde gerichtet worden, Madame!«

Im Hafen von Marseille stand in riesengroßen Buchstaben an der Hafenmauer: »Heil Hitler. A bas les Juifs.«

Niemand grüßte mehr mit der geballten Faust. Schon an der Lauftreppe sagte ein furchtbar anzusehender Bettler: »Es ist hier nicht wie in anderen Ländern. Dies ist Frankreich. Wir hungern hier.« Ich hatte das schon einmal gesehen: so furchtbar anzusehende Menschen bettelten vor den großen Hotels in Berlin 1931/32.

Am vieux port stand ebenfalls: »Heil Hitler! A bas les Juifs!« So was ist kein Zufall.

Im vollen Coupé Marseille–Nizza führte ein junger Mann das große Wort: »Ich bin Tischler, natürlich arbeitslos. Wer braucht noch französische Tischler? Diese Sauregierung hat ja drei Millionen Fremde nach Frankreich gelassen, und was sind diese Fremden? Des Ebenistes.«

Alle nickten zustimmend. Die Franzosen sind ein berühmt intelligentes Volk, »La Grand Nation«, aber nicht einer in diesem Eisenbahnabteil sagte: »Drei Millionen Tischler, das glauben Sie doch selber nicht!« Die Entdeckung Hitlers, daß sich in jeder Menge das Niveau des Dümmsten durchsetzt, bewährte sich schon an der Menge von acht Personen.

Bevor ich zu Wolff fuhr, kaufte ich *Die Schwimmerin*, seinen Roman, er handelt von seiner Liebe zu Ilse Stöbe, die ursprünglich in der kaufmännischen Abteilung gearbeitet hatte und dann Wolffs Sekretärin wurde. Scheußlich, wie junge Leute sind, fanden wir den verliebten Wolff, erstens ein bedeutender Mann und zweitens uralt, nämlich sechzig Jahre, nur komisch. Ich beschloß, Wolff zu sagen, ich hätte das Buch nicht gelesen ... Ich war traurig über das schlechte Buch. »Was verlangst du?« sagte Heinz, »er ist doch kein Romanschriftsteller. Mit über Sechzig der erste Roman.« Dazu kam, daß im Sommer 1933, als ich in der Tschechoslowakei war, ein Mann, der Radionachrichten nach Deutschland sandte, verschleppt worden war. Drei Männer und ein Mädchen waren über die Grenze gesaust. Das Mädchen, hieß es, war Ilse Stöbe. Ob das stimmte, weiß ich nicht, könnte aber ein Hinweis auf ihre Tätigkeit in der »Roten Kapelle« gewesen sein.

Kiaulehn hatte in der Nazizeit die hochelegante Stöbe einmal in der Wilhelmstraße getroffen, als sie gerade in das Auswärtige Amt ging. Er war ganz sicher, sie hatte nur Herrnstadt, den Warschauer Korrespondenten des *Berliner Tageblatts* geliebt.

Theodor Wolff 1929

Ich habe in irgendwelchen Erinnerungen gelesen, wie wunderbar sie am Tage vor ihrer Hinrichtung vor den Nazis im Gefängnis gesungen habe. Alles gleich schrecklich.

Als ich nach London kam, schwärmte mir Hermon Ould, der Sekretär des Internationalen PEN-Klubs, vorher Sekretär des ersten Präsidenten des PEN-Klubs, John Galsworthy, vom Berlin der Weimarzeit vor. Genau wie ich liebte er besonders Kortners Vorstellung des *Ostpolzugs* von Arnolt Bronnen. Nun saß die deutsche Literatur an der Riviera, Fritz von Unruh, Heinrich Mann und Lion Feuchtwanger. Wolff sagte mir, er schriebe nicht für die Emigrantenpresse, sondern nur Historisches. »Kein Wort gegen Deutschland.« Wir saßen vor einem Café am Meer. Wolff widmete mir zwei Tage. Wir sprachen über sehr vieles, aber dies war ein gewaltiges Thema. Professor Walter Jens in Tübingen hat es die »Jahrtausend-Katastrophe« genannt. War Deutschland mit Nazitum identisch? Etwas gegen die Nazis zu tun, zu schreiben schien mir wichtig. Daß es sich als wirkungslos erwies, steht auf einem andern Blatt. Ich tat es nicht, da mein Vater 1933 ins Gefängnis gekommen war, freigesprochen, aber er war immer noch in Deutschland, obwohl man ihm sein Werk weggenommen hatte, da »wehrwichtige Betriebe« nicht in jüdischen Händen sein durften. Ich habe in diesem Buch schon einiges aus diesem wahnsinnigen Komplex des Antisemitismus erzählt, der für weite Kreise, besonders Frauen, das wesentliche Thema ihres Lebens war. Meinen Mitschülerinnen wurden die Haare mit Wasser gebürstet, da welliges Haar jüdisch war. Wir waren vier Backfische, ein Lesekränzchen, darunter eine besonders an Literatur interessierte Tochter eines Industriellen, sie hieß Helene. Wie Backfische sind, nannten wir das sehr schöne Mädchen Hella, eine zweite sehr schöne, die Grete hieß, nannte sich Maja. Sie wurde von ihrem großartigen Mann, einem Theaterintendanten, der nicht nur seine jüdische Frau, sondern auch seine Schwiegermutter rettete, gerettet, ich nannte mich Gabriele. Als Heinz entdeckte, daß ich in der Familie Lieschen hieß, war er begeistert: »Natürlich ein Lieschen, Quatsch Gabriele.« Hella verlobte sich ganz jung 1915 mit einem Leutnant. Ich wurde zur Hochzeit eingeladen. Ihre Vettern, Söhne eines Berliner Bankdirektors, machten eine Aufführung, darin war die Rede von »Unserem Lenchen, das von ihren Juden zu einer Hella gemacht worden war. Wir wollen nicht diese Juden-Hella, aber nun, da sie einen deutschen Offizier heiratet, werden wir ja unser Lenchen zurückbekommen.« Eine Viertelstunde bei einer Hochzeit eines Mannes, der in einen entscheidenden Krieg zurückging, fanden diese Vettern kein anderes Thema als Juden.

Wenige Tage nach der Geburt meines Sohnes in der Klinik eines Verwandten von Heinz, Strassmann, machten zwei junge Krankenschwestern mein Bett: »Mir ist etwas Schreckliches passiert«, sagte die eine bedrückt, »ich habe der Baronin ein Baby aufs Bett gelegt, und sie rief: ›Was fällt Ihnen denn ein, mein Baby ist doch blond, das ist ein Judenkind. Nehmen Sie es sofort weg.‹« Ich dachte: aber ihr Leben vertraut sie einem jüdischen Arzt an.

Aber noch 1977 in einem überfüllten Restaurant in Berlin sagte ein alter Herr zu einer jungen Frau, die noch verabredet war: »In das Café kannst du nicht gehen, das ist völlig verjudet.« Das war Deutschland. Die Emanzipation der Juden war zweimal auf den Bajonetten der Feinde gekommen, 1806 und 1918. Und war man ein Patriot, schloß man sie aus allen Studentenverbindungen, Korps und Burschenschaften, dem

Handlungsgehilfenverband aus; jüdische Chemiker konnten nur in jüdischen Firmen arbeiten, sie konnten keine ordentlichen Universitätsprofessoren werden. Im sehr einflußreichen alldeutschen Verband, in dem ein Drittel des Vorstands Lehrer waren, wurde verlangt, daß Juden weder Herausgeber noch Besitzer, noch Mitarbeiter von Zeitungen sein dürften und daß sie doppelte Steuern zu zahlen hätten. Fürst Bülow hatte den letzten deutschen Goldschmidt-Rothschild in die Londoner deutsche Botschaft delegiert, wo er sich sehr bewährte. »Aber wenn man unsern Militärchauvinisten mit dem Vorschlag kommt, dann geraten sie außer sich, daß ein Jude Reserveoffizier werden könnte.« Als ich 1961 in Berlin bei Ernst Feder, dem Redakteur des *Berliner Tageblatts* war, sagte er: »Wo ich bin, ist Deutschland.« Na, so einfach war es eben nicht. Ich war am 4. März 1933 von Deutschland weggegangen, sofort. Ich roch, daß ein so gewaltiger Haß, wenn freigegeben, zu Mord führen mußte. Heinz baute für den Schwiegervater seines Bruders, der ein Mitbegründer der Jerusalemer Universität war, ein Haus in Jerusalem. [Die offene Gewalt seit] 1933 hielten Zionisten für eine Klärung, eine Rückgabe der Würde, des Stolzes. Konnte es das sein, wenn es dazu führen konnte, daß ein Revisionist, ein Extremer in einer Riesenversammlung rufen konnte: »Die Lösung der Judenfrage in Deutschland ist positiv in unserem Sinne erfolgt.« Konnte man zweitausend Jahre ausstreichen, denn schließlich waren die Juden mit den Römern nach Deutschland gekommen, und ihnen das Recht auf Heimweh absprechen. Ich fühlte, dieses gewaltige Thema, das uns fast alle unser weiteres Leben beschäftigen würde, war nichts für Wolff. Es war seine Liebenswürdigkeit, daß er mit mir von Herzl und Nordau sprach, die er in Paris während des Dreyfus-

Prozesses gekannt hatte: »Nordau, übrigens der viel Bedeutendere, wäre nichts für Sie gewesen. Sie waren albern. Den Betrieb, den sie mit ihren weißen Glacéhandschuhen gemacht haben. Nicht angenehm.«

Wolff sprach von dem bedeutenden Architekten Mendelsohn, bei dem Speer eine Weile gearbeitet hat. Er hatte Lachmann zur Bebauung der Mosseschen Erbgrundstücke angeregt, an denen Lachmann hundert Millionen verlor, denn infolge der Krise war nicht eine Wohnung zu vermieten. »Darum sollten Olden und Tergit weniger Gehalt bekommen und billigere Kräfte verwendet werden.«

Weder Olden noch ich hatten damals eine Ahnung gehabt, weshalb wir nicht mehr gedruckt wurden. Geldmangel ganz einfach.

»Ich brauchte«, sagte Wolff, »drei Arme, einen gegen die Nazis, einen gegen die Kommunisten und einen gegen Lachmann-Mosses Sparpolitik.« Wie töricht alle Verallgemeinerungen sind, sieht man ganz deutlich an diesem Fall. Die Bebauung dieser Grundstücke war Arbeitsbeschaffung im größten Stil, genau das, was Rockefeller mit seinem Rockefeller Center erreichen wollte und auch erreichte zu einer Zeit, wo reiche Leute in Amerika sinnlose Wege in ihren Gärten als Arbeitsbeschaffung machen ließen. Aber niemand hat diese Leistung Lachmanns, der Deutschland als armer Mann verließ, auch nur erwähnt.

Ein Vetter, der in Florenz in der sehr genau in *Am grünen Strand der Spree* beschriebenen Pension wohnte, führte Heinz bei seinem ersten Besuch mit derart detaillierten Erklärungen durch Florenz, daß Heinz ihn nach seinen Quellen fragte. Es stellte sich heraus, daß er sie sich alle selbst erarbeitet hatte.

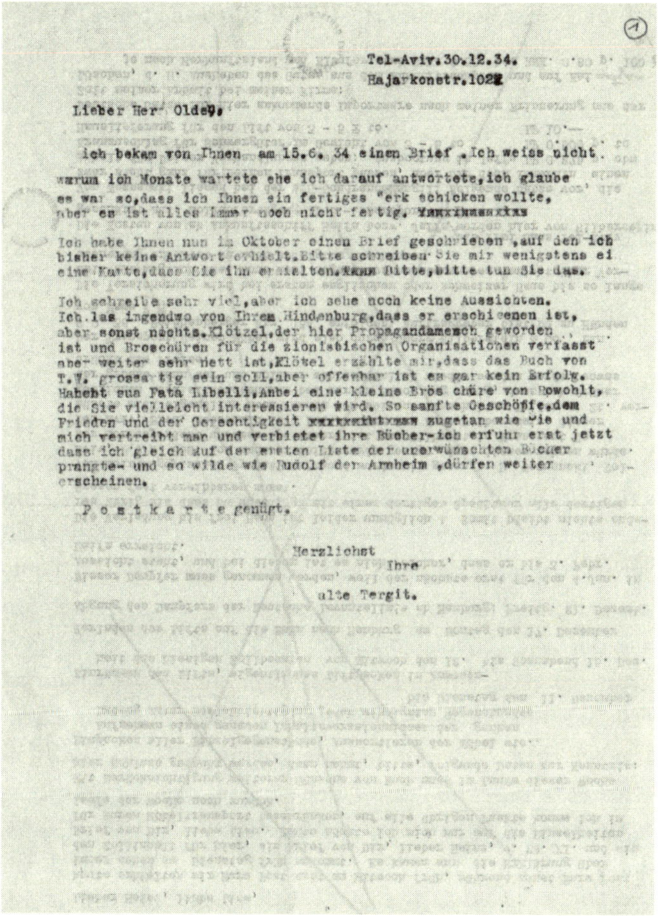

Tel-Aviv.30.12.34.
Hajarkonstr.102

Lieber Her Olden,

ich bekam von Ihnen am 15.6. 34 einen Brief .Ich weiss nicht warum ich Monate wartete ehe ich darauf antwortete, ich glaube es war so, dass ich Ihnen ein fertiges Werk schicken wollte, aber es ist alles immer noch nicht fertig. xxxxxxxxxx

Ich habe Ihnen nun im Oktober einen Brief geschrieben ,auf den ich bisher keine Antwort erhielt. Bitte schreiben Sie mir wenigstens ei eine Karte, dass Sie ihn erhielten. xxxx Bitte, bitte tun Sie das.

Ich schreibe sehr viel, aber ich sehe noch keine Aussichten. Ich las ingendwo von Ihrem Hindenburg, dass er erschienen ist, aber sonst nichts. Klötzel, der hier Propagandamensch geworden ist und Broschüren für die zionistischen Organisationen verfasst aber weiter sehr nett ist, Klötel erzählte mir, dass das Buch von T.W. grossartig sein soll, aber offenbar ist es gar kein Erfolg. Habent sua Fata Libelli. Anbei eine kleine Broschüre von Rowohlt, die Sie vielleicht interessieren wird. So sanfte Geschöpfe, dem Frieden und der Gerechtigkeit xxxxxxxxxxx zugetan wie Sie und mich vertreibt man und verbietet ihre Bücher-ich erfuhr erst jetzt dass ich gleich auf der ersten Liste der unerwünschten Bücher prangte- und so wilde wie Rudolf der Arnheim ,dürfen weiter erscheinen.

P o s t k a r t e genügt.

Herzlichst
Ihre
alte Tergit.

Brief von Gabriele Tergit an Rudolf Olden, 1934

»Und wirst du sie veröffentlichen?« fragte Heinz. »Veröffentlichen? Ich veröffentliche doch nichts. Das ist doch mein eigenes Interesse.« »Das sind doch wichtige wissenschaftliche Forschungen.« »Nein, das mache ich nur für mich.« Sein Bruder war ja schließlich der erste gewesen, der sich in Deutschland mit japanischer Kunst beschäftigt hat. Er war dadurch bei den Mitsui eingeladen, gegen die amerikanische Milliardäre arme Schlucker sind, ganz abgesehen davon, daß damit verglichen Versailles parvenuehaft ist.

Nachdem wir von Lachmann gesprochen hatten, nahmen wir uns Vetter vor. Ja, das war nun das gesuchte gepriesene Kind aus dem Volk, der Proletarier, der nach einer weit verbreiteten Philosophie die Welt besser regieren würde als die alte Aristokratie, die das tausend Jahre gemacht hatte. Und nun hörte ich fasziniert Wolff zu. Vor allem war Vetter kein Schuft, wie viele glaubten, sondern wie bei Millionen Deutschen waren Fleiß und Tüchtigkeit Moralersatz. Betrieb um des Betriebes willen, Reklame, egal für was. Profitstreben nennen das Marxisten. Das ist es nicht. Vetter war wohlmeinend, aber man kann es nur dämlich nennen. Er hat in einem Artikel 1933 nach der Machtergreifung geschrieben, daß »Einzeltragödien unvermeidlich« waren, daß die Leute das Gruseln gepackt hat, »das schadet nichts«, daß die »Götter und Götzen unserer Zeit gestürzt wurden, ich weine ihnen keine Träne nach«. Auf der anderen Seite verlangt er von Adolf Hitler, daß er »wie Bismarck, auf dessen Posten er steht, dem Besiegten die Hand reiche«. Er spricht zu Adolf Hitler von der Liebe der deutschen Juden zu Deutschland und möchte eine freie Presse. Wolff erzählte mir weiter, im Sommer 1933 bekam er im Hotel Dolder bei Zürich den Besuch zweier Herren gemeldet. Er kam in die Halle und traute seinen Augen nicht. Es war Karl Vetter und der neue SA-Chef, der das *Berliner Tageblatt* im März 33 besetzt und sich sofort fünfzigtausend Mark aus der Kasse genommen hatte. »Herr Wolff«, sagte Karl Vetter, »Sie werden erstaunt sein, aber es sind da einige Schwierigkeiten aufgetaucht, und wir wollten Sie bitten, uns Bescheid zu sagen …«, und mit der üblichen Geschäftigkeit nahm er Akten aus seinem Koffer, begann zu blättern, zu erklären. Wolff sagte, er habe keine Ahnung, er wüßte überhaupt nichts, er könne ihnen gar nicht helfen. »Aber Herr Wolff«, sagte Vetter, »Sie werden doch Ihr Werk nicht zugrunde gehen lassen wollen.«

Wolff, der mitten im Krieg im Londoner *Evening Standard* »a great editor« genannt worden war, wohnte in Nizza an der Promenade des Anglais in der fünften Etage hoch über dem Meer in seinen kleinen kostbaren französischen Möbeln, die natürlich viel besser in die kleinen niedrigen französischen Zimmer paßten als in die hohen der Berliner Hohenzollernstraße. Seine Möbel zusammen mit seiner Bibliothek und Kartothek, mit dem ganzen Hochverrat, hatte ihm Herr von Neurath im Wagen des Auswärtigen Amtes geschickt, offenbar nach einer völlig unverständlichen Ethik, außerdienstlich sozusagen. Neurath war ein süddeutscher Aristokrat, der später wegen seines Verhaltens in der Tschechoslowakei als Kriegsverbrecher verurteilt wurde. Ein Bekannter von mir, der im KZ mißhandelt worden war, traf in einem Omnibus einen seiner Folterer, der ihm mit den Worten Platz machte: »Sie haben genug bei uns gestanden – oder gelegen.« Mein Bekannter fragte, als der Bus ganz leer war: »Sie haben mich doch am schlimmsten geschlagen, und jetzt machen Sie mir Platz?« »Das war im Dienst«, sagte der SA Mann, ein Berliner Proletarier.

»Frankreich ist faschistisch«, sagte ich, »kommen Sie nach England.« »Wie können Sie so was sagen? Sie können doch die Kolonialfranzosen von Ihrem Schiff nicht als Norm nehmen. Die Wahlziffern sind überwiegend demokratisch.« »Es kommt nicht auf Wahlziffern an«, wagte ich zu Wolff, diesem alten Politiker, zu sagen, »Hitler hatte nie eine Majorität. Es kommt auf die Stimmung an und die aktiven Elemente.« Ich erzählte ihm, was mir die liebende Frau eines jüdischen Mannes, die zwei halbjüdische Kinder hatte, nach einem Besuch ihrer Familie in Deutschland erzählt hatte: »Sie können sich nicht vorstellen, was für ein herrliches Land Deutschland geworden ist. Alle sind selbstbewußt und alle fühlen sich als Glieder einer Gemeinschaft. Wunderbar.«

Aber Wolff lächelte über mich.

Wir standen auf. Er war noch verabredet mit einem Mann, mit dem er sich besonders gut verstand. Wolff, der mit Clemenceau und Briand, mit Bethmann-Hollweg und Lloyd George Mittag gegessen hatte, der eine Macht in der deutschen Politik geworden war, nur durch die Sauberkeit seiner Persönlichkeit und den Glanz seiner Sprache, verkehrte in Nizza im wesentlichen mit einem russisch-jüdischen Arzt, der hieß Abelmann.

Es gibt einen Brief von Theodor Wolff vom 21. August 1942 an Ernst Feder, der alles sagt:

»Meine Frau und ich wollten von den amerikanischen Visen, die mir Washington ohne jede Initiative meinerseits gesandt hatte, Gebrauch machen. Freunde aus New York hatten sich bereit erklärt, die Schiffsplätze zu besorgen. Als wir meinten starten zu können, waren die Herren in die Ferien gegangen, und wir erhielten nur noch ein Kabel: »Für September unmöglich«, worauf unsere Visen verfielen. Ich

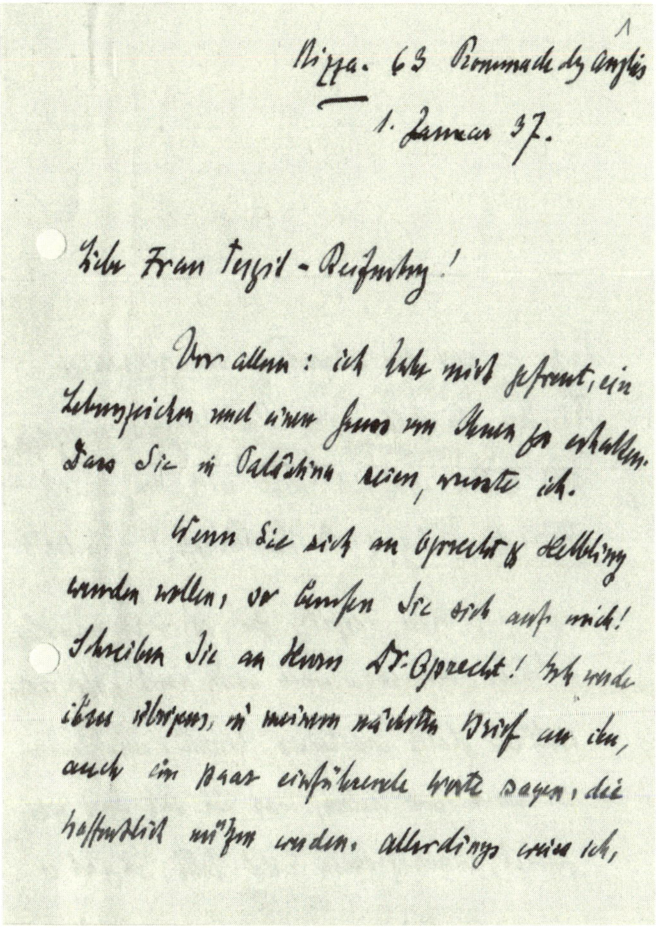
1

Nizza. 63 Promenade des Anglais

1. Januar 37.

Liebe Frau Tergit-Reifenberg!

Vor allem: ich habe mich gefreut, ein Lebenszeichen und einen Gruss von Ihnen zu erhalten. Dass Sie in Palästina seien, wusste ich.

Wenn Sie sich an Oprecht & Helbling wenden wollen, so berufen Sie sich auf mich! Schreiben Sie an Herrn Dr. Oprecht! Ich werde ihm übrigens, in meinem nächsten Brief an ihn, auch ein paar einführende Worte sagen, die hoffentlich nützen werden. Allerdings weiss ich,

Brief von Theodor Wolff an Gabriele Tergit, 1937

dass er seit der Abwertung des schweizer
Franken die Zahl seiner Publikationen eingeschränkt
hat. Wollen Sie sich nicht auch an den
Querido-Verlag (Dr. Landshoff) wenden?

Liebe Tergit, ja, es war manches
schöner, damals, und wenn auch nicht jeder
Artikel gleich erscheinen konnte, und wenn
ich auch vor vielem, was ich sah und was
geschah, einen grossen Ekel hatte, so gab es

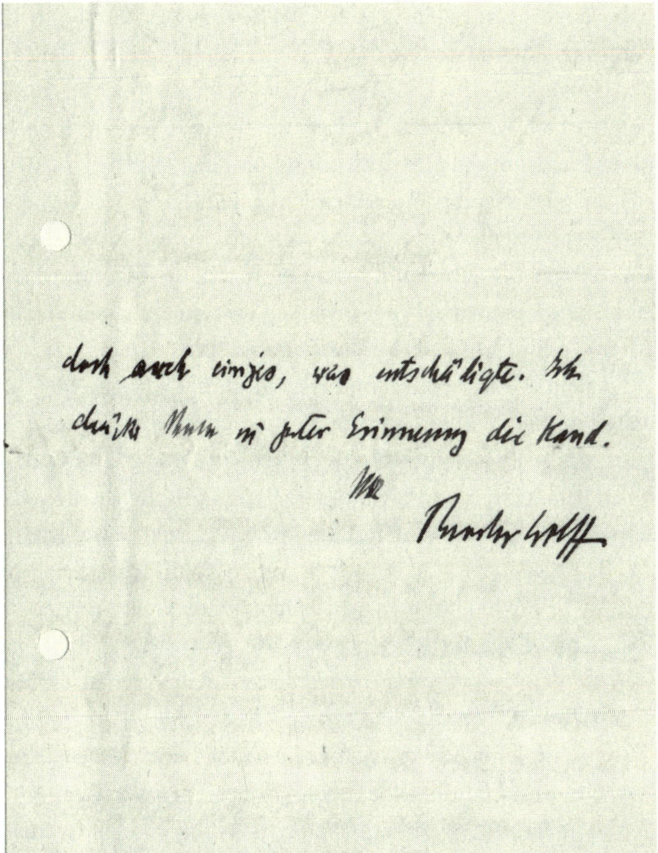
doch auch einiges, was entschädigte. Ich drücke Ihnen in guter Erinnerung die Hand.

Ihr

Theodor Wolff

habe neue beantragen lassen. Die Botschafter Gerard und Schurman, mein New Yorker Verleger Knopf und der Rektor der Universität von Los Angeles haben ihre Affidavits gegeben, und ich wartete auf das Resultat. Ich will und muß nach New York, um dort Projekte zu besprechen, für die ich auch auf Ihr mithelfendes Interesse rechne. Jedoch was sind heute Projekte? Niemand weiß, was sich schon morgen ereignen kann. Aber bis dahin und bis zuletzt ist ja die Hoffnung erlaubt, noch einmal zu beginnen, sogar in einem etwas reifen Alter. Verbiete du dem Seidenwurm zu spinnen!«

Er wurde dann von den Nazis durch die KZs geschleppt, bis er im November 1943 im Berliner Jüdischen Krankenhaus starb. Dieses jüdische Krankenhaus bestand aus fünf jüdischen Ärzten und zweiundzwanzig jüdischen Krankenschwestern. Es war nur für die »privilegierten Mischehen« da, das heißt wo alle getauft waren. Dr. Hirschfeld sagte: »Er ist in meinen Armen gestorben.« Zuletzt hat ihn noch Paul Löbe besucht. Man sagte, Löbe genoß diese Freiheit, weil er den Nazis versprochen hatte, nichts gegen sie zu unternehmen.

Bis zu diesem entsetzlichen Ende blieben noch sechs Jahre. Als ich von Nizza und dem Besuch bei Theodor Wolff auf der Victoria Station ankam, stand ein völlig verelendet aussehender Heinz da. Ich sah sofort, er war nicht krank, er hatte sich einfach nicht sattgegessen, hatte gespart, bis ich wieder da war. Dann fuhr ich im Krieg zu Verwandten. Die Fleischrationierung war wie alles ungemein fair. Fleisch war nach Geld rationiert. Sagen wir einmal, ein Viertelpfund Filetbeefsteak kostete so viel wie ein und ein halbes Pfund Schweinebauch.

Ich fragte also Heinz: »Was hast du mit der Fleischration gemacht?« »Ja, das ist eine Geschichte. Ich bekam zwei herrliche Schweinekoteletts, und ich wußte doch nicht, wann du kommst, und da habe ich sie aufgehoben, und dann haben sie angefangen zu riechen, und da habe ich sie weggeworfen.«

Ein Mann, der in einer schweren Ernährungsphase sich nicht entschließen kann, ein gutes Stück Fleisch allein zu essen, das ist eine größere Liebeserklärung als der Brillantschmuck, den die Herren ihren Bräuten geben. Meine Kochleidenschaft, meine Sammlung von Kochrezepten nahm weiter zu, und als mein Sohn seine englische Verlobte zum erstenmal ins Haus brachte, sagte er: »Hier mußt du dich mit essen in acht nehmen, hier wirst du stündlich gefüttert.«

ZWEITER TEIL

Wir finden Karl wieder

Ich habe von 1946 an gesagt: »Ich schreibe für den Berliner *Tagesspiegel*, um alte Freunde wiederzufinden.« Ich schrieb zum Beispiel »Land ohne Fahnen«.

»Alle älteren Leute werden sich erinnern, daß Berlin im August 1914 von Fahnen überflutet war. In den Arbeitervierteln waren schwarz-weiß-rote Fähnlein an jedem der Tausenden von eisernen Balkonen. Es war die tollste Festdekoration, die man sich vorstellen kann.

Auch im Sommer 1940 wehten die Fahnen, bliesen die Fanfaren, feuerten die Kanonen. Wer dachte in seinem Herzen, daß man keine Vorschusslorbeeren nimmt?

Erst in England lernte ich, daß alles ganz anders sein kann. Europa lag unter dem schweren Alp der Hitlerherrschaft. England stand allein, London wurde Nacht für Nacht bombardiert. Da siegte Wavell mit ganz geringen Kräften über die italienische Armee in Afrika. Die deutsche Armee zog sich über ganz Afrika zurück. Die Engländer landeten in Sizilien. Aber auf die Idee zu flaggen kam in England kein Mensch.

Ganz England war ein Kriegslager. Die amerikanische Uniform gehörte zum Straßenbild wie die Tanks, die höher waren als die Häuser. Und dann landeten sie auf dem Kontinent. Man flaggt ja auch nicht bei einem Bergwerkunglück, bei einem Erdbeben. Die Engländer empfanden diesen Krieg nicht anders.«

Das war auch in Deutschland früher nicht anders. Kaiser Friedrich hat den Krieg von 1870, diesen beispiellos kurzen und siegreichen Krieg, »ein nationales Unglück« genannt.

»Die Engländer wissen, daß die Welt beherrscht ist von miteinander streitenden und widerstrebenden Kräften. Sie wissen, in dieser Welt wird nicht mit Veilchen geschossen. Sie glauben, daß man, wenn es nottut, bereit sein muß, für etwas zu kämpfen. Aber sie berauschen sich nicht an diesem Kampf, auch nicht, wenn sie siegen.«

Und tatsächlich kam am 15. Mai 1947 ein Brief von Karl: »Es war eine richtige Sonntagsfreude, als ich mit Ihrem ›Land ohne Fahnen‹ ein Lebenszeichen von Ihnen sah. Ich schrieb sofort an den *Tagesspiegel* wegen Ihrer Adresse; die Redaktion bot mir jetzt an, eine Mitteilung an Sie nach London weiterzuleiten.

Seit Spätsommer 1935, als ich zum letzten Mal mit Heinz bei Ihren Eltern zusammen war, habe ich nichts mehr von Ihnen gehört …

1936 habe ich mich wieder verheiratet, wir haben uns ein schönes Eigenheim gebaut, das kurz vor Kriegsende durch eine Luftmine völlig zerstört wurde. Ich wurde als billiges Volksopfer zum Volkssturm eingezogen und geriet in russische Gefangenschaft, aus der ich im Juli 45 zurückkam. –

Seitdem bin ich wieder Lehrer, die Arbeit interessiert mich jetzt viel mehr als früher, weil ich nebenamtlich Dozent an der Pädagogischen Hochschule bin und an einem Lehrgang teilnehme, der der Universität angegliedert ist. In meiner Freizeit gehe ich zu unserm 200 m entfernten Schutt, zerkleinere die Überreste unserer schönen Möbel zu Brennholz und bearbeite den schuttfreien Teil des Gartens.«

Wir antworteten natürlich sofort, und Karl schrieb:

»Ihre liebe Mutter werde ich immer in freundlicher Erinnerung behalten, und auch Ihr Schwiegervater hat großen Eindruck auf mich gemacht. Es ist traurig, daß diese guten und tüchtigen Menschen einen so traurigen Lebensabend hatten.

Auf meinem Schulweg komme ich täglich durch die Raupachstraße, an die Frau Gabriele Jugenderinnerungen hat. Während dort vor einigen Jahren die kleinen Jungens noch Genickschiesserles spielten (›Mensch, du hast een Genickschuss, da mußte doch umfallen!‹), stehen da jetzt nur noch 3½ Häuser. Im ganzen Bezirk ist kilometerweit alles zerstört, nur wenige Häuser sind bewohnbar. Bei einer Wanderung durch die Trümmer kann man feststellen, daß alle Häuser eigentlich nur aus Bauschutt bestehen.

Ich kann mir nicht vorstellen, wie das jemals wieder aufgebaut werden soll. Der Schutt wird von den Straßen beseitigt, indem man ihn auf die Trümmergrundstücke packt oder in die Keller der Hausruinen wirft. Das spricht nicht für Wiederaufbau. Trotzdem werden Pläne gemacht, man will beispielsweise die Fensteröffnungen gleich fertig am Bau anliefern und einmauern. Die Fensteröffnungen sollen um den hölzernen Blendrahmen aus Eisenbeton gegossen werden. Aber vielleicht macht man das im Ausland schon lange. Zum Bauen fehlt zur Zeit alles: Steine, Dachziegel, Kalk, Zement, Baustahl, Holz, Glas, Maurer, Zimmerleute, usw., usw. Es fehlt auch sonst alles. –

Dementsprechend ist auch unser Leben, wir wohnen wie arme Leute und ernähren und kleiden uns wie arme Leute. Wenn ich den einsamen Weg vom Bahnhof nach Hause gehe, hebe ich jeden Brikettbrocken auf, der von einem Lastwagen gefallen ist, noch erwünschter sind Kartoffeln und, was aber selten ist, Zigarettenstummel. Das Essen mit Messer und Gabel haben wir uns längst abgewöhnt, wir essen nur mit dem Löffel, wie wir es bei dem Eintopfminister bereits geübt haben. Aber bei der kalorienarmen Nahrung spart man das Bullrichsalz, es bullricht jetzt ganz natürlich. Mit Hunger ist jedoch nicht zu spaßen, es ist kein Zustand, sondern eine schwere Krankheit. Meine Frau hatte vor einiger Zeit auch die sogenannte chinesische Hungerkrankheit.

Seit März 45 bin ich Großvater. Anne hat 1944 geheiratet und hat einen reizenden Jungen, dem man nicht ansieht, daß er seine ersten Lebenswochen in Kellern der Pariserstraße verlebt hat, zuletzt im einzigen Haus, das nicht brannte. Anne wohnt in einer Laube mit herrlichem Blick über die Havel. Bei der großen Entfernung sehe ich sie höchstens alle vier Wochen. Wir werden dann aber immer aufs beste bewirtet, meistens gibt es echten Kaffee und manchmal sogar Kuchen.

Zuerst war ich erstaunt, daß Ihr Sohn bereits 18 Jahre alt ist, aber so ungefähr muß es wohl stimmen. Bei seiner mathematischen Begabung kann er vielleicht den Mittelpunkt des Kreises beziehungsweise der vier Kreise finden, der durch zwei Kreise und einen Punkt bestimmt ist …«

17.11.47.

»… Über Ihren Gruß im heutigen *Tagesspiegel* habe ich laut gelacht. Meine Frau hat den Beitrag zuerst gelesen und gleich gefragt, ob da noch so einer so ein Buch geschrieben hätte. Ich habe später Aufsätze gegen mein eigenes Buch veröffentlicht, weil es auf Fachkreise anscheinend großen Eindruck gemacht hat und zu den sogenannten »Stromlinienmöbeln« und »Kofferschränken« führte.

Meine Frau sagt oft, eine gute Kiste wäre ihr lieber als ein Stromlinienschrank auf Hochglanz poliert. Meine Frau hat mich in vielem entäuscht. So hat sie mir vor der Ehe immer erzählt, sie wäre 1.76 m groß. Trotz meinem damals verliebten Augenmaß kam mir das gleich etwas zu hoch vor. Als ich nach der Hochzeit gemessen habe, war sie tatsächlich nur 1.72 m lang, so daß ich um 4 cm betrogen bin ...

Der *Tagesspiegel* bringt jetzt so oft Beiträge von Ihnen, wir freuen uns immer darüber, und ich empfinde sie alle als Gruß und denke dabei an die schöne und sorglose Zeit, die wir vor über tausend Jahren verlebt haben. Es ist überhaupt schön, daß Sie in London leben, das ist doch nicht so weit weg wie Palästina ... Baut Heinz seine Häuser gleich im Hinblick auf den kommenden Krieg? Ich habe da gute Ideen und viel Erfahrung. Baut er auch in jedes Zimmer die englischen Patentkamine ein, bei denen man nur anzuknipsen braucht und es flackert gleich ein lustiges Feuer? Hat Ihr Sohn schon den Mittelpunkt des Kreises gefunden? Es gibt da noch so ein Problem für Mathematiker. Drei einzeln stehende Häuser sollen vom Gas-, Wasser- und Elektrizitätswerk versorgt werden. Die Leitungen dürfen sich aber nirgends kreuzen.

Heute hat alles, was ich unternahm, sehr gut geklappt, zum Schluß noch Ihr lustiger Artikel in der Zeitung, an einem solchen Tag müßte man sich ein Los kaufen ...«

4.12.47.
»Über Ihren Brief haben wir uns schrecklich gefreut, es war ja ein richtiger Kollektiv-Brief aus dem Kolchos Mounthoop ...

Ihr Brief kam am Freitag 28. November. Er lag abends

neben meinem Teller, denn freitags bin ich den ganzen Tag angestrengt tätig. Da es unser Hochzeitstag ist, habe ich morgens meiner Frau ein paar Geschenke hingelegt: Etwas Vaseline (in einer kleinen Dose, die ich aber von zu Hause in die Apotheke mitbringen mußte), einen Apfel, den mir ein Schüler geschenkt hatte, und ein repariertes Silberfiligranarmband (das einzige, das nicht gestohlen beziehungsweise weggenommen wurde). Ich bekam fünf Zigaretten, die sie von ihrem Bruder bekommen hatte.

Als ich meiner Frau vorlas, was Sie uns alles schicken wollen, fiel sie mir um den Hals und sagte: nun hat unser Hochzeitstag doch einen schönen Abschluß gefunden. Das sind ja auch unerhörte Dinge, alle gleich begehrt. Ein halbes Pfund Schokolade! Soviel haben wir seit Jahrhunderten nicht mehr gesehen und zwei Pfund Zucker!! Da können wir endlich unsern Insulinüberschuß gründlich neutralisieren und Makkaroni, mein Leibgericht von Kindesbeinen an, und Mehl, nach dem meine Frau dauernd jault – damit kann sie mir zu Weihnachten einen Geburtstagskuchen backen. Ihre Nachricht war ja auch deshalb so überraschend, weil wir der Meinung waren, die Londoner hätten selbst nur wenig zu essen.

Wir freuen uns, daß Sie das alles schicken können, denn es beweist, daß Sie nicht zu hungern brauchen. Wir bekommen ja alles nur grammweise, selbst Kartoffeln, und Schokolade überhaupt nicht. Aber Sie dürfen nie etwas schikken, wenn es für Sie mit großen Kosten verbunden ist oder wenn Sie sich es etwa absparen müssen. Um das, was Sie schicken, hier schwarz kaufen zu können, müßte ich mein ganzes Monatsgehalt ausgeben. Einen großen Teil gibt meine Frau sowieso schon immer für zusätzliche Nahrungsmittel aus. Von dem wenigen, was wir gerettet haben, haben wir das, was wir noch entbehren konnten, längst verkauft und aufgegessen.

Alte Anziehsachen wären sehr schön, denn wir sind ja nicht nur ausgebombt, sondern auch ausgeplündert. Mein alter täglicher Anzug, den ich seit zweieinhalb Jahren trage, ist überall gestopft und die Hose dazu besteht aus zwei Hosen, sie ist eine Kombination der besten Teile einer langen und einer kurzen Hose. Meine Gartenhose ist ähnlich konstruiert, aber aus verschiedenfarbigen Hosen, oben ist sie hellgrau, von den Knien abwärts dunkelgrau. Das einzig Gute, das ich habe, ist ein alter Zylinderhut. Meine Frau hat schon versucht, ihn in den Tauschzentralen loszuwerden, aber es will ihn niemand haben. Die ersten Anziehsachen seit vielen Jahren habe ich vorgestern bekommen – zwei Paar Socken – auf Grund einer Lehrer-Sonderaktion, die von der russischen Kommandantur ausging. Das bedeutet eine kleine Atempause für meine Frau, die meine Strümpfe nicht mehr stopfen, sondern nur noch flicken kann. Was wir sehr entbehren, sind weißes Maschinengarn, weißer und grauer Stopftwist, Stecknadeln, Rasierseife und Rasierklingen. Aber Sie dürfen nur dann etwas schicken, wenn Sie es wirklich entbehren können und wenn es keine großen Kosten verursacht.

Wenn ich vorher etwas von dem zwei Meter hohen Hochzeitskuchen gewußt hätte, hätte ich Sie bestimmt gebeten Frau Mountbatten zu bitten, mir eine Scheibe davon zu senden, denn ich habe jahrelang täglich unter Lebensgefahr den London Sender gehört, am liebsten bei einem Besuch der RAF, weil dann das ganze Herrenvolk im Keller saß. Und ich war immer traurig, wenn die Engländer zurückgehen mußten, und glücklich über jeden Zentimeter, den sie auf der Landkarte vorrückten.

Ich versuche dauernd, durch geistige Fernkraftwirkung dafür zu sorgen, daß er bei seinem Wettbewerb einen Erfolg hat. Meine Frau sagt manchmal »Pascha« zu mir, aber in den elf Jahren unserer Ehe haben wir nie Streit gehabt – weil sie immer nachgibt. Sie sagt selbst, sie hätte eine Hundenatur, aber wenn es sein muß, hat sie großen Mut …

Erinnerung.
Aus der Bomberzeit, aus der Bomberzeit
klingt Alarm mir immerdar
o wie liegt so weit, o wie liegt so weit
was mein einst war.

Was Sirene sang, was Sirene sang
die nicht Herbst und Frühling kennt,
ob die Straße lang, ob die Straße lang
das jetzt noch brennt?

Als ich Abschied nahm und zum Volkssturm kam
waren Kisten und Koffer schwer
als ich wiederkam, als ich wiederkam
war alles leer.
(Aus meinen Schuttphantasien eines Normalverbrauchers).«

11.12.47.
»... Ihr Sohn hat in kurzer Zeit eine Lösung gefunden und auch gleich einen Beweis erbracht, für eine Aufgabe, die mir unlösbar erschien. Er ist ein Genie.

Am Sonnabend waren wir bei Anne, und ich habe seit langem mal wieder meinen Enkel gesehen ... Das schönste Spiel ist, wenn er Opa gegen den Leib boxt und der dann gegen die Wand fällt, dann kreischt er vor Vergnügen, und das Spiel wird so lange fortgesetzt, bis Anne herbeifegt und energisch dazwischenfunkt, weil sie Angst hat, die ganze Laube ginge aus den Fugen. Kaffee und Kuchen gab es diesmal nicht, dafür eine Art Nussbaumkörnerbeize und Brot mit einem Aufstrich aus Sirup und geriebenen Mohrrüben. Der Aufstrich sah aus, als wenn ihn schon einer gegessen hatte ...«

Karl dachte für uns, das ist sehr selten, er schrieb am 16.2.48.

»Soviel ich weiß, hatten Sie früher ein Haus in der Viktoriastraße. Haben Sie Ihre Besitzrechte schon angemeldet? Sie müßten sich an die Treuhandverwaltung wenden, Berlin W. Nürnbergerstraße 53/55 (Feminahaus). Die Treuhandverwaltung wurde von den Alliierten eingerichtet ... Wenn Sie noch nichts unternommen haben, will ich es gern für Sie erledigen. Sie müßten nur genaue Angaben und eventuelle Vollmacht senden.

Ihr Sohn stellt mir oft Aufgaben, die ich aber immer falsch löse oder überhaupt nicht lösen kann. Er scheint richtig besessen zu sein von seiner Mathematik. Es macht mir Spaß, also hindern Sie ihn nicht am Schreiben.«

Das Haus der Großeltern von Heinz in der Viktoriastraße war 1858 von Persius gebaut worden und vom Großvater in den sechziger Jahren für 300 000 Mark Gold auf den Tisch, ohne Papier dazwischen, gekauft worden. Davor stand eine riesige Platane, die bei einem Besuch der Queen Victoria bei ihrer Tochter, der Kaiserin Friedrich, gepflanzt worden war. Die Großmama war 1932 gestorben, das Haus unverkäuflich. Eines Tages meldeten sich Herren, die es als Klubhaus mieten wollten. Heinz zeigte es. Die drei Herren versuchten Heinz zu übersehen. »Und wo können wir unsern Ausschank haben?« Heinz wollte ihnen die alte Trinkstube im Souterrain zeigen. »Wir verzichten auf Ihre Führung«, sagte einer der Herren. Das Haus gehörte Heinz nicht, er hatte kein Recht, sie hinauszuwerfen. Das Haus kostete Steuern und Steuern und Steuern und Unterhaltung. Wer sollte das bezahlen? Niemand hatte mehr Geld.

Die adeligen Herren sprachen von der »jüdischen Kiste«, von »Insektenpulver streuen gegen die jüdischen Läuse«. »Haben Sie die Absicht, eine Hakenkreuzfahne aufzuziehen?« fragte Heinz. »Na sicher«, sagten sie. Heinz besprach sich mit seinen Onkeln. Es waren keine bedeutenden Leute, aber sie waren alle einer Meinung: »Solange das Haus uns gehört, wird keine Hakenkreuzfahne gehißt.«

Mein Roman *Effingers* kreist um dieses Haus. Diese ganze Welt bedeutete uns sehr viel. Umso erstaunlicher war für uns die völlige Verständnislosigkeit für die eigene Vergangenheit von Heinzens Vetter, dem Schauspieler Ernst Ginsberg, in seinen Erinnerungen, obwohl er ihm freundschaftlich verbunden war und das kleinere und weniger schöne Ebenbild von Heinz.

Das Haus war gebombt, der Wert nur noch das Grundstück, für das die Stadt Berlin im Beginn der fünfziger Jahre 15 000 Mark zahlte, die in achtzehn Teile gingen. Heute steht die Philharmonie auf dem Grundstück.

Karl schrieb am 16.3.48:
»Ich hatte einst ein schönes Vaterland
das Mietshaus
stand dort hoch, die Scheiben blinkten sanft
der Traum ist aus.

Das ging kaputt und ward zu Schutt
man glaubt es kaum
wie hoch er liegt der graue Schutt
es ist kein Traum.

Ich habe gerade drei Kaffeemühlen voll Weizenkörner durchgedreht, sonst bekomme ich nichts zu essen. Über Ihren Brief vom 3. März, der schon am 13. März hier ankam, haben wir uns wieder sehr gefreut. Wir machen uns nur Gedanken, ob Sie das von Ihrer eigenen Zuteilung wegnehmen, denn das wollen wir auf keinen Fall. Nach den Berichten, die wir aus London hören, sind dort die Lebensmittel ja auch sehr knapp. Sie können doch dem alten Heinz nicht ein ganzes Pfund Speck entziehen, schließlich fängt er noch an zu knarren. In unsern Weizenkörnern ist ja auch Fett enthalten, und zwar 1,5 %, ferner 11 % Eiweiß und 350 Kalorien auf 100 gramm. Wir freuen uns sehr auf Ihr Kommen. Auf jeden Fall können Sie bei uns wohnen.

Waschlappen gibt es hier auch nicht. Meine sind schon so durchlöchert, daß ich mich immer darin verheddre. Aber wir waschen uns ja auch nicht, das hält wärmer.

Ihr Sohn gefällt mir, ich kann ihn mir gut vorstellen, ich habe ja täglich mit jungen Menschen in dem Alter zu tun. Ich glaube, man muß ihn sehr behutsam anfassen. Ich habe wieder eine sehr interessante Sache für ihn …«

Was den Waschlappen betrifft, so bezog sich das auf einen Artikel von mir:

»Eine Freundin aus Berlin hat mich um einen Seiflappen gebeten, glaubend, daß man in der Welt nach Hitler nur so eine Ladentür aufmachen und zu sagen brauchte: ›Fräulein, Seiflappen.‹

Ich habe an einem der schicken Orte dieser Welt, in Karlsbad, einmal von irgend etwas das Vollkommenste kaufen wollen, das es gibt. Es waren zwei Seiflappen, groß, wollig, mit violettem Rand, der eine mit einem köstlichen Rosenstrauß, der andre mit Veilchen auf weißem Grunde: das Ideal, der Traum, die Idee des Seiflappens für ein leicht kitschiges Gemüt. Beide sind im Laufe der Jahre zugrunde gegangen. Der eine flog ins Meer. Den andern hatte ich zum Auskochen auf das Gas gestellt. Dann hatte ich Besuch bekommen, und als ich nach längerem Gespräch, ob ein Viertel, ein Achtel, neunundachtzig Neunzigstel oder nur achtundachtzig Neunzigstel der Deutschen Anhänger Hitlers, Antisemiten oder bloß Militaristen seien, ob Brüning oder Thälmann oder Hugenberg am meisten verantwortlich sei, an das Gas zurückkam, war der Lappen ein schwarzes Etwas und der unersetzbare Topf hatte ein Loch.

Frauen finden sich mit allem ab, Kinder, aufgewachsen in dieser Zeit, die nichts mehr von Seiflappen wissen, benutzen fünf oder auch zehn Finger, aber Männer? Als ich ausging, einen neuen Seiflappen zu kaufen, stellte es sich heraus, daß die Seiflappen zusammen mit dem Respekt vor dem Alter, dem Eigentum, dem Leben, der Ehe, dem guten Namen unsres Nächsten – Ideen, die fünftausend Jahre die Welt zusammengehalten hatten – Hitler zum Opfer gefallen waren.

Als ich die Karte meiner Freundin bekam, dachte ich: »Seiflappen! Gott, den hat es doch auch mal gegeben. Hat man gar nicht mehr daran gedacht. Auch zugrunde gegangen.«

Am 24. März schrieb Karl: »Wir sind begeistert über Ihre Sendung. Gestern kam die Postkarte mit der Ankunftsmeldung, und heute habe ich das Paket auf dem Postamt für Auslandssendungen am Schlesischen Bahnhof abgeholt. Es war ein bißchen ramponiert, aber nicht beklaut. Es war sogar mehr darin, als Sie geschrieben hatten, nämlich – T e e (!!!) – den ich sofort versteckt habe, da habe ich wenigstens ein Ostergeschenk für Frau Freia, das wird eine große Überraschung für sie, sie jault dauernd nach Tee, sie ist die reinste Teeistin.

Wir haben uns schrecklich gefreut, die Dose mit Bacon können wir nur mit ehrfürchtigem Staunen betrachten. Freia will sie am Ostersonntag geöffnet haben, aber ich glaube, das wagen wir gar nicht. Gerührt waren wir über die Rosinen, daß Sie daran gedacht haben!! Wir haben auf Marken für 5 Pfennig Hefe bekommen, das wird ein großartiger Kuchen werden. Ein Osterei war zerbrochen, das haben wir ehrlich geteilt und sofort aufgegessen, und dann bekam ich einen Kuß, weil ich so gute Freunde habe. Aber sie meinte, es wäre doch eigentlich verkehrt, daß Sie, die Sie aus Deutschland fliehen mußten, uns unterstützen, richtiger wäre es doch, wenn wir Ihnen etwas schicken könnten.

Am Sonntag, Frühlingsanfang, waren wir bei Anne zum Geburtstag des Kleinen, der nun drei Jahre alt ist. Ich habe ihm einen selbstgebauten stabilen Roller mitgebracht, mit dem er sofort losrollerte. Er war selig und fragte dauernd: Opa? Roller nicht wieder mitnehmen? Vierzehn Tage vorher hatte ihn Anne auf dem Rad zum Schlächter mitgenommen. Als sie dort ihr Rad an die Wand stellte und sich nach ihm umdrehte, stand er mitten auf den Straßenbahngleisen und wurde vor ihren Augen von einer Straßenbahn überfahren. Die Bahn fuhr noch zirka fünfzig Meter weiter, bis sie zum Stehen kam. Er lag in dem unter der vorderen Plattform angebrachten Fangkorb, der zufällig funktioniert hatte. Er war nur im Gesicht etwas verletzt, blutete stark, hatte unter der Lippe ein Loch, das bis zum Kiefer durchging, aber sonst war ihm nichts geschehen. Man darf sich gar nicht ausmalen, was alles hätte passieren können. Es gibt doch noch Dinge in Deutschland, die funktionieren.

Wir freuen uns sehr auf Ihr Kommen. Hier reden zwar alle von Krieg (wir nicht), aber an Kriegsgerede und Krieg sind wir ja gewöhnt. Ich bleibe gelassen, wenn die Großen der Welt geschäftig sind. Aber auf die Atombomben bin ich doch sehr neugierig. Freia ist auch sehr neugierig (sie rührt gerade in der Küche den Osterkuchen aus Ihren Zutaten an), aber nur auf die Briefe, die ich schreibe, sie muß alle lesen und deshalb beeile ich mich, weil sie diesen nicht lesen soll, wegen Tee.«

Liebe Frau Tergit,

»Eben haben wir den herrlichen Tee getrunken. Man fühlt sich danach wie ein besserer Mensch. – In der letzten Zeit hatte ich mehrere Male Gelegenheit Tee zu kaufen, aber ich widerstand, obwohl es mir sehr schwer wurde. Am Alexanderplatz, wo ich öfter hinmuß, stehen lauter Murmler. Sie murmeln immerfort, Schokolade, Marzipan, Gold, Silber, Backpulver, Sirup, jeder was anderes. Aber, obwohl es mich interessiert, gehe ich doch an ihnen vorbei, ohne mir etwas anzusehen. Erst mal ist es mir alles zu dreckig, dann ist vieles gefälscht und außerdem könnten wir dann den ganzen Monat nur von einem Pfund Tee oder Schokolade leben und sonst nichts kaufen. Daher war Ihr Paket etwas ganz besonderes für uns und eine sehr große Freude. *Die* Freuden haben wir jetzt, daß Dinge, die einem früher ganz selbstverständlich waren, große Geschenke für uns sind. Auch die Rosinen waren wie seltene Früchte für uns und sogar das Apfelsinenpapier, in dem sie eingewickelt waren, hab ich sehr bewundert.

Und die goldene Dose mit ihrem Inhalt erweckte Erinnerungen an Wanderungen, wo wir uns in Dorfwirtshäusern Brote mit herüberhängendem gekochten Schinken bestellten, von dem ich dann oft das Fett abschnitt und auf dem Teller liegen ließ. So was haben wir während des ganzen Krieges nicht gegessen. Die Schokolade schmeckt so gut, daß man garnicht widerstehen kann und sie gleich aufessen muß. Hier gab es auch goldene und silberne Ostereier, es waren aber bloß Pappattrappen, trotzdem waren sie gleich ausverkauft. Ich möchte wissen, wenn es noch einmal alles geben sollte, wie schnell man sich dann daran gewöhnen würde. Aber erst mal sind es für uns große Freuden, für die wir Ihnen von Herzen danken.«

Erste Reise nach Berlin Mai 1948

Im Gegensatz zu meinen Kollegen, die in England für die BBC oder das Informationsministerium arbeiteten, war mir nichts geglückt.

Im Sommer 1946 traf ich eine Petersburgerin, die über Berlin und die deutsche Philosophie nach London gekommen war. In einem Zimmer, noch armseliger als die meist armseligen Emigrantenzimmer, machte sie einen »Salon«, in dem Monty Jacobs, Feuilletonchef der *Vossischen Zeitung*, und Professor Hermann Friedmann sich kennenlernten und den Klub 43 gründeten, der noch immer existiert. Er bot jeden Sonntag in einer Schulturnhalle den Vortrag bekannter Persönlichkeiten auf deutsch, sogar als die Bomben der deutschen Wunderwaffen V1 und V2 fielen, und damit Hunderten, fast kostenlos, Erholung, Anregung, Entspannung. Also Alexandra sagte mir, daß Döblin in Baden-Baden *Das Goldene Tor* herausgab. Ich schickte Artikel, die sofort gedruckt wurden, was ich aber nicht erfuhr, denn die Post funktionierte noch nicht richtig, und ich bekam auch kein Geld, denn es gab noch keinen Transfer. Aber dann begann meine Korrespondenz mit meinen alten Freunden. Kiaulehn unterrichtete mich über die *Neue Zeitung*. Die setzten die Stücke auch sofort, aber als mein Brief ihnen mitteilte, daß es sich um Zweitdrucke aus dem *Goldenen Tor* handelte, schickte man mir mit einem so höflichen Brief, wie man ihn eben an Verrückte schreibt, die Fahnen zurück. Die *Neue Zeitung* hatte damals eine bis zwei Millionen Leser. *Das Goldene Tor* war eine Zeitschrift für ein paar Tausende.

Außerdem hatte ich das Hauptwerk meines Lebens, *Effingers*, einen 700-Seiten-Roman daliegen. Aber Pakete gingen noch nicht. Doch an einen französischen Beamten wie Döblin konnte ich ihn schicken. Döblin war katholisch geworden genau wie Heinz Goldberg, der Schöpfer des Dreyfus-Films. Beide verehrten die Jesuiten, nannten sie die herrlichsten Menschen, die ihnen geholfen hatten, aus schwierigen, wenn auch großartigen Kampfhähnen gütige, hilfsbereite, ganz auf den Nebenmenschen eingestellte Menschen zu werden. Döblin unterzog sich der Arbeit, mein Manuskript zu teilen und an Rowohlt zu schicken. Während also meine Kollegen ohne weiteres nach Berlin fahren konnten, war das mir als einer ganz uneingeordneten Privatperson nicht möglich.

Ich begab mich an die offizielle Stelle in London wegen der Erlaubnis, nach Berlin zu fliegen, und sagte warum. »You are trading with the enemy«, sagte der Offizier. »Was?« sagte ich, »ich schreibe Artikel, die Sie sonst aus Steuermitteln bezahlen müßten, bekomme keinen Pfennig dafür, und das nennen Sie, ich mache Geschäfte mit dem Feind.« »We will stop you«, sagte er mißgelaunt. »Das können Sie nicht in der französischen Zone«, sagte ich.

Aber ich kannte einen Helden der Air Force aus der Battle of Britain, der mich an jemanden empfahl, der mir sofort alle Erlaubnisse gab. »Aber keine Bleibe und kein Essen, das müssen Sie sich allein besorgen.«

»Ich wohne bei einer Kusine meines Mannes, und Essen bring ich mir mit.«

Nicht einen Moment zögerte Heinz, unser bißchen Geld für diese Flugreise anzugreifen. Bildung und Vorwärtskommen, dafür gab man seit fünf Generationen Geld aus, aber nicht für etwas, das einem nichts als Spaß machte.

»Durch die russische Zone?« sagte mein Sohn. »Weißt Du Papa, da werden wir sie auf gute Weise los.«

Es war diese Art von männlichem ruppigen Humor, den zu verstehen ich Jahrzehnte gebraucht habe. Aber meine Münchener Mama hat mich elfjährig in die Apotheke geschickt, um ein viertel Pfund gestoßene Provision zu holen. Der Apotheker sagte: »Gestoßen haben wir sie nicht.« »Ja, sie fällt auf alles rein«, sagte Heinz später.

Die Fahrt nach Berlin war meine erste Flugreise und die erste Reise seit zehn Jahren, die erste von einer richtigen Wohnung aus und mit einem richtigen Paß. Ich fuhr mit einem Koffer voll Lebensmitteln, dem 700-Seiten-Roman, einem Sommerkleid mit Mantel, zwei Blusen, gekleidet in einen grauen Rock und eine schwarze Jacke, die aus einem Anzug von Knije (London, Paris, Berlin) geschneidert worden war, den mir ein Freund meiner Eltern 1941 in London vererbt hatte. Heinz brachte mich zu dem kleinen Flugplatz Croydon in einer grünen Landschaft. Was es heute nirgends mehr gibt, er stand beim Flugzeug wie man vor dem Coupéfenster auf dem Bahnhof steht. Ich sah den Herrn, der mir wortwörtlich die Tür zum Zuhörerraum im Gericht und damit zu einer Stellung geöffnet hatte. Ich freute mich, nach mehr als zwanzig Jahren diesen ehemaligen Referendar zu treffen, der auch nach Berlin flog. Wir setzten uns nebeneinander. Er fragte mich nach Ziel und Zweck. Ich erzählte ihm von dem idiotischen »I will stop you«, mein Preuße wurde kühl: »Aber das ist die Vorschrift«, sagte er. Waren Karl und Heinz die einzigen Rebellen, die einzigen Charaktere in dieser Welt?

Man flog damals nicht über den Wolken. Ich sah ein geordnetes Land, Kanäle, Felder, Städte. Das war Holland. Dann kamen dunkle Wälder, fast zu symbolisch, Deutschland. Dann die lichten Seen meiner Jugend, Gatow. Ein Bus brachte uns zum Lehniner Platz. Es war die klare Luft der nordeuropäischen Tiefebene bis hin nach Schweden, nicht mehr der wässerige Dunst von London und Paris.

Ich kam von England, wo Stafford Cripps in einer Mischung von Sozialismus und dem von den meisten Engländern geliebten Puritanismus eine Welt der Entsagung aufgebaut hatte. Alles kam mir elegant vor, Hamburgs Flughafen, Luftwaffengebäude in Gatow, die Wohnung von Heinzens geliebter Kusine Heide Sachs im gebombten Haus im Westend mit zwei großen Balkons in roter Kastanienblüte, gekacheltem Bad, gekachelter Küche, obzwar kein heißes Wasser, aber ich hatte jahrelang jeden Tropfen heißes Wasser auf dem Primus kochen müssen.

Heide Sachs war eine hochbegabte Person. Sie hatte eine Menge Couplets für die Claire Waldoff geschrieben, fast ohne Anerkennung, fast ohne Bezahlung: »Een Berliner weess jewiss, was ne Muckepicke is: Aba für die Nich-Berliner, for de Wiener und Stettiner und oofor de Herrn Trebbiner …« *oder* »Haste schon Persil jesehen an den hohen Himmel stehn?« *oder* »Bei all det Schuften, Racksen und Jetriebe denkt Mieze wirklich kaum noch mal zurick / War keene Zeit mehr for det bissken Liebe / Da war keen Raum for'n bissken Menschenjlick!«. Viel echter als Tucholskys gräßlich sentimentales »Mutter mit deine Hände.«

Heidchen! Schon Ende Februar 1933 hatte sie mir erzählt, wie sie aus ihrer gewohnten Kirche rausgewiesen worden war: »Aber Herr Pastor«, hatte sie gesagt, »ich bin in dieser

Kirche konfirmiert worden.« Das half ihr gar nichts. Sie hatte einen jüdischen Vater. Ich habe mich damals nicht gewundert, denn ich hatte ja den Pastor von der Kirche am Lützow erlebt, der unter Eid ausgesagt hatte, er habe den Pulverdampf gesehen, bis sich herausstellte, daß die Tür einer von Zigarrenrauch erfüllten Kneipe geöffnet worden war.

Gleich am ersten Tag hörte ich den ersten Krach seit fünfzehn Jahren in Heidchens Treppenhaus. Dachs respektive Hase war versprochen worden, geliefert wurde Hund. Heidchen sagte: »Wenn man Hund bestellt, wird man gefragt: ›Welche Rasse wünscht die Dame? Dackel, Terrier?‹ ›Muß für fünf Personen reichen.‹«

Ich lief aufgeregt durch Berlin, der eigene Schritt das einzige Geräusch. Die Sonne schien. Alle Häuser in der Straße waren gebombt, warfen Schatten mit den Fenstern als viereckige Sonnenflecken, denn die Fenster waren Löcher in den Fassaden. Der alte Westen mit seinen klassizistischen Häusern, das Wohnviertel des begüterten Bürgertums der Kaiserzeit, bevor es nach dem Grunewald oder Schlachtensee gezogen war, war am 23. November 1943 in einem rasenden Sturm von Feuerbomben von der Gedächtniskirche bis zum Potsdamer Platz vernichtet worden. Es war eine grün bewachsene Wüste. Am alten Kurfürstendamm, später Budapesterstraße genannt, stand noch ein ungebombtes Haus, ein unvorstellbar armseliges Haus von 1860, obwohl dies einmal eine teure Straße gewesen war. Ich mußte auf diesem Weg meiner Jugend überall die Straßenschilder lesen, sonst hätte ich nicht mehr die Burggrafen- oder die Wichmannstraße gefunden, in der ich noch die alten Läden hätte aufzählen können. Die Straßen waren noch da, das heißt das Pflaster

Hochzeitsfoto von Gabriele Tergits Eltern: Siegfried Hirschmann und seine Frau Frieda, geborene Ullmann, 1893

und die unterirdische Welt, die Be- und Entwässerung, Gas, Telefon, elektrische Leitungen. Ein Gebäude mit hohen Fenstern. Ist das das Edenhotel? fragte ich mich. Aber es war das Theater in der Nürnbergerstraße. Hier hatte auf dem Höhepunkt der Krise, kurz vor Hitler, Pallenberg in *Eins, Zwei, Drei*, einem Stück von Molnar, sein Telefongespräch auf schweizerdeutsch geführt, über das noch Hunderte in dem Abend für Abend ausverkauften Haus in schallendes glückliches Gelächter ausbrachen. Vom Haus am Landwehrkanal, in dem meine Eltern gewohnt hatten, wo ich von 1908-1928 ein Kind, ein Backfisch, im Krieg, in der Inflation, gewesen

Frieda Ullmann mit ihrer Tochter Elise, der späteren Gabriele Tergit, und ihrem Sohn Ernst-Joseph

war, standen die beiden Seiten mit den Erkern. In der Mitte wie ein versteinerter Wasserfall war das Treppenhaus eingestürzt. Auch der kleine Papierladen an der Ecke war weg. Der Inhaber hatte Bücher in der Staatsbibliothek gebunden und in einem Einband ein altes Dokument gefunden. Es war tadellos lesbar, und man hatte ihm dafür eine größere Summe bezahlt, wofür er sich den Papierladen kaufte. Ich sah dort ein Baby im Vorgarten eine hopsende Dreijährige werden, ein Schulmädchen. Wie gerne hätte ich sie mit Kranz und Schleier an ihrem Hochzeitstag gesehen.

Die alten Kastanienbäume am Ufer waren zum Teil verbrannt, hatten Zweige verloren, waren nicht mehr da. Von diesem Ufer, der früheren Königin Augusta-Straße, jetzt unaussprechlich Admiral von Woyrsch-Straße, hatte mich Heinz ein Jahr lang jeden Abend angerufen: »Ich gehe jetzt weg«, und ging nach Westen, und ich ging von diesem selben Ufer nach Osten. Wir stießen meistens bei der Von der Heydt-Villa aufeinander.

In der Wüste stand noch ein Gebäude, das, als alles noch heil war, völlig aus dem Rahmen gefallen war, das Shell Haus. Ich hatte zu Heinz gesagt: »Da ist ein neues Gebäude, das ist nicht gebaut, sondern geknetet.« Daneben, fast an der Brücke, lag jetzt ein gigantischer Schutthaufen, aus dem ein paar überdimensionierte Bauteile herausragten, da lagen sie, die Thermen des Caracalla, der Palast des römischen Kaisers in Split, in den man eine ganze Stadt hatte einbauen können, der Aquaeduct in Segovia, der die Stadt verzwergt, aber auch die Vasen und die Malachittische, die die russischen Zaren an alle europäischen Fürsten schickten. Wir standen einmal auf einem stillen Platz in Rom vor dem überwältigend hohen Eingang in einem Bankgebäude. »Da hast du Rom«, sagte

Heinz, »das ist der römische Maßstab.« Und nun dieser Maßstab im bescheidenen, preußisch protestantischen Berlin. In solchem Trümmerhaufen mit den gewaltigen Quadern mußte der Cäsarenwahn des böhmischen Gefreiten und Speers Wiedereinführung der Sklaverei enden.

Das eigentliche Tiergartenviertel sah aus, daß ich an Heinz schrieb, ich hätte meine Verdächte wegen Pompeji, die Ruinen des Tiergartenviertels sähen genau so aus, da eine schlanke gerillte Säule, ein Stück Wand mit Fensteröffnungen, die eine mit einer runden, die andre mit einer dreieckigen Bekrönung, eine Terrasse mit Balustern. Tradition seit Rom, nie ganz zerstört. Kontinuität. Da und dort blühten noch Flieder oder Goldregen. Altes Europa. Meine wiedergefundene Kränzchenschwester Grete/Maja hatte in einem Glasschrank neben Elfenbeinfiguren und Emailledosen ein Stück Kapitell, von ihrem gebombten Elternhaus in der Rauchstraße, ein Stück Antike, nur Gips, nicht Marmor.

Es waren die Villen der Rathenau und Hansemann, des Nuntius Pacelli, der Stahlfedern Blanckertz, der Bleichröder, der Kaiserfreunde Staudt, aber auch die japanische Gesandtschaft war dort. Goebbels, der sagte, er könne nichts Jüdisches ertragen, zog sofort in die Villa Goldschmidt, ein Haus, das von einem Juden bewohnt und von einem Juden gebaut war. Hitler ließ Dutzende dieser Villen abreißen, um dort ein Gesandtschaftsviertel zu schaffen, wobei sein bewunderter Mussolini Breslauer mit einem ebenfalls größenwahnsinnigen italienischen Gesandtschaftsbau beauftragte, noch nicht fertig, schon zerbombt.

Das Berlin des 18. Jahrhunderts im russischen Sektor stand noch. Da war noch der Gendarmenmarkt mit den beiden Kirchen und Schinkels Schauspielhaus, ein herrlicher Platz, das Kupfer der Kuppeln war nicht mehr da, aber sonst waren die Gebäude nicht gebombt, sondern nur angebufft. Da war noch die wunderbare Universität, die das Palais des Prinzen Heinrich, des Bruders von Friedrich dem Großen, gewesen war, das Zeughaus mit den Masken sterbender Krieger von Schlüter und gegenüber das Opernhaus von Knobelsdorff, die Hedwigskirche, die erste katholische Kirche im protestantischen Berlin, und die alte »Barockkommode«, kurzum das Friedrichsforum, eine vollendete Architekturkonzeption mit dem Abschluß der Schloßbrücke und dem Schloß, vielleicht dem schönsten Barockbau außerhalb Italiens. Der Opernteil war jahrzehntelang durch eine überfüllte 19. Jahrhundert-Gartenarchitektur verdorben, bis er in der Weimarer Republik wieder ein gepflasterter Platz wurde. 1948 fand im Weißen Saal des Schlosses eine Erinnerungsausstellung für 1848 statt.

Durch das Eosandersche Tor ging man über die weite Treppe. Auf einem Streifen über dem Podium stand »Einigkeit und Recht und Freiheit«. An den Wänden waren Zitate von Humboldt und Harnack, von Goethe und Leibniz. Der Historiker Mario Krammer hielt einen Vortrag über 1848. Und dieses Schloß hat Ulbricht abreißen lassen. Er hätte genausogut ein Dutzend Rembrandts zerschneiden oder verbrennen können. Heinz fragte einen Staatsangestellten, warum Ulbricht das getan hätte, der antwortete: »Er brauchte n'Aufmarschgelände.« Diese ungeheuerliche Barbarei hat nichts mit Kommunismus zu tun, Russen, Polen, Tschechen pflegen ihr nationales Erbe, sondern es ist eine Mischung aus völliger Unbildung und Preußentum. Für ein Paradefeld hat er ein Menschheitserbe zerstört. Manches war erhalten geblieben, das Brandenburger Tor, die technische Hochschule, der Wasserturm am Hafenplatz, der den Dürerschen Nürnberger Türmen nachgebaut war, das Poelzigsche Rundfunkhaus.

Erhalten geblieben waren zum Teil die schrecklichen Arbeiterviertel mit ihrem einzigen Wasserhahn für sechs Familien auf dem Flur, der Toilette auf dem Treppenabsatz oder gar auf dem Hof. Es waren diese Mietskasernen, die gleichen Mietskasernen des 19. Jahrhunderts wie in Stockholm, in München, in Wien, gegen die Hegemann sein *Steinernes Berlin* geschrieben hatte. Sein Lob im Gegensatz dazu galt den englischen Einzelhäusern.

Erhalten geblieben waren Bruno Tauts hellgrüne, hellblaue, gelbliche Häuser unter den Kiefern, eine der nie erwähnten ganz großen Leistungen, oder des Sozialisten Max Tauts völlig undogmatisches, zauberhaftes Dörfchen Eichkamp. Diese bunten einfachen Menschenhäuser im Wald waren der äußerste Gegensatz zu den Trümmern an der Potsdamer Brücke. Aber die Menschen hatten ihre Zirkusse mehr geliebt als ihre schönen Siedlungen. Diese Siedlungen waren zum größten Teil vom Deutschen Gewerkschaftsbund errichtet worden, genau wie die Ärmsten der Armen, die Schneidergewerkschaft, in New York riesige Wohnblocks geschaffen hat. Es gab noch ein paar der alten Geschäfte, Kühl zum Beispiel. Es hieß in meiner Jugend Kühl und Roesicke. Es gab auch Goschenhofer und Roesicke. Alles Wäschegeschäfte. Pelz Herpich, für den Erich Mendelsohn sein schönstes Geschäftshaus in der Leipziger Straße gebaut hatte, war nun ein kleiner Laden im Westen, das Spitzengeschäft Schöneberg war noch da, die Juweliere, soweit sie keine Juden waren.

Der Potsdamer Platz, der Eingang zum alten Berlin, Jahrzehnte sein Mittelpunkt, war nur noch ein Schutthaufen. Die Bahnhöfe kaputt, der schöne Potsdamer Bahnhof von Schwechten, der Anhalter Bahnhof, von dem ich Onkel und Tanten aus Süddeutschland abgeholt hatte, von wo ich zu den Großeltern gefahren war, unvergeßlich ein Wald, ein Flüßchen, eine Wiese kurz nach Jena. Das Columbia Haus halb zerstört mit einer sogenannten Gaststätte. In diesen Kellern waren die Menschen zu Tode gefoltert worden, und jetzt eine Gaststätte, auch das ging nicht. Das alte Café Josty Bauschutt, die Torhäuschen zum anschließenden schönen Leipziger Platz. Der berühmte Messelsche Wertheim-Bau eine Tropfsteinhöhle. In der Leipziger Straße gab es noch Raddatz und die Chinawaren Fritzsche. Im Osten wurden langsam alle Geschäfte abgewürgt. 1971 gab es 300 Millionäre in der DDR, andre natürlich als vorher, mit eigenen Betrieben. Als die ersten HO-Läden aufgemacht wurden, benahmen sich die Verkäuferinnen als Feldwebel, gaben einem zu verstehen, daß Konsum unerwünscht war. Der Käufer ein Schwein, die Verkäuferin eine Produzentin. Das war vielleicht ein Klassenunterschied vor und hinter der Theke! In Wien hatte das Personal ein heilloses Durcheinander in den HO-Läden angerichtet und erklärt, sie könnten das einfach nicht, so daß die Russen die HO-Läden aufgeben mußten. Ich ging in das alte Zeitungsviertel, zum Dönhoffplatz, fand mich nicht zurecht, fragte eine Frau, die brüllte mich an: »Was fragen Sie denn mich? Ich gehöre doch nicht hierhin.« Ein Flüchtling, eine Vertriebene, die die Formen des Umgangs mit Menschen vergessen hatte. Was alles mag dazu beigetragen haben, die Erziehung durch Hitler, der Tod von Mann und Kindern, Hitlermädchen, deutsche Frauenschaft.

Im Westen waren noch die alten Konditoreien, so wichtig für die Berlinerinnen, Schilling, Miericke, Möhring, Reimann. Das eleganteste Café, das Café Wien, das in den ersten Hitlerjahren noch ausländische Zeitungen ausgelegt hatte, war ungebombt. Der Besitzer war 1945 zu seinem alten behaglichen Glanz zurückgekehrt, allein, seine Frau, seine Kinder waren ermordet. Es gab dort wie überall nur eine Art von künstlicher Limonade.

Zum Teil waren mit höchstem Geschmack Restaurants improvisiert worden, in Trümmer eingebaut etwas, das sich Burgkeller nannte, davor blaue Tische und Stühle begrenzt von Oleandern in Kübeln. Vor dem schwer gebombten Restaurant Stöckler war an einem Stück Mauer ein halbes Faß mit ein paar Kupferbändern angedeutet, ein Weltstadt-Gebilde, Resultat einer alten Zivilisation, und daneben das Grausigste, ein toter Mensch, er stand da, jung, wohlgenährt, ein Gesicht von vollendeter Schönheit, schwarze große blinde Augen, taub und völlig gelähmt, auch das Gesicht gelähmt. Dieser Mensch hatte die Hölle gesehen, und da war er versteinert, alles Leben war aus ihm gewichen.

Die Dinge, die man kaufen konnte, waren eine Karikatur des Kapitalismus, nämlich nur Überflüssiges: Augenbrauenbürsten, aber Zahnbürsten nur gegen Griff-Ablieferung, Eisentische mit gemalten Kachelplatten 400-1700 Mark, aber kein einfacher Holztisch. Weder Essen noch Kleidung, weder Schuhe noch Strümpfe, Meißner Tassen für 400 Mark, aber keine zum täglichen Gebrauch. Die Männer trugen weiße Jacken, wohlgeschneidert mit Schulterpasse, aus Tisch- und Bettüchern. Frauenkleider sahen verdächtig nach alten Gardinen aus. Die Schaufenster enthielten nichts, das man kaufen konnte, sondern was die Kinder »schönes Ausstellungsstück« nannten. Schaufenster waren ihnen eine Art Museum. Aber dasselbe habe ich Jahre später in einem sozialistischen Land erlebt.

Gespenstisch war der ungebombte Friseur Carsten in der Meineckestraße, über den ich als »Otto der König« geschrieben hatte. Hier wurde früher nur von weißen Telefonen telefoniert, wurden Haare gebobbt, saß die Maniküre, gab es Gesichtsmassage, Gesichtswässer, Parfums, künstliche Blumen und Kämmchen aus Silber, Schildpatt und Perlmutter im Glaskasten, ließ sich die sehr schöne Frau Stresemann die Haare schneiden. Es gab noch alles, auch die Empfangsdame von damals war noch da, kaum älter aussehend, schließlich war ja alles nur fünfzehn Jahre her. Es war leer und still. Niemand telefonierte mehr. Niemand war aufgeregt, weil sie zu spät zum Theater käme, eine armselige Frau im roten Rock und rosa Jumper und rotem Filzhut und abgetretenen Schuhen hausierte Kaffee.

Zum zweiten Mal sah ich, wie der Hunger haust. Genau wie im ersten Weltkrieg, so auch jetzt hier in Berlin sahen Kinder und Frauen gesund, ja vielfach blühend aus, die Männer, besonders wenn sie älter waren, bejammernswürdig. Das, was ich immer empfunden habe, seit ich auf einer Säuglingsstation Neugeborene sah, ein zartes Bübchen und eine dicke rote Bolle. Ich sah, sie würde sich schon durchbringen, aber wie würde das zarte Bübchen den Lebenskampf bestehen? Die Männer haben die besseren Augen und Ohren, die verfeinerten Geruchs- und Geschmacksorgane. Männern riecht ein Parfüm viel zu stark, das den Frauen ein zarter Hauch ist. Ich war froh, als ich viele Jahrzehnte später bei

Mailer die gleiche Erkenntnis las. Jetzt, beim Rückfall in die halbe Primitivität, schienen die Männer überflüssig, mit ihren komplizierten Berufen. Frauen tragen ihr Schneckenhaus mit sich. Schon während der ganzen Emigration taten mir die Männer leid genau wie in Berlin. Die Natur scheint das Überleben der Frauen für wichtiger zu halten. Die Männer können nicht hungern. Die Natur hat bestimmt, daß sie den Löwenanteil bekommen. Sie haben ja auch in Patagonien in Hungerjahren die Frauen aufgefressen.

Ich ging durch den Tiergarten alte Bäume suchen, zum Beispiel einen Tulpenbaum, Großer Weg, Ecke Liechtenstein Allee, wo ich Diabolo gespielt habe, und alte Bänke, und plötzlich stand ich vor einem der alten marmornen Hohenzollern aus der Siegesallee, und ein hellgrau gekleideter Herr sprach mich an: »Ja, diese Denkmäler sind uns erhalten geblieben, es wäre ja auch zu schade um diese Kunstwerke gewesen. Darf ich Sie fragen, ob Sie etwas zu essen bei sich haben?« Ich hatte ein belegtes Brot, das ich ihm gab. »Ich danke verbindlichst«, sagte er und ging.

In einem Restaurant am zertrümmerten Bahnhof Zoo, wo man nur etwas mit Eßkarte bekommen konnte, war eine völlig gekachelte Toilette. Ich sagte zu der Kellnerin: »Na, das ist aber elegant, ne gekachelte Toilette in den Trümmern.« Und sie antwortete mit einem Wort, das einen Teil der deutschen Nachkriegserfolge erklärt: »Na, wenn mans schon macht, macht mans doch richtig.« Dreimal war ich auf meiner Wanderung von Damen angesprochen worden: »Sie haben Kalk an Ihrer Jacke. Sie müssen eine Bürste nehmen.« Bis ich auf englisch sagte: »It does not matter a hoot«, endlich wütend über diese falsche Wertskala.

Das Mädchen, die meine ersten Arbeiten geschrieben hatte,

kam gleich. Sie war das beste, was es in Berlin gab, die hochintelligente warmherzige Berliner Jöre. Diese Urberlinerinnen waren das verwegene Geschlecht, wie Goethe die Berliner bezeichnete. Als zu dieser Lotte Kube ein Kunde kam, der nicht nur Schreibarbeiten gemacht haben wollte, sagte sie: »Diktieren mit Himmelbett? Nich bei mir! Da gehen Sie besser nebenan.« Obwohl das Hauptthema fast aller Unterhaltungen die Russen mehr als Hitler war, gab mir Lotte Kube die aufschlußreichsten Einzelheiten.

Sie hatte eine entzückende »Ausbauwohnung«, ebenfalls nach dem Prinzip: »Wenn mans schon macht, macht mans doch richtig.« Das Gegenteil des englischen Improvisierens in Krieg und Frieden. Es gab herrlichen Kaffee von einem Care Paket aus New York, denn nicht nur hatte sie der jüdischen Besitzerin der Schreibstube, als deren Angestellte sie mit sechzehn angefangen und als deren Compagnon sie geendet hatte, das gegeben, was ihr zukam, ihr bei der Auswanderung geholfen, sondern sie hatte auch fünf jüdische Männer versteckt. Es war weniger schwierig, sie zu ernähren, als zu verhindern, daß das zu häufige Ziehen in der Toilette auffällt. Die menschlichen Bedürfnisse als schweres Problem, und man mußte Eimer benutzen.

Sie erzählte mir von dem furchtbaren Ersäufen von 12 000 Berlinern durch Hitler, der den Befehl gab, die Untergrundbahn, die voll von Flüchtlingen war, unter Wasser zu setzen, so wie sich überall die Nazis gerettet und die Bevölkerung ihrem Schicksal überlassen hatten. Die Nazis in Autos aus Breslau abtransportiert, die Bevölkerung ihrem Schicksal überlassen. Trotzdem war 1948 Berlin wohl die antikommunistischste Stadt. Das war keineswegs von Anfang an der Fall.

Die ersten russischen Truppen wurden begrüßt, waren große gutaussehende Männer aus Sibirien unter General Bersarin, der überall Anschläge anbringen ließ, daß Plündern und Vergewaltigen mit dem Tode bestraft würde. Aber Bersarin kam sehr bald in einem Autounfall um. Dann folgten die kämpfenden Truppen, zum größten Teil Mongolen, von der Oder, und ein Zusammenbruch jeder Disziplin. Und trotzdem war der Zusammenprall dieser primitiven Männer mit den europäischen Frauen nicht nur brutal. Da bat einer Lotte Kube, den Hof von Pferdeäpfeln zu reinigen. Als alles sauber war, gab er ihr vier Büchsen Wehrmachtskäse, zwei Brote und Mehl. Sie sagte: »Bitte Fett«, und er langte mit der Hand in das Fett und schmierte ihr mit der Hand ein Stück Fett auf den Käse.

Freia stieg aus Übermüdung mit ihrer schweren Bepakkung zu einem Russen ins Auto, der will sie sofort nehmen. Sie sagte: »Sei gut, denk an deine Mutter, sei ein Mensch.« Darauf läßt er sie, fährt sie nach Hause, hilft ihr tragen, nimmt auch nichts von ihren Sachen. Oder im schrecklichen Winter 45/46 kommt ein Russe zu einer Sekretärin mit einem Zentner Kartoffel, weil sie sich um ihn gekümmert hat, als er als Sklavenarbeiter in einer Fabrik war. »Du gut zu mir, ich gut zu dir.« Oder ein General bat eine verfeinerte ältere Dame, ihm und seinem Stab eine Mahlzeit zu kochen, lädt sie ein, mit ihnen zu essen, pflückt eine Blume, sagt: »Wie heißt diese Blume?« »Jasmin«, antwortet die Dame. »Jasmin für gute Frau«, sagt der Offizier und überreicht ihr die Blume. Oder ganz anders und ganz primitiv. Der Soldat sagte immerzu: »Haut wie Samt, Haut wie Samt.« Und als er das nächste Mal kommt, hat er sich unter die Uniform in weiße Seide gekleidet. Wo er die Sachen gefunden hat, war ganz unklar. Ein Soldat zog Frauen goldene Ringe von der Hand, eine Frau weinte und gab ihm ihren Ring. Der Soldat stutzte und gibt ihr nicht nur ihren eigenen Ring zurück, sondern gibt ihr auch alle andern Ringe, die er genommen hatte.

Den Frauen waren die Engländer, die nicht guckten, angenehm, und sie hielten die schwarzen Amerikaner für die besten Menschen. Die fragten: »Hunger?« Und gaben, was sie hatten.

Man sagte, daß dieser Zusammenbruch der Disziplin nach Bersarins Tod von Stalin beabsichtigt war. Er glaubte, daß eine halbe Million Mischlinge ihm nützlich sein könnte. Dasselbe sagte mir ein Londoner Arbeiter über die französische Niederlage 1940: »Das waren die Kinder der deutschen Soldaten von 1914–18. Die sind zu ihren Vätern übergelaufen.« Stalin rechnete nicht mit der deutschen Gründlichkeit. Die Ärzte hatten alles vorbereitet, um Schwangerschaften zu beenden. Die Frauen standen in langen Schlangen bei den Ärzten an. Aber es geschah auch Grausigeres. Eine wohlhabende Dame erzählte mir, daß Russen die sechzehnjährige Tochter eines Arztes nach Rußland in ein Bordell mitnehmen wollten, der Vater gab der Tochter eine Zyankalispritze. »Ein Mörder«, sagte ich. Die Dame sah mich erstaunt an. »Ich dachte, auch in den KZs haben sie sie abgespritzt.« Und mit seltsamer Logik fügte sie hinzu: »Wir werden das den Amerikanern nie vergessen, daß sie an der Elbe haltmachten und uns einfach den Russen überließen!«

Die Leute hatten viele Gründe, warum sie gegen die Russen waren. Schon in den ersten Tagen sagte mir ein Arbeiter, zu dem ich sagte: »Was haben Sie eigentlich gegen die russische

Zone?« »Die Zivilisation fehlt. Jetzt nach nur drei Jahren sind sie da drüben alle dümmer, gröber und gewöhnlicher geworden.«

Im russischen Sektor am Alexanderplatz machte ein Junge seinen Freund, der nur Lumpen anhatte, auf einen Buchladen mit marxistischer Literatur aufmerksam.

»Lass mich bloß mit dem Mist in Frieden«, sagte der Zerlumpte. Und ein Hochgebildeter nannte es den »größten Bluff der Weltgeschichte«.

Da war die unbegreifliche Unkenntnis technischer Dinge bei Mitgliedern eines Volks, das als erstes in das Weltall fuhr. Sie wuschen sich im Wasser der Kloschüssel. Sie waren verrückt mit Uhren, trugen ein Dutzend auf ihren Armen, aber nahmen sie nur, wenn sie ticktockten. Sie demontierten Tausende von Waschbecken, brachten sie woanders an und warteten auf das Wasser. Einer zertrat eine Leica, nachdem er sie geöffnet hatte und auf dem Film nichts zu sehen war. Überhaupt der niedrige Standard. Sie hielten die Berliner Arbeiterquartiere für Luxuswohnungen der bösen Kapitalisten: »Licht von der Decke, Wasser aus der Wand, Rußland ist Heimat, Berlin Paradies.« Die Verschwendung: nur erklärlich aus der Weite Rußlands.

In Leipzig standen jahrelang Kisten mit Werkzeugmaschinen, alle längst verrostet und unbrauchbar. Das sinnlose Gehorsamssystem: 65 Kisten mit Glas sollten bis 12 Uhr in einen Zug geladen werden. Fünf Minuten vor zwölf sind nur 50 Kisten eingeladen. Der Russe befiehlt, 15 restliche Kisten zu zertrümmern, erklärt dem Vorgesetzten: »Punkt 12 Uhr Befehl ausgeführt.« Bruch rechnete nicht als Reparationen. Die primitive Belohnung für Fürstendienerei. Wer die Erste-Mai-Parade mitmachte, bekam eine Nummer und eine Flasche Wein, und die Kinder, die mitmarschierten, Süßigkeiten.

Die Ernährung war am schlechtesten in der russischen Zone. Das Schlimmste war die allgemeine Unsicherheit. Leute auf einem falschen Weg zum Filmstudio in Babelsberg wurden als Spione verhaftet. Frauen holen Pakete auf einem Bahnhof ab. Eine Frau schreit: »Da steht ein Zug bereit. Sie bringen uns alle ins Arbeitslager nach Küstrin.«

Die gleiche primitive Verlogenheit zeigte der Volksentscheid für deutsche Einheit. Jeder kann seinen Namen in hundert verschiedenen Listen eintragen auf jedem Bahnhof, auf jeder Untergrundstation, in jedem Laden. Auf einer Bank, auf dem Bahnhof Grunewald sagte mir eine Dame, sie wäre nach dem Westen am Tag des Volksentscheids gefahren. »Ich bin nicht zu Hause. Mich können sie nicht finden. Ich will Einheit, aber die deutsche Einheit, die Schillersche Einheit, das ist keine deutsche Einheit, die Piecksche und Grotewohlsche Einheit.«

Auf der andern Seite gab es zwei Rattenfänger in Berlin, zwei phantastische Exemplare der menschlichen Rasse, die russischen Kulturoffiziere, Dymschitz und Tjulpanow. Sie sprachen zehn Sprachen und waren mit der Kunst, der Zivilisation, der Literatur von vielen Völkern vertraut, waren witzig und charmant, wollten alle Künstler, alle Intellektuellen in ihrem Netz haben.

»Und warum nicht für uns arbeiten?« sagte Tjulpanow zu einem meiner Bekannten. »Ich möchte nicht eines Tages auf der falschen Seite vom Ural stehen«, sagte der. »Seien Sie doch nicht komisch, wegen dieser vier oder fünf wirklichen Unfugtreiber.« »Aber wer garantiert mir, daß ich nicht einer von diesen Fällen bin?« Und genau wie die Flasche Wein für die Marschierer, bekamen auch die gleichgeschalteten Intellektuellen Russenpakete, vierzig Pfund ausgesucht delikater Lebensmittel, wogegen die »Care Pakete« von Amerika bescheiden waren, der Unterschied zwischen etwas geiziger Wohltätigkeit und verschwenderischer Fürstengunst. Niemand wußte, ob es so was wie englische oder amerikanische Kulturoffiziere gab. »Es gibt nur die Wahl zwischen Protektion und Freiheit. Zusammen geht das nicht«, sagte Mr. Hobbing, ein kluger Amerikaner.

»Protektie« war und blieb offenbar die Lebenstatsache der östlichen Welt. Das fing mit »Man muß sich's richten« in Österreich an, genau wie die zaristische Ochrana kaum anders war als die GPU. Auch bei Hitler waren ausgezeichnete deutsche Beamte. Wieviele Geheimpolizisten von Nikolaus II. waren noch bei Stalin?

Die großen Antinazifilme wurden in der russischen Zone gedreht. *Ehe im Schatten* sah ich im Osten. Heinz sah es Jahre später in der Kongreßhalle im Frühlingstiergarten. Ein Mann sprach ihn an: »Nee, da kommt keener so raus wie er reingegangen is.« *Die Mörder sind unter uns* hatten wir im Academy, dem Londoner Intellektuellenkino, schon vor meiner Berlinreise gesehen. Plötzlich hörten wir nach mehr als einem Jahrzehnt Berlinerisch, die Knef und der verfeinerte Mann, wie sie sich anschreien, und ein herrlicher Berliner Elfjähriger und der Mörder, der Nazi, sah zum Erstaunen aller Londoner Kritiker nicht aus wie in anglo-amerikanischen Filmen mit Stulpenstiefeln, schneidig und brutal, kein Gorilla, sondern war ein fetter kleiner Herr, ein Familienmensch, ein zärtlicher Vater, ein guter Arbeitgeber, der, während er den Weihnachtsbaum schmückte, den Befehl gab, ein Dorf auszurotten: »Und gebense mir nochn bißchen Lametta.« »Es blieb den Deutschen vorbehalten, den Mikrokosmos aller Himmlers zu schaffen.« »Die tiefste Studie eines schuldigen Deutschen«, nannten ihn die Engländer. »Es ist eine Verrücktheit, die über menschliches Verständnis hinausgeht«, schrieb Miss Lejeune, die bedeutendste Filmkritikerin Englands. Ich sehe Heinz wie heute über die Oxfordstreet gehen, es war kaum Verkehr, und mitten auf dem Damm zündete er sich eine Zigarette an. Wir sprachen kein Wort. Ihr Bruder hatte meine Mutter 1916 oder 17 von hinter der Westfront anrufen wollen. Aber als sich eine Frauenstimme meldete, die erste Frauenstimme nach einem Jahr, versagte ihm die Sprache, er war unfähig, die Nummer zu nennen. Uns machte der elfjährige Berliner stumm.

In einem Londoner Krankenhaus wischte eine Polin den Fußboden. Sie konnte kein Englisch, aber ein bißchen Deutsch. Sie stellte sich strahlend an mein Bett: »Habe Jungen aus meiner Straße getroffen. Wir heiraten.«

»Genügt denn das, daß man aus der gleichen Straße ist?«

»Treffe Mann aus gleicher Straße in Warschau in London?«

»Sie haben recht, ich habe auch Mann aus gleicher Straße geheiratet. Das genügt.«

Ich sprach Menschen von früher, nicht viele, die meisten, die ich gekannt hatte, waren in Amerika, in England, Palästina oder waren vorzeitig angesiedelt worden für die Ewigkeit. Ich traf Barbara Götz, die Tochter des Theaterarchitekten Oskar Kaufmann und seiner entzückenden Frau, die eine Tochter des Baden-Baden-Verschönerers Gönner war. Kaufmann, ein gebürtiger Budapester, hatte dort überlebt und wollte nun wieder nach Berlin, der Stätte seines Wirkens. Das war nun eine meiner falschen Unterhaltungen. Barbara sagte: »Das kann man doch nicht verantworten, den Papa bei diesem Zustand herzuholen. Und dann ist doch auch seine Kunst zu spielerisch für diese Zeit.« Ich stimmte zu. Man bringt doch einen Menschen nicht in eine Hungersnot. Kurz darauf bekamen die nach England ausgewanderten Architekten einen Brief von ihm, einen sehr unglücklichen Brief aus einem kalten Dachstübchen in Budapest. Jedesmal wenn ich in späteren Jahren mit Heinz in einem der gebombten und nicht glücklich renovierten Kaufmannschen Theater war, war ich von Reue erfüllt. Er hätte diesen Theatern wieder den alten Glanz verliehen. Sie wären wieder die Zeugen einer großen Theaterzeit geworden.

Peter Suhrkamp besuchte mich. Ich erinnerte mich an einen hinreißenden jungen Mann, den ich einmal im Feuilleton des *Berliner Tageblatts* getroffen hatte. Er war damals bei der *Neuen Rundschau*. 1937, als wir zum erstenmal in London waren, sah ich in der Drogerie im Mount Royal eine Dame und dachte, was für eine himmlische Figur! Sie drehte sich um, und es war Annemarie Horschitz. Sie wohnte dort und nahm mich mit in ihr Apartment. Mowrer, ein berühmter amerikanischer Journalist, der 1933 das weltbekannte Buch *Germany Puts the Clock Back* veröffentlicht hatte, machte sie auf den jungen Hemingway aufmerksam. Sie übersetzte ihn und bot ihn Rowohlt an, der ihn sofort zum hochgeschätzten Schriftsteller in Deutschland machte. Nun 1937 zeigte sie mir einen Brief von Peter Suhrkamp, der sie bat, doch zu erlauben, daß eine andre Hemingway-Übersetzung benutzt würde. (Sie, eine Halb-, Viertel- oder sonst was Jüdin durfte ja im Dritten Reich nicht gedruckt werden.) Sie hatte es nicht erlaubt. Suhrkamps Brief endete: »Seien Sie doch nicht so spröde.« Ich war genauso empört wie Annemarie. »Spröde!« Wir waren ja keine Backfische. Sie kam aus der Familie Bleichröder, der Bismarcks Bankier war. Sie erzählte mir damals 1937, wie herrlich sich Hemingway benommen hatte. Er hatte verboten, eine andre Übersetzung zu benutzen. »Dann erscheine ich eben nicht mehr in Deutschland.« Er tat später noch viel mehr. 1946 schrieb er an Rowohlt, er solle in seinem Namen an Annemarie Horschitz schreiben. »And tell her I look forward to having her translate my works again. She was the finest translator I ever had in any language.« Er bestand darauf, daß Rowohlt einen winzigen Prozentsatz seiner Verdienste an ihm an Annemarie abführte. Sie sagte mir einmal: »Wir haben ja keine Ahnung, was die Verleger verdienen. Ich habe zum erstenmal wirklich Geld.«

Nun, 1948 kam Peter Suhrkamp zu mir ins Hotel am Zoo, ein müder, alter Mann. Niemand war so gealtert wie er. Ich vergaß alles, das dumme »spröde« aus der Hitlerzeit. Er erzählte. Er hatte S. Fischer erhalten wollen. Er wollte gern meinen neuen Roman haben. Sie hätten kein Material. Peter Suhrkamp kein Material!

War der versteinerte Mensch am Kurfürstendamm ein Symbol? Was mir Ernst Rowohlt an neuer Literatur geschickt hatte, beschrieb die zerstörten Menschen, das zerstörte Land, so wie *Im Westen nichts Neues* eben den Schützengrabenkrieg beschrieben hatte, ohne historische Zusammenhänge, Bücher, in denen der Name Hitler nicht vorkam. Er schickte mir auch zwei Broschüren, bis zum heutigen Tag unübertroffen. Boldt, *Die letzten Tage der Reichskanzlei.* 25 Jahre später wurde ein Film daraus gemacht. Unvergeßlich. Heinz las es zuerst und erzählte mir den Inhalt: »Und was glaubst du, was sie zuerst taten, als Hitler tot war? Sie zündeten sich eine Zigarette an!« Rauchen war ein Problem unserer Ehe. Überall Asche, überall Brandflecke, ein Viertel des Einkommens verraucht, als wir ganz arm waren und die Zigaretten nicht mehr so billig, Miete, Heizung, Peters Schule, Essen. Es gab weder Vergnügen außer ab und an ein Kino und kein Pfennig für Kleidung. Ich fühlte auch, es war gefährlich, er war sowieso gefährdet, es machte ihn krank. Aber Geheimrat Behrens auf dem Zauberberg hatte allen Tuberkulösen das Rauchen erlaubt. »Er mußte es doch wissen.« Ich hatte keinerlei Beweise, daß meine Ahnung richtig war, keine Hilfe. Und nun in Boldts Buch: »Was glaubst du was sie als erstes taten, als Hitler tot war? *Sie zündeten sich eine Zigarette an.*« Und das andre Buch von Dieter Meichsner *Versuchts nochmal mit uns!* Noch wichtiger als Boldts Buch. Boldt sieht der Historie zu und beschreibt den letzten Akt, ein Unbeteiligter. Aber Meichsner, ein Gläubiger, schildert, wie es zu allem hatte kommen müssen, dem Hitlerglauben, »Das Wunderbare«, von ein paar Hitlerjungen und Hitlermädchen, und dem Spiel dieser angebeteten Verbrecher mit halben Kindern. Wie sie im längst verlorenen Krieg noch ganz zuletzt in ein Wäldchen geschickt werden, wie Polen es umgeben, es anzünden und die Jungen verbrennen. Und eine dieser blöden Hitlerfrauen, die die ihr anvertrauten Mädchen genauso opfern möchte wie die Jungen. Und wie die Jungen sich vorbereiten als Werwölfe, die Berlin besetzenden russischen Truppen zu besiegen, die Bevölkerung gegen die Nazis, die morden rechts und links.

Ähnliches ist in Deutschland nicht veröffentlicht worden außer Ruth Andreas-Friedrichs *Schauplatz Berlin*, das ja in viele Sprachen übersetzt wurde.

Und nun sagte Peter Suhrkamp fünfzehn Jahre nach einer

Epoche, die überfloß von Talenten: »Wir haben keine Manuskripte.« Wir hatten erwartet, daß alle Schubladen überquellen würden von Geschichten, Romanen, vor allem Dramen.

Mit meinen Manuskripten der *Effingers* war es so: Ursprünglich warens sechs.

Im Krieg in London wollte ich auf alle Fälle zwei Exemplare vor den Bomben retten und schickte sie nach New York. Sie kamen nie an. Sie waren wohl torpediert worden. Ein drittes Exemplar gab ich 1945 einer Kusine von Heinz, einer sehr bedeutenden Frau, Bibliothekarin des Völkerbunds, die das beste Simultanübersetzungsteam der Welt organisiert hatte. Sie übersetzte in Bretton Woods. Sie übersetzte bei der ersten Sitzung der Vereinten Nationen in London. Sie hatte in Hitlers Zeit Hunderte gerettet. Alle Grenzbeamten von Genf kannten sie, sie brauchte nur mit dem Paß ein bißchen zu wedeln, und sie ließen ihr Auto durch. Nur eins tat sie nicht, Briefe beantworten. Es war das dritte Exemplar, das so verlorenging. Ein viertes Exemplar hatte ich an Kiaulehn nach München geschickt, der es Desch geben wollte. Hobbing telegraphierte an Desch und hörte, daß sie das Manuskript nie hatten. Also warens nur noch zwei. Das eine war durch Döblin an Rowohlt gegangen. Da war also das Manuskript in meiner Hand das letzte. Ich traute mich nicht, es Suhrkamp zu geben. Auch bekam ich am nächsten Tag ein Telegramm von Ernst Rowohlt: »Bin bis 2. Juni Hamburg, dann Berlin. Hammerich & Lesser will nun doch über ›Ewigen Strom‹ sofort abschließen. Herzlichst Rowohlt. Verl.«

Damals beabsichtigten Springer, H. & L. gehörte dazu, einen Buchverlag zu machen. Als sie dies Projekt fallenließen, war mein Buch natürlich falsch am Platz. Der brillante

10. I. 1937.

Lieber Olden,

ich habe solange nichts von Ihnen gehört. Die Sache ist so, dass ich die Kapitel, die ich Ihnen sandte, schrecklich dringend brauche. Ich habe mein Buch ~~fünfmal~~ 6 mal abschreiben lassen und reiche und reiche nicht mit den Exemplaren. Es wäre furchtbar nett, wenn Sie sie mir sobald wie möglich zurückschicken würden.

Sie werden sich, nehme ich an, in Passkalamitäten befinden, aber das tun wir ja alle. Mit einem palästinensischen Pass, können auch die "unbescholtensten" Leute nicht nach Deutschland hinein. Und wir brauchen für alle Länder Visen, sogar nach England.

Ich bin ganz entzückt von den letzten Nummern des "Tagebuchs. Passen Sie auf, lieber Olden, wir werden noch auf unsere alten Tage aktuell mit unserem Liberalismus. Wissen Sie noch, wie die gemeinen Spötter an der Tafelrunde mich immer die letzte Liberale genannt haben?

Die Geschichte mit dem Pariser Tageblatt ist entsetzlich traurig. Sie haben mir leider darüber nie etwas geschrieben, es sieht ja so aus, als ob Schwarzschild hier recht hätte.

Also herzlichst Ihre

Brief von Gabriele Tergit an Rudolf Olden, 1937

Verleger Blanvalet sagte: »Was verlangen Sie, wenn Sie ein Buch beim Schuhmacher oder beim Schlächter herausbringen. Bücher müssen von Verlegern herausgebracht werden.« Was ich auch damals gemacht hätte, hätte ich Reue gehabt. Wenn ich meine Anhänglichkeit an Rowohlt und meine Jugend überwunden hätte und Peter Suhrkamp das Buch herausgebracht hätte, so hätte ich gedacht, du hättest zu dem gewaltigen Springer kommen können, und das hast du dir verscherzt. Und ich habe wirklich nur Gutes vom Springer Verlag erfahren, der für seine Angestellten ein zweiter Ullstein war. Als die ersten Fahnen kamen, in denen mein Manuskript verändert war, genügte *ein* Telefongespräch, um diesen neudeutschen Unfug abzustellen, bei dem ich mich immer frage, ob die Kunsthändler in Deutschland auch die Bilder malen. Kurz bevor er starb, sagte Ernst Rowohlt zu mir: »Wenn die Auflage von den *Effingers* verkauft ist, machen wir daraus ein Taschenbuch bei mir.« Aber es kam ein »neuer Pharao, der wußte nichts von Joseph«. Was früher selbstverständlich war, daß ein Schriftsteller zu einem Verleger gehört, ist heutzutage die Ausnahme.

Vom alten *Berliner Tageblatt* besuchte mich Müller-Jabusch, Herausgeber des *Abend* mit einem jungen Mann als Schutzwache. Er war kein Freund Ulbrichts, und die Ostleute praktizierten Menschenraub. Müller-Jabusch hatte das BT schon vor 1933 verlassen, war Pressechef der Deutschen Bank geworden und brachte wichtige Nachschlagewerke heraus. Er hatte auf einem Vereinsausflug ein jüdisches Mädchen kennengelernt, und auf der Rückfahrt vergaßen sie immer wieder auszusteigen, so gut unterhielten sie sich, und so heirateten sie.

Wir saßen im Hotel am Zoo in einem kleinen bescheidenen Zimmer, und er weinte. Er sah typisch deutsch aus, groß, breit, eine tête carrée, ein Geschäftsmann, dem die Welt offenstand, interessant und interessiert, und nun unter den Nazis hatte er eine jüdische Frau, die er liebte. Er ließ sich einen Vollbart wachsen und wurde Stationsvorsteher auf einer kleinen Eisenbahnstation. Zwei Jahre ging das so. Dann verreiste er auf zwei Tage und in der Zeit holten sie seine Frau ab und brachten sie nach Ravensbrück. Sie war eine fromme Katholikin geworden. Sie stellten sie dreimal im Frost ins Freie, bis ihre Glieder erfroren waren. »Aber immer war sie es, die noch die andern getröstet hat.« Dann starb sie. Der Sohn ging nach Holland, arbeitete an der Zentralkartothek, wo er sehen konnte, welche Buchstaben nun zum Deportieren dran waren, konnte Menschen warnen. Erst im Herbst 1945 hörte Müller vom Sohn, der hatte eine Holländerin geheiratet und wollte nicht in Deutschland leben.

In den folgenden Jahren besuchten Heinz und ich ihn immer in seiner Schöneberger Wohnung. Im Empfangszimmer waren ein märchenhafter Aubusson und unschätzbare französische Möbel des 18. Jahrhunderts mit einer Schmucksammlung in einem entsprechenden Schrank. Im nächsten Zimmer standen auf einem breiten Bord um die Täfelung italienische Bronzen aus der Renaissance, aber auch Renée Sintenis' Tiere. Das Eßzimmer enthielt echte deutsche Renaissancemöbel. Heinz sagte nach unserm ersten Besuch noch im Fahrstuhl: »Da sitzt er nun zwischen diesen Schätzen, und die Frau haben sie ihm umgebracht.«

Das Tollste von seinen Schätzen war seine Sammlung von Ordnern mit Tausenden von Ausschnitten über alle menschlichen Tätigkeiten. Das war etwas, um das ich ihn wirklich beneidete. Er war ein Fanatiker der Tatsache, also der Wahrheit, nicht des Gequatsches »über«. Isaac d'Israeli, der Vater des englischen Premierministers, hatte *Curiosities of Literature*, drei Bände, 1300 Seiten, veröffentlicht. Das war Müller-Jabuschs Vorbild. Fünfzig Jahre sammelte auch er literarische Merkwürdigkeiten auf diesen Tausenden von Zetteln. Aber er ist wie wir alle nicht zu all dem gekommen, was er sich vorgenommen hat. Er hat nicht mehr daraus gemacht als jedes Weihnachten eine kleine Broschüre für seine Freunde, faszinierende Kostbarkeiten: *Erlebtes, Erzähltes, Erlesenes* mit der Widmung: »Denen, die ihm wert sind, als ein Gruß zum Weihnachtsfest und mit den besten Wünschen für ein gutes neues Jahr dargebracht von Maximilian Müller-Jabusch auf der Insel Berlin.« »Was ist wieder wahnsinnig interessant?« fragte Heinz, oder »*Mußt* du mir was vorlesen?« mich nachmachend, wenn ich beim Frühstück bei so einem neuen Heftchen kicherte. Es waren glückliche Stunden. Da standen die Anfänge von Theodor Heuss als Münchener Korrespondent der *Neckar-Zeitung*, daß Preuß die Weimarer Verfassung nur deshalb schrieb, weil er unter keinen Umständen wollte, daß das, wie Ebert vorschlug, Lewald tat, Lewald mit dem jüdischen Großvater, der dem Goebbels die Olympiade machte, oder Adam Müller, von vor 100 Jahren, der den Preußen vorschlug, eine Propagandazeitung als Konkurrenzzeitung gegen Napoleons *Moniteur* zu gründen, und zugleich anonym und geheim ein Oppositionsblatt dagegen, oder die Gründung des *Simplicissimus*, von dessen erster Nummer der reiche Albert Langen gleich 400 000 Exemplare drucken ließ. Oder Wilhelm II., der von Doorn aus statt Orden selbstabgesägte Holzscheiben verlieh, mit Blaustift gezeichnet, »Wilhelm II. d. R. Doorn«. Oder der geniale Narr Scherl, der Gründer des *Lokal-Anzeigers*, der eine

Tirolerin nach einem Foto in seiner *Die Woche* heiratete und ihr ein kostbares Palais baute, und als sie sagte: »Na, das mag i net«, es flugs abriß. Und die russischen Zensoren nach 1945: »Knecht Ruprecht?« »Nix Knecht, wo Sowjets sind. Alter Ruprecht.« Und so wurde es gedruckt. Oder: sie gaben ihrer ersten Zeitung den Namen eines früher hübsch reaktionären Blattes *Tägliche Rundschau*. Sie brachten im Mai 1948 eine Serie *Amerika als Kulturbringer*, das ein Dr. F. Stark von E. Ahlswedes Buch, das im Nazi Verlag Eher 1942 erschienen war, abgeschrieben hatte. Die braune Farbe brauchte nur ein bißchen rot übertüncht werden. Der Dr. Stark, der dieses Geschäft machte, er bekam 25 000 Mark dafür, war der Kommunist F. K. Kaul. Oberst Kirsanow beendete die Serie und schmiß Kaul raus, was nicht hinderte, daß Kaul der Staatsanwalt, allmächtig in der DDR, blieb. Müller-Jabusch tröstete Kirsanow mit den Goebbelsschen Reinfällen. Der hatte das Martin-Luther-Wort, »Das Wort, sie sollen lassen stahn«, als »Bauerngebet« von Hermann Löns veröffentlicht – und »Das erste Fronterlebnis« eines F. Scheinpflug, ein Stück aus *Im Westen nichts Neues*, während der Film des Buches vom Bewunderer des Scheinpflugschen Fronterlebnisses gerade mit weißen Mäusen attackiert wurde. Goebbels hatte Heines »Deutschland ist noch ein kleines Kind, und die Sonne ist seine Amme« als von Wilhelm Grimm publiziert und dazu geschrieben »... machtvoll von tiefster Vaterlandsliebe und heiligem Haß flammender Gesang, klingt so als wäre er eben erst heute deutscher Brust entquollen und nicht gerade vor hundert Jahren«. Es fällt schwer, nicht noch viel mehr zu zitieren, so die Einladung an Goebbels von England: »Er wird im Hotel Jail, Old Bailey absteigen und vom Chief Executioner persönlich empfangen werden. Das Festarrangement liegt in den Händen der Parlamentarier A. Burglar und F. A. U. Scoundrel. Das Völkererwachen beginnt.« *Der Tag* (ein Naziblatt), Aussig Mai 1931.

Ich fuhr mit der Elektrischen nach Tempelhof, wo der *Tagesspiegel* gedruckt wurde. »Ist das richtig zum Deutschen Druckhaus?« fragte ich stehend in der überfüllten Bahn. »Deutsches Druckhaus?« sagte ein alter Mann, »für uns ist das Ullstein geblieben. Unter Ullstein is uns jutgegangen. Wozu die das Haus Druckhaus nennen? Alles muß umbenannt werden. Belle-Alliance Platz, Franz Mehring Platz, Südstern Westkreuz, n' Glück, daß rote Kastanien rote Kastanien geblieben sind.«

Im alten Tempelhofer Druckhaus fuhr ich mit dem Fahrstuhl nach oben. »Jehörte auch mal überholt«, sagte der Fahrstuhlführer.

»Na, sagen Sie mal«, sagte ich, »die Stadt ist zerstört, niemand hat was zu essen, kein Fahrstuhl funktioniert, und Sie werden sich über einen ungebombten, funktionierenden Fahrstuhl beschweren.« »Na, es muß doch alles seine Ordnung haben.«

Ich kam zu Reger. Wir hatten zur gleichen Zeit bei Ernst Rowohlt unsre ersten Romane veröffentlicht, er *Union der festen Hand*, ich den *Käsebier*. Ich traf einen düsteren Menschen. Nach einem Vierteljahrhundert unvergeßlich, Reger saß in einem sehr großen Zimmer hinter einem Schreibtisch. Das Zimmer war mit einem grünen Teppich ausgelegt, Reger sah verhungert aus, aber das Zimmer wäre zu allen Zeiten das noble Büro des Chefs gewesen. Und daneben die Sekretärinnen, ein Loch, in dem drei Mädchen saßen, zwei Tische mit Schreibmaschinen stießen aneinander, der dritte dagegen. Zwei der Mädchen konnten das Zimmer nur verlassen,

Ullsteinhaus in der Kochstraße 23–24, Berlin (mit Buchdruckerei, Verlagsbuchhandlung, Redaktion von Berliner Illustrirte Zeitung, Berliner Morgenpost, Berliner Zeitung)

wenn die Dritte aufstand. Eine Stadt, die durch die Hölle der Fliegerangriffe gegangen war, durch die Eroberung durch plündernde und vergewaltigende Truppen, deren Kommandeure selber von einem Zusammenbruch der Disziplin gesprochen hatten, und dann ein Büro als Repräsentation! Und eine merkwürdige Gefühllosigkeit gegen die Angestellten, die es im alten Ullsteinregiment nie gegeben hatte.

Das *Berliner Tageblatt* hatte, was damals ganz neu war, illustrierte Beilagen, Mittwoch und Sonntag den *Weltspiegel*, Freitag den *Ulk*, Sonnabend *Haus, Hof, Garten*. Auf das Tiefdruckverfahren des *Weltspiegels* war Theodor Wolff besonders stolz. Die Beilagen und ihre Namen, nämlich *Weltspiegel* und *Haus, Hof und Garten*, wurden einfach nach 1945 vom *Tagesspiegel*, der garnichts mit dem alten *Berliner Tageblatt* zu tun hatte, annektiert.

Der Herausgeber Walter Karsch hatte sich großartig in der Hitlerzeit benommen. Seine Ehe war 1933 scheidungsreif, aber seine Frau war eine Jüdin, und um sie zu schützen, wartete er mit der Scheidung bis 1945, schrieb keine Zeile mehr und wurde Stadtvertreter für irgendwelche Textilien. Als ich zu diesem hochanständigen Mann sagte: »Finden Sie es nicht ein bißchen komisch, den *Weltspiegel* und *Haus, Hof und Garten*, was schließlich die ermordeten und mißhandelten Juden erfunden haben, zu stehlen?« Da sagte er: »Na, Tergit, stehlen!« Auch er verstand mich nicht.

Am Tag, nachdem ich im *Tagesspiegel* war, fuhr ich zum Breitenbachplatz, wo die Berlin-Ausgabe der *Neuen Zeitung* gemacht wurde. Der Chefredakteur, der 27-jährige Hobbing, war der erste amerikanische Intellektuelle, den ich kennengelernt habe. Er kam aus einem kleinen Ort bei Philadelphia, aus der deutschen Familie Reimar Hobbings. Ich war so beeindruckt, daß ich an Heinz schrieb: »Weißt Du, ich habe das Gefühl, das ist das Material, aus dem die Präsidenten geschnitzt werden.« Als ich hörte, daß Kiaulehn meinen Roman nicht zu Desch gegeben hatte und daß so das vierte Exemplar verloren war, sagte Hobbing, er werde es wieder beschaffen, und tatsächlich hetzte er Kiaulehn die Besatzungsmacht ins Haus, und die fand das Manuskript in einem Koffer bei ihm. Mein Jugendkollege, mein Lunchgenosse, den ich im *Käsebier* verherrlicht hatte, von dem ich gelernt hatte, was ein Proletarier ist, und auch bei ihm trat ich auf Sumpf, brauchte einen Angelsachsen, um mein Manuskript wiederzubekommen. Als ich in die Redaktion am Breitenbachplatz kam, sagte ein Mann: »Guten Tag, Frau Tergit, wie geht's denn?« Ich hatte keine Ahnung, wer mich da begrüßte, als ob ich drei Wochen Grippe gehabt hätte. »Kennen Sie mich denn nicht mehr? Ich war doch der Botenmeister.« Ich setzte mich zu ihm, und er erzählte mir: »Jetzt bin ich nu wieder Botenmeister. Seit 30 Jahren arbeite ich nu mit den Zeitungen, angefangen beim *Vorwärts* als Botenjunge, das war nachdem ich es in einer Fabrik versucht hatte, als Packer, Martin hatte das organisiert, der war sehr tüchtig mit all so was, Regale waren seine Leidenschaft, und denn war er immer für die Firma und sah zu, daß alles seine Richtigkeit hat, und da war son Bote, der hatte mal was ausgefressen, und Herr Martin wollte ihn entlassen, und die Herren waren gegen Herrn Martin. Als sie den Botenjungen nicht entlassen wollten, da ging er, weil er eben fand, solche Zustände dürften nicht einreißen, und ich ging mit ihm, als er eine neue Stellung beim *Berliner Tageblatt* gefunden hatte. Ich habe nich einen Tag gefehlt. Zehn Jahre lang nich einen Tag. Ich hatte dann sehr viel Arbeit. Ich mußte nicht nur sehen, daß die Blätter so schnell wie möglich in die Redaktionszimmer kamen, und Sie wissen ja, wie die Herren Redakteure sind. Die gehen in ein anderes Zimmer, und da lassen sie die Zeitung liegen, und futsch, weg is se, und denn kommt so einer und sagt: ›Geben Sie mir die BZ von gestern‹, und denn, woher nehmen und nicht stehlen? ›Herr Zange‹, sagten die Herren, ›Herr Zange findt schon eine.‹ (Er hieß nicht Zange, aber ich weiß nicht mehr, wie er hieß.) »Und dann zusehen, daß alles klappte mit den Ausschnitten und dem Hausexemplar. Wissen Sie, wenn noch Exemplare von unsrer Zeitung da sind, dann verdanken das die Leute eigentlich mir. Nich *eine* Nummer habe ich verloren. Um 1930 setzten sie mein Gehalt runter, im Zuge der Rationalisierung, nannten sie das, es war nie hoch gewesen, aber denn konnte man sich noch nich mal n Glas Bier leisten, und wissen Sie, wenn man sich noch nich mal n Glas Bier leisten kann, denn is ja alles aus, denn besteht Leben wirklich nur aus Essen und Schlafen. Es war viel Gerede bei uns. Sie können sich ja denken, viel Gerede, aber ich habe mich nich beteiligt. Ich habe mich nie an der Politik beteiligt. Ich bin n ganz unpolitischer Mensch. Man versteht ja doch nichts davon, nee, das bringt einen bloß in Ungelegenheiten. Ich habe auch nie die Zeitungen gelesen. Es ist besser, habe ich gedacht, du hältst dich da ganz raus. Aber denn hat man doch gesehen, wieviele Arbeitslose wir hatten und daß das daher kommt, daß wir eben ein Volk ohne Raum sind und vom Versailler Vertrag, und denn haben sie mich für die Partei gewollt, aber mich geht doch die Politik nichts an, und das habe ich den Leuten auch gesagt, aber dann, nee wissen Se, da haben se doch eines Tages unsern Herrn Wolff rausgeschmissen, das war'n Mann von Seide, den hat der Kakuschke, der Fahrstuhlführer, rausgeschmissen, das war der Zellenobmann, tja nee, das gehörte sich ja nu wirklich nich, und denn haben se die ganze Redaktion abgesetzt, nur zwei oder drei von den früheren Herren sind geblieben, und neue sind dazu gekommen. Ein Herr Ohst wurde der Nachfolger von unserm Herrn Wolff, unter unserm Führer. Ich kann nicht klagen, es waren nette Leute, sehr nette Leute, und das waren ja nu ruhige Jahre, schöne ruhige Jahre für uns. Und daß dann der Krieg kommt, hätte ja keiner von uns erwartet. Das war ja doch nun wieder nichts anderes als der Neid auf den deutschen Fleiß und die deutsche Tüchtigkeit, wie schon 1914, und was wir dann erlebt haben, nee, das hat die Menschheit noch nie gesehen. Nee, wissen Sie die Bomben! Eines Tages bin ich in die Stadt gekommen, und alles hat noch gebrannt, und die Menschen waren wie vor den Kopf geschlagen und sind hin und her gelaufen, waren ganz verzweifelt, nee son Elend, und ich konnte mit's Rad nicht weiter und alles aufgerissen, und ich konnte nich weiterkommen, und wie ich an die Zeitung komme, da steht doch kaum mehr was, alle Fenster kaputt, und der Schutt stürzte runter und immer was Neues fiel ein, und wie ich noch so stehe und denke, was wohl aus meinen Zeitungsstapeln geworden ist, da sehe ich doch den netten Herrn Allert« (ich weiß nicht mehr, wen er genannt hat), und er sagt: »Nu sind wir beide arbeitslos!« Son Mensch war das, »nu sind wir beide arbeitslos«. Und denn haben wir gar nichts mehr geredet, und wir fanden uns gar nicht mehr zurecht. Man konnte keine Straße finden. Das war alles voll Staub und Mörtel und Glasscherben, und denn bin ich nachm Osten eingezogen worden. Und wie ich zurückkam, da haben sie neue Zeitungen gemacht, und mich, wissen Sie, haben Sie gleich genommen, aber wie ich mich erkundigt habe, wer noch so da ist von den alten Herren, der Herr Wolff, der ist hier im jüdischen Krankenhaus gestorben, n Mensch wie Seide is det gewesen, n Schande, n Schande is das, und der Herr Schwarzer, den wir später gehabt haben, den haben se nun auch dran jekricht.«

»Wer denn?«

»Na, die da, die Alliierten, die haben doch den armen Menschen ins Lager gesetzt. So'n feiner Mensch, n'Mensch wie Seide is das gewesen. Der hat die Zeitung sehr anständig geführt, gute Bezahlung und Urlaub, und meine Frau und ich sind in Italien gewesen mit Kraft durch Freude.«

Kakuschke, der Zellenobmann, der Fahrstuhlführer, war ein finsterer Mensch, offenbar vom Haß auf die Juden zerfressen, das Gegenteil von den Setzern, den Metteuren, einer herrlichen Gesellschaft von selbstbewußten witzigen Berlinern. Aber was da Berlin oder was da Setzer war, ich weiß es nicht. Die Setzer im *Prager Tagblatt* waren mir auch viel sympathischer als die Herren Redakteure und einer meiner Anfälle von Tränen, grundlos, aus dem Unterbewußten, war in Manchester, wo mich der gute E. W. Dickes in eine Art von Rang über dem Setzersaal des *Manchester Guardian* führte, der genau so aussah wie der des BT. Es war kein Heimweh, jede Zugehörigkeit zu einem Setzersaal hätte mir genügt.

Da war der Metteur vom BT mit einem völlig kahlen Kopf, dem sie auch das Gehalt runtergesetzt hatten. Ich sagte zu ihm: »Sie brauchen doch nicht hier zu bleiben. Jede Zeitung muß doch glücklich sein, Sie zu bekommen.« »Ick bin fuffzig, Frau Tergitt.« Er bekam es fertig, zu Theodor Wolff zu sagen: »Streichen, Herr Wolff, es hilft doch nischt. Ich kann doch nich auf den Rand drucken.«

Kein Ehrgeiz, keine Hysterie unter den Setzern. Da stolzierten keine Pfauen wie Fred Hildenbrandt oder der Chef des Lokalen.

Ich habe, weil es dazu gehörte, im *Käsebier* das Setzen einer Zeitung beschrieben. Kein Orden hätte mich mehr freuen können, als daß das ganze Kapitel im *Vorwärts*, der SPD-Zeitung, abgedruckt war. Heutzutage machen sie ein Gedöns mit »Büchern aus der Arbeitswelt«. Jeder gute Schriftsteller ist dazu fähig. In Bölls letztem Buch ist die Friedhofskranzmacherei das Beste.

Kakuschke war das Gegenteil von den Setzern. Ich traf ihn einmal in einer ziemlichen Snobplantage, im neuen Eispalast, wohin ich wegen einer Bekannten gegangen war, die sich ehrlich in ihren doppelt so alten Chef, Chef eines weltweiten Konzerns, verliebt hatte, obwohl Heinz immer sagte, »In solchen Fällen weiß man nie, Geld macht sinnlich.« Jedenfalls bereitete sich die arme Haut mit viel Anstrengung auf die ihr vielleicht beschiedene große Heirat vor, sie lernte Golf, reiten und Schlittschuhlaufen. In besagtem Eispalast erwiderte Kakuschke nicht mein Kopfnicken. Dies zusammen mit Anwesenheit und Anzug zeigte, er wollte höher hinaus, am leichtesten war das doch wohl durch die Partei, »die einem ein Ansehen gab«.

Am nächsten Tag meines Berlinaufenthalts 1948 beklagte sich ein Taxichauffeur über die neu eingerissene Unredlichkeit. Als ich sagte: »Was verlangt man nach einem solchen Krieg«, sagte er: »Wieso denn? Ich bin nach dem Osten eingezogen worden, da habe ich einen Stab gefahren. Ich habe doch gesehen, was das für anständige Menschen waren.«

»Da müssen Sie aber viel Schreckliches gesehen haben. Da sind furchtbare Dinge passiert.«

»Das sagt man so. Es ist alles anständige deutsche Kriegsführung gewesen. Ob das mit den Tanks überhaupt anständige Kriegsführung war, ist ja sehr zu bezweifeln. So was Teuflisches wäre uns Deutschen nicht eingefallen. Aber ich werd Ihnen mal was aus diesem Krieg erzählen, da können Sie sehen, was so passiert ist. Wir sind mit dem Stabsauto 200 Kilometer hinter der Front, da kommen doch plötzlich Franktireurs« (er benutzte den Ausdruck aus dem ersten Weltkrieg für belgische Partisanen) »und da haben sie doch den Herren die Uniformen ausgezogen. N Tod hätte man sich holen können bei der Kälte.«

»Was nur die Uniformen weggenommen?«

»Zweihundert Kilometer hinter der Front! Franktireurs!«

»Aber ich bitte Sie, die Menschen sind doch ohne Kriegserklärung überfallen worden.«

»Sehen Sie, da stehen wir wieder bei der großen Frage, die keiner beantworten kann. Wer war denn schuld an diesem Krieg?«

Das Kriminalgericht Moabit war teilweise stehen geblieben. Als ich die Tür eines kleinen Verhandlungszimmers aufmachte, sagte der Wachtmeister, der wie ehemals an seinem Tischchen saß, genau wie der Botenmeister: »Guten Tag, Frau Tergit.« Ich sagte »Guten Tag«, und hörte der Verhandlung zu. Es handelte sich um einen Diebstahl unter kleinen Leuten. Ein goldener Ring mit einem Halbedelstein. Ich dachte, dafür dieser Aufwand? Ankläger, Richter, Gefängnis, Polizei. Hunderte, Tausende, Hunderttausende von goldenen Ringen waren in der ganzen Welt gestohlen worden, silberne Schüsseln, Gemälde und Teppiche gebombt, verbrannt und in den halbzerstörten Häusern von Soldaten aller Armeen, von den lieben Nachbarn geraubt worden. Beute!

Großer Schwursaal im Kriminalgericht Moabit 1934

Reichsflagge und Hakenkreuzfahne auf dem Kriminalgericht Moabit 1933

Ich hatte Goebbels die Polizei verhöhnen gehört: »Nur Feiglinge brauchen einen bezahlten Schutz. Ein Mann verteidigt sich selbst!« Konnte man hier und so wieder anfangen mit dieser komplizierten Unternehmung? Wieviele Jahrhunderte hatte es gedauert, bis man »Landfrieden« hatte? Und wieviele weitere Jahrhunderte bis zum Gens d'armes, zum Bobby? Der neue Naziherausgeber des *Berliner Tageblatts* hatte sich sofort im März 1933 50 000 Mark aus der Kasse genommen mit dem Recht des Parteimitglieds. Bei Bekannten von mir war SA vorgefahren und hatte das ganze Lager von Filzhüten, »beste Ware Felbelhüte«, sagte der Inhaber zu mir, ausgeräumt. Die Bestohlenen konnten gar nichts machen. Sie waren bloß ruiniert.

Und der Osten? Drei Stadtbahnstationen weiter oder Staatsgrenze am Gleisdreieck? Nachdem das noch nie Dagewesene geschehen war und ein Land seine Russen losgeworden und das hypnotisierte Volk aus seinem Traumkönigtum erwachte: »Das einst friedliche Land wurde in eine grauenvolle Folterstätte verwandelt, eine Welle des Unrechts und der Unterdrückung, der Ausplünderung der Menschen und der Sabotage der Produktion. 50 000 politische Gefangene und deren Kinder am Rande des Hungertodes, die Verstaatlichung des Besitzes von 15 000 Eigentümern, nichts anderes als versteckter Straßenraub.« So beschrieb eine ägyptische Zeitung die Epoche des »arabischen Sozialismus«. Das war der von Millionen im Westen ersehnte Osten.

Aber konnte man so im Westen die Gerechtigkeit wiederaufbauen, ein halbes Dutzend Menschen beschäftigen, weil ein goldener Ring mit einem Halbedelstein den Besitzer ohne Bezahlung gewechselt hatte? En gros war erlaubt? Detail verboten? Die Verhandlung war zu Ende.

Ich ging zum Tisch des Wachtmeisters: »Es ist nett, daß Sie mich erkannt haben.«

»Aber Sie haben doch lange hier gearbeitet.«

»Ich danke Ihnen jedenfalls sehr.«

Warum die Weimarer Republik die zivilistische Bezeichnung Gerichtsdiener umgewandelt hatte in das militärische Wachtmeister, weiß ich nicht, eine der vielen psychologischen Irrtümer der Weimarer Republik.

Wo hatte man anzuknüpfen? Wer konnte sie vor Gericht ziehen, die SA-Leute, die in den letzten Tagen jeden, der nicht weiter schießen wollte, erschossen hatten? Die Generäle, die in längst verlorenen Schlachten neue Opfer zu den alten schickten? Wo waren Millionenwerte an gestohlenen Bildern, Schmuck, Möbeln? Ein goldener Ring mit einem Halbedelstein. Lächerlich!

Auf dem Korridor traf ich zwei alte Kollegen. Waren sie die ganzen fünfzehn Jahre hier von Verhandlungszimmer zu Verhandlungszimmer gegangen und hatten über den Mord an Lieschen Schmidt berichtet, während Tausende unter den Häusern lagen, während in der eisigen Nordsee eine ganze Generation von Matrosen torpediert in der Tiefe versank? Sie waren unfreundlich, verbittert. Sie begrüßten mich nicht wie der Botenmeister oder der Wachtmeister. Ich war nicht klug genug, um mich in diesem Gestrüpp von Fragen zurechtzufinden. Und am Abend wurde das Gestrüpp noch dichter.

X gehörte zu der kleinen Bande, die ich durch meine Schriftstellerei im *Tagesspiegel* wiederfand:

»Zu meiner großen Freude lese ich in No. 98 des *Tagesspiegels* Ihren Aufsatz ›Land ohne Fahnen‹; unnötig, zu erwähnen, daß mir dieser Artikel aus dem Herzen geschrieben ist.

Größer aber ist meine Freude, festzustellen, daß Sie noch vorhanden sind, wenn ich auch nicht weiß wo, und daß mithin die Möglichkeit eines Wiedersehns besteht.

Zunächst begrüße ich Sie einmal herzlichst und bitte Sie, mir Ihre Adresse baldigst zukommen zu lassen.«

Ich antwortete und er schrieb: »Die vage Erinnerung an Schnaps, die Sie mit meinem Namen verbinden, ist ganz richtig. Denken Sie an Walter Kiaulehn und an seinen Intimus, der ich war. Ich wohnte damals noch am Ufer, und Sie werden sich vielleicht noch an meine Wohnung mit der besonders schönen Loggia hoch über der Spree erinnern. Es war dies in der Zeit, als Sie Käsebier den Kurfürstendamm erobern ließen. Long long ago! Ich hoffe, nun wieder etwas deutlicher vor Ihrem geistigen Auge zu stehen.

Aus Ihrem Brief vom 19. Mai, der aber erst hier am 5. 6. einging, ersehe ich nun, daß Sie sich noch in London aufhalten, woran Sie zweifellos gut tun. Denn Berlin ist wirklich ein einziger trauriger Trümmerhaufen geworden, und ich glaube, daß die einzige Gattung Mensch, die sich hier wohl fühlt, der Großschieber ist, dem diese Stadt mit vier Besatzungsmächten, einer etwas fragwürdigen Polizei, Verwaltung und Rechtssprechung ein Eldorado bildet. Ich selber habe mich seit den ersten Tagen, nachdem wieder eine Verwaltung aufgebaut wurde, in deren Dienst gestellt und versuche, zu meinem bescheidenen Teil an der Wiederherstellung einigermaßen vernünftiger Zustände mitzuarbeiten. Ich komme mir seitdem wie Herr Sisyphus und die Danaiden in einer Person vor. Ich muß Ihnen gestehen, daß ich den Fall für hoffnungslos ansehe, zumindest solange wir das Experimentierfeld der östlichen Besatzungsmacht sind.

Mit Walter Kiaulehn stehen Sie doch sicherlich schon in

Verbindung? Da er in München sitzt und unser Briefwechsel bei seiner Schreibfaulheit nur schleppend erfolgt, erfahre ich nur selten etwas von ihm. Ende dieses Monats beabsichtigen alle Freunde Ernst Rowohlts sich in Stuttgart zum 60. Geburtstag dieses Verlegermeisters zusammenzufinden. Vielleicht fahre ich auch zu diesem Treffen ...«

1929, als ich sie kennenlernte, hatte mir seine Frau ihre Küche gezeigt. Gar nichts stand oder lag außerhalb der Schränke. Sie öffnete einen der Schränke mit Tassen an Haken, hinter denen die zugehörigen Untertassen gegen die Schrankwand gelehnt standen. »Meinen Sie ein Dienstmädchen könnte mir das so halten? Ich mache lieber alles allein.«

Also nun zwanzig Jahre später setzte er sich auf die etwas komplizierte Art einer Millionenstadt ohne Telefon und mit einer sehr langsamen Post mit mir in Verbindung, schlug vor, daß ich zu ihm käme, nach dem Abendbrot, aussteigen Bahnhof Tiergarten, und bei ihm übernachte, da es im Dunkeln im völlig zerstörten Hansaviertel zu gefährlich sei. Das war den Nazis geglückt aus der sichersten Stadt Europas. Ich hatte meine fünf ersten Ehejahre direkt am Bahnhof Tiergarten gewohnt. Ich stieg, um zu X zu gehen so aus, daß ich diese erinnerungsreiche Ecke nicht zu sehen brauchte. Wie richtig das war, erkannte ich einige Jahre später, als ich mit Heinz dort war und völlig gegen meinen Willen zu schluchzen begann. X wartete vor der Tür. Wir gingen durch den Keller in den ersten Stock. Das Zimmer, in das wir uns setzten, war ein Eßzimmer mit einer Sitzecke. Auf dem Buffet lag ein blütenweißer Spitzenläufer, darauf standen eine Punschbowle und das silberne Kaffeeservice. Wir tranken einen herrlichen Rheinwein. X erzählte von der Verwaltung im Osten. Nach kurzer Zeit kam sein Sohn mit seiner Frau, dir bald wieder gingen. X zeigte mir seine Römersammlung, ganz ungewöhnlich geschliffene Gläser in allen Farben, und goldene Becher. Ich weiß nicht mehr, ob es zwölf oder vierundzwanzig waren. Er hatte seit der Inflation sein Geld in Gold angelegt, Jahr für Jahr diese Becher angeschafft. Das war etwas sehr Merkwürdiges. Man kann doch keine Goldbarren kaufen. Es waren sehr schwere Becher, keine Sache, die man beim Juwelier bekommt. Er hatte sie im Krieg im Keller eingemauert, so daß sie erhalten blieben. Die Frau zeigte mir den Raum mit der Schlafcouch für mich und sagte: »Sie wissen, daß mein Mann Syphilis hat.« Ich sagte kein Wort zu dieser ungeheuerlichen Beleidigung. Als es morgens hell war, verließ ich so leise wie möglich ohne Verabschiedung oder Dank das Totenhaus. Verließ? Ich floh durch den Keller auf die Straße. Natürlich setzte sich X nie mehr mit mir in Verbindung. Kaum ein Jahr später war er durch eine manipulierte Gasleitung in seinem Bett getötet worden.

Ich hatte noch eine andre deutliche Erinnerung an ihn. 1931 oder 32 sahen Heinz und ich *Mahagonny* von Brecht/Weill im Theater am Kurfürstendamm. Es wurde von Schauspielern gesungen, vor allem von Trude Hesterberg, zu dieser Zeit die Freundin Heinrich Manns, und dem bezaubernden Karlweis. In dieser Aufführung wurde der Name Dreifaltigkeitsmoses nicht gesprochen, sondern ins Publikum geschleudert. Es störte uns sehr. Als wir nach Schluß auf den Kurfürstendamm traten, dampfend vom Bürgerkrieg, der Verkäufer des *Angriff* in seiner üblichen Kostümierung vor dem Theater, sahen wir X und Kiaulehn. X schüttelte den Kopf: »Sind Brecht und Weill verrückt in dieser Atmosphäre vom Dreifaltigkeitsmoses zu reden? Wahnsinnig!« Er sprach auf uns ein, als ob wir für Weill verantwortlich wären, der Antisemitismus machte, gewiß, ja, Gesamthaftung Israels. Aber doch nicht in diesem Spezialfall. Auch Kiaulehn schüttelte betrübt den Kopf.

Etwa dreißig Jahre später, als wir wieder einmal Arnold Zweig im Osten besuchten und Billets für die Oper in Ost-Berlin nahmen, war *Mahagonny* angezeigt. Diese Ostnarren erlaubten ja nicht, daß ihr Theaterprogramm im Westen erschien. »Ich möchte das noch einmal sehen«, sagte ich. Heinz wollte nicht recht, aber stimmte zu. Wir sahen ein völlig anderes Stück als 1931, eine herrlich gesungene Oper. Nichts mehr vom Dreifaltigkeitsmoses. War er anders genannt? Gestrichen? Oder nur nicht mehr mit solcher Taktlosigkeit herausgehoben? Heinz sang auf dem ganzen Heimweg: »Erinnerst du dich noch an die Kälten, als wir zusammen die Bäume fällten?« Und ob ich mich erinnerte, was hatten wir in Jerusalem und London gefroren! Natürlich war es kein revolutionäres Stück mehr wie 1931. Die Revolution, die alle Revolutionen auf ewig beendete, hatte hier stattgefunden. Jede Änderung, jeder Zweifel an der Heiligen Schrift, war mit Tanks zu beenden. Die DDR ist eine Mischung aus den Zuständen vor der französischen Revolution, der Mensch an die Scholle gebunden, ohne Freizügigkeit, ohne Lehr-Rede-Versammlungs-Pressefreiheit, und 1890. Als Arnold Zweig gestorben war, kam mir seine Witwe in schwarzem Krepp entgegen. »Sie wundern sich«, sagte sie »aber meine Haushilfe sagte zu mir: ›Frau Professor haben doch Herrn Professor geliebt?‹ ›Natürlich, wir waren doch eine Studentenliebe.‹ ›Ja, aber die Leute reden alle, daß Frau Professor noch nicht einmal Trauer um ihn trägt‹. Darum«, sagte Beatrice zu mir, »habe ich mir alles schwarz färben lassen.« In der Ostoper saß man auf imitierten Rokokosesseln im Foyer und wurde von Frauen in Schwarz mit weißer Schürze bedient. Im Westen stand man an der Theke für Selbstbedienung.

Auch 1948 sah ich Theater. Ich ging mit Heidchen ins Renaissancetheater, das einzige von Oskar Kaufmanns Theatern, von der Jugendstil-Jugendsünde Hebbeltheater abgesehen, das noch so war, wie er es sich vorgestellt hatte. Es war Jahre später, als wir wieder dort waren, daß Heinz sagte: »Diese Treppe und das Geländer ist ja genau abgekupfert vom théâtre français. Aber nur ein genialer Architekt kann so erfolgreich klauen.«

Ich weiß auch noch, wann es war. Es wurde der *Leibgardist* gegeben, dieses hinreißende Molnarstück, mit Heidemarie Hatheyer und Adolf Wohlbrück, ganz frisch, unvergänglich, und das, obwohl eine Frau, die ihren langjährigen Ehemann nicht erkennt, unwahrscheinlich bleibt. Ich sage das, obwohl ich einen derartigen Fall in der Wirklichkeit kenne. Friedrich Adler, der Sohn von Viktor Adler, hatte nach der Besetzung Frankreichs die Akten der zweiten Internationale in ein Versteck gebracht und traf sich mit seiner Frau auf einem Bahnhof. Mit einem neuen Vollbart und neu eingekleidet erkannte sie ihn nicht. Aber dieser höchst vergnügliche Molnarabend enthielt für uns Tragik: Wohlbrück war in seiner Rolle als Schauspieler wie als Gardeoffizier einfach hinreißend – und wie oft hatten wir ihn in London als reinen Schmierenschauspieler gesehen, am schlimmsten in den *Roten Schuhen* neben der zauberhaften Moira Shearer, aber auch in der *Ronde*, und in *Call me Madam*, neben der Bombe Ethel Merman, ein steifer Bock. Nein, ihm war die Verwandlung von Wohlbrück in Walbrook nicht bekommen. Nur für ganz wenige war der Übergang in eine andre Sprache nicht tödlich. Elisabeth Bergner, Marlene Dietrich,

Martin Miller, am besten gehts noch in gebrochenem Englisch wie Valk, als ein großer Othello. Maria Fein, die große Reinhardt-Schauspielerin suchte vergeblich den Absprung ins englische Theater, obwohl man sie am BBC Radio die Elga von Gerhart Hauptmann spielen ließ. Aber ein Engländer sagte mir, er habe kein Wort des Englischen verstanden. Trotzdem wäre es irgendwo eindrucksvoll gewesen. Gleichzeitig las sie oder, besser gesagt, spielte alle Rollen des *Schwierigen* von Hofmannsthal auf deutsch, eine geniale tour de force. Eines Tages lernte sie Tyrone Guthrie kennen, der Mann, der den Kanadiern Shakespeare gebracht hatte. Er war hingerissen. »Es gibt doch keine Salondamen mehr«, sagte er. »Ich habe ein Stück, in dem Sie sofort spielen können. Kommen Sie mit nach USA.« Damals hatte sie auch ein Angebot von Hamburg. Wir sprachen zusammen darüber, hier bei uns. Heinz sagte: »Aber Maria, wenn Guthrie dich haben will!« Es war ein ganz falscher Rat. Das Stück fiel durch, und für Maria war es das Ende ihrer Karriere, die Hitler, da sie wohl die Tochter eines Tirolers, aber einer jüdischen Mutter war, kaputtgemacht hatte. Erst ihr Enkel, der Sohn der Maria Becker, trat in London in *Hair* auf, war ein vollgültiger englischer Schauspieler geworden.

Also 1948 ging ich mit Heidchen ins Renaissancetheater zu *Die Zeit des Glücks* von Marcel Achard. Das Stück fängt mit der Goldenen Hochzeit an und endet fünfzig Jahre früher. Das ganze Menschenleben mit allem Zeitgebundenen. Aus dem alten Dienstmädchen wurde das junge Dienstmädchen, aus dem alten Diener wurde der junge Diener. Der Chauffeur verschwand, der Kutscher kam. Das bürgerlich elegante Milieu wirkte so gespenstisch wie der Frisiersalon in der Meineckestraße, wie die goldenen Becher von X am

Kriegsschauplatz Hansaviertel, daß ich schon verstand, warum die Russen Stücke mit Smoking und Frack nicht erlauben. Trotzdem! Ein beglückender Abend, der auf eine ganz leichte Art so viel vom Menschenleben enthielt.

Der Lindenbaum von Priestley war in London ein nicht endender Erfolg, in Berlin eher ein Durchfall. In London war er Fortsetzung der täglichen Diskussion über Fragen, die allen auf den Nägeln brannten, die Figuren richtige lebendige Engländer. Der Sprache, treffend für Alter und gesellschaftliche Position, beraubt, erhoben sie sich nicht ins allgemeine Menschliche wie Achards Personen, sondern wurden Puppen.

Eine kleine englische Industriestadt ist kein Begriff für Berlin. Regen, Ruß, das Moor, eine spärliche Vegetation, Melancholie und tiefe Stille, ein paar billige Geschäfte für den täglichen Bedarf, keine Kinkerlitzchen, keine Überflüssigkeiten. In solchen Industriestädten fand eine gewaltige Änderung statt, entstanden neue Universitäten. Statt für eine begabte, begnadete, übermütige, manchmal auch morbide Oberschicht, nun kostenlos für die mit dem besten Examen. Statt aus Häusern mit Büchern und Kunstwerken, kommen sie aus dem armseligen Leben. Priestley ist kein Theoretiker, für den es den Mythus Proletarier gibt, er bringt zwei der neuen Studenten auf die Bühne, arme beschränkte hilflose Geschöpfe. In London waren sie das, häßlich, bebrillt. In Berlin konnten sich die Schauspieler nicht entschließen, ihren Sex Appeal zu Hause zu lassen. Für Engländer ist es ein Problem, wie sich das auswirkt, wenn man Geist und Wissen den bisher Ausgeschlossenen bringt, denn Engländer wollen keine gelehrten Hühner, sondern mens sana in corpore sano. In Deutschland hat es immer den armen Scholaren gegeben, seit 1918 in Massen. Den Berlinern mußte es völlig unverständlich sein, warum die Studenten immerzu bei dem Professor rumsitzen. In England ist er ein Erzieher, wie die Prinzenerzieher des achtzehnten Jahrhunderts. Er unterrichtet seine Studenten einzeln, er leitet sie, es ist das beste und kostspieligste Universitätsprinzip, ein Grund für den Mangel an Aufruhr.

Das Stück rührte viele Fragen an, die keine Fragen in Deutschland sind. Frau, Sohn und Tochter haben kein Verständnis mehr für den alten Professor, für sein puritanisches Opfer des Lebens für andre. Und dann die Aufwartefrau! In London unheimlich echt, in Berlin eine Kabarettfigur. Das französische Stück aus einer versunkenen Welt stand uns viel näher als das zeitgemäße Stück, das örtlich gebunden war.

Wir gingen noch in den Bühnenklub in einem gebombten Haus am Kurfürstendamm, der sehr elegant war, eine große Büste der Käthe Dorsch, Blumenarrangements. Aber kaum jemand da. Klupp sagte: »Niemand hat mehr Zeit zur Geselligkeit, Theater ist ja das wenigste, Synchron bringt am meisten ein, Radio, Filme. Wann hat ein Schauspieler Zeit? Er muß sich ja schließlich auch ausschlafen.« Der Kurfürstendamm war belebt.

»Na, Kleiner«, sagte ein Mädchen zu Klupp, »Sünd mir mal ne Sigarette an.«

»Haste noch ne Sigarette?« sagte eine leicht Angetrunkene. Klupp zog sein Etui und gab ihr eine. »Mir auch«, sagte eine Dritte.

Die erste winkte Klupp. Zwei Herren kamen dazu. Man lachte. Die Elektrische, die die ganze Nacht fuhr, kreischte in den ausgeleierten Schienen. Es war dunkel. Man sah nicht die Ruinen. Es hätte auch 1930 sein können.

Eine wirkliche Nazin war die Frau am Empfangsschalter des englischen Lancaster Hauses am Fehrbelliner Platz. Sie sprach deutsch, ich englisch. »Sind Sie denn überhaupt englisch?« sagte sie.

»I am British.«

Sie im unverschämtesten Ton: »Na, zeigen Sie mir mal Ihren Paß.« Ich gab ihn ihr. »Sie sind ne Deutsche, naturalisiert«, wandte sich zu dem englischen Polizisten und flüsterte ihm zu: »Das ist wahrscheinlich ne Jüdin.« Der Polizist nickte traurig. Sie sagte ins Telefon: »Geben Sie mir den Dolmetscher«, gab mir den Hörer, und ich hörte jämmerliches Schulenglisch.

»Danke«, sagte ich. »Ich kann auf Ihre Dienste verzichten.«

Einen besonders nett aussehenden jungen Deutschen mit dem Opfer-des-Faschismus-Abzeichen am Hemd brüllte sie an: »Jeschlossen.« »Ich komme von der Zone, ich habe nur eine Frage.«

»Jeschlossen«, brüllte sie wieder.

»Nur eine Frage.«

»Jeschlossen.«

Das war seine erste Begegnung mit der englischen Demokratie.

»Das ist doch eine Nazi«, sagte er zu mir.

»Natürlich«, sagte ich.

Aber auch eine besonders nette Engländerin im Hotel am Zoo begriff nichts: »Wir haben eine Kaffeeköchin, die ist einfach perfekt. Sie machte schon die Kaffeeküche beim Kaiser im Schloß, dann bei Präsident Ebert und Präsident Hindenburg und bei Hitler, jetzt arbeitet sie für uns. Sie kommt immer pünktlich, fehlt nie, macht ihre Arbeit mit der größten Gewissenhaftigkeit. Ich bewundre die Deutschen. Sie wollen nur eins, uns loswerden. Wenn ich mich in ihre Lage versetzte, ich würde auch wütend sein, wenn mein Land in vier Teile geteilt würde. I agree wholeheartedly with them.«

Einmal erzählte mir ein Kellner im Hotel, daß sie alle vom alten Hotel Adlon seien: »Da gab es nur drei Leute in der Partei, Herr Adlon und sein Schwiegersohn, die mußten, und der Kellermeister, der wollte, und im Hotel Bristol, wo doch so viele jüdische Gäste waren, hatten sie eine Werkschar gebildet. Sie wissen doch, das war eine reine Nazigruppe, macht einen doch nachdenklich, nicht wahr?«

»Ja, das ist ein großes Thema«, sagte ich, »mir sagte ein Kellner in Tel Aviv, ein jüdischer Kellner natürlich, daß es leichter sei, englische Offiziere als jüdische Rechtsanwälte zu bedienen, aber das ist doch selbstverständlich. Offiziere eines Weltreichs, erzogen, mit Schwarz-Braun- und Weißhäuten umzugehen, natürlich ist es mit denen leichter als mit Menschen, gegen die immer Haß gepredigt wurde, die immer verfolgt wurden, die also tief unsicher sind, aber wenn es sich um wirklich ernste Dinge handelt, finden Sie niemanden wärmer, teilnehmender als Juden. Brauchen bloß an jüdische Ärzte zu denken.«

»Da haben Sie schon recht,« sagte der Kellner.

Besuch bei Karl

Pfingsten konnte ich endlich zu Karl und Freia fahren. Es war ein zauberhafter Frühlingstag, die klare Luft von Berlin, das zarte Grün, ein hellblauer Himmel.

Ich fuhr mit der Stadtbahn, die genialerweise 1870 für eine mittelgroße Stadt erfunden worden war, das bequemste interessanteste Verkehrsmittel. Der Zug war überfüllt. Wir fuhren durch Ruinen. Ich hatte das alles noch heil gekannt, als es mein täglicher Berufsweg war, die Frauen an der Nähmaschine am Fenster, Heimarbeit für die Berliner Konfektion, 18 bis 20 Mark die Woche, und das Garn mußten sie selber bezahlen.

Reihen von Bronzefiguren im Fenster, wenn man sich der Ritterstraße näherte. Hieß das nicht Galanteriewaren? Grieneisens Beerdigungsinstitut, alles weg. »Das ist ja hübsch zertöppert«, sagte ich. »Ham Se was dajejen?« sagte ein junger Mann, der neben mir stand, »ohne das wären wir ja die Bande nie losgeworden.« »Na, ich jewiss nich«, sagte ich. In all dem Elend eine gute, hoffnungsvolle Stimmung.

Von der Stadtbahn sah ich den Bahnhof Jannowitzbrücke. Ich dachte an die Lastwagen, von riesigen Pferden gezogen, die unter dem Bahnhof über die Brücke fuhren, und die Dampfer auf dem Fluß, an dem die Fabriken lagen, Spindler unübertroffen für chemische Reinigung, die AEG in Oberschöneweide, die Apfelkähne, von Männern mit Stangen die ganze Spree entlang durch die Stadt gezogen.

Ich stieg aus, kam durch ein Wäldchen zu einer alten Villa, wo offenbar in jedem Zimmer andre Leute wohnten. Es war nicht nur primitiv, sondern von der Primitivität so vieler Emigrantenbleiben.

Da waren die Büffets für die Bedürfnisse großer Gesellschaften, für vierundzwanzig Teller und Bestecke und Schüsseln und Kaffeeservice. Jetzt wurden darin Wäsche und Kleidungsstücke und Schuhe und Obst und Gemüse und Speck aufbewahrt, da ja die Küche von vielen benutzt wurde, und wer zieht in einer Hungersnot nicht vor, das Eßbare bei sich zu behalten?

Die albernsten unbrauchbarsten Möbel standen in solchen Zimmern. In meinem ersten Zimmer in Jerusalem hatte ich ein Möbelstück, das aus lauter dreieckigen Brettchen für Nippes bestand. Da es keine Schublade und schon gar nicht eine verschließbare gab, so legte ich auf eines der Brettchen eine Untertasse mit meiner Armbanduhr und ähnlichem. Eines Tages war alles weg. Bücher mußten in Kisten gelegt werden und Schuhe auf Bücherregale. Ein Kind, das so aufgewachsen ist, schmeißt auch unter andern Verhältnissen seine Anzüge auf einen großen Haufen in einer Zimmerecke.

Ein Schrank, ein Teil zum Hängen, einer mit Brettern zum Legen, kam mir jahrelang als Höhepunkt des Luxus vor. Karls Bleibe war der gebombten Stadt adäquat.

Dreizehn Jahre nach der Auswanderung wohnten wir in einer eigenen Wohnung im eigenen Haus. Dieses Haus hatte Heinz teilweise deshalb gekauft, weil es in der Nähe von Peters Schule lag, aber dann war es für Möbel für Ausgebombte beschlagnahmt worden, und als wir 1946 in das Haus konnten, war er schon nicht mehr auf der Schule, sondern in Cambridge, das man von der andern Seite der endlosen Stadt erreichte. Und Heinz hatte keine Arbeitserlaubnis und wurde von der Gilde der Architekten nicht zugelassen.

Am 30. Mai 1948 kam ein Brief von Karl an Heinz. »Am Pfingstmontag haben wir mit Ihrer Frau einen sehr herzlichen und interessanten Nachmittag verlebt. Sie zeigte auch Bilder von Ihnen und Ihrem Sohn, den ich mir ganz anders vorgestellt hatte. Ich dachte immer, er wäre eine verjüngte Ausgabe von Ihnen, aber er sieht ja richtig drahtig aus und soll ein großer Optimist sein.

Meine Frau fand, daß Sie sehr sympathisch aussehen, Sie würden gut mit ihr auskommen, sie ist die geborene Architektin, aber ich finde, daß Sie viel zu schmal im Gesicht sind und hörte erst jetzt, daß Sie schwer krank waren und immer noch etwas darunter leiden. Wenn Sie (so wie Gaby und Freia) Optimist wären, wären Sie schon längst wieder gesund; bei Pessimismus geht die Genesung immer langsam. Bei Ihrem Aussehen ist es eigentlich unrecht, daß uns Ihre Frau manchmal Lebensmittel schickte, sie soll *Sie* erst richtig auffüttern. Auch jetzt hat sie uns wieder für mindestens zwei Netto-Monatsgehälter Lebensmittel mitgebracht, von denen wir noch täglich genießerisch kosten. – Neu war mir, daß Sie einen großen Garten haben und Ihre Frau eine begeisterte Gärtnerin ist; sie hat mir viele Ratschläge gegeben. Ihre Frau war sehr mobil und unternehmungslustig, sie hat hier – im KZ-Deutschland – in einer Woche vier deutsche Pfund zugenommen. Das würde bei ständigem Hiersein in einem Jahr zwei Zentner, in zehn Jahren eine Tonne ausmachen.

In ihrem letzten Artikel (Sonntag 23. Mai) hat Frau Gabriele einen Mann genannt, dessen Name ich nicht mehr ausspreche oder niederschreibe, weil er bei dem Nazieinfall in Norwegen mit fliegenden Fahnen zu den Eindringlingen übergegangen ist. Ich habe damals alle Bücher, die ich von ihm besaß, in die Heizung gesteckt und das bis heute noch nicht bereut.

Vor acht Tagen haben wir bei Ihrer Kusine Heide Sachs einen kurzen Besuch gemacht und englisches Waschpulver gegen deutsches Stopfgarn getauscht.«

Karl spricht natürlich von Hamsun. 1941 gab der PEN-Klub im später gebombten Frascati Restaurant ein Dinner. Wir wußten beide nicht, daß es ein berühmtes Lokal war, ein Schaustück der Edwardian Epoche. Ich hatte die Ehre, daß Hermon Ould, der Sekretär des PEN-Klubs, vorher Sekretär von Galsworthy, dem Verfasser der Forsyte-Saga und Mitgründer des PEN, mich als seine Tischdame neben sich gesetzt hatte. Ein junger Mann neben Ould sagte: »Tergit? Muß ich sprechen.« Ould wechselte den Platz mit ihm. Es war ein norwegischer Journalist. »Ich habe ein Feuilleton von Ihnen gelesen, das ich seitdem mit mir trage: *Bildung.*« »Lieber Gott«, sagte ich, »1920 in der *Voss* erschienen, eine meiner ersten Schreibübungen, als ich Studentin in Heidelberg war. Aber wichtiger, was ist mit Hamsun?«

»Hamsun ist eine deutsche Erfindung.«

»Ach Unsinn, ein ganz großer Schriftsteller.«

»Finden die Deutschen. Wir haben das nie gefunden. Die Norweger schicken ihm alle seine Bücher zurück. Er ist von Büchern eingesargt.«

»Von wem sprechen Sie? Hamsun?« beugte sich ein Cambridge Don und bekannter BBC-Sprecher über den Tisch zu uns herüber.

»Sie sehen!« triumphierte der Norweger.

»Ein großer norwegischer Schriftsteller, der sich zu Hitler bekannt hat«, sagte ich.

»Kein großer«, sagte der Norweger.

»*Victoria* ist eine der schönsten Liebesgeschichten der Welt«, sagte ich. »*Im Segen der Erde* wird eine Frau zu Gefängnis verurteilt und lernt dort die Nähmaschine kennen, und Hamsun findet das den Anfang vom Ende.«

»Sie sehen«, sagte der Norweger.

»Das ist doch zu reaktionär«, sagte der Engländer.

»Er war nur in Deutschland so überschätzt«, sagte der Norweger.

Also Karl hatte alle seine Hamsuns verbrannt. Mir, der so viel Bücher in allen Ländern gestohlen wurden, sind alle Hamsuns geblieben. Spricht allerdings gegen Hamsun.

Waren die andern, die sich nach meinem ersten Artikel im *Tagesspiegel* mit mir in Verbindung gesetzt hatten, Kollegen, Bekannte und Heinzens Freund Karl, so war Grete eine intime Freundin zwischen meinem fünfzehnten und zwanzigsten Lebensjahr. Sie war sehr schön, und zwar sehr deutsch schön, obzwar sie eine Jüdin war, groß, blond, üppig und ein sehr schönes Gesicht. Sie hatte mit neunzehn, noch vor dem ersten Weltkrieg geheiratet, zwei Kinder gehabt und lebenshungrig, begabt und begehrt, wie sie war und blieb, im Taumel der zwanziger Jahre ihren Mann verlassen und den Intendanten des Theaters in Darmstadt geheiratet. Nun hatte sie das Leben, das sie wollte, leidenschaftlich an Theater, Literatur, allem Geistigen interessiert, machte aus einer winzigen Coward-Skizze ein erfolgreiches Hörspiel. Klupp wollte unter Hitler weiter arbeiten können, so ließen sie sich scheiden und lebten zusammen, aber sie mußte in einer Fabrik zwangsarbeiten, und als sie in die Hamburger Straße gebracht wurde, dem Vorhof von Auschwitz, bestand sein Leben nur noch aus dem täglichen Weg in die Hamburger

Straße, um dort der ss den Hof zu machen, sie zu bestechen, damit seine Frau nicht abtransportiert würde. Tatsächlich gelang es ihm, nicht nur sie, sondern auch ihre Mutter vor der Deportierung zu retten, und nach dem Bombenbrand von November 1943 mit seiner Zerstörung aller Akten war die Gefahr vorüber. Sie heirateten sofort wieder 1945, und später führte sie ein Haus in Dahlem im alten Stil mit einer Haushilfe, die noch dazu hervorragend kochte. In späteren Jahren, als auch Heinz nach Berlin kam, duzten wir uns alle und hatten viele heitere Stunden.

Sie wohnten 1948 in einer Pension B., in der ich von 1948 bis 1966, immer wenn ich nach Berlin kam, gewohnt habe. Die herzliche Begrüßung durch Frau B., die uns ein Gefühl der Zugehörigkeit gab, war wichtiger als die Bequemlichkeit eines guten Hotels, die wir uns später hätten leisten können. Das Haus war sozusagen ungebombt. Es hatte zwar keine Haustür, der Fahrstuhl funktionierte nicht, aber die Wohnung war eine Berliner Westen-Wohnung wie bei uns allen. An sich scheußlich, aber gewohnt, da war der lange Korridor, von dem meine Mama gesagt hatte: »Mindestens dreißigmal am Tag lauf ich diesen Achtundzwanzig-Meter-Gang.« Da war vorn das riesige »Berliner Zimmer«, durch das man immer gehen mußte, dessen Charakteristikum es war, daß die Wohnungssuchenden fragten: »Wieviel kann man setzen?« Vierzig, fünfzig, sechzig Personen für die Berliner ›Abfütterungen‹? Und ganz hinten am Ende des langen Korridors war das stillste und angenehmste Zimmer, wo die verschiedenen Grundstücke aufeinanderstießen und ein paar Bäume wuchsen. Von meinem Gehänge an allem, was ich kannte, hatte schon Kiaulehn zwanzig Jahre früher geschrieben: »Die Berolina auf dem Alexanderplatz ist zwar sehr häßlich, aber wenn man sie jahrelang auf dem täglichen Schulweg gesehen hat, liebt man sie.«

Genau wie Karls blendendes Töchterlein in der Sehnsucht nach einem männlichen Schutz in den entsetzlichen Berliner Bombennächten den falschen Mann geheiratet hatte, von dem sie bald wieder geschieden wurde, so hatte auch die entzückende Frau B. die Witwe eines viel älteren Obersten, der im Krieg starb, jemanden geheiratet, der schon jahrelang um sie kreiste und vor dem sie sogar der Oberst gewarnt hatte. Sie ließ sich bald scheiden, hatte aber damit ihre Pension verloren. Sie vermietete sämtliche Zimmer ihrer großen Wohnung, behielt sich das kleinste, das sie ihre Kemenate nannte, ging um sechs Uhr morgens Brötchen holen, ging nie aus, da sie Telefonanrufe für die Gäste abnehmen mußte, und wenn »eine Abreise« um fünf Uhr morgens sein mußte, so brachte sie ihren herrlichen Kaffee, tadellos angezogen und frisiert, genauso heiter ins Zimmer wie immer. Nie war diese Frau auch nur eine Minute beleidigt über ihr Schicksal. Sie hatte schon ein paar Zimmer vermietet, als der Oberst noch lebte, und zwar an jüdische Damen. Eine wollte ihr ihre Kisten mit kostbarer Wäsche und Porzellan geben. »In einer Pension kann man natürlich immer Wäsche brauchen«, erzählte mir Frau B. »Aber ich wollte mich doch nicht an diesen unglücklichen Menschen bereichern.« Und dann mußte sie erleben, daß die Gestapo den ganzen Besitz abholte. Eine andre der Damen nahm Gift, als sie wußte, daß sie abgeholt würde. Frau B. lief nebenan in ein Sanatorium, das mit den gleichen Ärzten noch bestand, als ich bei Frau B. wohnte, um einen Arzt zu holen.

»Höre immer Dame«, sagte der diensttuende Arzt.

»Ner alten Judensau wollen Sie helfen. Sie wollen mich

auch zum Judenknecht machen. Wir haben hier fünfundzwanzig Ärzte, nicht einer wird einen Fuß in Ihren Judenstall setzen, hätte längst ausgeräuchert gehört.« ... Es kamen zwei andre Ärzte dazu: »Daneben in dem Judenstall kotzt sich wieder eine Judenhure zu Tode. Offiziersfrau setzt sich ein, andre Begriffe, wohl nicht mit Führer einverstanden!« Und mit der Faust vor Frau B's. Gesicht: »Diesmal wird Ihre Sippe uns nicht den Dolchstoß von hinten versetzen. Leute sind für geringere Verbrechen ins KZ gekommen.«

Nun bewohnten also Klupps den größten Teil der Wohnung, und ich fand es eine angenehme Bleibe. Grete nannte es »Großmutter Bohème«.

Grete, trotz allem, was sie durchgemacht hatte, an die alte Lebensweise mehr gewöhnt als ich, nahm mich in ein Restaurant mit.

Eine Mondlandschaft, von Laternen beleuchtet, ganz leer. Schutthaufen. In einer Ruine war das Erdgeschoß eine geschlossene Wand mit einem runden Fenster mit Bildhauerei aus Stein umgeben ... Eine Steinstufe mit eingelassener Matte, die von einem Messingstreifen umgeben war, als Fußabstreifer, führte zu der zierlichen Tür, die sich auf einen Vorplatz öffnete, die Garderobe. Auf dem üppigen Ablegetisch aus Mahagoni stand eine riesige Vase mit Blumen. Eine grauhaarige Frau in Schwarz mit weißer Schürze nahm uns die Mäntel ab. Ein kleiner stoffbespannter Raum mit weichem Teppich, sanftem gelblichen Licht von der Wand und gedämpfte Musik. Am Nebentisch ein Betrunkener, ein freundlicher Schwede, der vor sich hinlallte: »Möchte wissen, was ich will. Möchte wissen, was ich will.«

Aufführung von *Hoppla, wir leben*, 1920, Expressionistisches Stück, 1921? Surrealistisches Bild, 1930? Die Wirklichkeit von Berlin, 1948? Natürlich nicht die Wirklichkeit. Ich erinnerte mich plötzlich. Ich war ja bei Jockey in der Lutherstraße. Im Winter 1932/33 waren wir hier, Maria Fein, Martin Beradt, die hochbegabte Anni Bernstein aus München, Nichte der Bernsteins, bei denen Katia Pringsheim Thomas Mann traf, die eine neue Dostojewski-Ausgabe unheimlich illustriert hatte. Heinz und ich und noch ein paar Leute.

Grete war amüsant wie immer: »Ein Pfund Butter kostet dreihundert Mark, Zucker zweihundertachtzig Mark. Untergrundbahn zwanzig Pfennig. Na also, was essen wir? Gibts nur Muscheln?« Der Kellner im Frack sagte: »Ich schlage der gnädigen Frau vor, eine Suppe zu wählen, dann Hering.«

»Ganzen Hering?« fragte Grete erstaunt.

»Nein, einen halben, aber sehr schön zubereitet, dann als Fleischgang ... Fleischgang ...«

»Na, sagen Sie schon, Bulette mit Zwiebeln.«

»Wir nennen sie Brisoletts.«

»Und zwei Cocktails«, sagte Grete.

Eine Frau verkaufte langstielige Rosen.

Grete hatte öfter Besuch von einer Staatsangestellten aus dem Osten, die im Krieg als Arbeiterin den jüdischen Zwangsarbeiterinnen sehr geholfen hatte. Sie erzählte von einem Kinobesuch »der ganzen Belegschaft«. »Freiwillig mußten wir alle gehen.« Klupp fragte, was das für ein Film war? »Ich weiß nich, die meisten haben geschlafen. Es war so langweilig. Und am nächsten Tag kommt doch der Chef und sagt: ›War doch ein schöner Abend, nicht wahr?‹ Und alle sagen: ›Ja, so interessant‹, ›so ein guter Film‹, alle schwärmten von dem Mist. So lügen wir uns alle gegenseitig an, obwohl wir alle wußten, daß wir uns anlügen.«

Hamburg 1948

Die Ausreise von Berlin nach Hamburg wurde von einem englischen und einem russischen Offizier kontrolliert. Sie waren wie in Hollywood ›typecast‹, für die Rolle ausgesucht. Wie tröstlich, daß sie hätten Zwillinge sein können, gleich groß, schlank, blond, blauäugig, von einer gängigen Hübschheit, der Engländer selbstsicher, intelligent, der Russe freundlicher, primitiver. Als er mir die Papiere zurückgab, sagte ich danke auf russisch, er strahlte, ein Beweis, wie wenig wohl er sich unter diesen nichtrussisch Sprechenden fühlte. Wir waren angewiesen worden belegte Brote mitzubringen. In einer Waldlichtung mit einem Haus auf der Höhe machte der Bus halt. Fünf bescheidene junge Kinder warteten, und wir gaben ihnen die Brote, die sie in Netze taten, und, wie es hieß, zu dem Pastor in dem Haus brachten, der sie verteilte.

In Hamburg wohnte ich im Reichshof, wo alle Antinazis wohnten, weil dieses Hotel noch Juden aufgenommen hatte, als es schon sehr gefährlich war.

Ich aß mit Rowohlt, der kaum älter geworden aussah und Cäsar Springer im Atlantik zu Mittag. Walther von Hollander erzählte mir später: Die Springers waren Inhaber der Altonaer Zeitung. Im März oder April 1933, jedenfalls schon ganz früh, kamen Nazis, um die Zeitung zu zensieren, worauf der alte Springer sagte: »Nicht bei mir«, und die Zeitung schloß, um auf seiner Klitsche zu überwintern. Er war überzeugt, daß er die Bande überleben würde, und er hatte genug Geld, um auch ohne Zeitung zu leben. Hollander sagte mir auch, daß Cäsar den Vater abgöttisch liebte und bewunderte, und nun war er einen Tag vor dem Mittagessen beerdigt worden. Natürlich war der Sohn bedrückt. Ernst Rowohlt war gedämpft. Nachher sprach ich Herrn Voss von Springer, dem die *Effingers* sehr gefielen. »Dieser Schlemmer! ›Wir kalkulieren nich‹«, zitierte er. »Na, der is richtig mit den Maschinen im großen Salon der alten Villa und der Dampfmaschine im Wohnungskeller: ›Wir haben immer hübsche Aufträge von den Theatern, zum Beispiel die Gestelle für die Rheintöchter.‹ Ach herrlich.«

»Sie sind ja ein Musterleser«, sagte ich. Schlemmers Maschinenfabrik, 1852 gegründet, die Paul Effinger 1884 besuchte. Ich hatte alles aus Emil Rathenaus Biographie, der der Gründer der AEG war, aber ich wußte gar nicht, wie charakteristisch das alles war, bis ich fünf Jahre später in Yukatan wieder den Beginn einer Industrialisierung sah. Eine Maschine zum Sisalspinnen stand in einem herrlichen spanischen Gutshaus unter einer gemalten Decke, vor Wänden, dekoriert in spanischem Barock. Ich hatte das Gefühl, daß es den lateinischen Arbeitern, lateinisch auf der andern Seite des Globus, genau so als Verschwendung leid tat wie uns. Eine Baracke hätte genügt. Immer wieder das von Ulbricht zerstörte Schlüterschloß.

Voss war entzückt, ich solle mir den Roman noch einmal genau durchsehen, um ihn mit Hollander zu kürzen: »Ich bin neugierig, wie wird das antisemitische deutsche Volk diesen Roman aufnehmen?« sagte Voss. Nun ja, es nahm ihn gar nicht auf. Von dreitausend Buchhändlern verkauften ihn nur dreißig. Es war vor der Währungsreform. Bis er herauskam, hatten die Leute Möbel und Kleider, Gardinen und Autos zu kaufen. Alles mußte ersetzt werden. Aber auch das Thema war tabu.

Ich hatte und hörte erschütternde Unterhaltungen in diesen wenigen Tagen in Hamburg. Auf der Straße standen zwei Herren: »Wenn das deutsche Volk ganz einig wäre, dann könnten die ja gar nichts machen. Man müßte den Engländern sagen, dann gehen wir eben mit den Russen und dem Russen mit dem Engländer drohen.«

Der andre Herr nickte ernsthaft.

In Berlin hatte Hobbings Chauffeur zu mir gesagt: »Wir stehen nun genau da, wo wir gestanden haben, als der Hitler gekommen ist. Konzentrationslager in Oranienburg. Da war ja der Deutsche human dagegen.« Mein Taxichauffeur in Hamburg sagte das genaue Gegenteil: »Nu sind wir wieder, wo wir 1932 waren, von einem Extrem ins andre geraten. Erst unter Hitler ganz sozial. Die reichen Leute haben alles für die Armen gegeben, da war kein Zwang dabei. Jetzt ist wieder jeder für sich, unsereins ist unten. Die sind oben. Sehen Sie sich die Autos an.«

Ich sagte: »Das sind doch alles Autos von der Besatzung.« Er sah genau hin und sagte: »Sie haben recht. Aber lassen Sie sich nichts aufbinden. Unter Hitler waren alle gleich, jetzt gibt es wieder oben und unten.«

Er zeigte mir auch eine Straße mit Mietskasernen: »Da wohnen nur DP's, hat man ihnen alles freigemacht. Glauben Sie mir, das ist alles Gesindel.«

»Aber diese displaced persons sind doch als Sklavenarbeiter vom Deutschen aus ihrer Heimat getrieben worden, die sind doch nicht freiwillig hierher nach Hamburg gekommen.«

Er schwieg.

Ein Herr sagte auch zu mir: »Ich verstehe nicht, warum immer noch kein Friedensvertrag geschlossen wurde, in London spürt man das natürlich nicht so wie bei uns.«

Am späten Nachmittag war ich bei Rowohlt mit Marek (Ceram). In einem gebombten Haus an der Alster mußte man genau wie in der Passauer Straße in Berlin drei Treppen klettern. Oben war es ganz armselig. Auf einem Brett hatte Rowohlt einen Kocher, um heißes Wasser zu machen. Alles Aufgedrehte, die Angeberei, die Glasfresserei und der Ritt durch den Spiegel war nicht mehr da. Er erwartete noch am Abend seine neue Frau, von der er sprach. Er war sehr stolz auf diese Frau. Ich hatte das Gefühl, es war das erstemal, daß er liebte, nicht nur ›Ottomane‹. Rowohlt war von Natur verzeichnet, ein Hüne – ein Steinklopfer sagte zu Kiaulehn, als der hinter Rowohlt und X vorbeiwanderte: »Ich arbeite doch schon zwanzig Jahre auf der Landstraße, aber so schöne gewaltige Männer habe ich selten gesehen« – und dazu ein kleiner Kopf mit einer winzigen Nase, einem winzigen Mund, kleinen gekniffenen Augen. War er kleinlich? Aber das war er wirklich nicht. Er sagte im Laufe des Abends, was er immer gesagt hatte: »Ich bin ein Panchaotiker.« Ich sagte: »Noch immer nicht genug Chaos?« Aber er verstand mich nicht. Ich verstand jetzt, warum ihn, abgesehen vom herrlichen Stil, die ersten Bücher von Ernst von Salomon so entzückt hatten. Alle Schriftsteller, die er liebte, waren Trinker oder hatten Verbrechen aufzuweisen oder hatten mit Selbstmord geendet. »Die erste Lust des Mannes, die Zerstörung …« hatte Ernst von Salomon geschrieben.

»Sex ist Zerstörung und Schöpfung zugleich.« Er sagte mir auch an diesem Abend sehr freundschaftlich, als Marek nicht im Zimmer war: »Sie sollten sich nicht so auf den Westen festlegen. Ich habe eine Lizenz im Osten. Ich weiß genau, daß Berlin im August von den Russen übernommen wird. Ich habe einen Freund aus Bremen, der arbeitet für die Russen.« Tatsächlich erfuhr ich später in London, daß der Reuter-Vertreter in Berlin ein Kommunist war, der es Rowohlt gesagt hatte. Rowohlts Rat, es mir auch mit dem Osten zu richten, war ungemein gut gemeint, und ich wußte nicht, wie ich soviel Fürsorge ablehnen sollte. Ich redete drum herum. Er war das äußerste Gegenteil von Heinz und Karl, aber überhaupt das Gegenteil der Haltung, auf der die Demokratien aufgebaut sind. Rowohlt, der 1936 gesagt hatte, als Heinz ihn in Berlin besuchte: »Sehen Sie sich den Dreck an, den ich produziere«, hätte eigentlich wissen müssen, was der Verlust von Freiheit bedeutet. Es war kein Zynismus, sondern eine merkwürdige Abwesenheit von politischem Sinn, erschreckend bei so einem genialen Mann. Hatte S. Fischer die Skandinavier zu Bestsellern gemacht mit Gesammelten Werken bis zu Eine-Mark-Fischer-Bändchen, von Ibsen und Bang bis Jensen und Nansen und Geijerstam, so entdeckte Rowohlt die Amerikaner noch einmal, die Sinclair Lewis und Wolfe und Hergesheimer. Er hatte wieder eine geniale Idee gehabt. Er gab den Deutschen die versäumte Weltliteratur auf Zeitungspapier, fünfzig Pfennig das Stück, rororo, Rowohlts Rotations Romane.

Er sprach auch von Annemarie Horschitz, er sagte wieder einmal, daß es ja unmöglich sei, einen so männlichen Schriftsteller wie Hemingway von einer Frau übersetzen zu lassen, obwohl er wissen mußte, daß Hemingway sie seine beste Übersetzerin in je einer Sprache genannt hatte.

Zwischen Marek und mir stand eine etwas dunkle Sache.

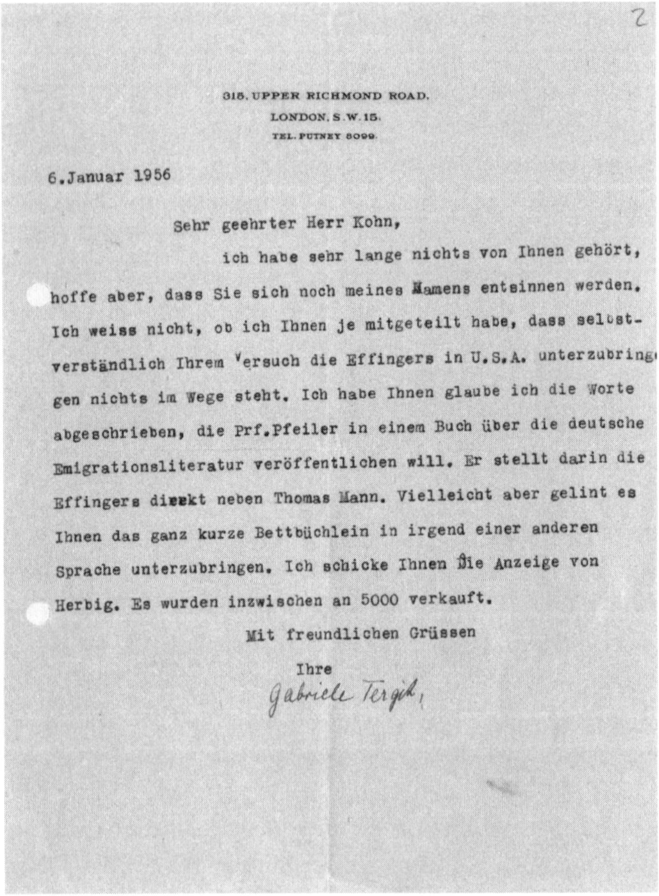

2

315, UPPER RICHMOND ROAD.
LONDON, S.W.15.
TEL. PUTNEY 8099.

6.Januar 1956

Sehr geehrter Herr Kohn,

ich habe sehr lange nichts von Ihnen gehört, hoffe aber, dass Sie sich noch meines Namens entsinnen werden. Ich weiss nicht, ob ich Ihnen je mitgeteilt habe, dass selbstverständlich Ihrem Versuch die Effingers in U.S.A. unterzubringen gen nichts im Wege steht. Ich habe Ihnen glaube ich die Worte abgeschrieben, die Prf.Pfeiler in einem Buch über die deutsche Emigrationsliteratur veröffentlichen will. Er stellt darin die Effingers direkt neben Thomas Mann. Vielleicht aber gelint es Ihnen das ganz kurze Bettbüchlein in irgend einer anderen Sprache unterzubringen. Ich schicke Ihnen die Anzeige von Herbig. Es wurden inzwischen an 5000 verkauft.

Mit freundlichen Grüssen

Ihre

Gabriele Tergit

Brief von Gabriele Tergit an Hein Kohn, Tergits Übersee-Agent, 1956

Er war Rowohlts Lektor. Er hatte einen Roman meinen *Effingers* vorgezogen. Er handelte nicht von deutschen, sondern von polnischen Juden, die entweder nur an Geld interessiert oder Kommunisten waren. Rowohlt sagte etwas sehr Einleuchtendes. »Ihr Buch hat doch siebenhundert Seiten.« Er hat mir ein paar Jahre später mit entschuldigendem Augenzwinkern gesagt, daß er eben angesichts des *Fragebogens*, von dem wohl dreihunderttausend verkauft wurden, sehr vorsichtig kalkulieren mußte. Marek hingegen sagte 1949: »Natürlich ist Ihr Buch viel besser geschrieben, überhaupt eine andre Qualität.« »Aber nur darauf kommt es auf die Dauer an«, sagte ich. Rowohlt machte Tee, stand mit dem Rücken zu uns. Marek sagte nichts. Aber ich wußte. Es war genau das, was Axel Eggebrecht Weihnachten 1952 am norddeutschen Rundfunk über die *Effingers* gesagt hatte: »Zum zweiten ist dies erstaunliche Buch, meine ich, sehr mutig, denn es packt offen und furchtlos ein heikles Thema an, welches von unserer derzeitigen Literatur, seien wir ehrlich, lieber mit Vorsicht umgangen wird. Dies Thema – das besondere jüdische Schicksal inmitten des allgemeinen deutschen – wird nun hier auf eine gedämpfte, delikate, ja ich möchte sagen, stille Art abgehandelt ...«

Ich glaube nicht, daß es Marek bewußt war, daß er es sicherer fand, dem deutschen Volk ein Buch über fremde Juden zuzumuten, als eins, von dem wieder Axel Eggebrecht sagte: »Auf den ersten zweihundert Seiten möchte mancher Leser kaum merken, daß es sich hier um Schicksale mit einer besonderen tragischen Färbung handelt ...«

Genau. Juden, bei denen man das zweihundert Seiten nicht merkt? Unmöglich.

Als ich im Sommer 1932 die *Effingers* anfing, war alles noch anders. Rowohlt hatte nach dem *Käsebier* zu mir gesagt: »Ich habe nie genug jüdische Bücher. Es ist doch das beste Lesepublikum, und die Einsegnungen. Darum geht ja auch der Kastein so gut.«

Zweite Reise nach Deutschland

Meine zweite Reise nach Deutschland im Januar 1949 begann mit einem Telefongespräch von Hollanders nach London, daß ihr Gutshaus ungeheizt sei und ich solle mich darauf einrichten. Sollte ich mir Pelzschuhe anschaffen? Ich ließ es, kaufte Wollsöckchen. Wie fast alle Engländer hatte ich Frostbeulen. In England sagen sie, das käme von der Ernährung und vom Feuchtigkeitsgehalt der Luft. Aber ich bin überzeugt, da doch noch nie ein Mensch Frost in den Tropen bekommen hatte, daß Frostbeulen mit der Kälte zusammenhängen. Was das Gutshaus anlangt, so war das Treppenhaus ungeheizt, aber in mein Zimmer bekam ich jeden Tag Holz für den Kachelofen, und alle hatten solche Kachelöfen in ihren Zimmern. Auch die Flüchtlinge.

Es war jedenfalls das erstemal in ein und einem halben Jahrzehnt, daß ich im Winter nicht gefroren habe. Aber was mich noch jetzt erschüttert, ist das Telefongespräch. Wie konnte überhaupt jemand auf die Idee kommen, daß es da kalt ist. Die Ahnungslosigkeit der Deutschen von ihrem Lebensstandard zu allen Zeiten ist unverständlich. Jeder weiß heute, daß Deutschland vor 1914 das reichste Land nach England war und mit einer viel gesünderen Vermögensverteilung. Aber es wurde »ein Platz an der Sonne« verlangt. Jeder Soldat muß im Krieg in Frankreich und Italien die viel größere Einfachheit in jeder Beziehung erkannt haben. Aber die jungen Intellektuellen wollen alles geändert haben. Vom

»Platz an der Sonne« vor 1914 über Hitlers »Volk ohne Raum« bis zum maoistischen Änderungswunsch seit 1970.

Im völlig zerstörten Hafen von Hoek van Holland ging ich über Bretter vom Schiff, über Bretter zum Zoll, über Bretter zum Restaurant, über Bretter zum Zug. Der Kondukteur sagte: »Sie haben keinen reservierten Sitz?« Als ob das höchst bedenklich sei. Ich gab ihm einen Gulden (nicht wissend, ob das viel oder wenig ist, denn mit Zahlengenies um mich – Vater, Heinz und Sohn – bin ich nie gezwungen gewesen, rechnen zu lernen), und er gab mir einen Fensterplatz. Der Zug fuhr fast leer ab, und so blieb er bis Hamburg. Moralischer Niedergang sogar in Holland, dachte ich.

Der Zug fuhr langsam an den Arbeitern vorbei, die neue Schwellen legten, Schienen verschraubten, Pfeifen und Blasen durch den Schalltrichter, und der Skandinavienexpress, in dem ich erstklassig gepolstert dritter Klasse fuhr, zuckelte über eine Brücke, eine der tausend zerstörten Brücken Europas. Dann kam die verruchte Grenze bei Bentheim, wo unter Hitler die Juden aus den Zügen geholt wurden. »Fahren Sie nicht über Bentheim raus«, hatten die Juden einander geraten, »Kehl/Straßburg oder Flensburg ist besser.« Und nun kam die Paßkontrolle, und der Beamte sagte zu mir: »So ein schöner deutscher Name und dann ein englischer Paß«, und schüttelte den Kopf. Was wußte er oder wußte er nicht? Was meinte er?

Auf dem ersten deutschen Bahnhof standen Schulkinder. Alle in Pelzmäntelchen. Das war nie Mode in Deutschland. Erst Grete sagte mir: »Die Kinderpelzmäntel sind waggonweise aus Frankreich geholt worden.«

Das Merkwürdigste dieser schönen Reise – wieviel schöner als die dumme Fliegerei – war die Begegnung mit Thomas Manns Ruhm. Im Speisewagen London–Harwich saß mir eine Amerikanerin gegenüber, die sagte: »Sie sprechen Deutsch, dann können Sie doch Thomas Mann im Original lesen. Was für ein Glück.« Buddenbrooks seien auch auf englisch herrlich. Sie war eine Dozentin für Musikgeschichte an der Chicago Universität. »Ich habe immer ein Buch von Thomas Mann auf dem Nachttisch.« Im Zug Hoek–Hamburg war ein Musikerpaar, das in Hilversum im Rundfunk gespielt hatte und von *Mario und der Zauberer* schwärmte, und schließlich eine entzückende junge Dänin, die *Doktor Faustus* als ihre Bibel ansah. Als ich das Thomas Mann an seinem fünfundsiebzigsten Geburtstag im Londoner Savoyhotel erzählte, sagte er: »Das ist ja fast schon wie Stefan Zweig.« Ich sagte erstaunt: »Aber Sie sind ein großer Romancier und Stefan Zweig?« Mann sagte: »Sagen Sie das nicht. Stefan Zweig ist der einzige deutsche Schriftsteller mit Weltruhm.«

Und dann sprachen wir davon, wieso der *Doktor Faustus* ein so viel größerer Erfolg in Frankreich als in England sei. Antonina Vallentin hatte mir gesagt, es sei in Paris ›de rigeur‹ einen *Doktor Faustus* auf seinen Nachttisch zu haben.

»Wahrscheinlich eben doch«, meinte Mann, »weil man in den Balzacschen Contes drolatiques ein Vorbild für die Sprache hat.«

Hollander war in den zwanziger Jahren ein beachtlicher Schriftsteller gewesen, der außerdem glänzend verdiente, fünfundsiebzigtausend Mark für einen Illustriertenroman, und jedes Jahr ein Film. *Schicksale gebündelt* war das einzige Buch über die so einflußreiche russische Immigration in Berlin. Vicky Baum machte daraus ihre *Menschen im Hotel.* Seine Nachkriegsromane waren Schonliteratur, Diätliteratur für das kranke deutsche Volk genau wie Kästners *Notabene 45*. Hollander fing damals an, einen Schritt weiter zu gehen, nicht mehr den Weg über das Buch. Er schrieb direkt an die Verzweifelten, meist Frauen, erst in *Constanze*, dann über die Rundfunkstellen. 1972, kurz vor seinem Tod, sagte er mir, daß er wohl eine Million Briefe geschrieben habe. Ein Mittler, ein Helfer, ein Ersatzpriester. Eine große Lebensleistung. Ein guter und kluger Mensch. Ganz abgesehen von der gemeinsamen Kürzungsarbeit, blieb vieles von diesem Aufenthalt unvergeßlich. Da war der Gärtner, der zu mir sagte: »Daß die in England so knapp sind! Die haben doch gesiegt.« Hollander war mit mir einer Meinung, es war zu kompliziert, um einem einfachen Gemüt zu erklären, warum seine Meinung so abwegig war.

Und dann Mölln! Für Montaigne war im sechzehnten Jahrhundert Deutschland der Glanz Europas, Städte, Möbel, Gasthäuser. Der dreißigjährige Krieg und Hitler hatten alles zerstört. Ich sah in Mölln ein Haus aus Ziegelquadraten zusammengesetzt, jedes in einem andern Muster. Und die gewaltige Kirche!

Im Krieg gingen Heinz und ich in London zu einem Architekturvortrag, dort trafen wir zum erstenmal emigrierte Architekten, darunter Georg Lesser. Wir gingen Kaffee trinken nach Soho, dem Viertel französischer und italienischer Emigranten. Von wann? 1600? 1700? Egal. Lesser erzählte Heinz, daß er dem Geheimnis der Kathedralen auf der Spur sei, nämlich wie deren Grundrisse ausgelegt worden seien. Er hatte das Prinzip an den Ostseekirchen entdeckt. Heinz war fasziniert, aber er sagte zu Lesser, daß er unmöglich ein Buch in England über seine Entdeckungen veröffentlichen könne, wenn er es nur an den Ostseekirchen beweisen könne.

Er sagte immer zu Heinz, wenn er ihm die Zeichnungen zeigte: »Wer siehts, der siehts, den andern ist nicht zu helfen.« Er zog dann auch Chartres in den Kreis seiner Beispiele. Und nun sah ich zum erstenmal so eine Ostseekirche, Mölln, und sie war wunderbar.

Lesser war mit einer Schullehrerin aus einer Familie von bedeutenden Schulmännern verheiratet. Sie war mit ihrer Tochter in Deutschland geblieben und kam erst 1947. Sie war völlig selbstlos, immer nahm sie sich den unbequemsten Stuhl oder gar einen Hocker, immer bediente sie die andern. Heinz nannte sie, die Clara hieß, nur Clärchen von Heilbronn. Sie war hochgebildet und hochmusikalisch, eine große Leserin. Sie starb den Tod einer preußischen Frau. Das Souterrain in ihrem Haus war, was in London öfter vorkommt, überschwemmt. Als das zum erstenmal bei uns vorkam und wir ausgeschöpft hatten, setzte sich Heinz mit dem zuständigen Ingenieur in Verbindung. Der kam, zuckte die Achseln und sagte: »Die Themse, sie steigt bei Flut. Können Sie gar nichts machen.« »Ein Genie«, sagte Heinz, als er weg war und zeigte den Vogel. »Ich nehm den Kampf mit der Themse auf, garantiere dir, ich kriege es trocken.« Und so geschahs. Aber Clärchen wartete nicht, bis Lesser nach Haus kam. »Der hohe Herr«, wie Heinz ihn nannte, ein sehr schöner Mann, bei dem die Griechen rausgemendelt waren, durfte nicht behelligt werden, und die Gewissenhafte schleppte Eimer nach Eimer in den Garten, bis sie zusammenbrach. Sie war, was ich bei einer Deutschen nicht für möglich gehalten hatte, eine ganz schlechte Hausfrau. Nichts schmeckte, was sie kochte, immerzu zerbrach sie etwas, keine Haushaltsmaschine hatte bei ihr ein langes Leben. Ich liebte sie sehr, die längere Zeit in unserm Haus wohnte. Als sie ausgezogen waren, fanden wir die Spuren der Zerrüttung, die die Not zweier Kriege bei ihr angerichtet hatte. In ihrem Keller waren sicher 100 leere Kaffeedosen, ebensoviele Marmeladengläser, leere Flaschen aller Art, Speckstücke, das billigste, was es in London gab, das Pfund vielleicht six pence, Pfunde und Pfunde und längst ranzig. Zweimal Hungersnot und die Behandlung durch die Nazis waren zu viel für solch einen zarten Menschen. Immer wieder war sie auf Ämter bestellt worden mit dem Befehl, sich von dem jüdischen Mann in London scheiden zu lassen. Sie sagte: »Nein«, und der Beamte schlug ihr mit der Faust ins Gesicht, daß ihre Zähne heraussprangen. Sie konnte sie nur mit goldenen ersetzen, und die nicht sehr hübsche Frau war nun völlig entstellt.

Sie war viel weniger von deutschen Vorurteilen erfüllt als er, der ein Beamter in Königsberg gewesen war. Er hatte nicht das geringste Verständnis für England. »Der König ist ein Popanz, der reine Hannepampe, hat doch nichts zu sagen.« »Parlament? Was soll denn das?« Bei Heinzens und meiner und unsres Sohnes Zeitungsleserei, fragte ihn Heinz: »Haben Sie denn das nicht in der Zeitung gelesen?« »Ich lese nicht Zeitung. Man hat ja doch nichts in der Politik zu sagen!« Er hielt Lippenstift und Puder für Zeichen der Käuflichkeit, keine Kleinigkeit für eine junge Tochter. Er kaufte Bücher, hielt kostbare Architekturzeitschriften, er ging nicht ins Kino, hörte kein Radio, hatte aber ein Klavier, auf dem er viel Beethoven spielte, und sie gingen in Konzerte. Hier in der oberen Richmondstraße, in dem, was er Putnei nannte, war Preußen einbalsamiert, so wie die Angelsachsen ein neues York und die Holländer ein neues Amsterdam auf der anderen Seite des Atlantik, in Amerika gründeten. Eine Wienerin sagte in Tel Aviv höhnisch zu uns: »Wie nennen Sie die Straßenkreuzung?! Potsdamer Platz?!«

»Und wie nennen Sie sie?« fragte Heinz.

»Mir nennens halt Praterstern.«

Er heiratete bald nach dem Tod seiner Frau, nach trübseligen Erfahrungen mit Wirtschafterinnen, eine Halbfranzösin, auch sechzig Jahre alt wie er, die in Frankreich gelebt hatte. Und plötzlich, auch für uns, begann ein neues Leben. Im kleinsten Rahmen wurde Wein geöffnet, ein Fest gefeiert, ein eleganter Tisch, Blumen arrangiert, herrlich gekocht. Eines Tages traf ich den Mann, der nie einen Laden betreten, nie seiner Frau geholfen hatte, mit Einkaufstasche. »Nanu?« sagte ich. »Minnedienst«, sagte er strahlend. Ich ging noch im Mantel zu Heinz in sein Arbeitszimmer. »Kommst du mich stören?« fragte er. »Ja«, sagte ich, und erzählte ihm vom »Minnedienst«. Heinz war genau so erschüttert wie ich. »Glückliches Frankreich«, sagte er. »Nun laß mich weiter Striche ziehen.« Ich habe das alles anläßlich der Ostseekirche Mölln erzählt. Das Buch, das für Heinz so aufregend war, daß er oft abends »rauf zu Lessers« ging, um den Fortschritt zu sehen, erschien als *Sacred Geometry* (*Heilige Geometrie*) bei Tiranti in London.

Ich traf bei Hollanders eine sehr elegante Ärztin. Sie war außer sich, daß die Leute Kinder bekamen: »Bei diesem Zustand in Deutschland bekommt man keine Kinder.« »Das kann sich sehr bald ändern«, sagte ich. »Das ändert sich nie«, sagte die Frau, die in den Dreißigern war.

Im Auftrag der *Neuen Zeitung* machte ich zum erstenmal seit siebzehn Jahren wieder aktuellen Journalismus, das heißt, ich war bei der Verhandlung, telefonierte in der Mittagspause den Bericht durch, ging wieder zur Verhandlung und schrieb abends noch einen Kommentar. Dann war ich zu erschöpft, um noch an Heinz zu schreiben, mir Notizen irgend welcher Art zu machen oder zu schlafen. Gestohlene Jahre sind gestohlene Jahre.

Ich berichtete über den Harlan-Prozeß, der, ich hätte fast geschrieben, in Hamburg gedreht wurde. Vor 1933 war es streng verboten, im Gerichtssaal zu photographieren. Jetzt gab es Jupiterlampen, Filmkurbelei, Photographen.

Beim ersten Prozeß in Italien gegen einen Pro Mussolini Tenor sagte Heinz: »Man kann doch nicht die Kanarienvögel anklagen.« Aber Curt Riess sagte dagegen: »Harlan war die Spitze des gesamten Films.« Harlan sagte: »Man hat gesagt, dieser Prozeß sei von weltpolitischer Bedeutung gegen den Antisemitismus. Dieser notwendige Prozeß wird und soll einmal stattfinden, aber der heutige dreht sich um nichts wie um meine Person.« Er war nie in der Partei, war mit einer Jüdin verheiratet, die sich noch einmal in letzter Not 1942 an ihn wandte, bevor sie zugrunde ging ... er hatte eineinhalb Jahre bei seinen jüdischen Schwiegereltern gewohnt: »Einfache Leute von typischer jüdischer Gutherzigkeit.«

Nein, ganz und gar kein Antisemit. Es kommen ihm die Tränen, wenn er seiner besten Freunde, Trauzeugen seiner Hochzeit mit Hilde Körber, Francesco von Mendelssohns und Kortners gedenkt. Der beste Freund seines Vaters war Julius Bab, der ihm die Trauerrede hielt und jetzt aus Amerika schreibt. Seine Vorbilder waren Reinhardt, Jürgen Fehling. Leopold Jessner. Er hält den Antisemitismus für einen Schandfleck auf der deutschen Ehre. »Mit mir hat das nichts zu tun. Meine Partei ist die Kunst, meine Politik ist die Heimatliebe. Ich habe versucht, mich auf dem Boden der Tatsachen zu bewegen.« Er gesteht, er sei weniger zu achten als ein idealistischer Nationalsozialist. Sein erster Film *Krach im Hinterhaus* brachte ihm dreitausend Mark, sein letzter achtzigtausend Mark. Goebbels besaß 51 % der Aktien von Tobis und Ufa. Er setzte jede Gage persönlich und willkürlich fest. Es gab Schauspieler, die nicht spielen durften, solche, die unerwünscht waren, von denen das aber nicht gesagt werden durfte, solche, die empfohlen, und solche, die sehr empfohlen wurden. Goebbels bediente das Schafott, ein satanisches Herz, das fast eben so wie die Juden die Österreicher haßte, kein Wort zu scharf gegen Maria Theresia. Am Ende des Krieges fiel ihm nichts anderes ein als ein Film über Friedrichs des Großen Kriege gegen Österreich. Er ließ sich jeden Abend die gedrehten Streifen vorführen, und der Produktionsleiter bekam entweder einen auf den Kopf oder eine Belohnung. Goebbels griff mit seinen grünen Randbemerkungen in alle Details.

Moderne Psychologen haben festgestellt, daß Huren besonders gern mit grüner Tinte schreiben.

Weil er sich auf den Boden der Tatsachen stellte, machte Harlan ein Interview mit dem *Volkischen Beobachter*, schrieb an Hinkel: »Lassen Sie uns die schönste aller Zeiten nicht versäumen. Sie wissen, was die Erhebung für das Theater bedeutet.« »Warum nicht dem eitlen Pfau, Herrn Hinkel, schmeicheln?« sagte er heute.

Dann die Liebesaffären. Goebbels schlug Harlan, als der gerade geschieden war, vor, die Baarova zu heiraten, und zwar auf einem rot getippten Zettel. Was mit Liebe zusammenhing, tippte Goebbels rot.

Ein Zeuge kam ganz eilig in den Saal, wurde vereidigt und schoß los, es war 1934 beim Besuch Hitlers bei Mussolini in Venedig, Goebbels, Harlans Frau, der Zeuge und noch ein paar Leute fuhren mit einer Gondel, die Frau beschwerte sich über die Hitze, Goebbels sagte: »Runter mit den Kleidern«, und die Frau zog sich langsam aus. »Alles runter und ins Wasser«, sagte Goebbels. Die Frau stand nackt da, der Gondoliere bekreuzigte sich, die Frau sprang ins Wasser. Fragen? Keine Fragen. Der Zeuge verließ eilig den Raum.

1939 nach dem Mordversuch an Hitler schrieb Harlan wieder an Hinkel: Er kenne den Attentäter, wahrscheinlich aus dem Kreis von Strasser: »Ich will nichts ungetan lassen, was unserer Zeit und unserm Führer helfen kann.« Jetzt sagte er: »Es gab den Menschen gar nicht. Der Brief konnte keinem Menschen schaden, und mir hat er genützt.«

Niemand dachte darüber nach, was mit den Juden passiert war. Pogrome? Ja. »Ich wußte von der Kristallnacht«, sagte Harlan, »aber das konnte sich niemand vorstellen, daß eine ganze Menschengruppe von Regierungs wegen ermordet wurde.«

Am Ende des Kriegs schlug Goebbels drei Filme vor, *Soll und Haben*, der *Kaufmann von Venedig* und die *Siebente Großmacht*, die Presse. Jede Filmfirma mußte einen antisemitischen Film im Jahr drehen. Er sollte den *Jud Süß* drehen. Das Drehbuch war widerlich, Harlan schrieb es um, ließ die abstoßendsten Szenen aus, wollte aus dem Jud Süß nach seinen Lieblingsworten einen »gewaltigen«, einen »dämonischen« Menschen machen. Gründgens lehnte es ab, in dem Film zu spielen, ebenso Marian, Goebbels schrie: »Ich weiß, ich weiß, daß Sie alle nach Hollywood wollen, kommt nur darauf an, wer der Stärkere ist.« »Ich will mich nicht aus meinem Fach herausspielen«, sagte Marian. »Wer wird Sie in Zukunft bezahlen, ich oder das deutsche Publikum?« »Sie natürlich, Herr Minister.« Goebbels tobte: »Ihr wollt gut verdienen, aber die Partei wollt ihr nicht. Raus! Alle raus!« Harlan sprach mit Erich Engel, der riet: »Mache die andern so scheußlich wie du kannst, mache den Juden so gut wie du kannst.« »Ich glaube«, fuhr Harlan fort, »daß der Jud Süß eine entsetzliche Gestalt war, daß es Feuchtwangers Schuld war.« Er, Harlan, machte ihm einen grandiosen Schluß mit den historischen, heroischen Worten des Süß. Aber Goebbels nannte ihn instinktlos, änderte ihn völlig. »Ich bin kein Antisemit. Ein Künstler liebt Gottes Geschöpfe, wie sie sind. Es war schon gräßlich genug, mit diesen Dingen etwas zu tun zu haben. Man stand unter Druck, sogar unter dienstlichem Befehl. Goebbels kümmerte sich um alles bis aufs Nasekleben: »Das waren Fakire, furchteinflößend, ausweglos.« Er spricht vom unerbitterlichen Dämon Goebbels – »Wer bin ich«, fragte Harlan, »warum jagt man mich, einen Filmregisseur, ich stelle die Scheinwerfer, ein Handlanger, ein Darsteller?« Natürlich weiß der kluge Harlan heute, wie dumm er war: »Aus höchst persönlichen Gründen hätte man sich dem Film entziehen müssen, denn man konnte von dem Augenblick an nie mehr im Ausland spielen.«

Man kam zum entscheidenden Punkt, warum sich Harlan falsch benommen hat und es auch heute noch nicht wußte, wenn man ihm zugesteht, daß er unter Druck gehandelt hat.

»Warum hat der *Ewige Jude* nicht gewirkt?« fragte der Richter. Und Harlans entscheidende Antwort: »Wahrscheinlich war er schlecht. Dramatisierter *Stürmer.* Aus der Schächtszene sind die Leute rausgelaufen. Mein Film ist ein Kunstwerk. Ich habe doch nur die Möglichkeit, Propaganda in Kunst umzuwandeln.«

Die Schauspieler hatten beschlossen, schlecht zu spielen,

Harlan machte das nicht mit. Und hier waren wir beim Kernproblem, nicht des *Jud-Süß*-Films, sondern der führenden Geistigen überhaupt. Daß Harlan noch heute sagte: »Mein Film ist ein Kunstwerk, ich hatte doch nur die Möglichkeit, Propaganda in Kunst umzuwandeln.« Warum machte er Goebbels widerliches Drehbuch nicht noch widerlicher, so daß niemand diesen Film sehen mochte? Schlecht spielen, Mist schreiben, Filme, die keiner sehen wollte. – Ich hörte in Ostberlin eine grotesk gleichgeschaltete Prokofjewsche Oper. Es waren nur befohlene Soldaten als Zuhörer, weil keiner sich das anhören wollte.

Norbert Wollheim als Vertreter der Juden sprach von der Angst, als sie 1940 von diesem Film hörten und als die Nachricht ins KZ kam, daß er der SS vorgeführt würde. Wollheim sagte: »Ich habe den Film zum erstenmal vor einem Jahr gesehen. Es ist ein Wunder, daß die Zuschauer damals nicht in die jüdischen Wohnungen eingedrungen sind und ihr Mütchen gekühlt haben. Aber es ist nirgends geschehen.«

In Frankreich war der *Jud-Süß*-Film für viele Katholiken der Anstoß, in den Widerstand einzutreten.

Im Prozeß wurde nicht erwähnt, daß 1934 ein englischer *Jud-Süss*-Film gedreht wurde, an dem Feuchtwanger selber beteiligt war und in dem Paul Graetz und Conrad Veith mitspielten. Bei der Premiere in New York waren Berthold Viertel und Albert Einstein.

Im Zusammenhang mit dem Prozeß fand eine Filmvorführung statt. Der Kontrollbeamte ließ mich nicht eintreten. »Überfüllt«, sagte er, und ließ einen Herrn durch. »Ich denke, es ist überfüllt?«

»Das war ein Rechtsanwalt.«

»Hat er im Prozeß zu tun?« »Nein.« »Ich habe aber darin

zu tun. Ich berichte.« »Ne Journalistin«, sagte er mit der größten Verachtung. »Überfüllt.«

Ich, sowieso überarbeitet, regte mich überflüssigerweise sehr auf, und als ein Taxi kam, sagte ich zu dem Chauffeur: »Na, ich bin ja eben behandelt worden, da läßt mich doch der Kontrolleur einfach nicht eintreten, erlaubt sich, mich auszuschließen!« Zu meinem Erstaunen war der Chauffeur hingerissen. »So sind sie, so behandelnse einen, auf dem Arbeitsamt, auf dem Wohnungsamt, das müssen Sie mal sehen, wie sie mit unsereinem umspringen, na genau, was sie sagen, lauter kleine Hitlers. Schicken einen immer rum, schicken einen immer weg.« Er hörte nicht auf, auf die Beamten zu schimpfen.

Und in Berlin sagte ein Zwanzigjähriger zu mir: »Der *Jud Süß*, das war mal ein guter Film und wahre Begebenheit. Alles, was se uns von England zeigen, da läuft ja der größte KZler raus.«

An einem der nächsten Tage fuhr ich mit einigen jüdischen Offiziellen nach Belsen. Der erste Zug mit sechshundert Menschen unter britischer Begleitung sollte nach Israel fahren. Es war ja noch früh im Jahr und stockdunkel, als wir ankamen. Wir saßen schweigend bei einer Tasse Tee in einem Parterrezimmer der SS-Kaserne, wo wir übernachteten. Es war entsetzlich, der Wind heulte, die Läden klapperten. Eine Landschaft, verdammt in alle Ewigkeit. Ich hörte die Hunde, die Peitschen, das tobsüchtige Gebrüll der viehischen SS. Diese Häuser durften nicht stehen bleiben, so wie die Überlebenden das Lager niedergebrannt hatten, so mußten diese Häuser vernichtet werden.

Die Entdeckung eines KZ im Betrieb verdankte man deutschen Offizieren, die einer Gruppe angelsächsischer Journalisten, denen sie irgendwo in der Wirrnis der letzten Kriegstage begegneten, einen Weg wiesen. Und da entdeckten die Journalisten Belsen. Es war großer Mut, eine heroische Tat dieser Offiziere, vielleicht der größte einzelne Beitrag zur Wahrheitsfindung über Hitler. Am Abend sprach ein englischer Journalist am BBC über Belsen, über das eben Gesehene. Es war der aufgeregteste Engländer, den irgend einer von uns gehört hat. Niemand wird diesen Broadcast vergessen. Die Verwandte einer Bekannten von mir hatte mit dem Lagerchef Kramer ein Verhältnis. Er hatte sie sich ausgesucht, und mit ihr schlief er, aber das war kein Grund, ihr zu essen zu geben. Sie überlebte, aber nur gerade verhungerte sie nicht. Als englische und amerikanische Soldaten das Lager überfluteten, gaben sie alle den Verhungernden, was sie gerade zum Essen bei sich hatten, und töteten damit noch viele, die von Ärzten hätten gerettet werden können.

Und dann der endlose Zug, jetzt Januar 1949. Seit zwei Monaten lag das Gepäck unter Zollverschluß. Sie konnten kaum mehr ein Hemd, eine Bluse wechseln. Frauen hatten sich nicht mehr die Haare gemacht, eine armselige, erschütternd unruhige, sinnlos hin- und her laufende Menschenmenge. Koffer waren nicht gepackt, sondern vollgestopft, nicht verschlossen, sondern mit Stricken verschnürt, Bekleidungsstücke hingen heraus. Sie durften keinerlei Geld mitnehmen. Die Kosten trug die Jewish Agency oder der Joint.

Die Auswanderer kamen nicht nur aus deutschen Konzentrationslagern, sondern auch aus Sibirien, wohin sie vor dem deutschen Vormarsch flüchten konnten. Sie wurden genau so behandelt wie die Russen, unter denen sie lebten. Das Leben war unvorstellbar hart. Sie verdienten vierzig Rubel im Monat mit Holzarbeit. Eine Schüssel Kartoffel zur Ergänzung der ungenügenden Nahrung kostete zweihundert Rubel. Bei über 38 Grad Minus sollte keine Holzarbeit gemacht werden, aber der örtliche Stalin befahl sie auch bei 50 und 60 Grad. Viele verhungerten genau wie die Russen. Verbindung mit der Außenwelt war kaum möglich. Die Post wurde zensiert, und jeder Brief, der dem Zensor nicht gefiel, zerrissen. Jedes Zeichen von Glauben, zum Beispiel das Herausziehn eines Gebetbuches, wurde mit ein bis zwei Jahren Gefängnis bestraft. Der Chef der polnischen Exilregierung, General Sikorski, hatte die Rückwanderung nach Polen bei den Sowjets durchgesetzt.

Es wollte auch keiner in der Sowjetunion bleiben. Im Gegenteil, manche russischen Juden wanderten mit nach Westen. Sie sind ebensowenig gesund wie die, die in den Konzentrationslagern waren. In Polen war 1946 und 1947 keiner seines Lebens sicher. So kam der kleine Rest, einige Zehntausend von den drei Millionen polnischer Juden, in die deutschen Lager.

An einem Coupéfenster stand ein älterer Mann mit einem geistigen, todunglücklichen Gesicht. Ich sprach ein paar Worte zu ihm. »Man läßt uns ja nirgends anders hin. Was soll ich denn in Palästina, als jiddischer Schauspieler. Ich habe sowieso zehn Jahre verloren.«

»Aber Palästina ist ein freies Land. Sie können doch von dort überall hin.«

»Ich möchte nach Amerika, aber wird man mich lassen?«

»Sicher«, sagte ich.

Ich wagte ihm nicht die Wahrheit zu sagen, es gibt kein Jiddisch sprechendes Volk mehr. Nirgends.

»Die biologische Zusammensetzung Europas ist verändert

durch Hitlers Judenmord«, schrieb ein englischer Wissenschaftler. »Keiner weiß, wie sich das auswirkt.«

Unter den Abreisenden war Herr Grynszpan, ein feiner alter Herr mit Spitzbart, der Vater jenes Grynszpan, der den Herrn vom Rath von der deutschen Gesandtschaft in Paris im November 1938 erschossen hatte, was mit der Abgabe einer Milliarde, der Zerstörung allen jüdischen Eigentums und der Verschickung der Männer in die Konzentrationslager gerächt wurde. Sieben Söhne von Grynszpan wurden ermordet, ein einziger überlebte in Palästina, zu dem fuhr er.

Von sechshundert Personen waren hundertfünfzig Kinder, meist kleine Kinder, die in Belsen geboren wurden. Für viele sozusagen die zweiten Kinder, da ihre ersten Kinder auf vielerlei Art zugrunde gegangen waren. Zwei Familien fuhren mit je fünf kleinen Kindern. Viele Frauen waren schwanger. »Das jüdische Volk hat doch genug Menschen verloren«, sagte eine Frau, mit der ich darüber sprach, »muß man doch sehen, daß man sie ersetzt.«

Das Konzentrationslager Buchenwald wurde von den alliierten Armeen entdeckt. Eisenhower telegraphierte sofort, es war April 1945, an das englische Parlament und an den amerikanischen Kongreß, sie sollten sofort Delegationen schicken, Berichterstatter, sie hätten etwas Furchtbares entdeckt. Die Royal Air Force flog sie, je zehn Delegierte, nach Buchenwald. Sie fanden Tausende von Sterbenden und Tote in gestreiften Pyjamas auf der Erde und im eigenen Kot liegen. Der Gestank war unerträglich. Einer der Delegierten, der Abgeordnete Driberg, teilte mit, daß noch täglich Hunderte starben. Tote waren auf einen Leiterwagen gestapelt, neben dem die Abgeordneten zur Dokumentation photographiert wurden, und der Wind blies Staub in ihre Gesichter. Ein Abgeordneter, der vor dem Krieg Pronazi war, fühlte sich entsetzlich schuldig. Eine andre Abgeordnete, Mrs. Tate, eine der ganz wenigen, die während der grandiosen Debatte des englischen Parlaments im Augenblick der höchsten Gefahr einer Besetzung Englands durch die Nazis gegen die Internierung von Antinaziflüchtlingen, für diese Internierung gesprochen hatte, nahm sich wenige Tage nach der Buchenwald-Besichtigung das Leben. Das Notizbuch von Driberg behielt noch wochenlang in London seinen Todesgeruch von Buchenwald.

Die Blockade Berlins dauerte noch an. Wenn ich könnte, sagte Willy Haas, natürlich hinfliegen. Hobbing hatte es mir vorgeschlagen. Aber es herrschte Bodennebel. »Vielleicht über Frankfurt.« Ich gab die Koffer dem Hotel zur Aufbewahrung und fragte Rowohlt, was ich Klupps, bei denen ich wohnen würde, mitbringen könnte. »Die haben alles. Unsinn, was mitzunehmen.«

Ich fuhr, wie ich ging, und stand in Tweed, Mantel überm Arm, gerade nur Strohtasche mit Manuskripten, Segeltuchtasche mit Waschzeug. Schnee fiel. Ich stand auf dem Bahn steig, der den Eindruck eines Vorortbahnsteigs machte. Es war dunkel, kalt und arm. In dem vollen Coupé saßen zwei ehemalige Marineoffiziere neben mir. Der eine sagte sehr vergnügt: »Wir haben internationale Flagge. Da brauchen wir nicht vor dem Engländer zu dippen. Die hatten gar keine seamanship, können nicht segeln, haben Norweger und Holländer auf dem Schiff, haben sich nicht gekümmert. Haben die ruhig sich quälen lassen.« »Die werden sich noch umsehen. Die brauchen uns alle.« Plötzlich sagte der erste in ganz anderm Ton: »In Norwegen sind die Lotsen nicht ausgefahren, um deutsche Schiffe zu holen.« Dann schwiegen sie.

Um sieben Uhr morgens war ich in Frankfurt am Main und ging in ein Cafe, das elegant war, alles neu, alles tadellos. Ich saß an einer riesigen Scheibe und sah auf den stillen Bahnhofsplatz. Nun würde das Büro der amerikanischen Fluglinie wohl offen sein. Ich gab meine Taschen ab. Eine Dame stand neben mir und fragte, ob sie wohl einen Koffer auf meine Flugkarte aufgeben könne, sie habe Übergewicht. Ich gab ihr mein Billet, ohne zu überlegen, ob das wohl erlaubt war.

Hobbing hatte mir gesagt, die Paulskirche sei scheußlich renoviert. »Wieso?« fragte ich. »Sie werden es sehen«, sagte er. Von außen sah sie wie immer aus, aber innen war ein riesiger Säulenumgang gebaut worden, Hobbing hatte recht, nichts zu erklären, Naziarchitektur für Asen, für Mettrinker, dieses humanistische Denkmal des humanistischen Jahres 1848 war völlig verdorben. Eine Versammlung zur Besprechung dessen, was man später das Grundgesetz nannte. Ich setzte mich auf eine Treppenstufe, weil man nur noch stehen konnte. Ich hatte fünfzehn Jahre keine deutsche Versammlung mehr mitgemacht. Es war sehr aufregend für mich. Ich konnte mir einbilden, daß es 1919 war. Es lag die gleiche Erwartung großer geistiger Entscheidungen in der Luft. Dr. Marie-Elisabeth Lüders sprach.

Ich war fünfzehn Jahre alt gewesen, sie wohl in den Zwanzigern, als ich sie ungeheuer bewundert hatte. Sie hatte Fenster geöffnet. Mit Else Lüders hatte ich 1914 gearbeitet. Alles tief vertraut. Sie sprach über die Unmöglichkeit des Listenwahlrechts in der Weimarer Republik. Aber nach dem englischen Wahlrecht wäre Hitler ganz legal schon 1930 zur

Regierung gekommen. Am Wahlrecht lags nicht. Einer sprach, ich kannte ihn, er war immer klug gewesen, er hatte nie Macht gehabt, ich bewunderte ihn, einen deutschen Demokraten, einen »Nonkonformisten«, ein »Minoritymind«, sehr bezeichnend, daß es für diese politischen Begriffe keine dekkenden deutschen gibt, denn Einzelgänger stimmt nicht, in England und Amerika sind sie ja ganze Haufen, nur nicht die Mehrheit. »Wenn man damals …«, sagte er. Ein Satz, der einem den Verstand rauben konnte. Er hatte die Kraft, noch mal anzufangen.

Schön, dachte ich, daß die Demokratie wieder fähig ist, die Paulskirche zu füllen.

Ich ging zum Dom, der rote Sandstein gegen den hellblauen Vorfrühlingshimmel. Ich stieg in tiefster Stille ein bißchen auf den Steinen herum so wie in Pompeji. Später hat uns der Architekt Giefer, der ihn so bewundernswert wiederhergestellt hatte, herumgeführt und die weiß-grauen Fenster, eine ausgezeichnete Lösung, hatte Heinz sehr bewundert.

Sie fuhren uns endlos. »That's one of the Autobahnen«, sagte ein Amerikaner.

Und dann war ich in einer andern Welt. Wir waren in London ja auch von Amerikanern besetzt, aber da waren sie keineswegs alle wie die Herrgötter gewesen, aber hier, lauter Filmstars. Es waren die schönsten Männer, die ich je in Massen gesehen hatte. Im Vorraum gab es den Glanz der Welt in Cellophan. Zitronen, Apfelsinen, Schokolade, Schönheitsmittel.

Plötzlich dachte ich, ich kann doch nicht mit leeren Händen nach Berlin kommen, ich wechselte Schillinge in Cents und bekam einen Cellophansack mit Zitronen und Apfelsinen. Grete, wie alle sehr schönen Frauen, liebte Tribute. Ich war sehr ärgerlich mit mir. Ich müsste nun ein großes Paket von London schicken, was ich tat. Es kam nie an.

Kaum waren wir in der Luft, begann ein schwerer Schneesturm. »Sie halten das doch nicht für ungefährlich«, sagte der Herr im Nebensitz, ärgerlich, weil ich offenbar vergnügt war. Berlin war stockdunkel. Ich fuhr mit einer Art von Leiterwagen in die Nähe der Pension B.

»Wir haben so versucht, dich zu erreichen«, sagte Grete, »der Vorderteil des Hauses ist eingestürzt. Bob wie durch ein Wunder gerettet.« Es gab nur ein paar Petroleumlampen. Mein Schlafzimmer war wirklich eisig. Das war das einzige Mal in vielen Jahren, daß ich Frau B. unglücklich gesehen habe. Zwei der drei Vorderzimmer waren in die Tiefe gestürzt und damit die Saloneinrichtung, nachgemachter Chippendale. Selbst Grete, die es hätte besser wissen müssen, sagte: »Ihre schönen Möbel, die Stühle mit blauem Samt, das bekommt sie doch nie wieder.«

Diese Blockade und das Verhalten der Berliner – elektrischen Strom an manchem Tag nur zwischen drei und fünf Uhr morgens, wo man dann schnell kochte und plättete und sich auf Vorrat wusch – großartig. Auch Kohlen kamen über die Luftbrücke von Gatow. Aber Güterzüge mußten ein Stückchen durch Berliner Gebiet in Lichterfelde fahren, dort verschwanden Güterwagen besonders mit Kohle. Während ich in Berlin war, wurden einmal sechs Wagen abgehängt. Aber es war immer noch besser als im Osten. Die Verlogenheit zeigte sich, da es im Ostsektor, also Berlin, das mehr vor den Augen der Welt lag, viel besser war als in der Ostzone, in die keiner rein oder raus kam. In Friedrichshagen mit zehntausend Einwohnern war völlige Stromsperre, und die Einwohner hatten keine Hausbrandkohle bekommen. Im Ostsektor durfte man 900 Watt am Tag für zwei Personen verbrauchen. Schon zwölf Jahre vor der Mauer wurden um diese Zeit die Grenzstraßen aufgerissen und mit spanischen Reitern versehen.

Wenn der Hintergrund nicht so ernst gewesen wäre, wäre alles eine Komödie gewesen. Eines Tages kam Klupp nach Hause und sagte: »Schau her, ich will belobt werden, ich habe zehn Eier gekauft, 90 Pfennig das Stück, im Mittelkurs von 4.20 Mark.«

Bei diesem Aufenthalt während der Blockade traf ich die Mitglieder des Soroptimist-Klubs wieder. Das war ein Frauenklub, in dem jedes Mitglied einen andern Beruf haben mußte. Heinz sagte: »Meine Frau ist in einem Klub, wenn Goethe drin gewesen wäre, hätten sie Schiller nicht aufgenommen.« Der Klub hatte vor 1933 viel für mich bedeutet. Überall nur Männer, in der Redaktion, im Gericht, am Capri-Mittagstisch, ich sprach kaum Frauen außer meinen zwei Haushilfen. Sonst waren Heinz und ich daran gewöhnt, daß man nur mit der Familie – Heinzens war sehr groß – verkehrte. Und nun fand sich da ein Kreis von jungen berufstätigen, interessanten Frauen zusammen. Bei jedem Treffen hielt eine einen Vortrag aus ihrem Berufsgebiet. Ich werde nie vergessen, wie Freda Wüsthoff, die Patentanwältin, vom Patent für die Grapefruit sprach, oder Hertha von Gebhardt über die Entstehung eines Films. Hier hatte ich Ilse Langner kennengelernt, Tilla Durieux gehörte dazu, und jetzt traf ich auch eine Russin, Fräulein von Schulz, die für die Ostzone die erste ganz wissenschaftliche Ausgabe von Herzens Tagebüchern übersetzte und bearbeitete. Sie waren alle vor 1933 erfolgreich gewesen, Persönlichkeiten, einzigartig, eine nie wieder genau so vorkommende Zusammensetzung von Zellen. Das erste Wiedersehen war ein furchtbarer Schock. Sie waren alle alt. Zwischen fünfunddreißig und fünfzig Jahren ist ein gewaltiger Unterschied. Sie waren einfach nicht mehr schön. Eine, eine schwarzhaarige Elfe, zart, zierlich, winzige Hände und Füße, war geschwollen. Zum erstenmal im Leben sah ich, was Alter ist. Das war das Erschütternde. Sie waren auf grausame Weise verändert. Am Hals zogen sich Streifen hoch, in der Mitte war eine Grube. Eine, die 1928, als man Röcke bis zum Knie trug und die Beine wichtiger waren als das Gesicht, vollendete Beine hatte, hatte jetzt nur noch formlose gigantische Keulen, eine Jüngere, die es sich hatte leisten können, einen langen Ohrring nur in *einem* Ohr zu tragen, war immer noch apart und hübsch, aber nicht mehr für Extravaganzen. Es war die große Tragödie des Menschenlebens. Aber im Verlauf eines natürlichen Daseins lebt ein Mensch mit seinen Freunden weiter. Alle werden miteinander alt. Es ist der Grund, warum Ehen halten, weil man im grauen Haar immer noch das dunkle sieht, weshalb Ehemänner ihren fünfzig- oder sechzigjährigen Frauen Hüte mit Rosen oder rosa Jumper kaufen wollen. Die großen Jahre des Lebens einer ganzen sehr wertvollen Generation waren nicht gelebt worden. Klupp, dem ich von meinem Schrecken über diese Begegnung erzählte, sagte aus seiner Theaterkenntnis heraus, daß diese Frauen als wirklich alte wieder schöner sein würden. Und tatsächlich hatte er recht.

Der Abend in dem halbdunklen Zimmer war ungemein heiter. Traute von Davier, die dann einen Jugendaustausch Frankreich-Deutschland leitete, zeigte, wie man aus Stücken Stoff, aus dem, was man Reste nannte, die verschiedenartigsten Kopfbedeckungen, sogar elegante Hüte binden oder kniffen konnte. Es war hochbegabt und witzig. Einige dieser Frauen blieben mein Berliner Kreis der Nachkriegsjahrzehnte. Sie waren alle glühende Antinazis gewesen, hatten den Vorkriegsklub sofort aufgelöst, als die Nazis den Rausschmiß der jüdischen Mitglieder verlangt hatten, und brauchten so die Nazimitglieder nicht zu ihren privaten Zusammenkünften zuzulassen. Eine von diesen hatte ich 1933 in Karlsbad getroffen. Sie sagte mir, daß zu viele Juden in Deutschland eine zu große Rolle im Theater gespielt hätten. Die Shakespeareaufführungen Max Reinhardts und sein weltberühmtes *Jedermann* in Salzburg als Grund der Judenverfolgung anzugeben war 1933 beliebt.

Das Verhalten der Berliner während der Blockade war imponierend. In Gatow wartete ich dann zehn Stunden auf den Rückflug. Während der Luftbrücke zählte man bis neunzig, und ein Flugzeug kam.

»Das können sie ja nun«, sagte ein Deutscher mit einem Monokel zu mir. »Sie können auch anderes«, sagte ich. »Na was denn?« sagte er höhnisch. »Zum Beispiel Kriege gewinnen«, sagte ich. »Kriege gewinnen? Wieso?« »Entschuldigen Sie, haben Sie oder die Alliierten den Krieg gewonnen?« »Na ja«, sagte er und entfernte sich.

Es war ein kleines offenes Flugzeug, und ich kam völlig erschöpft an einem Bahnhof an, von dem ich nach Hamburg weiterfahren konnte. Dieses Bahnhofsrestaurant war paradiesisch. Ein riesiger eiserner Ofen machte es fast zu warm, eine gepolsterte Bank lief in L-Form an der hölzernen Wand entlang. Ich ging an die Theke.

»Ich wäre doch zu Ihnen gekommen«, sagte die nette Frau. »Können Sie mir ein Ei und Butterbrot und Kaffee geben?« fragte ich. »Natürlich«, sagte die Frau, und dann brachte sie mir zwei Eier. »Na so üppig«, sagte ich, »zwei Eier.«

»Man steht nicht auf einem Bein.«

Genau dasselbe war Heinz bei seinem ersten Aufenthalt in Paris 1949 passiert. In einem kleinen Café bestellte er Kaffee und Croissants. »Croissants! Oh, Monsieur!« sagte der Wirt und hob beide Arme in der Haltung des *Betenden Knaben* zum Himmel. »Keine Croissants mehr!« sagte er halb weinend. Und dann kam er mit zwei Eiern und Schinken. »So viel«, sagte Heinz »habe ich ja seit Jahrhunderten nicht gegessen.«

Und während ich noch den deutschen Luxus genoß, ging die Tür auf, und es kam das Märchen in die Stube, ein völlig hellgrau verstaubter oder kalkbespritzter Mann mit einem hohen Wanderstab. Er setzte sich neben mich. Ich sah, wie elend er war. Er bestellte nur Kaffee. »Sie kommen weit her?« sagte ich und wußte nicht, meinte ich Zeit oder Ort. »Ja, sehr weit«, sagte er, »aus der Zone. Aber jetzt bin ich bald da. Ich wandere an die Ruhr. Dort haben sie Kohlengruben, da braucht man einfach nur gegen die Kohle ein bißchen zu schlagen, und schon fällt sie einem entgegen. Und wenn man zu Tage kommt, dann gibt es Duschen mit heißem Wasser und Seife und Handtuch.«

»Gibt es das alles nicht, wo Sie herkommen?«

»Nichts«, sagte er, »nichts. Aber ich bin ja nun bald an der Ruhr.«

In dem schönen Speisewagen von Harwich nach London waren drei deutsche Frauen an meinem Tisch.

»Sieh dir das an, wie das alles aussieht, guck dir die Bahnhöfe an, mit Laubsägearbeit. Alles unaufgeräumt und drekkig.«

»Das nennen die ein reichliches Frühstück!«

»Weißte, was die Würstchen sind? Grütze!«

»Hat man Worte!«

Während der Blockade korrespondierten wir nicht. Dann kamen wieder ein paar Briefe von Karl:

»Am Freitagmittag erhielten wir ganz überraschend Ihr Paket, über das wir uns sehr gefreut haben, es war ein richtiges Weihnachtspaket, denn es enthielt lauter herrliche Dinge, die wir nicht haben und die wir uns in Westberlin nicht kaufen könnten und würden, weil anderes viel vordringlicher ist. – In unseren Staatsläden kostet 1 Pfund Zucker immer noch 6.- Mark, Margarine 9.- Mark, Butter 20.- Mark, 1 Liter Milch 3.-Mark usw. Kaffee ist schon lange nicht mehr zu haben.

Am meisten haben wir uns aber gefreut – schon vor dem Auspacken des Paketes –, wieder ein Lebenszeichen von Ihnen zu bekommen, weil wir so lange nichts von Ihnen gehört haben.

Wir sind *sehr* einsam geworden, weil fast alle unserer hiesigen Freunde nach Westdeutschland verzogen sind und unsere Freunde und Verwandte im Westen, die früher häufig bei uns wohnten, seit 1945 nicht mehr nach Berlin gekommen sind.

Wie es Ihnen wohl allen gehen mag? – Ich habe nie mehr etwas von Ihnen gelesen, allerdings bekomme ich die Zeitung auch nur selten von einem Nachbarn. Ob Sie wieder an einem Roman arbeiten?

Ich habe sehr viel zu tun und bin oft recht abgespannt. Am

meisten Freude macht uns unser Garten, der infolge des feuchtwarmen Frühlings sehr üppig ist. Nach der Rhabarberzeit essen wir seit 4. Juni täglich Erdbeeren. Unsere Hagebuttenecke und die gefüllten Jasminbüsche stehen in voller Blüte. Nur die Stachelbeeren haben dieses Jahr wenig Früchte, ich dachte zuerst, es läge daran, weil es englische Sorten sind, aber es ist überall so in Berlin. – Ihre Seife ist ganz herrlich.

Herzliche Grüße, Ihnen und Ihren Lieben, Ihr Karl.«

Berlin, 17.7.50.
»Lieber Heinz! Zuerst etwas zum Lachen. Ich habe kürzlich meinen Schülern gesagt, sie würden bald Zeugnisse bekommen. Jedes Zeugnis wäre eine Art Kritik an dem Betragen, den Leistungen und der Pünktlichkeit des betreffenden Schülers. Ich hätte schon viele solche Kritiken geschrieben, aber noch nie eine erhalten, und da mich die Schüler am besten kritisieren könnten, sollten sie als Hausarbeit eine Kritik über mich schreiben. Sie sollten ganz ehrlich ihre Meinung sagen. Wer scharf kritisiere, brauche keine Angst zu haben, ein schlechtes Zeugnis zu erhalten, und wer zu gut kritisiere, dürfe nicht auf ein gutes hoffen. Übrigens könnten sie die Kritik ohne Namen abgeben. – Die Schüler haben die Sache ernsthaft aufgefaßt, alle haben positiv kritisiert, das beigefügte Blatt ist ein Beispiel dafür.

Und nun etwas zum Weinen. 1945 waren wir trotz Ruinen, Hunger und Kälte froh, von der Diktatur des Faschismus befreit zu sein. Dafür haben wir jetzt die Diktatur des Proletariats, und dagegen waren die Nazis die reinsten Waisenkinder. Es herrscht ein unglaublicher geistiger Terror. Stalin, der Monopolgegner, ist Inhaber des Denkmonopols.

Ein Teilnachlass von Gabriele Tergit befindet sich im Moses Mendelssohn Zentrum Potsdam

Briefe von Gabriele Tergit im Moses Mendelssohn Zentrum

Seine Gedanken, in Worte gekleidet, sind die absolute Wahrheit. Wer anders denkt, ist ein Schwarzdenker, und wer so unvorsichtig sein sollte, seine schwarzen Gedanken laut werden zu lassen, entlarvt sich selbst als Staatsfeind und wird ausgemerzt.

Jeden Mittwoch von 8–10 Uhr ist ideologische Schulung in allen amtlichen und halbamtlichen Stellen (Ministerien, Banken, Schulen usw.), an der alles, auch die Reinmachefrau, teilnehmen muß. Wer ohne triftigen Grund fehlt, wird fristlos entlassen. Jeder muß sich den Unsinn anhören (alles von Moskau befohlen).

Stalin ist unser Freund und plündert uns freundschaftlich und gründlich aus, indem er uns mindestens 95 % der gesamten Produktion wegnimmt und uns nur den letzten Ausschuß überläßt. Nur die (militärische) Volkspolizei bekommt alles und ist erstklassig ausgerüstet, die andern können in Lumpen gehen. Alle Menschen in unserer weder Deutschen noch Demokratischen Republik sind russische Sklaven, die sehr billig arbeiten, denn ihr Lohn ist, soweit es sich nicht um die rationierten Verbrauchsgüter handelt, kaum ein Sechstel wert. Ein ›einfacher‹ Wecker kostet ab heute im Staatsladen 48.- Mark. Die Uhrmacher dürfen keine Uhren verkaufen, sondern nur reparieren, und mit der Reparatur der ›einfachen‹ Wecker haben sie laufend Arbeit. – Da der Bedarf der Sowjetunion ungeheuer ist, werden wir noch jahrhundertelang keine arbeitslosen Sklaven haben.

Es wird erst Ruhe in der Welt herrschen – und zwar Kirchhofsruhe –, wenn der kommunistische Welteinheitsstaat errichtet ist oder wenn die Russen so geschlagen werden, daß sie niemals wieder eine Bedrohung sein können.

Außer Churchill scheint kein westlicher Politiker die

kommunistische Gefahr erkannt zu haben. Auch die Völker nicht, sonst würden doch zum Beispiel die Belgier sich nicht endlos mit ihrem Leopold beschäftigen, sondern sich geschlossen, bis auf die Zähne bewaffnet, auf den bolschewistischen Angriff vorbereiten.

Und wie dummschlau der Kreml das alles macht. Zuerst zieht er in Stockholm den Kongreß auf zur Ächtung der Atombombe. Dann läßt er Millionen Unterschriften sammeln gegen die Atombombe, dann überfällt er Südkorea und schreit, das wären die Angreifer. Wenn die Bolschewisten ganz Korea ›befreit‹ haben, werden sie Persien, Jugoslawien, Westdeutschland und endlich ganz Westeuropa, einschließlich England, von dem ›anglo-amerikanischen Monopolkapitalismus‹ befreien.

Du siehst, was ich über das Weinen schrieb, ist viel länger geworden als das über das Lachen. Aber wir haben auch nichts zum Lachen.

Ich freue mich sehr, daß Du einen so großen Auftrag hast. Wie gern würde ich mitarbeiten, ich würde lieber in London von Kartoffeln und Salzhering leben als hier in Unfreiheit vegetieren. Dein Karl.«

Eine schöne Ansichtskarte: 29.7.50.

»Lieber Heinz, hier wurde ich 10 Tage in die marxistischen Lehren eingeweiht, mit noch vierzehn Kollegen und zirka vierzig Kollegen aus den verschiedenen Berufen, Männer, Frauen und Jugendliche.

Täglich von 8–18.30. Früh morgens und abends mache ich meistens Wanderungen durch die herrlichen Wälder. Ich wußte nicht, daß Strausberg so schön ist. – Herzliche Grüße, Dein Karl.«

Reise mit Heinz nach Berlin

Heinz hatte große Hemmungen, nach Deutschland zu fahren. Aber dann im Liverpool Street-Bahnhof in einen Zug steigen, in einem Speisewagen essen, in Harwich aufs Schiff gehen, es machte uns glücklich, obzwar es keine so elegante Kabine war, wie ich 1949 für mich allein gehabt hatte, aber die See war ruhig, und in Hoek gingen wir noch immer über Bretter zum Zoll, über Bretter zum Restaurant, und ich freute mich auf sein Gesicht, wenn das Frühstück käme, zwei Eier mit Speck, der über den Tellerrand hing.

Heinz schlug eine Hand auf den Mund, sagte: »Huch« und sah abwechselnd mich und die Eier an.

In unser Coupé kam ein junger Hamburger, der uns gleich erzählte, er komme von einem norwegischen Schiff: »Nein, ich lasse mich von keinem deutschen Schiff mehr anheuern, nein, ich war im KZ. Tja ich hatte einfach die Nase voll, ich hatte genug, und da habe ich einen Admiral nicht gegrüßt.«

»Admiral nicht grüßen? Aber das müssen Sie bei jeder Marine.« »Na, ich hatte eben genug, ich wollte eben nich mehr. Da haben sie mich dann eingelocht. Nee, nie mehr aufn deutsches Schiff.«

Dann kam Bentheim, die verruchte Station. »Da stehen sie«, sagte Heinz, »es sind noch dieselben.« Einer kam, fragte nach Kaffee. »Ganz kleines Döschen Neskaffee«, sagte ich.

Der Matrose war aufgeregt, verdattert, möchte ich sagen,

nahm schon vorher den Koffer aus dem Netz. »Nun wirds bald?« sagte der Beamte. Es war, als ob der Matrose diesen Ton provoziert hätte. »Zwei Pfund«, sagte er aufgeregt.

»Folgen Sie mir!«

»Armes verrücktes Volk«, sagte Heinz und meinte den Matrosen.

Und nun kamen Karl und Freia in unsre Pension B., und wir saßen in dem typischen Berliner Hinterzimmer, dem letzten am langen Korridor. Wir hatten herrlichen Kaffee, und den Kuchen, den ich in einer winzigen Konditorei gekauft hatte, den Kuchen unserer Jugend, Streusel und Bienenstich, Mohrenköpfe und Dominosteine. Karl sprach, es waren weder die fehlenden Kohlen noch die fehlende Schokolade. Es war nur das Geistige, die verlogenen Spruchbänder überall, die »imperialistisch-kapitalistische Verseuchung«. »Esse ich hier bei euch überhaupt fortschrittliches Gebäck?« – »Was heißt da hübsches Kleid? Von solchen Frauen wollen wir keine Kinder.« Er sprach und sprach und von nichts anderem, wie wir vor siebzehn Jahren nur noch von Hitler gesprochen hatten. Als sie weg waren, stand Heinz sehr nachdenklich: »Du hast gemerkt, er ist unfähig von irgend etwas anderm zu reden, wenn das bloß gutgeht.«

Das war am 10. März 1951. Ich heb mir wenig auf, mach mir wenig Notizen, habe mich immer auf mein Gedächtnis verlassen, aber hier habe ich eine Rechnung vom 13. März aufgehoben, vom Kindl in Berlin, völlig braun natürlich. Das Kindl am Kurfürstendamm an der Joachimsthalerstraße war damals ein großes Glück. Das Haus hatte einst Freunden von uns gehört – die Familie besaß das ländliche Grundstück, bevor Bismarck den Kurfürstendamm anlegte, oben war eine Lichtreklame mit dem Sarottimohren, für die damals 30000 Mark im Jahr bezahlt wurde. Das war allein schon ein großes Einkommen. Das Kindl war am Ende der zwanziger Jahre von unserm Freund, einem sehr verfeinerten Traditionalisten, umgebaut worden, alles Holz, und von Slevogt gelb und braun ausgemalt, ein ungemein behagliches Lokal und in den fünfziger, auch in den sechziger Jahren, immer überfüllt. 1933 kam unser Freund in das Restaurant und sah den Eigentümer ganz in Braun und beklunkert: »Tja«, sagte er, »Sie wundern sich vielleicht, aber was ist denn unsereiner gewesen? Ein Kneipenwirt, der sich verbeugte. Jetzt bin ich in der Partei und habe ein Ansehen.« Das war ein Grund für – ich möchte sagen – Millionen: ein Ansehen haben.

Wir saßen in einer gemütlichen Ecke und aßen Storchennest, das war ein tolles Filetbeefsteak auf Brotsockel mit Trüffel und Béarnaisesauce. 14.50 Mark für uns vier mit einer Flasche Wein, und einer hat einen Himbeergeist getrunken, wahrscheinlich Heinz. Nichts, gar nichts stand zwischen uns. Die Männer duzten sich wieder.

Heinz sprach oft, sein ganzes Leben, vom Ende der Flaubertschen *Education sentimentale*, wie die beiden alten Freunde am Ende des Lebens sich erinnern, wie sie zusammen in ein Bordell gegangen waren. Das war übriggeblieben.

Eines Tages, 1967, sechzehn Jahre nach unserm gemeinsamen Mittagessen, bekamen wir eine Ansichtskarte von der Ecke vom Kindl, in der wir 1951 gesessen hatten. Das war geblieben, die Erinnerung an ein Mittagessen, Storchennest und eine Ecke im Kindl.

»Lieber Heinz! 19.4.51.
Wir zehren immer noch von Eurem Besuch. Freia sagte gerade, es wäre sehr schade, daß Ihr nicht hier in der Nähe wohntet, dann könnte man doch mal mit jemand reden. Hier wohnen hauptsächlich Geschäftsleute, Handelsvertreter, der Rest besteht aus 110%igen Kommunisten (= fortschrittliche Menschen). Mit all denen kann man nicht reden.

Am Montag nach unserem Zusammensein war ich nochmals beim westlichen Hauptschulamt, wo man mir geraten hat, beim östlichen Hauptschulamt ordnungsgemäß zu kündigen.

Ich habe also, nach Rücksprache mit meinem östlichen Hauptschulrat, eine Eingabe gemacht und gebeten, mich zum 31. März zu entlassen, sie lassen mich aber erst zum 30. Juni gehen. Also fange ich erst am 1. Juli in West-Berlin an und bleibe hier so lange wohnen, bis ich drüben eine Wohnung bekomme.

Die ›Spinnstunden‹ am Mittwoch habe ich seitdem geschwänzt.

Am 1. Mai werde ich auch nicht mitmarschieren, höchstens in West-Berlin. Vielleicht werfen sie mich doch früher heraus, wenn es mir nicht gelingt, mich auf andere Art eher loszueisen.«

Der Hiddenseeaufenthalt (1924) hatte unter anderem zur Folge, dass Gabriele Tergit fortan Perlenketten trug.

Nachwort

Ich könnte damit aufhören, aber ich möchte doch erzählen, wie das Leben von Menschen in dieser wirren Zeit weiterging, die frei nach moralischen Grundsätzen leben wollten und denen ein gesichertes Leben ganz gleichgültig war.

Sie besaßen in Westdeutschland ein Familiengutshaus, das geteilt und nun von Siedlungen umgeben war, und eine Laube, die man auch als primitives Sommerhäuschen bezeichnen konnte, in Landowitz an der See, beides ohne ihre Erlaubnis von andern Leuten bewohnt, wie das so war nach 1945.

Endlich 1953 kam eine Luftpostkarte. 22.3.53.

»Lieber Heinz, am 19. März haben wir uns endgültig nach West-Berlin abgesetzt. Am 12. März bekam ich die Zuzugsgenehmigung, am 13. hat uns Freia hier polizeilich gemeldet. – Viele Wochen lang haben wir täglich in Handtaschen und Aktentaschen wertvolle und wichtige Dinge herübergebracht, auch Kleidung und Wäsche. – Die Möbel konnten wir nicht mitnehmen, das darf man aber auch dann nicht, wenn man sich drüben regulär abmeldet, Entschädigung dafür gibts natürlich auch nicht. Im Kommunismus sind die Möbel Staatseigentum, und da Eigentum Diebstahl ist, ist der kommunistische Staat der größte Dieb. – Wir sind hier sehr herzlich aufgenommen, wohnen aber nur provisorisch hier, bis wir eine eigene Bleibe haben. Ich wohne in einem kleinen Dachzimmer, Freia schläft auf dem Dachboden, sie kann also das Dach sehen, das sie über dem Kopf hat. Eine Nachbarin hat sofort einen Elektrokocher geliehen, darauf wird im Dachboden gekocht. – Es fehlen uns vorerst all die täglichen Kleinigkeiten, die wir nicht mitzunehmen wagten, weil sie bei einer Kontrolle auf der östlichen S-Bahn Anlaß hätten sein können, uns wegen ›Republikflucht‹ (!) ins Zuchthaus zu bringen. – Nochmals herzlichen Dank für das Wollfutter, es kam noch bei der größten Kälte, ich habe selbst die Knöpfe eingenäht, das mache ich besser als ein Schneider. Das Futter ist sehr warm, ich trage es noch täglich. Wenn wir zur Zeit auch schon achtzehn Grad plus haben, so ist es morgens um sechs Uhr meistens um null Grad. – In acht Tagen habe ich Ferien, da wollen wir Wohnung suchen und vor allem uns langsam erholen von den anstrengenden und aufregenden Wochen und von der Diktatur, unter der wir zwanzig Jahre gelebt haben.«

Und so schrieb er, endlich frei von der Leber weg über den ostdeutschen Aufstand von 1953:

»Alles spricht und schreibt über die Vorgänge im Ostsektor und in der Zone. Alle bewundern die Menschen, die es gewagt haben, zu demonstrieren. Wenn man bedenkt, daß diese Menschen ja auch im Hitlerreich gelebt haben, muß man sich fragen, warum sie damals nicht schon demonstriert haben, denn zwischen SED-Diktatur und Hitlerdiktatur ist kein Unterschied.

Jetzt haben sie doch nur demonstriert, weil sie nicht mehr so viel Lebensmittel und Verbrauchsgüter kaufen können wie noch vor einem Jahr. Wäre es langsam immer besser geworden, wie es die SED ja dauernd verspricht, dann hätten sie nicht demonstriert, selbst wenn Hunderttausende in Zuchthäusern gesessen hätten oder hingerichtet worden wären.

Die meisten haben wahrscheinlich nur demonstriert, weil es ihnen nicht so gutgeht, wie im dritten Reich, wo ja *alles* besser war. – Wenn ich das jemand erzählen würde, käme er in Verlegenheit, wie er mich beschimpfen sollte, denn er könnte nicht mal das Schimpfwort ›Kommunist‹ gebrauchen. Die Menschen, denen ich das ungefährdet erzählen könnte, muß man mit der Lupe suchen.

Meine Schule steht zwischen zwei Brücken nah an der Sektorengrenze. Die sowjetischen Narren haben auf den Brücken fünf Panzer stehen, deren Rohre gegen Westberlin gerichtet. Von den Klassenräumen aus kann man sie etwa 200 m. entfernt sehen. – Herzliche Grüße, auch an Sir W. and the sweet Q. – Ihr Karl, Anwärter auf die Nahkampfspange für Papierkriege.«

Acht Jahre Provisorium, mit über sechzig lebten diese verfeinerten Ästheten auf dem Dachboden oder zwischen Kisten, und doch und doch ein anderes Lebensgefühl, er schickte uns eine Ansichtskarte von Kokoschkas Londoner Towerbridge, ein herrliches Schneebild von Sisley, das Frühstück von Renoir, ein Utrillo, das heißt alles, was Heinz liebte, Heimkehr nach Europa in unsre Welt. Sie sahen *Orphée* von Cocteau und *Das Spiel ist aus* von Sartre. Die bundesdeutschen Nachteile machten sich erst später bemerkbar, obwohl er schon 1953 an uns mit einer bezaubernden Kleekarte schrieb:

»Die beigefügte Postkarte wollte ich gar nicht kaufen, aber als ich kürzlich einen kleinen Papierladen in Wilmersdorf betrat, kaufte eine Kundin gerade Postkarten, wobei sie auf diese grellbunten Bilder schimpfte und von dem Ladeninhaber kräftig unterstützt wurde. Ich gab meine Freude über diese Karten zu erkennen und suchte mir die buntesten aus. Die Kundin verließ mit der Bemerkung, daß das doch entartete Kunst wäre, knallend den Laden.

Die Frau gehörte zu den 99.9% Jasagern, während ich zu dem verlorenen Häuflein der 0.01% Neinsagern gehöre. Es ist schlimm, wenn man so entartet ist.

Im dritten Reich nannte ich Herrn Josef Hinkedey immer den Minister für Lüge und Volksverdummung. Heute bin ich überzeugt, daß der unkeusche Josef gar nicht gelogen hat, es waren tatsächlich 99.9% dafür. Und für Verdummung brauchte er auch nicht zu sorgen, die war hundertprozentig vorhanden, er konnte sie höchstens noch vertiefen.«

Aber sie hatten das Glück, für eine Woche, acht Tage, im Schloß Glienicke wohnen zu können, was nun eine Art Erholungsheim war. Er war so glücklich, daß er englisch schrieb.

«The architect was a Mr. Schinkel, the park is by a Mr. Lenné. That is good for a Mr. Karl«, so glücklich, daß er schrieb: »God save the Heinz«, so glücklich, so heiter, daß er schrieb: »Der umseitige Aussichtstempel wurde von Schinkel und seinem fürstlichen Bauherrn nach dem Denkmal des Lysikrates in Athen entworfen. Von meinem Zimmer aus, das in gleicher Höhe wie der Tempel liegt, kann ich ihn sehen. 20 m. hinter dem Tempel ist der eiserne Vorhang, da beginnt die ruhmreiche Sowjetunion, wir gehen fast täglich an die Front.«

Das Denkmal des Lysikrates! Als Heinz und ich 1959 in Athen waren und am Turm der Winde standen, zu dem Heinz nur sagte: »Na!« »Und jetzt werden wir uns das Denkmal des Lysikrates ansehen, das wir alle zeichnen mußten.« Wir suchten eine Stunde, bis uns ein netter Athener hinführte, natürlich sozusagen *der* Anfang, die Wiege der europäischen Kultur, immer wieder neu entdeckt, aber jetzt auf dem engen Plätzchen nicht eindrucksvoll. Ich wußte, daß der Mann neben mir dachte, war es wichtig? Waren es versäumte Jugendjahre? Für Karl, der aus der Wüste kam, von Ulbricht, Mitglied des Henkerkomitees mit André Marty und Rákosi, dem im spanischen Bürgerkrieg die Ermordung der angelsächsischen Idealisten, fünfhundert oder fünftausend, man weiß nicht genau, wichtiger war, als die Besiegung Francos, für Karl war das Denkmal des Lysikrates Verkörperung alles zu Bejahenden. Diese alljährliche Woche in Glienicke war das große Glück. Sie wäre auch für uns das große Glück gewesen, wenn wir so eine sorglose Woche zwischen 1933 und 1960 hätten haben können.

»Wir wohnen wieder mal bei Schinkels. Für dieses Meisterwerk von Schloß hat Schinkel jede Kleinigkeit genau gezeichnet, wenn nötig farbig angelegt und noch alles schriftlich erläutert, er hat also genau so geplant, wie das mein Freund in London heute noch tut. Hier bei der edlen Architektur Schinkels und dem schönen Park Lennés fühle ich mich richtig wohl und Frau Freia auch, Dir würde es hier auch gut gefallen. Schinkel hat jede Kleinigkeit selbst entworfen, jeden Geländerstab, jeden Türgriff, die Fußböden, Telefonapparate, etc.«

Das stimmte auch für einen Fanatiker des Details wie Heinz.

1956 waren sie wieder einen Schritt weiter, zwölf Jahre nach dem Krieg. »Unser Sommerhaus in Landowitz wird jetzt frei. Mitte Juli fliegen wir hin.«

»Seit fünfzehn Jahren sind wir zum erstenmal wieder in unserm Schloß, das für Flüchtlinge beschlagnahmt war. Das Schloß liegt 12 541 mm über dem Meer. Wir haben einen großartigen Blick bis zum Horizont, manchmal auch weiter. Aber dann nur bei klarem Wetter. Um 4.14 Uhr (täglich zwei Minuten später) beobachte ich durch ein Scherenfernrohr den Sonnenaufgang. Um 23 Uhr sehe ich mir mit einem Fernrohr den Mars an, früher geht es nicht, weil der alte Herr zu spät aufsteht. Sollte sich ein Beispiel an Frau Sonne nehmen, damit man Zeit zum Schlafen hat. Die Frauen sind halt immer fixer als die Männer.« – »23. August. Bei uns ist es sehr heiß, wir haben acht Briketts im Ofen.« Alles war beglückend. »Hier gibt es noch richtige Ochsen, Pferde, Kühe, Meerkatzen, Seekühe, Seeigel, Seesterne.« Und als sie für dauernd hinzogen: »Immer herrliches Wetter, Quitte, Erdbeeren und Flieder blühen.«

»Am Mittwoch, vor 18 Uhr, stand unserm Fenster gegenüber ein großer Regenbogen vor dem dunkelgrauen Himmel. Handbreit über dem Horizont schwebten glühende goldene Funken nach rechts. Das waren viele Tausende von Möwen, die von der Abendsonne beschienen wurden. Auf dem Meer war ein langgezogener Streifen Gold, das waren ebenfalls viele Möwen, die wahrscheinlich einen fetten Makrelenschwarm entdeckt hatten. Ein seltenes Naturschauspiel und völlig kostenlos.«

Erst noch mit Humor, aber langsam überkam ihn Verbitterung. Er ließ sich Stempel machen: »Nazigeschädigter ohne Entschädigung.« »Totalausgebombter *ohne* Lastenausgleich. Flüchtling ohne Flüchtlingsschein«, sogar: »Diplomrindvieh der Bundesrepublik weil kein Nazi gewesen.«

Es ging ihnen schlecht. Sie beschrieben, wie sie zehn Mark

sparten: »Am Donnerstagvormittag überholten wir die nördlichste Straßenbahn unserer WWR. In Gravenstein haben wir die königliche Schloßkirche besichtigt, an den Düppeler Schanzen sind wir aber vorbeigefahren, weil kein vaterländisches Bewußtsein. In Sönderborg haben wir zu Mittag gegessen. Dann haben wir beim Kobmand Lebensmittel bestellt (1 Pfd. Butter = 2.- DM, 1 kg Margarine = 78 Pf., 1 kg Zucker = 80 Pf., 1 Kg-Dose dänisch. Schinken = 2.50 DM, Nes-Café = 2.- DM, Nes-Café ohne = 3.50 DM, Honig usw.). Um 14 Uhr weiter nach Mommark, historischer Gasthof direkt an der Ostküste von Alsen, mit Fähre. Um 17.30 wieder in Sönderborg, dort eine große feste Papiertasche mit Lebensmitteln für 17.45 DM in Empfang genommen. Trotz 3.70 DM bundesdeutschem Räuberzoll über 10.- DM bei dem Einkauf gespart.

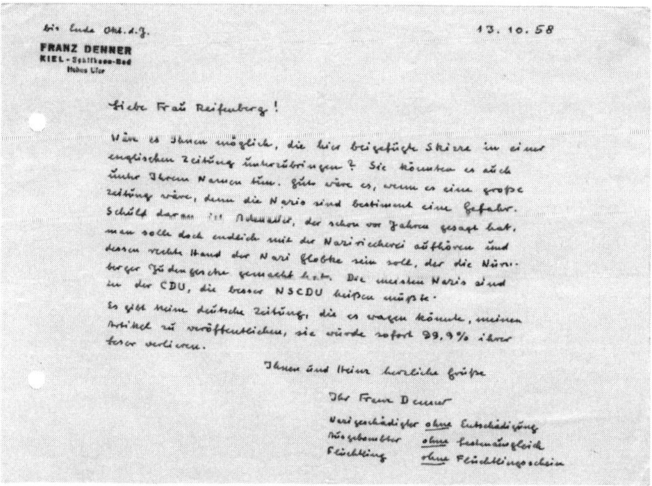

bis Ende Okt. d. J. 13. 10. 58

FRANZ DENNER
KIEL-Schilksee-Bad
Hohes Ufer

Liebe Frau Reifenberg!

Wäre es Ihnen möglich, die hier beigefügte Skizze in einer englischen Zeitung unterzubringen? Sie könnten es auch unter Ihrem Namen tun. Gut wäre es, wenn es eine große Zeitung wäre, denn die Nazis sind bestimmt eine Gefahr. Schuld daran ist Adenauer, der schon vor Jahren gesagt hat, man solle doch endlich mit der Naziriecherei aufhören und dessen rechte Hand der Nazi Globke sein soll, der die Nürnberger Judengesetze gemacht hat. Die meisten Nazis sind in der CDU, die besser NSCDU heißen müßte.
Es gibt keine deutsche Zeitung, die es wagen könnte, meinen Artikel zu veröffentlichen, sie würde sofort 99,9% ihrer Leser verlieren.

Ihnen und Heinz herzliche Grüße

Ihr Franz Denner

Nazigeschädigter ohne Entschädigung
Ausgebombter ohne Lastenausgleich
Flüchtling ohne Flüchtlingsschein

Nazigeschädigter ohne Entschädigung; Postkarte von Franz Denner an Gabriele Tergit 1958

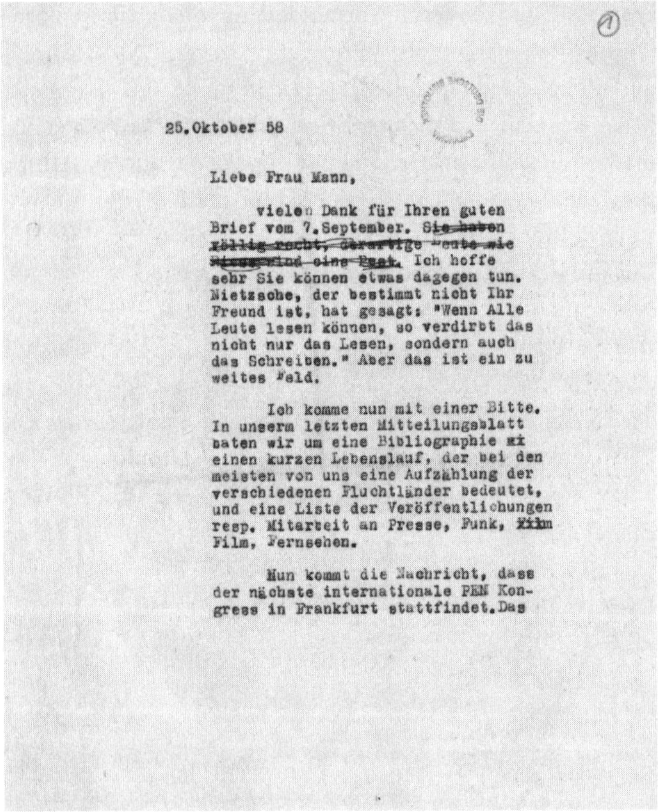

1

25.Oktober 58

Liebe Frau Mann,

vielen Dank für Ihren guten Brief vom 7.September. ~~Sie haben völlig recht, derartige Leute wie [illegible] sind eine Pest.~~ Ich hoffe sehr Sie können etwas dagegen tun. Nietzsche, der bestimmt nicht Ihr Freund ist, hat gesagt: "Wenn Alle Leute lesen können, so verdirbt das nicht nur das Lesen, sondern auch das Schreiben." Aber das ist ein zu weites Feld.

Ich komme nun mit einer Bitte. In unserm letzten Mitteilungsblatt baten wir um eine Bibliographie ~~zi~~ einen kurzen Lebenslauf, der bei den meisten von uns eine Aufzählung der verschiedenen Fluchtländer bedeutet, und eine Liste der Veröffentlichungen resp. Mitarbeit an Presse, Funk, ~~Film~~ Film, Fernsehen.

Nun kommt die Nachricht, dass der nächste internationale PEN Kongress in Frankfurt stattfindet. Das

Brief von Gabriele Tergit an Erika Mann, 1958

①(2)

Datum steht zwar noch nicht fest, aber Sommer 1959. Ich halte es für höchst wichtig- nun natürlich so wichtig wie überhaupt alles ist!- dass wir an die Presse einen Rekord unsrer Gruppe geben können. Ich persönlich habe noch den Wunsch eine Liste der Toten beizufügen. Erstens weil wirklich die grossen Dichter deutscher Zunge zu uns gehörten(siehe Zeugnis im"Wendepunkt" üver die Auswanderung der Schriftsteller) zweitens weil ich es doch nützlich fände, wenn man eine Liste hätte

beging Selbstmord 1940 in Frankr.
beging Selbstmord 1940 in Frankr.
ertrank durch die Torpedierung
durch ein deut.
etc u.s.w.

Wollen Sie mir so eine ~~XXXXXXXXXXXX~~ Bibliographie Ihrer selbst schicken? Ich wäre Ihnen sehr verbunden. Und wenn Sie die Idee gutheissen und Ihr Bruder war Mitglied des PEN, dann doch auch bitte die Bibliograbie Ihres Brudems. Bei Büchern bitte ich sehr z Verlagsort und Jahr anzugeben.

Entschuldigen Sie bitte, wenn dieser Brief so einen kraut-und rübigen Eindruck macht.

Mit freundlichsten Grüssen und vielm Dank im voraus
Ihre

In Dänemark sind alle Kühe völlig braun, auch das Euter. Kommt von der Nazi-Besetzung. Kühe haben kollaboriert. Waren also Gesinnungslumpen und sind, wie alle Gesinnungslumpen, sehr fett und haben wie diese sehr viel fette Milch. Heil Hitler!«

Immer und immer mehr verdüsterten sich die Briefe. Das hatte mehrere Gründe. Er konnte die allgemeine Ungerechtigkeit nicht mehr ertragen: »Der Reichstodesarzt SS Dr. med. Eisele konnte gemütlich ins Ausland reisen, ebenso der SS-Studienrat und Judenschächter Zind, die Reichstodesärztin SS Dr. med. Oberhäuser kann frechfrommfröhlichfrei weiterpraktizieren, z. Zt. noch ohne Todesspritze, Lina Heydrich konnte so dreist sein, eine ›Kriegswitwenrente‹ zu beantragen, die ihr natürlich prompt bewilligt wurde, obwohl Heydrich niemals ›Krieger‹, aber immer ein großer Verbrecher war. Der SS-Euthanasiearzt Dr. ›Sawade‹ konnte eine hohe Stellung bekleiden, während seine Frau inzwischen rd. 90 000.- DM Witwenpension bezog und sicher noch weiterbezieht.«

Seit 1960 sandte er mir mindestens einmal die Woche Zeitungsausschnitte. Es war das erste Kuvert, das ich beim Frühstück öffnete. »Was ist heute wieder wahnsinnig interessant?« stellte Heinz seine halb ironische Frage.

Da erschienen der Professor Städtebauer und Verkehrsexperte Leibbrand, der Italiener prophylaktisch erschossen hatte, d. h. »auf Verdacht«, der »angesehene Bürger« und 40 000-fache Mörder Fellenz. Fuhlsbüttelprozeß, wo auf dem Korridor des Gerichts Folterer und Gefolterte ununterscheidbar als unauffällige Bürger erschienen, oder der Scheck mit dem Gamsbart am Hut, ein Sägewerksarbeiter und NSDAP seit 1928, der dadurch SA-Oberführer wurde und jetzt

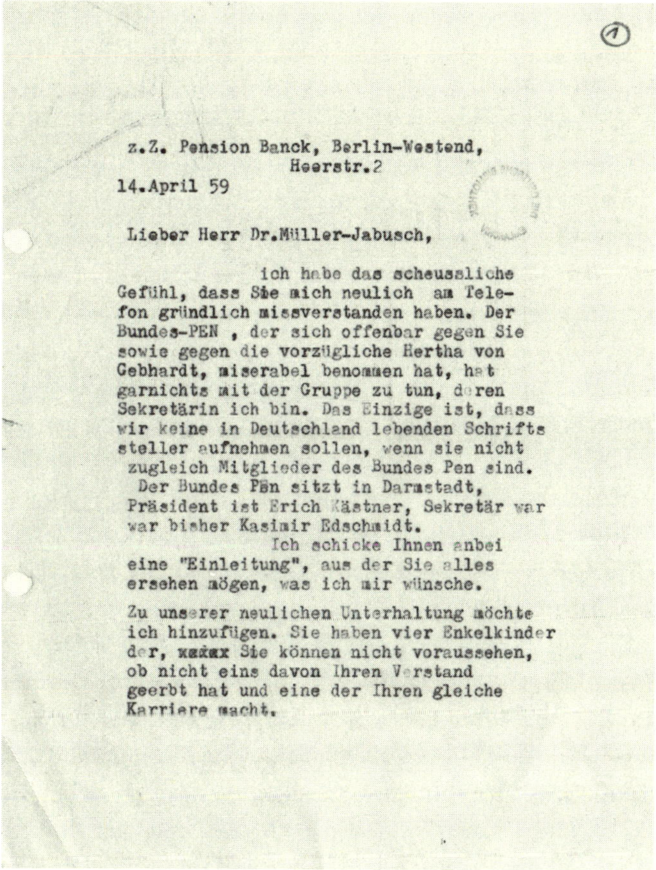

1

z.Z. Pension Banck, Berlin-Westend,
Heerstr.2

14.April 59

Lieber Herr Dr.Müller-Jabusch,

ich habe das scheussliche Gefühl, dass Sie mich neulich am Telefon gründlich missverstanden haben. Der Bundes-PEN , der sich offenbar gegen Sie sowie gegen die vorzügliche Hertha von Gebhardt, miserabel benommen hat, hat garnichts mit der Gruppe zu tun, deren Sekretärin ich bin. Das Einzige ist, dass wir keine in Deutschland lebenden Schriftsteller aufnehmen sollen, wenn sie nicht zugleich Mitglieder des Bundes Pen sind. Der Bundes Pen sitzt in Darmstadt, Präsident ist Erich Kästner, Sekretär war war bisher Kasimir Edschmidt.

Ich schicke Ihnen anbei eine "Einleitung", aus der Sie alles ersehen mögen, was ich mir wünsche.

Zu unserer neulichen Unterhaltung möchte ich hinzufügen. Sie haben vier Enkelkinder, xxdxx Sie können nicht voraussehen, ob nicht eins davon Ihren Verstand geerbt hat und eine der Ihren gleiche Karriere macht.

Brief von Gabriele Tergit an Maximilian Müller-Jabusch (1959)

1027 Mark monatlich Pension bekam und 99 660 Mark Nachzahlung. »Nazi Ärzte, Nazi Richter, und Nazi Verbrecher bilden weiterhin eine verschworene Gemeinschaft«, schrieb Karl.

»Wenns wieder Heyde-Sawade ist, will ichs gar nicht sehen«, sagte Heinz. Er hatte unrecht, denn dies ging tiefer als Mord oder Mithilfe dazu. Ganze Scharen von hohen Beamten wußten, wer er war und daß er gar keine Witwe haben konnte, auch wenn sie eine Witwenpension bezog. »Ich wäre mir wie ein Denunziant vorgekommen«, sagte ein hoher Beamter, und ein anderer: »Der Mann sollte mit Hilfe deutscher Behörden vor der Gerichtsbarkeit der Alliierten geschützt werden.« »Mehr Corpsgeist für den Töter als für den demokratischen Staat«, schrieb Karl.

Eine Nachbarin hatte im April 1945 Klupp und Grete angezeigt, weil sie zusammenwohnten, sie wollte deren Zimmer haben, natürlich wie tausendfach der Grund, daß Untergetauchte verraten wurden. Am nächsten Tag waren die Russen da, sonst wären sie noch hingerichtet worden. »Habt Ihr das Mädchen angezeigt?« »Nein«, sagte Grete. »Wir hatten zwölf Jahre Denunziationen hinter uns – damit muß nun Schluß sein.« Ich hatte meine Bedenken, damit überleben die Nazis, und die Anständigen sind auf jede Art umgekommen. Aber daß man niemanden anzeigt, war der Grundsatz aller meiner Berliner Antinazifreundinnen. Man sagte in England, daß die Hitlerherrschaft im Darwinistischen Sprachgebrauch »das Überleben der Ungeeignetsten« bedeute, unter der Voraussetzung, daß der Staat und die Religionen versuchen, den Zarten, Gewaltlosen, Anständigen als den »geeignetsten (fittest)« für den Aufbau einer Menschengesellschaft gegen den

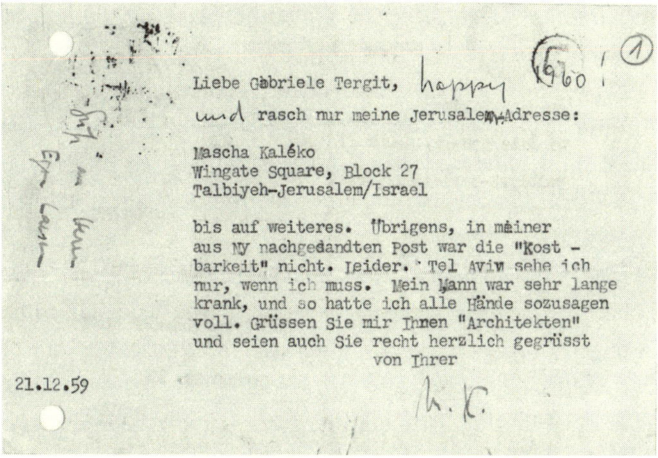

(1)

Liebe Gabriele Tergit, happy 1960!
und rasch mir meine Jerusalem-Adresse:

Mascha Kaléko
Wingate Square, Block 27
Talbiyeh-Jerusalem/Israel

bis auf weiteres. Übrigens, in meiner aus NY nachgesandten Post war die "Kost - barkeit" nicht. Leider. Tel Aviv sehe ich nur, wenn ich muss. Mein Mann war sehr lange krank, und so hatte ich alle Hände sozusagen voll. Grüssen Sie mir Ihnen "Architekten" und seien auch Sie recht herzlich gegrüsst
von Ihrer

21.12.59

M. K.

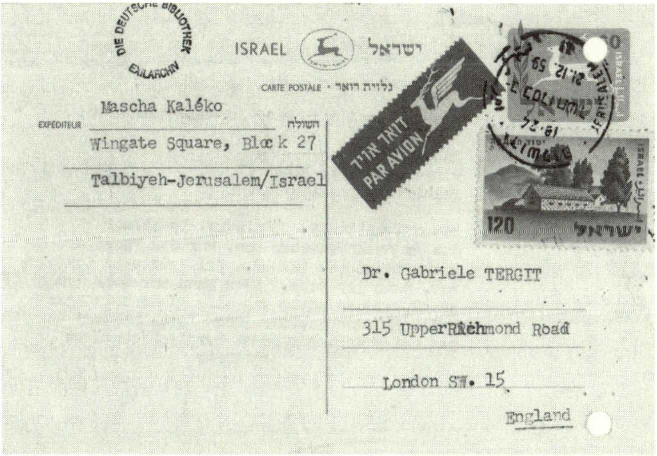

DIE DEUTSCHE BIBLIOTHEK EXILARCHIV

ISRAEL ישראל
CARTE POSTALE • גלוית דואר

EXPÉDITEUR השולח
Mascha Kaléko
Wingate Square, Block 27
Talbiyeh-Jerusalem/Israel

דואר אויר PAR AVION

Dr. Gabriele TERGIT
315 UpperRichmond Road
London SW. 15
England

Postkarte von Mascha Kaléko an Gabriele Tergit, 1960

rohen Ellenbogenmenschen zu schützen. Aber auch Karl zeigte keinen an.

Da war der General, der drei Brettheimer Bauern mit Telefondraht aufhängen ließ in den letzten Apriltagen 1945, weil sie, um ihr Dorf und ihre Kinder zu retten, den Jungen die Panzerfäuste weggenommen hatten, und der freigesprochen wurde.

Und der ss-General Bach-Zelewski, der zu lebenslänglichem Zuchthaus verurteilt war, sagte die Wahrheit: »Die einzigen Bewohner Polens, die nichts mit Partisanen zu tun hatten, waren doch die Juden. Diese absolut fromme jüdische Bevölkerung hatte vor den Russen genau so viel Angst wie wir. Himmler aber machte ununterbrochen die Juden für die Partisanentätigkeit und die Taten des Bolschewismus verantwortlich.« Und der Verbrecher Horst Schumann, der Tausende in Auschwitz mit seinen medizinischen Versuchen zu Krüppeln machte oder tötete: erst als Leibarzt von Nkrumah in Ghana ein glanzvolles Leben führend und dann in Deutschland ein freier wohlhabender Mann. Es war 1963, daß mir Karl den grausigsten Ausschnitt schickte, Beweis für die These des Dr. Pinsker aus Odessa, 1882, daß der Antisemitismus eine hereditäre Psychose sei, die aus dem Unterbewußtsein komme und deshalb unheilbar sei:

»Auf qualvolle Weise hat ein Unbekannter in Alsfeld den Boxerhund einer jüdischen Familie zu Tode gequält. Das Tier war mit einer säurehaltigen Flüssigkeit überschüttet worden. Den Qualen des Hundes bereitete noch am Abend des gleichen Tages der Tierarzt ein erlösendes Ende. Der Hund hatte versucht, sich die ätzende Flüssigkeit vom Fell zu lecken, dabei zog er sich auch innere Verletzungen zu.«

Karl konnte sich nicht beruhigen, da sich alle beruhigten:

»Kürzlich sprach ich mit einer Lehrerin, die an einer großen Mädchenschule unterrichtet und zeitweise an der Pädagogischen Hochschule angehende Lehrerinnen ausbildet. Diese Lehrerin hält das Tagebuch der Anne Frank für eine jüdische Erfindung. Sie sagte, sie wäre heute noch genau so antisemitisch eingestellt wie früher, und ist dafür, daß die Juden aus Deutschland verschwinden, weil sie eine andre Rasse sind und nicht hierher gehören. Sie hält die Diktatur für viel besser als die Demokratie. Der totale Zusammenbruch der Hitlerdiktatur hat also auf diese Lehrerin nicht den geringsten Eindruck gemacht.«

Wie wird ein Mensch mit dem Bösen fertig, seit er sich nicht mehr mit dem Bösen in der Hölle und dem Guten im Himmel beruhigen kann? In einer Geschichte von Bruno Frank gehen ein paar junge Burschen durch Venedig, wobei einer den Kopf eines kleinen Hundes ständig gegen die Mauer schlägt. Der Mann, der das beobachtet, geht in sein Zimmer und erschießt sich. Es war nur ein Schritt von dieser Verzweiflungstat zu Karl. Am Ende des Kriegs wurden in Frankreich etwa viertausend Kollaborateure gerichtslos umgebracht. Vielfach die Falschen. Jedesmal, wenn ich bei Hertha von Gebhardt in Berlin die herrlichen Achtzehnten-Jahrhundert-Kommoden sah, die ihr Christa Winsloe, die Verfasserin von *Mädchen in Uniform,* hinterlassen hatte, mußte ich daran denken. Christa war zum Beispiel nach Ungarn gefahren, um die Familie ihres geschiedenen jüdischen Mannes Hatvany zu retten. 1944 beim deutschen Rückzug nahm sie ein paar deutsche Offiziere in ihr Haus in Südfrankreich. Ich weiß nichts über diese Offiziere. Sie selber wurde erschossen. Brachte diese Apokalypse eine Reinigung von Frankreichs Atmosphäre? Ich weiß es nicht. Ich habe schon Mrs. Tate erwähnt, die im Sommer 1940 im Parlament die Internierung der Antinaziflüchtlinge verteidigte und im Schrecken über Buchenwald ihre falsche Stellungnahme nur mit dem Leben bezahlen zu können glaubte.

Kurz vor meinem 17. Geburtstag verliebte sich ein doppelt so alter, also 34 Jahre alter Mann in mich, den ich nicht heiraten wollte und der mir mit täglichen Briefen und Telefonanrufen das Leben verdarb. Als der erste Weltkrieg ausbrach, schrieb er mir einen bösen Brief, in dem er den Krieg begrüßte, den Thomas Mann ein »Reinigungsbad« genannt hatte, wenn dumme Dinger wie ich liebende Männer nicht mehr zu schätzen wüßten. Er wurde im Krieg dem Hinrichtungskommando der Nurse Cavell zugeteilt. Nach ihrer Hinrichtung nahm er sich das Leben.

Karl faßte nach Büchern seiner Gesinnung wie nach einem Rettungsseil. Er schickte uns das Tagebuch des Soldaten Kuby, das mir Heinz vorlas, wobei er sich immer wunderte, wie ähnlich das deutsche Militär 1944 dem dreißig Jahre früher war. Ist das vielleicht ein Teil des ewigen Deutschland? Der letzte Kommandant von Auschwitz sagte bei seiner Verhaftung: »Ich bin Offizier. Behandeln Sie mich dementsprechend.« Wörtlich genau, was Guillaume, der Spion der DDR, bei seiner Verhaftung sagte: »Ich bin Offizier. Behandeln Sie mich dementsprechend.« Karl schrieb mir über Mitscherlich, *Medizin ohne Menschlichkeit*: »Inhalt ist sachlich, aber erregend, entsetzlich und empörend.«

Hatte er 1950 aus der DDR geschrieben: »Wir sind sehr einsam geworden, weil fast alle unsre hiesigen Freunde nach Westdeutschland verzogen sind, und unsre Freunde und Verwandten im Westen, die früher häufig bei uns wohnten, seit 1945 nicht mehr nach Berlin gekommen sind«, so schrieb

Gabriele Tergit um 1906

er jetzt: »Wir sind fast so einsam wie in der braunen Zeit, die eigentlich nie aufgehört hat. Es war damals ein großer Irrtum von mir zu glauben, die Wahlergebnisse wären gefälscht. – Es waren tatsächlich 99.99 % Ja-Sager und nur 0.01 Nein-Sager, von etwa 40 Millionen Wahlberechtigten also nur 4000 Nein-Sager.«

Er lebte nicht im Frieden mit seiner Umgebung. Als mein Vater 1959 mit zehn Mark nach England kam, hörten wir eine Rede am BBC und erkannten, Freiheit, Demokratie war nicht eine Erfindung von Theodor Wolff oder Heine oder sonst noch ein paar deutschen Juden, die Weltanschauung also einer verfolgten Minorität, Millionen glaubten daran. Wir waren nicht mehr einsam im Weltall. Wir lebten in Frieden mit unserer Umgebung.

Nur dreimal in diesen Jahren kam Karls alter Humor zum Vorschein:

»Während in England die Keeler Woche stattfindet, haben wir in Deutschland die Kieler Woche. Die englische Nitribitt geht ungeschoren spazieren, während die beteiligten Herren moralisch vernichtet werden. Die bundesdeutsche Nitribitt wurde physisch vernichtet, während die beteiligten Herren ungeschoren spazierengehen. Andre Länder, andre Sitten.«

Er gab uns auch einen herrlichen verkürzten Lebenslauf:

»Kais. Leutnant d.Res. d.Pion. (Der Kaiser türmte, als ich noch in vorderster Kampflinie war)

Zweimal lebenslänglich Beamter (das lebenslänglich bezieht sich nur auf den Staat)

Eidschwörer bzw.-brecher gegenüber folgenden Figuren:

König von Bayern (saß im Irrenhaus)

Deutscher Kaiser (leider nicht im Irrenhaus)

Ebert (viel zu anständig)

Hindenburg (schlief vor, während und nach der Schlacht von Tannenberg weit hinten in einem Schloß)

Hitler (größter Strolch aller Zeiten)

Adenauer (Kriegsdienstdrückeberger in beiden Weltkriegen, trotz Bombengesundheit).«

Und er schrieb: »Wir haben schallend gelacht über mein Bild als General, kam heute an, vielen Dank. Im gr. Springer, S. 37, ist mein Kopf abgebildet, grüner Stein, ägyptisch, 600 v. Chr., kann mich noch dunkel erinnern, war einer der Großen. Als wir nachts im D-Zug nach Stuttgart fuhren, fragte mich eine Dame, ob ich der Musikprofessor aus Schweden wäre. In Heidelberg und Stuttgart wurde ich von Herren oft sehr ehrerbietig gegrüßt. In Stuttgart, im Warenhaus, 6. Stock, kam ein Ehepaar strahlend auf mich zu und gab mir die Hand, erst dann merkten sie, daß ich es gar nicht war. Sagte ihnen, ich wäre Mossadeg, wie mich die Mitleider in der Augenklinik nannten. Ich werde auch oft gegrüßt von älteren seriösen Herren, weiß manchmal nicht, ob ich ein andrer bin. – Herzliche Grüße. Ihr Chephren, der Vielgegrüßte.«

Aber zu der Verdüsterung über die politische Ungerechtigkeit, zu der Fremdheit, die er mit seiner Umgebung fühlte, kam, da er auf die Siebzig ging, die Verbitterung über das aufgezwungene primitive Wohnen.

»Seit vierzehn Tagen ist unser Trinkwasser eine Art Emulsion oder Dispersion von Rost oder Lehm oder beidem. Sieht aus wie trüber dunkler Urin. Morgens ist in unserm Trinkwassereimer immer ein fingerdicker Schlamm. Und nun bin ich sehr neugierig wie *Ihr* Trinkwasser aussieht.«

Sie lebten seit vier Jahren in *einem* Raum, die Wasserleitung war im Freien und das WC ohne W ebenfalls. Und Freia

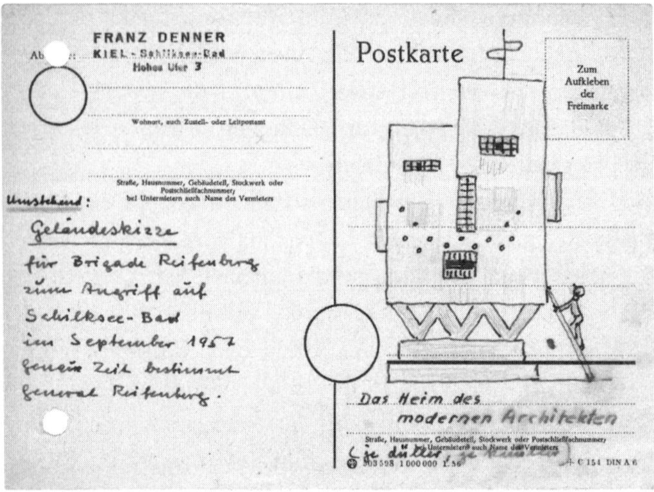

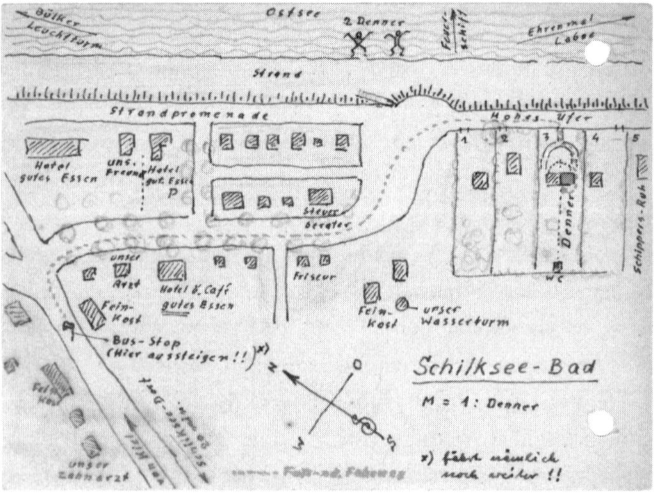

Einladung und Wegskizze. Postkarte Franz Denner an Gabriele Tergit, 1957

hatte schon ein bißchen Blasenleiden, das sich verschlimmerte. Aber ihr altes Gutshaus, nun schon von Häusern umgeben, bekamen sie nicht frei. Die Leute, die dort reingesetzt worden waren, bekamen immer wieder Räumungsschutz, Karl meinte, weil sie große Nazis waren. »Es kam auch ein Beamter mit Mercedes und Schofför, extra zu uns. Er behauptete, wir könnten da gut wohnen, wo wir wohnen.«

Dreißig Jahre Provisorium, wer hält das aus? Karl schickte uns einen genauen Bericht über die Wohnungsversorgung, der Heinz natürlich sehr interessierte:

»Die Leistungsschwachen (amtliche Bezeichnung), die ihr ganzes Leben schwach geleistet haben, erhalten schöne Neubau-Sozialwohnungen bei billigster Miete. Das Geld für diese Häuser und die Zuschüsse für die Miete wird von den Steuern entnommen, die das große Heer der Leistungshalbstarken aufbringt, auch wenn viele von diesen keine eigene Wohnung haben.

Hat ein Leistungsschwacher aber ein Grundstück und 3000.- DM Ersparnisse und kann er die Baugrube ausheben, die Erde abfahren und sonstige Hilfsarbeiten leisten (und das kann er, da macht er sogar Überstunden und Nacht- und Sonntagsarbeit), dann erhält er ein schönes modernes Haus mit vier Zimmern, Kachelküche, Kachelbad und reichlich Nebengelaß. Als monatliche Lasten zahlt er 63.- DM. Da er das Obergeschoß für 65.- DM vermietet, hat er praktisch das ganze Haus für ein Butterbrot.

Hat aber ein Leistungsschwacher noch das Glück, NS-131er zu sein, dann erhält er einen so großen Betrag bar ausgezahlt, daß er sich außer der Ofenheizung (man kann ja nie wissen) noch eine Zentralheizung mit modernster vollautomatischer idiotensicherer Ölheizung (gr. versenkter

Tank im Garten) einbauen lassen kann, die er morgens vom Bett aus einschaltet.

Die Leistungshalbstarken dagegen erhalten für lumpige 3000.- DM nicht mal eine 2-Zimmer-Wohnung. Da müßten sie schon mindestens 6000.- DM bar hinlegen und der christlichen Wohnungsnot-Hyäne eine unerschwingliche Miete bezahlen. An ein eigenes Haus können sie nicht denken, weil sie keine Leistungsschwachen sind.

Auch eine Eigentumswohnung ist unmöglich. Eine solche Wohnung, bestehend aus 2 kleinen, sehr niedrigen Zimmern, ohne Balkon, Innenbad und Küche, kostet 37 000.-DM, woran aber der christliche Unternehmer mindestens 17 000 bar netto verdient hat. Eine zweieinhalb Zimmer-Eigentumswohnung kostet bereits 45 000.- DM BAR netto, wozu noch die Kosten für Makler, Notar und Grundbuchamt kommen. Auch hier verdient der christliche Unternehmer mindestens 20 000.- DM an jeder Wohnung.

Bei diesen Zuständen erhebt sich die Frage, ob die Wohnungsnot nur deshalb nicht energisch bekämpft wird, weil dabei so gut zu verdienen ist.«

Und er schrieb an Heinz: »Suche zur Zeit Kursus, der zum Leistungsschwachen ausbildet, hoffe, als Diplomleistungsschwacher eine schöne billige Neubauwohnung mit allem Komfort zu bekommen ... Der Gerechte Krieg um die besten Plätze an der Futterkrippe ist schwer. – Erfreulich sind nur unsre Igel, die mit Milch, Speck usw. gefüttert werden, vor unserm Hausigel haben die drei andern Angst, kriegen nur das, was er übrigläßt. Er ist dick und fett. – Hier sehr abwechslungsreich, Sturmböen, Gewitter, Regen, Hagel, Wolkenbrüche. Kälte alles in schneller Folge.«

Und er schrieb an das Wahlamt:

»Da wir sonntags immer auf Wohnungssuche sind, können wir uns an der Wahl nicht beteiligen.

Da wir bei den zukünftigen Bundestagswahlen immer noch auf Wohnungssuche sein werden, stelle ich Ihnen anheim, uns von der Wählerliste zu streichen.«

Und während sie zu alt geworden waren, um so zu hausen, war eine neue Welt gekommen, über die wir uns aussprachen.

16.7.60. Regen, Nebel u. Nebelhorntuten u. 16° C, Blutdruck 140,

»Liebe Frau Gabriele:

Ihr Brieflein traf am Sonnabend, den 9. Juli, 3 Stunden zu spät hier ein. Wir bekommen hier nur einmal Post, in der Zeit von 12–14 Uhr. Sonnabends entleert die Müllabfuhr unseren Mülleimer und nimmt die alten Zeitungen mit, die ich, mit Strippe umbunden, auf den Eimer lege. Mit Strippe, damit der Ostwind sie nicht in alle Welt verweht.

Früher wurde der Müll von einem Pferdekarren abgeholt. Der Karren-Führer wohnte mit dem Leuchtturmwärter a. D. zusammen. Das Pferd hieß Fanni, es blieb vor unserer Gartenpforte so lange stehen, bis es von uns seinen Zucker erhalten hatte. Hinter unserem Grundstück graste die Kuh Adelheid, die uns schon um 5 Uhr durch freundliches Muhen weckte.

Heute stampfen vor uns die schweren Diesel der Tanker, hinter uns z.Zt. brüllt von 6–18.30 eine große Planierraupe, und über uns donnern oft die Marinekriegsfriedensflugzeuge bei Wasserübungen. Unter uns bebt die Erde, wenn die DEA zwecks Erdölsuche Sprengungen durchführt. So ist es hier nie langweilig. – Herzlich grüßt Sie und Ihre Großen, Ihr Karl, Deutscher Gartenzwerg und Nazifresser.«

27. Juli 1960.
»Lieber deutscher Gartenzwerg und Nazifresser.
Ihr letzter Brief kam gerade in eine der Ihren ganz adäquaten Stimmung, und Heinz und ich haben uns herzlichst über das Pferd Fanni und über die Kuh Adelheid gefreut, die nun ersetzt worden sind von vierfachem Lärm. Wir hatten mal einen wunderschönen Garten, von dem wir nicht viel hatten, weil die Gartenarbeit für mich zu viel war und weil wir viele Sorgen hatten, jetzt haben wir gar keine Sorgen mehr und vier Stunden jede Woche einen hervorragenden Gärtner und alles könnte wunderbar sein, denn inzwischen haben wir einen Myrtenbusch, der größer ist als der größte Fliederbusch, und wunderbare Pfirsiche und gelbe Butterbohnen und ein Birnenspalier, aber nun liegen wir auf der Fluglinie, und Tag und Nacht sausen die Flugzeuge aller Länder, Jets und Kometen und sogar Hubschrauber über uns weg, und vorn gibt es das Weltwirtschaftswunder in Gestalt von Privatautos und Lastkraftwagen und Vespas und Motorrädern. Auch wir würden lieber die hiesigen schönen Pferde, die riesige Beine mit Mähnen hatten, aus denen man leicht einen Beinzopf hätte flechten können, wiedersehen, und eine Kuh Adelheid würde uns für alle Flugzeuge entschädigen und unsern Rasen abfressen, und wir würden das Mähen sparen. Nach Öl graben sie glücklicherweise hier noch nicht.

Alles, was Sie mir schicken, interessiert mich ungeheuer, und ich lese jedes Wort, und ich bin Ihnen sehr dankbar dafür.

Mit sehr herzlichen Grüßen von Heinz, der ein Altersheim für 54 Juden baut. Übrigens fahren wir am 10. August weg und kommen erst am 20. September zurück, einen Teil der Reise machen wir im Auto unseres Sohnes, der, wie Sie wissen, eine ganz reizende kleine Engländerin geheiratet hat. Um noch Wetternachrichten zu geben, bewölkt, schwül, Luft, so nehme ich an, 100% Feuchtigkeit mit viel Salz.

Mit den nicht verhängten Todesstrafen für ss-Generäle ist es doch so, daß sie auf keinen Fall die Bauern von Brettheim lebendig gemacht hätten.

Also sehr herzliche Grüße von den zwei ›Fischen‹.«

Für Karl und Freia konnte das Leben nicht so weitergehen: »Wir haben deshalb schon vor etwa zehn Wochen zwei möblierte Zimmer ab 1. November gemietet, in einem Neubau-Eigenheim für 250 Mark monatlich und haben ab 1.11. fast vierzehn Tage lang unsre Sachen heraufgetragen und holen noch täglich Habseligkeiten herauf. Wir wohnen hier 20 m. höher.

Vor acht Tagen war Freia bei Weststurm und Regen zu einer Beerdigung und fiel bei der Heimkehr hier dicht am Haus vor Erschöpfung auf die Straße. Etwa vier Stunden später kam die entsetzliche Nachricht aus USA (Kennedys Ermordung), die uns direkt gelähmt hat. Freia hat sonnabends noch staubgesaugt, bekam aber Schmerzen beim Atmen. Am Sonnabend ging unsere Wirtin zum Arzt, der zwei Minuten entfernt und fünfzehn Minuten tiefer wohnt und sofort kam und einen Rippenbruch feststellte. Am Montag früh hat er einen breiten Elastik-Verband angelegt. In diesen Tagen hat unsre Wirtin für uns gekocht (ohne Bezahlung).«

Und dann endlich – wie lange? Neunzehn Jahre nach Kriegsende kam die Nachricht:

»Seit 1. März haben wir endlich unser Haus. – Den ganzen März über waren Handwerker in der Wohnung: Maurer,

Tischler, Maler, Elektriker, Klempner, Abschleifer, Versiegler, Springrollo- und Jalousettenlieferer. Die vielen Männer verdankten wir dem sehr kalten März mit Schnee und scharfem Ostwind, da konnten sie an den Neubauten nicht arbeiten, während es hier mollig war.

Am 3. April Einzug! Wir wurden mit Blumen eingedeckt. Seitdem Arbeit, Arbeit, Arbeit durch Reparaturen, Verbesserungen, Fußbodenbelag verlegen, Schlösser reparieren usw. usw. usw. Während wir total fertig sind, ist die Wohnung noch lange nicht fertig.

Ich hoffe, es geht Ihnen gut und Sie sind bei den Kämpfen in den englischen Badeorten nicht verletzt worden.«

Und Freia schrieb: »Wir haben uns so über Ihren Brief gefreut, und Sie haben noch nichts davon gemerkt. Ich kann es noch manchmal gar nicht begreifen, nun haben wir die herrlichen Räume, drei, Küche und Bad und großen Balkon und Landowitz ist nun wieder wie früher ein reines Wochenendhaus, wo wir bei schlechtem Wetter nicht bleiben brauchen. Mein Mann und ich leben jetzt richtig auf, der Winter war schon viel besser als die vorhergehenden. Wir hatten zuletzt in Landowitz zwei Zimmer mit Bad und Kochnische bei sehr netten Leuten, mit denen auch Karl voll zufrieden war. Und dann kam plötzlich Ende Februar 1964 die Nachricht, daß die Frau in unserm Haus endlich auszog in das große Haus ihrer Mutter. Ab 1. März 1964 hatten wir die Schlüssel zu unserm Haus wieder, ein wunderbares Gefühl, dann Handwerker aller Sorten, und im April zogen wir ein, zuerst fühlte ich mich sehr fremd, aber allmählich bekomme ich doch das Gefühl, daß wir nun ein Zuhause haben. Karl hat die zwei Monate, die wir da wohnen, unaufhörlich gearbeitet, trotz der vielen Handwerker, es war zuviel kaputt, kein

Schloß funktionierte noch richtig. Fast das Schönste ist der Fußboden. Er sah überall furchtbar aus, und wir beschlossen, ihn streichen zu lassen. Im letzten Augenblick bestand ich darauf, ihn abhobeln zu lassen, und hervor kam ein so wunderbarer Pitchpine-Fußboden, wie ich ihn nie sah. Jeder Mensch bleibt zuerst überrascht stehen und wagt kaum einzutreten, so leuchtet überall der Boden in warmen gelbbraunen Tönen. Viel schöner als das feinste Parkett ...«

Ich gratulierte ihnen, die nun vierundsiebzig Jahre alt waren, zur ersten menschlichen Bleibe nach neunzehn Jahren. Ich gratulierte ihnen zu den Briefbögen mit gedruckter Adresse, nicht mehr mit einem verbitterten Stempel: »Nazigeschädigter ohne Entschädigung«. Zwanzig Jahre unter einer Diktatur, und zwanzig Jahre in einem Zimmer und acht Jahre mit einer Toilette im Freien und ohne Wasser aus der Wand.

Sie versuchten, nun das Leben nachzuholen, schnell, schnell wie wir alle, 1914–1919 Krieg und Gefangenschaft für Karl und Heinz, Inflation bis 1924. Wieviel gute Jahre? Bis 1930 etwa. Die Weltwirtschaftskrise, der Nazischatten, und wir von Land zu Land von primitivem moblierten Zimmer zu primitivem möblierten Zimmer, kochen auf dem Primus, fetter Ruß auf allen Küchengegenständen, wir von 1933 bis etwa 1956, Karl von 1945 bis 1964. Sie fuhren zweimal nach Paris, sie fuhren an die Schlösser an der Loire genau wie wir. Sie genossen es ungeheuer genau wie wir. Ich sagte im Louvre: »Komm, laß uns in den Bois fahren«, und wir nahmen ein Taxi und fuhren die schönste Straße der Welt, wo einem der Arc de Triomphe entgegenkommt, und im Bois waren junge Bäumchen und Wasser, niemand war zu sehen – und wir waren märchenhaft glücklich, wir aßen im Bois. Es war viel schöner, viel beglückender als dreißig Jahre früher auf unserer Hochzeitsreise in Paris. Die Welt war besser geworden. Obwohl wir uns damals viel mehr leisten konnten, hatten wir Zukunftsangst. Wir waren reiche Kinder, deren Geld in der Inflation völlig verschwunden war, und vor den Cafés von Paris bettelnde Kinder. Man konnte nicht glücklich sein. Aber jetzt waren wir zusammengewachsen wie ein Mensch, allen ging es gut. Es waren himmlische Tage, auch für Karl und Freia. Wir sahen sie in ihrem schönen Haus.

Nun kamen statt der echten baumwollenen die seidenen Sorgen.

Karl schrieb:

»Wir lassen ein Bad einbauen, was in normalen Zeiten vierzehn Tage gedauert hätte, aber jetzt, wo alles in die Sachwerte flüchtet, ist es nach vierzehn Wochen noch immer nicht fertig, was sehr ärgerlich ist.«

Genau wie ich fünf Monate auf das Beziehen meiner Sitzgarnitur habe warten müssen und ein halbes Jahr auf eine Dachreparatur. Sie fliegen auf den Mond, aber die Gerüstbauer, die Dachdecker sind ausgestorben. – Karl und Freia reisen noch immer, aber es muß eine flache Gegend sein, mit Steigen ist es nichts mehr. Sie sind noch immer interessiert genau wie ich. Sie fuhren »zum Welt-Olympia-Segel-Rummel. Die Eröffnung der Segelregatta war sehr schön, aber wenig Wind. Auch die Abschlußfeier abends war sehr stimmungsvoll mit mehreren großen Segelschulschiffen. Es ist eine halbe Milliarde verbaut worden, weil bei uns das Geld vom Himmel fällt, alles Gute kommt von oben.«

Auch Freia schrieb über »das unwahrscheinlich schöne Wetter und so war es ein großes Volksfest. Und dann plötzlich die schrecklichen Geschehnisse in München, die alle Menschen tief verstörten und bedrückten, niemand wird das je vergessen. Erst dadurch ist mir der Konflikt zwischen Israelis und Arabern wirklich klargeworden.«

Ich hatte in diesem unwahrscheinlich schönen Sommer mit meiner geliebten englischen Schwiegertochter eine himmlische Fahrt gemacht, eine Fahrt durch Gegenden, die ich mit Heinz immer nur im Nebel und rieselnden Regen gesehen hatte. Wir kamen von Jugoslavien und fuhren über Padua – an das ich viele Erinnerungen hatte, über Verona, Gardone, Bellagio, nach St. Moritz bis Zürich und aßen auf dem Malojapaß. Heinz war noch mit der Post mit Pferden über den Malojapaß gefahren, so wie ich unvergeßlich als Fünfzehnjährige mit meinen Eltern über den Gotthard. Aber nie hatte so die Sonne gebrannt.

Heinz lebt nicht mehr. Karl und Freia haben sich noch.

Gabriele Tergit 1977 in Berlin

Nicole Henneberg

»Wer sind Sie überhaupt?«

Als »Vorwort 3 und 4« fügte Gabriele Tergit noch zwei sperrige und damit verräterische Zitate aus der Wochenzeitung DIE ZEIT in ihr Manuskript ein, die wie Fremdkörper wirken (und deshalb hier wiedergegeben sind): »Da sitzen wir nun seit mehr als dreißig Jahren – das Reich in Trümmern, die ostdeutsche Heimat verloren, Berlin geteilt, Preußen vernichtet, die alte Gesellschaft mitsamt ihren Werten zerschlagen, die neue noch ohne Konturen, die Welt erfüllt von Waffengerassel, die Herzen voll geheimer Ängste vor atomaren Katastrophen, vor Inflation und Arbeitslosigkeit, vor Terrorismus, und über all dem immer wieder Hitler, Hitler …« Und, nur scheinbar ohne direkten Bezug dazu: »… es ist dieser Zusammenhang, den sie, weniger vergeßlich als die Deutschen, die letzten Endes ja doch als Sieger aus dem zweiten Weltkrieg hervorgegangen sind, … fürchten.« Diese atemlosen Sätze umreißen den emotionalen Hintergrund von Gabriele Tergits Erinnerungen, sie offenbaren, wie bedrängend und obsessiv ihre Beschäftigung mit einem in ihren Augen zu reichen und zu selbstbewussten Deutschland tatsächlich war. In der eher ruhig berichtenden ZEIT von 1977 und 1978 waren solche Zitate sicher schwer zu finden. Aber wer wollte der Emigrantin ihre politische Dünnhäutigkeit verdenken?

»Wenn es den Emigranten nicht gefällt, wie wir die Dinge hier handhaben, sollen sie doch fortbleiben«, hatte der Generalsekretär der Akademie der Künste, Freiherr von Buttlar, der jüdischen Dichterin Mascha Kaléko 1959 in einer erregten Aussprache an den Kopf geworfen. Sie hatte sich geweigert, den Fontane-Preis aus den Händen einer Jury entgegenzunehmen, der Hans Egon Holthusen, ein ehemaliger SS-Mann, angehörte. Das seien, so Buttlar, »Jugendtorheiten« gewesen, die man Holthusen »doch nicht in alle Ewigkeit ankreiden« könne. Mascha Kaléko, die aus dem New Yorker Exil nach Berlin gereist war, notiert nach dem niederschmetternden Gespräch: »Ich mache kein Hehl daraus, daß ich das Schreckliche nicht vergessen kann, und daß, wenn die Deutschen wollen, daß man es vergesse, sie in allem zeigen müssen, daß sie es nicht vergessen haben.«

Gabriele Tergits Berlin-Besuche, der erste 1948, der letzte 1979, waren von genau dieser Spannung und diesem nur allzu berechtigten Misstrauen geprägt. Es sollte bis zu ihrer Wiederentdeckung 1976 und dem erfolgreichen Auftritt bei den Berliner Festwochen 1977 dauern, ehe sie mit der früheren Heimat einigermaßen ausgesöhnt war. An ihre Lektorin Barbara Glauert schrieb sie danach: »Ich war übrigens nie zu irgendetwas, Vorlesung etc. seit 1948 eingeladen. Es war in jeder Hinsicht erfreulich«, und jubelt (im Brief an ihre Freundin und Kollegin Ilse Langner, 1981): »*Eine neue Generation*! Eine Zeitenwende!«

Diese freundliche und politisch offene Atmosphäre und das große Interesse nicht nur an ihren Büchern, sondern auch an ihrer Person, der Emigration und der Literatur der Emigranten überhaupt freuten sie ungemein. Oft hatte sie in Briefen beklagt, dass die Bücher der Emigranten bei Verlagen nicht unterzubringen seien und nicht gelesen würden, ja dass sie generell nicht zur deutschen Literatur zählten. Dass sich dies Ende der 1970er-Jahre änderte, gab ihr den Mut und den Schwung, noch als alte Dame, die immer schlechter lesen konnte, ein Buch fertigzustellen und in Teilen neu zu schreiben, das den zentralen Bruch ihres Lebens umkreist. Es ging ihr um die existentielle Frage, die in allen ihren Texten, den erzählenden wie den politisch-historischen, mitschwingt: Wie konnte es einer kleinen, gewalttätigen Gruppe gelingen, vor den Augen der Deutschen und der ganzen Welt eine Demokratie zu zerstören? Es ist das Besondere und bis heute Spannende an Gabriele Tergits Erinnerungsbuch, dass es, aus der Sicht einer gut informierten Journalistin und glänzenden psychologischen Beobachterin, in tausend Einzelheiten einen schleichenden, sich über Jahre hinziehenden Prozess samt seinen Spätfolgen nachzeichnet. Nicht nur den Intellektuellen, auch vielen liberalen Bürgern kam diese brutale, politische Anmaßung, die zielstrebig auf die »Jahrtausendkatastrophe« (Walter Jens) zusteuerte, so unglaublich und absurd vor, dass niemand sich ernsthaft gefährdet fühlte. Nur Carl von Ossietzky war vielleicht etwas misstrauischer. Seit 1930 schrieb Tergit für die *Weltbühne*, und bei ihrem letzten Besuch in der Redaktion im Februar 1933 waren Ossietzky und sie sich einig, dass man bleiben müsse, wollte man »der Historie zusehen«. Zwei Tage später war Ossietzky im Konzentrationslager, zwei Wochen später floh Tergit nach einem SA-Überfall nach Prag.

Autobiographie wollte sie ihr Erinnerungsbuch nie nennen, an dem sie seit Ende der 1950er-Jahre arbeitete, das sie umbaute und erweiterte, während sie parallel drei Sachbücher (*Das Büchlein vom Bett*, 1954, *Kaiserkron und Päo-*

nien rot. Kleine Kulturgeschichte der Blumen, 1958, *Das Tulpenbüchlein*, 1965) sowie den Großroman *So war's eben* schrieb. Wie die Idee zu ihrem Memoir entstand, schilderte sie Ilse Langner in einem Brief am 17. Oktober 1980:

»Vor vielen Jahren, sicher zehn Jahren, ließ ich die Korrespondenz von meinem Mann mit einem Freund in Berlin 1945–68 abziehen. Er war im Osten Berlins gebombt, war Dozent, bald nicht mehr glücklich, floh nach Westen. Wir sahen ihn jedesmal, wenn wir in Berlin waren. Ich begann ein Buch *Warum, wieso, weshalb?* Natürlich Hitler. Dann sagte der wunderbare Richard Friedenthal zu mir, Tergit, schreiben Sie nichts über Hitler. Sämtliche Studenten arbeiten an nichts anderem, oder alle Professoren mit einer Herde von Studenten, da kommen Sie allein im Stübchen nie mit. Nur Ihre persönlichen Erlebnisse! So begann ich mit meiner Stellung beim BT und die Naziprozesse [sic]. ›Verwirrte Fronten‹. Totschlag zwischen Spd /Kpd und Nazis in den Straßen Berlins und Zusammenarbeit Reichswehr und Rote Armee gleichzeitig in Rußland. Es endete mit komischer Rettung durch Nazis und Flucht am 3. März 1933. Die Korrespondenz war nicht benutzt. Ich nannte das Ganze unter uns ›Tadsch Mahal‹. Das ist die Geschichte des indischen Fürsten, der einen Tempel für den Sarg der geliebten Frau baut und als nach 20 oder 30 Jahren das herrliche Riesengebäude steht mit dem winzigen Sarg in der Mitte, sagt der Fürst: ›Nehmt den Sarg raus.‹ Die Atmosphäre war außerdem nichts für so ein Buch in Deutschland. Ganz langsam fügte ich einen ›Besuch bei Theodor Wolff‹ in Nizza 1937 bei und dann einen zweiten.

Dann Besuch in Berlin 1945, dann doch ein Teil der Korrespondenz mit ›Karl‹. (...) Ich möchte die Erinnerungen

Richard Friedenthal 1957, auf der Generalversammlung des bundesdeutschen PEN

noch erleben. Das Kraut und Rübenbuch, mein Tadsch Mahal, in dem nichts mehr von der ursprünglichen Idee drin ist, liest sich merkwürdig gut.«

Dieser Brief, wie der größte Teil ihres Nachlasses und der umfangreichen Korrespondenz, liegt im Deutschen Literaturarchiv Marbach. Ihr persönlicher Nachlass, darunter der britisch-palästinensische Pass, mit dem ihr 1938 die Übersiedelung nach London gelang, befindet sich im Moses-Mendelssohn-Zentrum Potsdam, die PEN-Korrespondenz hatte sie noch selbst in das Exil-Archiv der Deutschen Nationalbibliothek nach Frankfurt am Main gegeben.

Im endgültigen Manuskript gibt es nur einen Besuch bei Theodor Wolff, 1938, und sie konnte auch erst 1948 mit ihrem neuen, britischen Pass nach Berlin reisen. Schon ein Jahr zuvor hatte sie durch einen Artikel im Berliner *Tagesspiegel* »Karl« wiedergefunden, ihren jetzt wichtigsten Berichterstatter aus dem Nachkriegsberlin. Wie am handschriftlich korrigierten Typoskript in Marbach zu sehen ist, hat Tergit die Originalbriefe von Franz und Ilse Denner in den Text montiert und die realen Namen mit schwarzem oder blauem Filzstift durchgestrichen. *Wanderungen* lautete der Arbeitstitel zunächst, dann wählte sie als Titel einen Satz, den Rudolf Olden in einer Rezension über sie geschrieben hatte: »Etwas Seltenes ist die Tergit überhaupt.«

»Gabriele Tergit« – diesen Schriftstellernamen nahm sie während ihres Geschichtsstudiums in Heidelberg an. Jens Brüning, ihr erster Herausgeber, erzählt, wie es dazu kam: »Gabriele« nannte sie sich bereits in ihrem Mädchenzirkel während der Schulzeit, »Tergit« ist ein Wortspiel. Während des Studiums besuchte Elise Hirschmann, so Tergits Geburtsname, einmal den Schriftsteller Georg Hermann in

Neckargmünd und erwähnte einen Heidelberg-Artikel, den sie schreiben, aber nicht unter ihrem Namen veröffentlichen wolle. Hermann empfahl als Pseudonym »Veilchen«. »Ach Gott, Unsinn«, war die Antwort. Aber man saß im Park, Elise Hirschmanns Blick fiel auf die Gitter und es fiel ihr der Schuldirektor ihrer »Münchner Mama« ein, der Winter hieß und dessen Tochter sich als Schauspielerin »Terwin« nannte. So etwas wie ein umgedrehtes Gitter, fragte sie – Tergit? Dabei blieb es.

In einem Brief an ihre Lektorin vom Krüger-Verlag anlässlich der Neuausgabe ihres Romans *Käsebier erobert den Kurfürstendamm* (1976) beschrieb sie die Sorgfalt ihres bewunderten Redakteurs Rudolf Olden: Er rückte in den Artikeln seiner Kollegen die Gedanken zurecht, »hob sie aus der Wirrnis des Dunkelgefühlten in die Klarheit einer lichtvollen Prosa, beanstandete meine Sparsamkeit mit Kommas, und so wurde aus unseren Artikeln erst ein guter Kiaulehn, ein guter Tergit.« Sie beschreibt damit genau ihre eigene Arbeit am Manuskript, wie die ausgemusterten Entwürfe im Nachlass zeigen. Ihren scheinbar so leicht und ungekünstelt wirkenden Stil hat sie sich in vielen Varianten und Korrekturen hart erarbeitet, die Spannungsbögen und Pointen der Dialoge sind genau kalkuliert und immer wieder verbessert. In den Erinnerungen nahm sich Tergit naturgemäß etwas mehr Freiheit, sie erlaubt sich Um- und Abwege, springt durch die Jahre und folgt assoziativen Einfällen – ruft sich aber immer wieder zur Ordnung: »Jetzt habe ich so vor mich hin erzählt«, schreibt sie dann und kehrt zurück zum roten Faden. Dieser mündliche, syntaktisch oft eigenwillige und sehr lockere Stil liest sich vergnüglich, er macht das Buch lebendig. Der Leser fühlt sich mitten in einem Gespräch, das sich frei durch Themen und Zeiten bewegt und jene »Bausteine« zu fassen versucht, die nach dem Attentat in Sarajevo 1914 zu einem »zweiten dreißigjährigen Krieg geführt« haben (*Warum, wieso, weshalb Hitler?* Unveröffentlichter Essay, 1948. DLA Marbach).

Nach dem Votum von Richard Friedenthal, ihrem verehrten PEN-Mitstreiter, nahm sie nicht nur Historisches, sondern auch viel Privates aus dem Text heraus. So fielen zeittypische und aufschlussreiche Episoden weg, wie die Zugfahrt 1912, auf der sie, achtzehnjährig, wegen ihrer Zeitungslektüre angegriffen wurde – Frauen hatten keine Zeitung zu lesen, schon gar kein »Schandblatt« und »Judenblatt« wie das *Berliner Tageblatt*; oder die Schilderung ihrer traumatischen Geburtserfahrung in einer preußisch-autoritären Berliner Klinik. Schade ist es auch um eine Szene in London 1938, während eines Vortrags des linksliberalen Journalisten Swaffer vor politischen Emigranten. Diese »Anhänger der 2. oder 3. Internationale, Arier zumeist, stürzten alle ans Fenster, als eine Militäreinheit mit Musik vorbeizog. Nur das konnte ihren Streit unterbrechen, in dem Moment waren sie geeint. Ich saß allein. Der heitere Swaffer sah plötzlich ernst aus. Ich fühlte, er dachte, das ist ja hoffnungslos.«

Die Ullstein-Ausgabe dieser Erinnerungen, auf die Tergit ungeduldig gewartet hatte und die erst 1983 ein Jahr nach ihrem Tod erschien, war allerdings schwerwiegend gekürzt und »verbessert« in dem Sinne, dass vermeintliche oder tatsächliche Fehler korrigiert wurden (was damals vielleicht aus dem Bedürfnis geschah, die Autorin zu schützen). Leider fanden auch Tergits sprachliche Eigenheiten, etwa lakonische Wiederholungen oder die oft vorgezogenen Prädikate, keine Gnade im Lektorat. Dafür wurden viele floskelhafte

=1o2=

Millionen von Menschen sind in Deutschland vernichtet worden, weil man aufgeräumte Eisbecher für wichtiger gehalten hatte als die Grundlagen der Motal.

"Und d as Gesetz?"

"Im Parlament hat neulich einer von den Schwarzen gesagt: "Aber das sind doch Engländer, sie sind in England geboren und in England in die Schule gegangen." Jeder Mensch, der in England geboren ist, ist einfach durch die Geburt Engländer. Und es ist auch die Wahrheit. Wo ein Mensch die entscheidenden Jahre – sagen wir zwischen zehn und zwanzig – verbringt, da gehört er hin. Und ass auch du aufgeräumte Eisbecher wichtig findest, natürlich reg ich mich auf."

Aber ich wollte von meinem Sohn erzählen. Alle Kinder sollten während des Krieges aus London weggebracht werden und so waren wir auf dem Lande. Mein Sohn, der während des Aufenthalts bei seinen Grosseltern in einer Berliner jüdischen Schule war, ging zwölfjährig eine englische Landstrasse entlang. Dort sah ihn ein alter Schuldirektor und fing eine Unterhaltung mit ihm an: "Und was willst du werden?" "Der englische Schiller. Kennen Sie "Die Glocke"? Das ist das schönste Gedicht der Welt". Und dann zitierte er dem englischen Schuldirektor "Die Glocke" von Schiller, der natürlich kein Wort verstand, aber uns besuchte. Er erzählte uns von einem neuen Versuch, die angeborene Intelligenz zu prüfen "Intelligenz Test". Er möchte es mit unserem Sohn versuchen. Er zog das Papier raus und während wir im Zimmer waren, füllte unser Sohn schnell den Bogen aus. Der Schuldirektor sah ihn durch und sagte: "Aber das ist ja ein Intelligenzalter von Achtzehn!" Unser Sohn war mehr verlegen als geschmeichelt. V

Es begann die Überlegung und Suche nach der richtigen Schule. Er wählte St.Pauls. Heinz warnte ihn: "Du hast dort nicht nur vom Lateinischen ins Englische, sondern vom Englischen ins Lateinische zu übersetzen." Diese Schule war während der Wiedergeburt der Renaissance Europas im 16.Jahrhundert "für Kinder aller Völker und jeden Glaubens" gegründet worden. Tradition ist Tradition in England. Unser Sohn gehörte zu denen, die die Besessenheit mit Schach in der Schule noch

V "Den nimmt jede Schule", sagte der Schuldirektor

Seite aus dem Typoskript der Erinnerungen mit handschriftlichen Ergänzungen

Halbsätze eingefügt, die ihren ansonsten knappen, lakonisch-spöttischen Ton bieder werden lassen. Satz für Satz wurde so der ganze Text geglättet, außerdem wurden alle Absätze verändert – was einen ganz anderen Rhythmus ergibt.

Unverständlich auch, warum das Lektorat oft in die historischen Passagen eingriff. Wenn eine studierte Historikerin, die als Journalistin auch durch ihre Kontakte (zum Beispiel verfügte ihr Kollege Max Reiner von der *Vossischen Zeitung* über Insiderwissen zu den Vertragsverhandlungen in Rapallo) über besonders gute und umfangreiche Informationen verfügt, sich irrt oder gewagte Thesen vertritt – dann wird es doppelt interessant. Wie an der Stelle über die Zusammenarbeit zwischen Reichswehr und Roter Armee nach dem Vertrag von Rapallo (1922). Diese geheime, den Versailler Vertrag unterlaufende Rüstungsgemeinschaft, die seit 1921 bestand und 1926 vom *Manchester Guardian* aufgedeckt wurde, hat sie sehr beschäftigt und war eine der Grundlagen für ihre Gleichsetzung von rechter und linker Gewaltherrschaft. So wurde der Satz »Stalin lieferte ungeheure Mengen von Waffen an die Reichswehr« bei Ullstein gestrichen und damit die Pointe eines ganzen Absatzes. Zu Unrecht, denn ohne die Ausbildungsstätten in der Sowjetunion, darunter ein Testgelände für Giftgas, ein Panzerübungsgelände und eine Fliegerschule mit eigens errichteter Flugzeugfabrik, wäre der schnelle Aufbau der Wehrmacht nicht möglich gewesen.

Nach ihrer Meinung ging der geheime Konsens zwischen Hitler und Stalin, wie er im Deutsch-Sowjetischen Wirtschaftsvertrag von 1939 fortgeschrieben wurde, so weit, dass »ich den Verdacht nicht loswurde, daß Stalin seine besten

Generäle auf Hitlers Veranlassung umbrachte« – eine aufschlussreiche, wenn auch unrealistische Vermutung. So weit reichte Hitlers Einfluss nicht, auch wenn Stalin sich lange von seiner behaupteten Bündnistreue täuschen ließ. Dass Stalin in immer neuen Wellen seine engsten Mitarbeiter und loyalsten Verbündeten ermorden ließ, gehörte zu seiner Art der Machtausübung, die vor allem aus krankhaftem Misstrauen bestand.

Zu Recht hielt Tergit die russische Propaganda für nicht minder demagogisch als die deutsche unter Goebbels und verfolgte als aufmerksame Zeitungsleserin die sich Ende der 1930er-Jahre steigernden Wellen der Säuberungen und die immer absurder werdenden, erpressten Geständnisse. Die Vorwürfe des sowjetischen Volkskommissars Nikolai Jeschow, die Mehrzahl der sowjetischen Generäle stünde im Sold des deutschen Geheimdienstes, nahm Stalin zufrieden zur Kenntnis – sie waren jedoch frei erfunden. Dass die Rote Armee ohne ihre ganze Führungselite erheblich an Schlagkraft verlor, nützte Hitlers Angriffsplänen allerdings sehr.

Geglättet und entschärft wurde auch die sehr emotionale, etwas sprunghafte Stelle über die »weltweite Geistesverwirrung« ein Kernthema ihrer Erinnerungen, zu dem sie, neben den unwägbaren und weitreichenden Auswirkungen der Hitler-Stalin-Kooperation, auch die von Ossietzky verteidigte »Volksfront« rechnete. Aus der drastischen und sehr körperlichen Schilderung und Aufzählung der Grausamkeiten und Massenmorde quer durch das Jahrhundert wurden in der Ullstein-Ausgabe »die unbewältigten politischen sowie wirtschaftlichen Folgen jener Schreckensjahre«. Manche Veränderungen sind wohl auch Lesefehler von Tergits handschriftlichen Korrekturen – sie konnte in ihren letzen Jahren und besonders im Februar 1981, bei einer letzten Durchsicht des Manuskripts, wegen ihres Augenleidens kaum mehr sehen, entsprechend krakelig war ihre Handschrift. So wurden bei Ullstein aus der »Schächtszene« im Film *Jud Süß* eine »Schachtszene«, oder aus den Karlsbader Saisonkräften, die Tergit als »Winterantisemiten« bezeichnete, »Wiener Antisemiten«.

Hunderte solcher Eingriffe gibt es in der Ullstein-Ausgabe, besonders schade auch, dass die Originalbriefe des letzten Teiles um etwa ein Drittel gekürzt wurden – so fielen beispielsweise Franz Denners lyrische »Schuttphantasien eines Normalverbrauchers« ganz weg. Eine textgetreue Neuausgabe war also unabdingbar.

Nur angedeutet hat Tergit ihren Berufskummer, der mit den *Effingers* anfing und mit dem Drama um ihren Roman *So war's eben* endete. Ihren Streit mit Verlegern und Lektoren erwähnt sie in den Erinnerungen kein einziges Mal, obwohl er sich über Jahre hinzog und ihre Klagen darüber Dutzende von Briefen an Freunde und Kollegen füllen.

Effingers erschien zwar 1951 bei Hammerich & Lesser in Hamburg, aber nur wenige Buchhändler wollten diesen großartigen Roman in ihr Sortiment aufnehmen. Für eine erneute Ausgabe (bei Kindler) musste die Autorin das Buch um fast ein Drittel kürzen, was sie widerstrebend tat und hinterher sehr bereute. Die Deutschen, davon war sie überzeugt, wollten in den fünfziger Jahren kein Buch lesen, in dem Patriotismus, Fleiß und Bescheidenheit einer jüdischen Handwerkerfamilie dargestellt wurden. Den gesellschaftlichen Aufstieg der Familie, Reichtum und vollständige Assimilation wollten sie auch nicht. Zehn Jahre später versuchte sie ihr opus magnum *So war's eben* unterzubringen, ein Gesellschafts-Panorama, das 1898 beginnt und in der New Yorker Emigration in den 1960er-Jahren endet. Tergit verstand diesen bisher unveröffentlichten Roman (der zuerst den Arbeitstitel *Die Vertriebenen* trug) als Fortsetzung ihres Debüts *Käsebier erobert den Kurfürstendamm*, nur erzählt sie darin nicht nur von einem, sondern von drei Epochenbrüchen, was die Romankonstruktion stellenweise sprengt. So erscheint der Roman vielfach gebrochen, sprunghaft und atemlos. Kluge Streitgespräche, die aber auch manchmal wie politisches Florettfechten wirken, reihen sich aneinander, es geht um Politik und Angst, um Hoffnung und das richtige Leben im Falschen. Besonders leuchtende und eindrucksvolle Passagen widmen sich den Interieurs, die bis in die Gravuren der Serviettenringe hinein altmeisterlich ausgemalt sind. Ebenso detailliert, mitunter auch grotesk erzählen die letzten Kapitel vom Exilalltag – die jüdischen Überlebenden kämpfen mit ihren Schuldgefühlen, während sie Heimat simulieren und über Kochrezepte streiten.

Trotz größter Bemühungen fand Tergit für diesen zersplitterten, überfrachtet wirkenden Roman, der aber auch sehr genau die Atmosphäre der erzählten Zeit einfängt, keinen Verlag, eine traumatische Erfahrung, die ihr fast die Lust am Schreiben nahm. Zutiefst tragisch fand sie es im Rückblick, dass ihr todkranker Mann die letzten Wochen seines Lebens ganz der gemeinsamen Arbeit am Manuskript gewidmet hatte.

Wie den Kummer mit dem dritten Roman blendet sie auch die Widrigkeiten des Exils in ihren Erinnerungen weitgehend aus, ihre tiefe Abneigung gegen den Zionismus beispielsweise, die ihr das neue Leben in Palästina zusätzlich schwermachte. Die assimilierten Berliner Juden galten dort als ehrlos, Deutsch zu sprechen war in der Öffentlichkeit verpönt, und eine europäische, städtische Kultur gab es selbst im neuen Tel Aviv nicht, wo die Familie »in einem entzückenden Haus am Meer« lebte. Nicht nur wegen des unverträglichen Klimas und der lebensbedrohlichen Erkrankungen von Mann und Sohn (Heinz Reifenberg infizierte sich mit Kinderlähmung, Sohn Peter mit einer schweren Form von Keuchhusten) floh die Familie 1938 nach London, das ihr endgültiger Exil-Ort wurde. Dort starb Gabriele Tergit am 25. Juli 1982 mit 88 Jahren.

Die Betrachtungen von Land und Leuten, an denen die unermüdlich Schreibende in Palästina arbeitete, gehören bis heute zum Klarsten und Bittersten, was man über dieses Land und diese Zeit lesen kann. In ihrem Feuilleton *Überfahrt 1933* hört sie den mitfahrenden Zionisten zu: »Wer mit einem leidvollen Herzen nach Palästina fuhr, galt ihnen als Hochverräter. (...) ›Durch die deutschen Judengesetze‹, sagte ein Herr auf dem Schiff, ›ist die Lüge der Emanzipation aufgehoben worden, die Lüge, daß die Juden keine Nation seien. Es gibt keine Auswanderung nach Palästina, es gibt nur eine Repatriierung.‹ Sie unterschieden zwei Rassen, Zionisten und Assimilanten. Brücken führten zu den Blut- und Bodentheorien des Nationalsozialismus, aber keine Brücke führte zum Assimilanten.«

Hellhörig, neugierig und sehr offen hat Gabiele Tergit sich schreibend auf Palästina eingelassen, wobei sie ihr Staunen und das überwältigende Gefühl der Fremdheit immer miterzählt. Wie in ihren Berliner Gerichtsreportagen finden sich auch in den Palästina-Beobachtungen kluge, melancholische und pointierte Sätze – hier geht es um Gewalt, Kolonialismus, das Elend in den arabischen Dörfern und die Rolle der

Frauen. Sie kehrte damit zu ihrer kleinen Form der sorgfältig recherchierten *Existenzen* zurück, die sie schon in ihrer Kolumne im *Berliner Tageblatt* virtuos beherrscht hatte. Einige wenige erschienen in jüdischen Zeitungen und Zeitschriften, das meiste, darunter ihre theoretischen Abhandlungen über die vielen ihr bis dahin vollkommen unbekannten Facetten des Judentums, hat die Autorin erst gar nicht angeboten. »Wer druckt schon Dynamit?«, war ihre Meinung dazu, die Jens Brüning überlieferte, der 1996 den zweiten, erzählenden Teil des Palästina-Typoskripts unter dem Titel *Der Schnellzug nach Haifa* herausgab. Ihr Nachlassverwalter, Fritz Hellendall, gab das Material nur unter Bedenken frei – er, aus Deutschland vertriebener Jude, sah es nicht gerne, wenn in Deutschland »etwas ›Negatives‹ über Erez Israel« veröffentlicht wurde.

Nach dem Krieg, besonders intensiv in den Jahren 1945 bis 1949, schrieb Tergit für den neugegründeten Berliner *Tagesspiegel* ihre *Briefe aus London*. Sie arbeitete auch bei der von den Alliierten herausgegebenen *Neuen Zeitung* mit, deren Feuilletonchef Erich Kästner war, und bei anderen Exilzeitungen und Zeitschriften, etwa dem von Alfred Döblin herausgegebenen *Goldenen Tor*. In den späten 1950er-Jahren gingen diese Aufträge zurück, und sie steckte die große Energie, die sie zeitlebens besaß, in ihre ehrenamtliche Arbeit für das »PEN-Zentrum deutscher Autoren im Ausland« mit Sitz in London. Ab 1957 war sie für fünfundzwanzig Jahre dessen Sekretärin, verfasste dreimal jährlich einen Bericht und in den Jahren 1959, 1968, 1970 und 1982 (erst kurz zuvor war sie aus Altersgründen zurückgetreten) Bio-Bibliographien der Mitglieder. Sie verstand diese Arbeit politisch und nahm sie sehr ernst: »Meine Zusammenstellung von

Autobiographien meiner P. E. N. Gefolgschaft und die Biographien der Toten, ganz ohne die widerliche Verlogenheit des Kürschners, der immer nur schreibt, Kreuz 1942. Ich habe geschrieben, totgeschlagen in Sachsenhausen. Einer muss ja wohl. Ich bekomme rührende Briefe«, schrieb sie im November 1959 an die Berliner Psychoanalytikerin Annamarie Mommsen, eine ihrer engsten Freundinnen. Das PEN-Zentrum nutzte sie als politische Bühne im Kampf gegen alle Formen des Totalitarismus, rechten wie linken, Nazismus wie Stalinismus und DDR-Diktatur. Darin war sie unnachgiebig und konnte sehr scharf werden, wie ihre Angriffe gegen die nazibelastete Literaturwissenschaftlerin Elisabeth Frenzel zeigen. Andererseits ersetzte ihr die riesige Korrespondenz, die sie führte, auch den früheren Redaktionstrubel, den sie so geliebt hatte, dass ihr im Setzersaal des *Manchester Guardian* die Tränen kamen (schon im *Käsebier* hatte sie einem Setzersaal ein eindrucksvolles Denkmal gesetzt).

Ihre Briefe lesen sich wie lebhafte Unterhaltungen, was auch daran liegt, dass sie eine so leichthändige und geübte Schreiberin war – sie tippte ihr Nachdenken und die Gedankensprünge einfach mit. Die täglichen Briefe nahmen den Platz ein, den früher ihr großer Berliner Freundes- und Bekanntenkreis innehatte.

Ihre Briefpartner waren jetzt über die ganze Welt verstreut, trotzdem blieb Berlin ihr lebenslanger Fixpunkt. Auf die Frage, ob sie Deutsche sei, antwortete sie stets: »Ich bin Berlinerin«, und so war es. Die Stadt ihrer Kindheit und Jugend – hier wurde sie 1894 in der jüdisch-assimilierten, gutbürgerlichen Familie Hirschmann geboren – hatte für sie immer einen Sonderstatus und war in gewisser Weise exterritorial. Denn mit der Bundesrepublik haderte sie oft, sah zu viele alte Nazis in Amt und Würden und spürte im Sprechen und Denken der Menschen den nie ausgerotteten Faschismus, die Menschenverachtung, den Antisemitismus.

Berlin aber machte es ihr nicht leicht. »Hab den Namen nie gehört. Wer sind Sie überhaupt?« Diese rüde Abfertigung durch eine Berliner Kulturdezernentin Mitte der fünfziger Jahre berichtete sie Kasimir Edschmid, und die ersten Prozesse im alten Landgericht Moabit, die sie miterlebte, fand sie schrecklich und lächerlich – es ging in ihren Augen um Banalitäten, über die wirklichen Verbrechen mit Millionen Toten sprach niemand. So könne man eine untergegangene Zivilisation nicht wieder lebendig machen. Ähnlich vernichtend urteilte sie über den Veit-Harlan-Prozess 1949 in Hamburg, danach schrieb sie keine Gerichtsreportagen mehr. Diesen Prozess mit seinem Freispruch hielt sie für symptomatisch.

Berlin liebte sie vor allem wegen ihrer Freunde, die sich in schweren Zeiten bewährt hatten. Von den vertrauten Orten – dem proletarischen und bitterarmen Friedrichshain ihrer Kindheit, wo ihr Vater eine Kabel-Fabrik gründete, dem eleganten Tiergartenviertel, in das die wohlhabend gewordene Familie zog – war kaum etwas heil geblieben. Aber es waren diese unübersehbaren, auch in späteren Jahren unverheilten Wunden der Stadt, die ihre jährlichen Besuche erst möglich machten: Hier konnte nichts vergessen werden, der Zivilisationsbruch war an jeder Ecke sichtbar und im Status der besetzten Stadt festgeschrieben.

Trotzdem störte sie mit den Jahren die immer verbissener werdende Fixierung des im Ostteil Berlins lebenden Franz Denner erst auf Hitler, dann auf Stalins nicht nur körperlichen, sondern auch geistigen Terror. Tergit bildet dokumentarisch den Kampf »Karls« mit Entschädigungs- und Rentenämtern ab – in dem sich auch der schließlich erfolgreiche Kampf ihrer Familie um Restitution spiegelt. Karls Verbitterung setzte sie ihr Leben in England entgegen: Nach den schweren Anfängen lebte sie ausgesöhnt mit ihrer Umgebung und liebte an England die klare Priorität der menschlichen Würde, vor aller Ordnung und Organisation. Überall sah sie eine wunderbare »Menschenbehandlungskunst« wirken, nicht nur in Oxford, wo ihr mathematisch hochbegabter Sohn Stipendiat war, sondern in jeder Abendgesellschaft. Und sie entdeckte in England die Gärtnerei für sich, die sie mit Leidenschaft betrieb, unterstützt – auch nach dem tragischen Tod des Sohnes in den Dolomiten – von ihrer geliebten Schwiegertochter Penny (einer Therapeutin für hirngeschädigte Kinder). Mit dem Wiedereinzug der Denners in ihr vorher beschlagnahmtes Haus in Kiel endet 1964 das Erinnerungsbuch – der verbitterte Brief-Stempel »Nazigeschädigter ohne Entschädigung« war einer gedruckten Adresse gewichen.

Bei ihrem späten Triumph – dem Auftritt während der Berliner Festwochen 1977 – saß sie ausgerechnet mit Uwe Johnson auf dem Podium, gegen den sie als typischen Vertreter der neuen »höheren« Literatur in den sechziger Jahren heftig gewettert hatte (»produziert dann solchen Mist wie Uwe Johnston«). An den Leiter der Taschenbuch-Abteilung bei Ullstein schreibt sie im November jenes Jahres:

»Inzwischen war ich mit einem Erfolg in Berlin, der viel größer war, als ich das je erlebt habe. Ein Vorleseabend fand in der Akademie statt. Uwe Johnson las Feuchtwangers *Erfolg* vor, Hans Mayer Kästners *Fabian*, Hans Bender eine erstaunlich gute Scene aus Hermann Kestens *Joseph sucht seinen Weg* und Höllerer meinen *Käsebier*. Ich wiederhole mein Goethe Lieblingszitat: ›Was man in der Jugend sich wünscht, hat man im Alter die Fülle.‹«

*

Der hier vorliegende Text entspricht, bis in seine orthographischen und grammatischen Eigenwilligkeiten hinein, dem im Nachlass im Deutschen Literaturarchiv Marbach vorhandenen Typoskript mit handschriftlichen Korrekturen der Autorin. Nur offensichtliche Tippfehler wurden korrigiert, außerdem Hervorhebungen und Titel kursiviert.

Berlin, November 2017

Mein Dank gilt
zuallererst den kompetenten und engagierten Mitarbeiterinnen der Handschriftenabteilung des *Deutschen Literaturarchivs Marbach*; Tomas Hirschmann, dem Neffen Gabriele Tergits, für sein Vertrauen und seine Hinweise; Dr. Elke Vera Kotowski, *Moses-Mendelssohn-Zentrum* Potsdam, für ihre Hilfe und die Bereitstellung vieler Fotos; Gert Brüning; Dr. Sylvia Asmus und Regina Elzner von der *Deutschen Nationalbibliothek* Frankfurt am Main; Dr. Juliane Sucker; und Till Greite, *Humboldt-Universität* Berlin für interessante und informative Gespräche.

Anmerkungen

Vorwort

[10] Pästum (Paestum): Um 600 v. Chr. von den Griechen gegründete Pflanzstadt in der fruchtbaren Ebene Kampaniens. 274 v. Chr. von den Römern erobert. Große Tempelanlage. Heute Ruinenstadt 50 km südlich von Salerno. Zeitgleich mit Pompeji 1752 wiederentdeckt.

[10] »Hermann und Dorothea«: Epos in neun Gesängen von Johann Wolfgang von Goethe, 1797 erschienen. Die Gesänge tragen als Titel die Namen der neun Musen und kreisen um Fragen der Vertreibung, der politischen und moralischen Verantwortung.

Berufssuche und Berliner Tageblatt

[20] Monty Jacobs (eigentl. Montague Jacobs), aus einer englischen Familie stammender links-liberaler Schriftsteller, Literatur- und Theaterkritiker. Er leitete seit 1921 das Feuilleton der (zum Ullstein-Verlag gehörenden) Vossischen Zeitung. 1938 emigrierte er nach England.

[22] Max Reinhardt, als Maximilian Goldmann 1873 in Baden, Niederösterreich geboren, starb 1943 in New York. Theaterregisseur und Intendant, Erfinder u. a. der Drehbühne und des Rundhorizontes. Begründete 1920 die Salzburger Festspiele. 1937 floh er in die USA.

[24] Duc de Guermantes: Zentrale Figur in Marcel Prousts *Auf der Suche nach der verlorenen Zeit*. Dort Oberhaupt der weitverzweigten Familie Guermantes, für Proust das Idealbild einer vornehmen Familie.

[26] Konstantin Sergejewitsch Stanislawski, geboren 1863 in Moskau, dort 1938 gestorben. Russischer Schauspieler und Regisseur, Gründer des Moskauer Künstlertheaters. Die »Stanislawski-Methode« war Vorbild für Lee Strasbergs »Method Acting«.

Die Oldens

[27] Arthur Schnitzler, Arzt, Erzähler und Dramatiker. Geboren 1862 in Wien, dort 1931 gestorben. Vervollkommnete als einer der wichtigsten Vertreter der Wiener Moderne den inneren Monolog.

[29] Herbert George Wells, Historiker, Soziologe und Schriftsteller. 1866 in Bromley geboren, 1946 in London gestorben. Pionier der Science-Fiction-Literatur, nahm in seinen Romanen oft militärische Entwicklungen vorweg.

[29] Heinrich Brüning, national-konservativer Politiker, 1930–1932 Reichskanzler. 1885 in Münster geboren, 1970 im amerikanischen Vermont gestorben.

[37] Lion Feuchtwanger, Schriftsteller. 1884 in einer orthodoxen, jüdischen Familie in München geboren, gestorben 1958 in Los Angeles. Der historische Roman *Jud Süß* wurde international sein größter Erfolg. Wegen seiner politischen Klarsicht bei den Nationalsozialisten verhasst, kehrte er 1933 von einer Vortragsreise nicht nach Deutschland zurück.

Kunstprozeß

[40] Theobald Theodor Friedrich Alfred von Bethmann Hollweg, liberaler deutscher Politiker, 1909–1917 Reichskanzler. Geboren 1856 in Hohenfinow / Brandenburg, dort 1921 gestorben.

[41] Karl Kautsky, Politiker. Geboren 1854 in Prag, gestorben 1938 in Amsterdam. Mitautor des Erfurter Programms der SPD. Freund von Friedrich Engels, nach dessen Tod wichtigster Theoretiker und Wortführer der SPD.

[41] Rudolf Hilferding, marxistischer Theoretiker und Ökonom. Geboren 1877 in Wien, gestorben 1941 im Gefängnis der Gestapo in Paris. 1928–1930 Reichsminister der Finanzen.

[41] Walther Rathenau, Politiker und Autor. Geboren 1867 in Berlin. Im Januar 1922 zum Außenminister ernannt, wurde

am 24. Juni 1922 von Rechtsradikalen ermordet. Vorstandsvorsitzender der AEG, die sein Vater begründet hatte. Wichtiger Berater der Rüstungsindustrie im 1. Weltkrieg und vielgelesener politischer Autor.

Der Stammtisch ›Capri‹ in der Anhaltstraße und *Das Wunderbare*

[44] Zeileis in Gallspach: Die Zeileis-Heilmethode, eine Hochfrequenz-Stimulation der Haut, wird noch heute im österreichischen Gallspach praktiziert.

[51] Dietrich Klagges, Politiker der NSDAP und SS-Obergruppenführer. Geboren 1891 in Herringsen (Nordrhein-Westfalen), gestorben 1971 in Bad Harzburg. 1933–1945 Ministerpräsident des Freistaates Braunschweig, den er mit außerordentlicher Brutalität zum nationalsozialistischen Musterland ausbaute. 1932 hatte er dem damals staatenlosen Adolf Hitler zur deutschen Staatsbürgerschaft verholfen, damit dieser als Reichspräsident kandidieren konnte.

Reise nach Griechenland 1927

[55] Ulrich Wilcken, geboren 1862 in Stettin, gestorben 1944 in Baden-Baden. Historiker, Schüler von Theodor Mommsen, lehrte ab 1917 in Berlin. Er begründete 1901 das bis heute bestehende »Archiv für Papyrusforschung und verwandte Gebiete«. Seine *Griechische Geschichte* gilt noch heute als Standardwerk.

[61] Christian Matthias Theodor Mommsen, Historiker und Altertumsforscher. Geboren 1817 in Garding / Schleswig, gestorben 1903 in Berlin. Für seine *Römische Geschichte* erhielt er 1902 den Nobelpreis für Literatur.

Rückkehr zu den deutschen Belangen

[79] Sklareks, Sklarekprozess: Prozess 1929–1932 in Berlin gegen die Brüder Max, Leo und Willi Sklarek wegen Korruption, Betrug und Vetternwirtschaft. Die Söhne eines russisch-jüdischen Einwanderers hatten strategische Beziehungen in die höchsten Gesellschaftskreise geknüpft. Der Prozess beeinflusste auch die Wahlen zum Preußischen Landtag. Tergit berichtete 1932 darüber für die *Weltbühne*.

[83] Varian Fry, amerikanischer Journalist. Geboren 1907 in New York, gestorben 1967 in Redding / Connecticut. Er rettete, unterstützt von Eleanor Roosevelt, mehr als 2200 deutsch-jüdische Intellektuelle aus dem besetzten Marseille.

Der Anfang des Endes

[96] Krumme Lanke: See in Berlin, Stadtteil Zehlendorf

[100] Kominform: Abkürzung für »Kommunistisches Informationsbüro« (offiziell: »Informationsbüro der Kommunistischen und Arbeiter-Parteien«), 1947–1956, überstaatliches Bündnis, von der KPdSU, d. h. von Josef Stalin beherrscht.

[104] »... nachdem Stalin die Volksfront erlaubt hatte«: In Folge der Weltwirtschaftskrise 1929 erstarkte in Frankreich die radikale Rechte. Der sozialistische Gewerkschaftsbund (CGT) versuchte, Sozialisten und Kommunisten vereint dagegen zu mobilisieren, was erst nach einem entsprechenden Aufruf der russischen Parteizeitung *Prawda* gelang.

September 1930

[111] Besprisornism: Gemeint sind Besprisorniki / Besprisorniky, russ. die obdach- und elternlosen Kinder. In der Sowjetunion wurde ihre Zahl nach Krieg und Bürgerkrieg auf 4 Millionen geschätzt.

[112] »Vetters Tätigkeit in einer neu gegründeten Zeitschrift ...«: 1920–1921 gab dieser die Zeitschrift *Nie wieder Krieg* heraus.

[113] »Heinz und Karl«: Gemeint sind Heinz Reifenberg, der Ehemann von Gabriele Tergit, und der Freund Franz Denner (der »Karl« im 2. Teil).

Das Jahr 1932

[142] Tergit verwechselt hier Franz von Papen mit seinem Nachfolger Kurt von Schleicher, Reichskanzler von Dezember 1932 bis Januar 1933. Nach seinem Rücktritt übernahm Adolf Hitler das Amt. Schleicher, der sich oft kritisch über

die neue Regierung geäußert hatte, wurde am 30. Juni 1934 auf Geheiß Hitlers erschossen.

[142] Papen galt in links-liberalen Kreisen als mondäner Snob – »Rennreiter« ist hier im Sinne von »Herrenreiter« gemeint.

Unser Sohn

[149] OBE: Order of the British Empire

[157] Yvan Goll (eigentl. Isaac Lang), deutsch-französischer Dichter. Geboren 1891 in Saint-Dié / Frankreich, gestorben 1950 bei Paris. Er stand dem Expressionismus und Surrealismus nahe. Entstammte einer elsässisch-jüdischen Familie und floh 1939 nach New York. 1947 kehrte er nach Frankreich zurück.

[159] Werner Heisenberg, Physiker. Geboren 1901 in Würzburg, gestorben 1976 in München. Wegbereiter der Quantenmechanik, 1927 formulierte er die nach ihm benannte Unschärferelation. 1932 erhielt er den Nobelpreis für Physik.

Die letzten Monate 1933

[172] Paul Felix Schlesinger, Gerichtsreporter. Geboren 1878 in Berlin, dort 1928 gestorben. Er veröffentlichte seine subjektiven, feuilletonistischen Gerichtsberichte, die ersten

ihrer Art und weithin gelesen, unter dem Kürzel »Sling« in der *Vossischen Zeitung*.

[174] DAZ: *Deutsche Allgemeine Zeitung*, erschien 1861–1945 in Berlin. Konservative Zeitung mit hohem internationalen Renommee.

[174] Wassili Konstantinowitsch Blücher, Oberbefehlshaber der »Besonderen Fernostarmee« und 1937 Mitglied des Militärtribunals des vierten Moskauer Prozesses, im Oktober 1938 als »japanischer Spion« verhaftet, starb er einen Monat später an den Folgen der Folter im Gefängnis.

[181] »... einen Satz von 1904 oder 1905«: Sozialdemokratische Parteitage in Bremen und Jena, in den damals heftigen Flügelkämpfen dominierte (noch) die marxistische Parteilinke um Rosa Luxemburg.

[190] Wahrscheinlich ist Wilhelm Kube gemeint, ehrgeiziger Journalist und Autor, Gauleiter der NSDAP, Initiator der völkischen Glaubensbewegung »Deutsche Christen« und Leiter des »Kyffhäuser-Verbandes Deutscher Studenten«.

Besuch bei Theodor Wolff

[210] Erich Mendelsohn, moderner Architekt. 1887 in Ostpreußen geboren, 1953 in San Francisco, Kalifornien, gestorben. Erbauer des WOGA-Komplexes (Wohnungs-Grundstücks-Verwertungs-Aktiengesellschaft) am Berliner Kurfürstendamm (in dem sich heute die »Schaubühne« befindet), einer

der Schauplätze von Tergits Roman *Käsebier erobert den Kurfürstendamm.*

[210] *Am grünen Strand der Spree*: Erfolgsroman von Hans Scholz, erschienen 1955, der auch verfilmt wurde. Spielt in der Kriegs- und Nachkriegszeit.

2. Teil
Wir finden Karl wieder

[224] Franz und Ilse Denner lebten in Grünheide bei Berlin. 1953 gelang es ihnen, nach Westberlin überzusiedeln. Das Sommerhaus der Familie, in dem Flüchtlinge einquartiert waren, befindet sich am Stadtrand von Kiel, ebenso die größere Villa der Familie (das später von Tergit genannte »Landowitz an der See« ist fiktiv).

Erste Reise nach Berlin Mai 1948

[263] *Ewiger Strom* war der Arbeitstitel von Tergits Roman *Effingers.*

[289] Robert (Bob) Klupp, Schauspieler und Intendant, und seine Frau Grete waren enge Freunde Tergits. Grete kannte sie schon aus ihrem Schülerinnenkränzchen, dort nannte sie sich »Maja«.

[290] Lancaster-Haus am Fehrbelliner Platz, Berlin: Offizielles Amtsgebäude der englischen Alliierten.

Hamburg 1948

[304] C. W. Ceram (eigentl. Kurt Wilhelm Marek), Journalist. Geboren 1915 in Berlin, gestorben 1972 in Hamburg. 1945–1952 Lektor des Rowohlt-Verlages. Verfasser des archäologischen Bestsellers *Götter, Gräber und Gelehrte* (1949).

Zweite Reise nach Deutschland

[312] Michel de Montaigne, Jurist, Politiker und Philosoph. Geboren 1533 im Périgord, Frankreich, dort 1592 gestorben. Begründete mit seinen *Essais* (frz. essayer = versuchen) die gleichnamige, literarische Gattung.

[314] 315 Upper Richmond Road, sw. 15, im Londoner Stadtteil Putney war seit 1946 der Wohnsitz von Gabriele Tergit und ihrem Mann Heinz Reifenberg.

[316] Veit Harlan, Filmregisseur. Geboren 1899 in Berlin, gestorben 1964 auf Capri. Nach der Machtergreifung 1933 bekannte er sich im *Völkischen Beobachter* zur Politik der Nationalsozialisten. Durch seinen 1937 gedrehten Film *Der Herrscher* wurde Joseph Goebbels auf Harlan aufmerksam und machte ihn zum führenden Regisseur der Universum Film AG (Ufa). Nach dem Krieg in einem Entnazifizierungsverfahren entlastet, nach Revision und zwei weiteren Verfahren 1958 endgültig freigesprochen.

[321] Konzentrationslager Bergen-Belsen: Im Kreis Celle, nahe Hannover (Niedersachsen).

[337] Leopold II., König der Belgier. Geboren 1835 in Brüssel, dort 1909 gestorben. Herrscher und persönlicher Eigentümer des von ihm gegründeten Freistaates Kongo (bis das Land 1908 an den belgischen Staat überging). Schätzungsweise 10 Millionen Menschen kamen dort durch Misshandlungen und Zwangsarbeit ums Leben. Erst 1960 wurde der Kongo unabhängig.

Reise mit Heinz nach Berlin

[340] Max Slevogt, Maler, Grafiker, Illustrator und Bühnenbildner. Geboren 1868 in Landshut, gestorben 1932 in Leinsweiler (Rheinland-Pfalz). Einer der wichtigsten Maler des deutschen Impressionismus.

Nachwort

[358] Edith Louisa Cavell, Krankenschwester. Geboren 1865 in Norwich, Großbritannien, hingerichtet am 12. Oktober 1915 in Brüssel. Fluchthelferin für verwundete britische, französische und niederländische Soldaten nach dem Rückzug der Alliierten aus Belgien.

[358] Günter Guillaume, Spion, Offizier des Ministeriums für Staatssicherheit der DDR. Es gelang ihm, 1972–1974 persönlicher Referent des Bundeskanzlers Willy Brandt zu werden, der nach Guillaumes Enttarnung zurücktrat.

Bildnachweise

S. 2	Gert Brüning
S. 16	ullstein bild
S. 23	Gert Brüning
S. 31	Deutsches Literaturarchiv Marbach (oben); OTFW (unten)
S. 84 f.	Gert Brüning; Deutsche Nationalbibliothek, Deutsches Exilarchiv 1933–1945, Frankfurt am Main
S. 87	PEN-Zentrum; Deutsche Nationalbibliothek, Deutsches Exilarchiv 1933–1945, Frankfurt am Main
S. 114	ullstein bild
S. 121	Gert Brüning
S. 122	Moses Mendelssohn Zentrum Potsdam
S. 124	Moses Mendelssohn Zentrum Potsdam
S. 158	Gert Brüning
S. 162	Tomas Hirschmann
S. 173	ullstein bild
S. 176 f.	Deutsche Nationalbibliothek, Deutsches Exilarchiv 1933–1945, Frankfurt am Main
S. 184	ullstein bild
S. 190	Gert Brüning
S. 194	Moses Mendelssohn Zentrum Potsdam
S. 197	Juliane Sucker
S. 200	Moses Mendelssohn Zentrum Potsdam
S. 206	Deutsches Literaturarchiv Marbach
S. 211	Gert Brüning; Deutsche Nationalbibliothek, Deutsches Exilarchiv 1933–1945, Frankfurt am Main
S. 215 ff.	Deutsche Nationalbibliothek, Deutsches Exilarchiv 1933–1945, Frankfurt am Main
S. 243	Tomas Hirschmann
S. 244	Tomas Hirschmann

S. 264 Gert Brüning; Deutsche Nationalbibliothek, Deutsches Exilarchiv 1933–1945, Frankfurt am Main
S. 270 ullstein bild
S. 278 Timeline Classics/Timeline Images
S. 279 ullstein bild
S. 306 Gert Brüning; Deutsche Nationalbibliothek, Deutsches Exilarchiv 1933–1945, Frankfurt am Main
S. 335 Moses Mendelssohn Zentrum Potsdam
S. 342 Tomas Hirschmann
S. 349 Erben Franz Denner; Deutsches Literaturarchiv Marbach
S. 350 f. Gert Brüning; Deutsche Nationalbibliothek, Deutsches Exilarchiv 1933–1945, Frankfurt am Main
S. 353 Gert Brüning; Deutsche Nationalbibliothek, Deutsches Exilarchiv 1933–1945, Frankfurt am Main
S. 355 Mascha Kaléko, *Sämtliche Werke und Briefe in vier Bänden.* © 2012 dtv Verlagsgesellschaft mbH & Co. KG, München.
S. 359 Gert Brüning
S. 362 Erben Franz Denner; Deutsches Literaturarchiv Marbach
S. 372 Renate von Mangoldt
S. 377 Mathias Michaelis
S. 381 Deutsches Literaturarchiv Marbach

Namenregister

Inhalt

Gabriele Tergit
Käsebier erobert den Kurfürstendamm
Roman
Herausgegeben von Nicole Henneberg
400 Seiten. Gebunden. Lesebändchen
ISBN 978-3-89561-484-2

In sechs rauschhaften Wochen schrieb Gabriele Tergit ihren ersten Roman, der sie 1931 mit einem Schlag berühmt machte. *Käsebier erobert den Kurfürstendamm* erzählt von Aufstieg und Fall des Volkssängers Käsebier, den ein Zeitungsreporter in einem billigen Varieté entdeckt. Um Eindruck in seiner Redaktion zu machen, puscht er ihn zum Megastar hoch. Immobilienmakler und Spekulanten hängen sich an den schnellen Ruhm, die gelangweilten Damen der guten Gesellschaft pilgern in die Vorstellungen, Käsebier wird hemmungslos vermarktet.

Gabriele Tergit, die erste deutsche Gerichtsreporterin, ist nicht nur eine unerbittlich genaue, sondern auch mitfühlende Beobachterin. Pointierte und hoch komische Dialoge machen neben der präzisen Schilderung der gesellschaftlichen Milieus – vom Tanzmädchen über den Tischlermeister bis zum Medienmogul – den Reiz ihres Romans aus. Ihr eigener Arbeitsplatz wird dabei besonders unter die Lupe genommen: die Kulturredaktion des Berliner Tageblatts. Berlin, die weit östlich gelegene Stadt, war schon damals ein so idealer wie schwieriger Ort für Kreative.

Schöffling & Co.

»Gebannt verschlingt man diesen Roman. (…) Denn dieser rasante Roman kann es mit den Büchern von Hans Fallada und Erich Kästner ohne Weiteres aufnehmen.«
Manfred Papst, *NZZ am Sonntag*

»Lesen Sie Gabriele Tergits *Käsebier erobert den Kurfürstendamm* von 1931. (…) Der Roman gilt zu Recht als einer der bedeutendsten der Weimarer Republik.«
Jens Jessen, *Die Zeit*

»Unterhaltsames Lehrstück über die Mechanismen der Massenkultur. (…) *Käsebier erobert den Kurfürstendamm* ist ein irisierendes Epochenbild und hat nichts von seiner Spannkraft verloren.«
Maike Albath, *Deutschlandfunk*

»*Käsebier erobert den Kurfürstendamm* ist vor allem ein Roman über Berlin, über die Geschwindigkeit des großstädtischen Lebens und den dazugehörigen Zynismus (…)«
Tobias Rapp, *Der Spiegel*

»So wird Gabriele Tergit (…) nun schon zum dritten Mal wiederentdeckt. Hoffentlich diesmal ein für alle mal.«
Nadine Lange, *Tagesspiegel*

»Eine bitterböse Gesellschaftsposse.«
Gisa Funck, *Deutschlandfunk*

»Sehr witzig, sehr flott und richtig unterhaltsam.«
Stefan Sprang, *hr1*

Schöffling & Co.

Marthe Cohn
Im Land des Feindes
Eine jüdische Spionin in Nazi-Deutschland
Aus dem Englischen von Petra Post und Andrea von Struve
408 Seiten. Gebunden. Lesebändchen. Mit zahlreichen Fotografien.
ISBN 978-3-89561-667-9

Im Land des Feindes erzählt die wahre Geschichte der französischen Jüdin Marthe Hoffnung Cohn, die ihr Leben aufs Spiel setzte, um in Nazi-Deutschland kriegswichtige Vorhaben auszukundschaften. Aus einer Familie in der Grenzregion stammend, die verfolgte jüdische Kinder bei sich aufnimmt und später Menschen in die Freie Zone schmuggelt, ist ihr dieses Engagement eine Selbstverständlichkeit. Die Résistance, der sich Marthe unbedingt anschließen will, lehnt die zierliche Frau zunächst ab, doch aufgrund ihrer ausgezeichneten Deutschkenntnisse und ihrer unauffälligen Erscheinung wird sie als Spionin nach Deutschland geschickt. In hochdramatischen und gefährlichen Situationen beweist sie Geistesgegenwart und ungeheuren Mut.

Marthe Cohns Geschichte, geprägt vom leidvollen Schicksal ihrer Familie und ihres ganzen Volkes, beeindruckt durch den Kampfgeist einer Frau, die in ihrer Jugend alles riskierte und auch heute noch unermüdlich als Zeitzeugin für Gerechtigkeit und Freiheit eintritt.

»Eine Geschichte vom Überwinden der Furcht für ein größeres Ziel.«
Kerstin Zilm, *Deutschlandfunk Kultur*

Silvia Tennenbaum
Straßen von gestern
Roman
Aus dem Englischen von Ulla de Herrera
656 Seiten. Gebunden. Lesebändchen.
ISBN 978-3-89561-486-6

Dort, wo heute in Frankfurt die Doppeltürme der Deutschen Bank aufragen, kommt 1903 Lene Wertheim zur Welt. Die Wertheims sind eine alteingesessene jüdische Familie mit festen Grundsätzen: Man feiert Weihnachten als prunkvolles Familienfest – zum Entsetzen der orthodoxen Verwandtschaft. »Die Juden sind wie alle anderen, und wenn sie es nicht sind, sollten sie es sein«, erklärt Eduard Wertheim, Bankier, Kunstsammler und Mäzen, seinen Nichten und Neffen. Lene erhält 1938 in Paris für sich, ihren zweiten Mann und ihre Tochter Ausreisevisa für die USA. Aber nicht alle Wertheims haben das Glück, sich rechtzeitig vor den Nazis in Sicherheit bringen zu können.

Silvia Tennenbaum berichtet in kraftvollen Bildern vom Aufstieg einer jüdischen Familie im Kaiserreich, begleitet ihre verschlungenen Wege durch die Weimarer Republik und lässt uns Leser Flucht und Tod im »Dritten Reich«, Vertreibung und Rettung eindringlich miterleben. Ein großer, epischer Roman unserer Zeit.

»Die jüdischen Buddenbrooks.«
Hans Riebsamen, *Frankfurter Allgemeine Zeitung*

Schöffling & Co.